JN001413

社会福祉士国家試験
受験ワークブック

専門科目

2025

中央法規

はじめに

　2025（令和7）年2月の第37回社会福祉士国家試験から、いよいよ新カリキュラムに対応した試験が始まります。新カリキュラムは、社会保障審議会福祉部会福祉人材確保専門委員会によれば「複合化・複雑化した課題を受けとめる多機関の協働による包括的な相談支援体制」「地域住民等が主体的に地域課題を把握して解決を試みる体制」の構築のために、これらの課題解決を支援できるソーシャルワーカーを養成することにねらいがあるとされます。この新カリキュラムの方針に基づいて国家試験も科目編成され、「出題基準」も示されています。今、その基準にしたがって受験対策に向けた特色を簡単に探ってみましょう。

　まず第一の特色としては、これまで専門科目の試験科目であった「ソーシャルワークの基盤と専門職」と「ソーシャルワークの理論と方法」の2科目が、精神保健福祉士との共通科目と社会福祉士の専門科目の両方から出題されることとなりました。もちろんソーシャルワークの実践モデルなどこれまで学んできた内容が変わるわけではありませんが、総合的かつ包括的な支援におけるジェネラリストの視点や多職種連携やチームアプローチ、事例分析や事例検討、ソーシャル・マーケティングなど幅広い分野からの出題に備える必要もあります。事例問題もこれまで以上に多方面から出題されるでしょう。

　第二の特色としては、「権利擁護を支える法制度」や「刑事司法と福祉」の科目における法律学の分野の比重の高さです。例えば、出題基準の大項目「法の基礎」は、法学部の科目でいえば法学の科目に該当し、「刑事司法」の大項目は刑法の科目、「刑事事件の手続き、処遇」の項目は刑事訴訟法の科目と、これまでにない内容にまで及んでいます。一方で、「虐待防止法の概要」の項目は、「障害者福祉」「高齢者福祉」「児童・家庭福祉」の3科目で取り上げる各虐待防止法と重なり、「差別禁止法」の項目は、障害者差別解消法であり、これも「障害者福祉」の科目と重なります。このように科目によって同じような出題基準もあり思い切って1つの内容に割り切り合理的な学習も必要です。

　第三の特色としては、組織、団体、専門職の役割など、支援と関係機関、社会福祉士の役割などが多くの科目の出題基準に掲げられていることです。新カリキュラムの目指す社会福祉士の養成像として当然といえば当然ですが、ネゴシエーション、コンフリクト、レゾリューションの技法なども実践で活用できるよう学んでおくことが求められています。

　さて、新カリキュラムの特色はまだまだありますが、詳細は本書を活用して身につ

けてください。本書が登場して30年余が経過しました。受験の王道を行くべくゆるぎのない編集方針によって、新カリキュラムに対応し、「出題基準」とそれに基づいた重要項目、過去問の分析など他書の追従を許しません。さらにはめまぐるしく変わる法制度、最新の統計調査の概要など最先端の知識、情報を盛り込んで、受験の動向把握に努めています。

　本書を活用して努力・学習された受験者が、めでたく合格されることをお祈りいたします。

　　2024年5月

　　　　　　　　　　　　　　　　中央法規社会福祉士受験対策研究会

側注の出題実績における旧カリキュラムの科目名の略称については、以下のとおりです。

(人体) 人体の構造と機能及び疾病	(権利) 権利擁護と成年後見制度
(心理) 心理学理論と心理的支援	(調査) 社会調査の基礎
(社会) 社会理論と社会システム	(相基) 相談援助の基盤と専門職
(現社) 現代社会と福祉	(相理) 相談援助の理論と方法
(地域) 地域福祉の理論と方法	(経営) 福祉サービスの組織と経営
(行財) 福祉行財政と福祉計画	(高齢) 高齢者に対する支援と介護保険制度
(社保) 社会保障	(児童) 児童や家庭に対する支援と児童・家庭福祉制度
(障害) 障害者に対する支援と障害者自立支援制度	(就労) 就労支援サービス
(低生) 低所得者に対する支援と生活保護制度	(更生) 更生保護制度
(保医) 保健医療サービス	

本書の使い方

『最新　社会福祉士・精神保健福祉士養成講座』『最新　社会福祉士養成講座』を基に、国家試験対策に必要な内容を「重要項目」としてわかりやすく解説しています。

　重要ワード（色文字）や出題実績、受験対策アドバイスも参考にしながら、効率・効果的な学習を進めることができます。

出題基準・大項目に対応
出題基準の大項目に対応しています

出題基準・中項目に対応
出題基準の中項目に対応しています

重要項目
各科目の重要ポイントをコンパクトに解説します

さらに解説
重要項目の補足説明や関連事項を解説しています

重要ワード
試験で問われやすいキーワードを色文字で示しています

---

1 貧困の概念

貧困の概念

1 貧困の概念には、大きく絶対的貧困と相対的貧困という2つの概念がある。絶対的貧困は、貧困を肉体的能率を維持することが困難な状態として捉え、相対的貧困は、貧困をその社会において標準とされる生活との比較で相対的に低い所得や消費として捉える。

2 ラウントリー（Rowntree, B. S.）は、生存に必要な食事を摂れない状態を貧困状態であると考え、肉体的能率を維持するための最低限の所得水準を第一次貧困、飲酒などの浪費がなければなんとか肉体的能率が維持できる水準を第二次貧困とする絶対的貧困の概念で労働者世帯の調査を実施した。

▨ 貧困線は、19世紀末にロンドンで貧困調査を実施したチャールズ・ブース（Booth, C.）が設定した。

34-26（現

3 タウンゼント（Townsend, P.）は、所属する社会で標準的とされる生活様式や習慣、活動に参加できない状態を貧困と捉え、当たり前とされる生活から外れることを相対的剥奪として、相対的貧困アプローチに基づく新しい貧困観を提示した。

4 リスター（Lister,R.）は、貧困概念の多義性を捉えるため、容認できない困窮としての貧困の物質的核を車の軸、それに伴う貧困の関係的・象徴的側面を車輪にたとえて、これらを不可分のものとして捉える必要があるという貧困の車輪を提唱した。

5 リスターは、「貧困の車輪」のなかでも、貧困者に不利な影響を与えるラベリングや人権の否定、声が聞き届けられないなどの非物質的な関係的・象徴的側面の不利益に着目し、貧困者にも貧困でない者と平等な地位が承認されることを求める貧困の政治を概念化した。

6 1990年代後半以降、従来の貧困の枠組みでは貧困を説明することが難しくなり、経済的困窮だけでなく、失業や低いスキル、差別、不健康などの複合的不利の問題を貧困とかかわる社会問題として捉える社会的排除アプローチが広がった。

164　重要項目

図表まとめ
関連内容を図表で整理しています

価を行うなど、常に利用者の立場に立ってサービスを提供するように努めなければならないとされている。なお、介護保険法では、介護サービス事業者に第三者評価を受ける義務は課せられていない。

◎国民健康保険団体連合会

297 国民健康保険団体連合会（国保連）は、国民健康保険法第83条に基づき、都道府県・市町村および特別区・国民健康保険組合が共同して目的を達成するために、必要な事業を行うことを目的に設立された法人である。国保連は、都道府県に1団体ずつ設立されている（**図表58参照**）。

図表58 国民健康保険団体連合会の役割

・市町村（保険者）から委託を受けて、介護給付費等（居宅介護サービス費・施設介護サービス費等）の請求に関する審査および支払
・第一号事業支給費の請求、介護予防・日常生活支援総合事業の実施に関する費用の審査および支払
・指定居宅サービス等の質の向上に関する調査、指定居宅サービス事業者、介護保険施設等について、利用者、家族の苦情に基づき事実関係の調査を行い、当該の事業者、施設に対して必要な指導・助言を行う（苦情処理業務）
・その他介護保険事業の円滑な運営に資する事業

298 指定サービス事業者および基準該当サービス事業者（以下、事業者）が利用者に提供したサービスの　　　　は、国保連にされる。事業者は、原則としてサービス利用料金の1割（一定以上の所得を有する第1号被保険者は2割または3割）を利用者に請求し、残りを国保連に請求する。
　　所得基準は、2割負担が合計所得金額160万円以上（単身で年金収入のみの場合280万円以上）、3割負担が220万円以上（344万円以上）が相当する（厚生労働省資料）。

299 国保連の役割は、市町村（保険者）から委託された介護給付費の　　　支払など、介護保険財政に直結する費用面での重要な役割を担っている（図58参照）。

300 介護給付費等審査委員会は、　　　におかれる。この委員会では、介護給付費請求書の審査の必要があるときは都道府県知事の承認を得て、事業者に対して報告、出頭、説明等を求めることができる。

◎地域包括支援センター
〈地域包括支援センターの組織体系〉

⊕33-132

⊕33-132

✍ **受験対策アドバイス**
国保連が対応する苦情相談は、介護サービスの質の向上を目的としており、指定等の取消権は有していません。

⊕32-132

出題実績
国家試験の過去の出題実績を示しています
例：「35-1」は第35回試験・問題1で出題されたことを指す

対策アドバイス
今後の試験対策や学習の参考になります

赤シート付き
繰り返し学習や暗記に活用できます

実力チェック！ 一問一答

※解答の横の番号は、本科目で該当する重要項目や図表の番号です。

1 エツィオーニは、専門職が成立する属性を挙げ、そのなかで専門職的権威の必要性を主張した。　　　**1** × **6**

2 ミラーソンは、専門職が成立する属性を挙げ、そのなかで試験による能力証明の必要性を主張した。　　　**2** ○ **7**

3 カー・ソンダースとウィルソンは、職業発展の過程から、ソーシャルワーク専門職が成立するプロセスを提示し、専門職を段階的に分類した。　　　**3** ○ **8**

4 グリーンウッドは、すでに確立している専門職と、ソーシャルワーカーを比較することによって、準専門職の概念を提示した。　　　**4** × **9**

5 都道府県の福祉事務所では、老人福祉法、児童福祉法、障害者総合支援法の　　　　　　　　　　　　　　　　**5** × **33**

**実力チェック！
一問一答**
各科目の最後に一問一答を掲載。理解度チェック、重要項目の復習を通して学びを深めます

目　次

01

高齢者福祉

① 高齢者福祉

大項目	中項目	小項目（例示）	出題実績		
			第36回	第35回	第34回
1 高齢者の定義と特性	1）高齢者の定義				
	2）高齢者の特性	・社会的理解，身体的理解，精神的理解			
2 高齢者の生活実態とこれを取り巻く社会環境	1）高齢者の生活実態	・住居 ・所得 ・世帯 ・雇用，就労 ・介護需要，介護予防		【126】	
	2）高齢者を取り巻く社会環境	・独居，老老介護，ダブルケア，8050問題 ・高齢者虐待 ・介護者の離職	【126】		【126】
3 高齢者福祉の歴史	1）高齢者福祉の理念	・人権の尊重 ・尊厳の保持 ・老人福祉法，介護保険法における理念			
	2）高齢者観の変遷	・敬老思想，エイジズム，社会的弱者，アクティブエイジング			
	3）高齢者福祉制度の発展過程		【127】	【127】	【127】
4 高齢者に対する法制度	1）介護保険法	・介護保険法と介護保険制度の概要 ・介護報酬の概要 ・介護保険制度における組織及び団体の役割 ・保険者と被保険者，保険料 ・要介護認定の仕組みとプロセス ・居宅サービス，施設サービスの種類	【130】 【131】	【131】 【133】	【131】 【132】
	2）老人福祉法	・老人福祉法の概要 ・老人福祉法に基づく措置		【134】	
	3）高齢者の医療の確保に関する法律（高齢者医療確保法）	・高齢者医療確保法の概要			
	4）高齢者虐待の防止，高齢者の擁護者に対する支援等に関する法律（高齢者虐待防止法）	・高齢者虐待防止法の概要 ・高齢者虐待の未然防止 ・通報義務，早期発見	【135】		
	5）高齢者，障害者等の移動等の円滑化の促進に関する法律（バリアフリー法）	・バリアフリー法の概要 ・施設設置管理者等の責務			【135】
	6）高齢者の居住の安定確保に関する法律（高齢者住まい法）	・高齢者住まい法の概要			
	7）高年齢者等の雇用の安定等に関する法律（高年齢者雇用安定法）	・高齢者雇用安定法の概要			
	8）育児休業，介護休業等育児又は家族介護を行う労働者の福祉に関する法律（育児・介護休業法）	・育児・介護休業法の概要			

大項目	中項目	小項目（例示）	出題実績		
			第36回	第35回	第34回
5 高齢者と家族等の支援における関係機関と専門職の役割	1）高齢者と家族等の支援における関係機関の役割	・国，都道府県，市町村 ・指定サービス事業者 ・国民健康保険団体連合会 ・地域包括支援センター ・ハローワーク，シルバー人材センター	【128】		【133】 【134】
	2）関連する専門職等の役割	・介護福祉士，医師，看護師，理学療法士，作業療法士等 ・介護支援専門員，訪問介護員，介護職員，福祉用具専門相談員 等 ・認知症サポーター，介護サービス相談員 ・家族，住民，ボランティア 等	【133】	【132】	
6 高齢者と家族等に対する支援の実際	1）社会福祉士の役割		【132】 【134】		
	2）高齢者と家族等に対する支援の実際（多職種連携を含む）	・地域生活支援 ・認知症高齢者支援 ・虐待防止に向けた支援 ・就労支援	【129】	【128】 【129】 【130】 【135】	【128】 【129】 【130】

高齢者の定義

1 高齢者という用語には定義的な内容は盛りこまれていない。何歳以上を高齢者と定める一律の用語はない。世界保健機関（WHO）では、65歳以上を高齢者と定義している。また、日本においては、介護保険法にて65歳以上を第1号被保険者として定義している。

〈内閣府「2023（令和5）年版高齢社会白書」〉

2 65歳以上人口は3624万人となり、総人口に占める割合（高齢化率）は29.0％となった。65歳以上人口のうち、「65〜74歳人口」は1687万人で総人口に占める割合は13.5％となっており、年少人口（15歳未満）の1450万人を上回っている。また、「75歳以上人口」は1936万人で、総人口に占める割合は15.5％であり、65〜74歳人口を上回っている。

図表1 65歳以上人口

単位：万人（人口）

人口 高齢化率 29.0％		総数	男性	女性
	総人口	12,495	6,076	6,419
	65歳以上人口	3,624	1,573	2,051
	65〜74歳人口	1,687	807	880
	75歳以上人口	1,936	766	1,171

資料：総務省「人口推計」2022（令和4）年10月1日確定値

受験対策アドバイス

◆倍加年数は特にアジア諸国で著しいスピードで早まり、シンガポールが最短の15年、最新は中国で2023年に22年での到達となっています。

3 日本の高齢化率は、1970（昭和45）年に7％を超え、1994（平成6）年に14％に達している。高齢化の倍加年数は24年である。今までは各世界と比較して日本が突出していたが、2000年代に入るとアジア諸国を中心に高齢化のスピードが進んでいる。

4 65歳以上人口は、「団塊の世代」が75歳以上となる2025（令和7）年には3653万人に達すると見込まれている。その後も増加傾向が続き2043（令和25）年に3953万人でピークを迎え、その後は減少に転じると推計されている。

5 高齢化率は、2070年には38.7％に達し、国民の2.6人に1人が65歳

以上の者となる社会が到来すると推計されている。

図表2 主要国における高齢化率の倍加年数（7％から14％までの所要年数）

日本	1970〜1994年	24年
フランス	1864〜1979年	115年
スウェーデン	1887〜1972年	85年
アメリカ	1942〜2014年	72年
イギリス	1929〜1975年	46年
ドイツ	1932〜1972年	40年
中国	2001〜2023年	22年
韓国	2000〜2018年	18年
シンガポール	2006〜2021年	15年

6 わが国の平均寿命は、一貫して上昇し続けていたが、2021（令和3）年には、男性81.47年、女性87.57年と、前年に比べて男性は0.09年、女性は0.14年初めて下回った。

7 日本の健康上の問題で、日常生活に制限のない期間（健康寿命）は、2019（令和元）年時点で男性が72.68年、女性が75.38年となっている。

8 2022（令和4）年現在の高齢化率は、最も高いのは秋田県（38.6％）、最も低いのは東京都（22.8％）となっている。

高齢者の特性

◎社会的理解

9 高齢化の要因は大きく分けて、①死亡率の低下による65歳以上人口の増加、②少子化の進行による若年人口の減少の2つである。

◎身体的理解

10 老年症候群とは、加齢に伴い高齢者に多くみられる、医師の診察や介護・看護を必要とする症状・徴候の総称のことである。原因がはっきりしており、その病態が解明されている「疾患」とは異なり、原因がはっきりしないことも多い。加齢による心身機能の低下以外にも、精神的・環境的要因で起こることもある。特に75歳以上の後期高齢者にみられることが多い。主なものは以下のとおりである。

　📖 **サルコペニア**とは、加齢に伴い筋肉量が減少し、筋力や身体機能が低下している状態をいう。特に高齢者の身体機能障害や転倒のリスク因子になる。

✏ フレイルとは、加齢に伴い身体の予備能力が低下し、健康障害を起こしやすくなった状態をいう。体重の減少だけではなく、活動の量の低下や疲れやすいなどのいくつかの要因に当てはまる「虚弱」状態を指す。

✏ 老年症候群の予防として、生活習慣の見直し、栄養バランスや軽い運動などの活動の向上のほか、日課や社会的役割を担うなどの社会参加も予防的活動となる。

図表3 老年症候群として考えられる病態

身体機能	廃用症候群、めまい・ふらつき、低栄養、視聴覚障害、痺れ、尿失禁、嚥下障害・誤嚥、褥瘡など
精神機能	認知機能障害、抑うつ、不眠など

図表4 加齢による身体面の変化

	特　徴	疾患名
視覚	老眼などのほかに、ドライアイ、目やに	白内障、緑内障、加齢黄斑変性症、糖尿病性網膜症
聴覚	高音が聞こえづらくなる	感音性難聴
味覚	味がわかりづらくなる	味覚障害
身体の変化	骨折しやすくなる 骨が変形する	骨粗鬆症、大腿骨頸部骨折、変形性膝関節症
血圧・脈拍	原因不明の高血圧 原因がはっきりしている高血圧 脈拍の異常	本態性高血圧症、二次性高血圧症、頻脈、徐脈、不整脈
皮膚	皮膚組織が弱くなることで、内出血を起こしやすい、あざができやすい 褥瘡	皮下出血、老人性紫斑
内部機能	薬が分解されづらくなる、尿が出にくい、または頻回になる 腎機能の低下	肝機能低下、神経因性膀胱、前立腺肥大、腎不全、透析
呼吸・肺	飲み込みの低下 浅い呼吸	誤嚥性肺炎

◎精神的理解

11　認知症は、意識は保たれているが、脳に病変を生じたために認知機能が持続的に低下し、生活に困難をきたした状態である。診断は、MRI（磁気共鳴断層撮影）やCT（コンピューター断層撮影）などを用い、その結果から臨床診断によって判断する。

12　進行状態を評価する方法は、長谷川式認知症スケール（HDS-R）や、MMSE（Mini-Mental State Examination）がある。

13　介護が必要になった主な原因をみると、**認知症**が最も多い（「2022（令和4）年国民生活基礎調査」）。

14　認知機能の低下がみられる「正常圧水頭症」や「慢性硬膜化血腫」は、原疾患を治療することで、治癒が見込まれることもある。
　🖙 正常圧水頭症：余分な脳脊髄液を腹腔に流すシャント手術
　🖙 慢性硬膜化血腫：手術による血腫の除去

図表5 主な認知症分類とその特徴

	アルツハイマー型認知症	血管性認知症	レビー小体型認知症
発症原因	脳の神経細胞が変性や減少していく原因不明の病気。	脳卒中の発作の後遺症として起こる認知症。	レビー小体という物質が、大脳皮質に出現して起こるとされる。
発症年齢性差	40歳代から発病して、高齢になるにしたがって出現率が高まってくる。1：3で女性に多い。	初老期の50歳代より発症し、男性に多い。	65歳以上の高齢者に多くみられるが、パーキンソン症状によって発病する例では、40～50歳代も少なくない。男性に多い。
進行	症状は軽度・中等度・高度・最高度と進行していく、進行性である。	治療によって症状の進行を抑えることができる。脳卒中の発作が起こるたびに階段状に認知症の程度が進行する。	初期には認知障害はあまり目立たない。また、パーキンソン症状が初期に出る場合と遅れて出る場合があるが、ゆっくり発症して進行する。
特徴	短期の記憶障害から始まり、認知症の進行に伴って、比較的保たれていた長期記憶も障害されてくる。	発生原因から、一様に機能が低下するのではなく、残っている正常な機能と、低下した機能が混在しているため、まだら認知症と呼ばれている。	注意や覚醒レベルの変動と関係する認知機能の動揺があり、夜中に突然大声を出したり、具体的で詳細な内容の幻視がみられる。また、パーキンソン症状がみられる。
症状	記憶障害（自分の生活史の忘れ等）、見当識障害（日時、場所、自分が今、どんな状況にいるか把握することができない）、妄想（自分の間違った考えを確信してしまう）や徘徊（自宅を宿屋などと思って別の家へ帰ろうとする等の誤認など）などの行動障害が認められる。	片麻痺、言語障害、頭痛、めまい、しびれ感などの神経症状を伴うことが多く、まだら認知症で、度合いは軽度である。	主症状として、進行性の認知機能障害、中核症状として、①注意や覚醒レベルの変動を伴う認知機能の極端な動揺、②現実的で詳細な内容が繰り返し出現する幻覚、③パーキンソン症状がある。臨床症状として、転倒を繰り返す、失神、一過性の意識障害、向精神薬に対する感受性の亢進、系統的な妄想、幻視体験、幻覚があるものもある。

🈁34-129

🈁34-129

2 高齢者の生活実態とこれを取り巻く社会環境

高齢者の生活実態

◎住居

⑮ 「2023（令和5）年版高齢社会白書」によると、65歳以上の者について、住宅所有の状況をみると、「持家（一戸建て）」が75.6％、「持家（分譲マンション等の集合住宅）」が11.8％となっており、持家が合わせて8割以上となっている。

⑯ 「2022（令和4）年国民生活基礎調査」によると、2022（令和4）年では、全世帯のうち、65歳以上の者のいる世帯が約半数（50.6％）となっている。また、65歳以上の者のいる世帯のうち「単独世帯」は年々増加している。

⑰ 「2022（令和4）年国民生活基礎調査」によると、要介護者等（介護保険法の要支援または要介護と認定された者のうち、在宅の者）のいる世帯のうち、2022（令和4）年では、「単独世帯」は30.7％、核家族世帯のうち「夫婦のみの世帯」は25.0％となっており、それらの世帯は増加傾向にある。

◎所得

⑱ 内閣府（2021（令和3）年）の調査で、経済的な暮らし向きについて「心配がない」と感じている人の割合は、全体の7割弱となっている。

図表6 65歳以上の人の経済的な暮らし向き

	全体	65〜75歳	75歳以上
家計にゆとりがあり、まったく心配なく暮らしている	12.0	11.6	12.5
家計にあまりゆとりはないが、それほど心配なく暮らしている	56.5	55.3	57.8
家計にゆとりがなく、多少心配である	23.7	25.6	21.4
家計が苦しく、非常に心配である	7.5	7.3	7.8

出典：内閣府「高齢者の日常生活・地域社会への参加に関する調査（2021（令和3）年度）」

⑲ 高齢者世帯（65歳以上の者のみまたはこれに18歳未満の未婚者が加わった世帯）の平均所得金額は、318万3000円であり、全世帯の平均（545万7000円）より低い。所得種別の多くは、「公的年金・恩給」（199万9000

円）であり6割以上を占めているが、「稼働所得」（80.3万円）の割合は2018（平成30）年の72.1万円（23.0％）から高くなっている（「2022（令和4）年国民生活基礎調査」）。

図表7 高齢者世帯の種類別平均所得金額・構成割合

総所得	公的年金・恩給	稼働所得		財産所得	年金以外の社会保障給付金	個人年金等その他の所得
			雇用者所得			
318.3（万円）	199.9	80.3	64.9	17.2	1.8	19.0
100.00（％）	62.8	25.2	20.4	5.4	0.6	6.0

20 公的年金・恩給を受給している高齢者世帯のなかで、公的年金・恩給の総所得に占める割合が100％の世帯は、44.0％となっている（「2022（令和4）年国民生活基礎調査」）。

21 世帯主が60歳以上の貯蓄の増減状況は、前年度に比べて「貯蓄が減った」が4割を超えている（「2022（令和4）年国民生活基礎調査」）。

22 2021（令和3）年における65歳以上の生活保護受給者は、105万人で、前年と比べて横ばいになっている。また、65歳以上人口に占める生活保護受給者の割合は、2.91％で、前年と比べてほぼ横ばいである（「2023（令和5）年版高齢社会白書」）。

◎世帯
〈厚生労働省「2022（令和4）年国民生活基礎調査」〉

23 65歳以上の者のいる世帯についてみると、2022（令和4）年現在、世帯数は2747万4000世帯と、全世帯（5431万世帯）の50.6％を占めている。

24 世帯類型として、65歳以上の者のみで構成するか、またはこれに18歳未満の未婚の者が加わった世帯を「高齢者世帯」といい、1693万1000世帯で全世帯の31.2％を占める。

25 65歳以上の者のいる世帯では、「夫婦のみの世帯」（32.1％）が最も多く、ついで「単独世帯」（31.8％）となっている。

26 高齢者世帯の単独世帯は、男女ともに増加傾向にあり、2022（令和4）年には、男性18.5％、女性33.0％となっている。

図表8 65歳以上の者のいる世帯と高齢者世帯

総世帯数	65歳以上の者のいる世帯	高齢者世帯
5431万世帯	2747万4000世帯 （全世帯の50.6％） うち夫婦のみの世帯は882万1000世帯（32.1％） 単独世帯は873万世帯（31.8％）	1693万1000世帯 （全世帯の31.2％） うち男の単独世帯は18.5％ 女の単独世帯は33.0％

◎雇用、就労

〈総務省「労働力調査 2022（令和4）年」〉

27 2022（令和4）年の労働力人口に占める65歳以上の割合は、13.4％で、前年度とほぼ横ばいである。

図表9 65歳以上の者の労働力人口

労働力人口	6902万人（前年比－5万人）	
うち　65～69歳の者	395万人（前年比－15万人）	総労働力人口のうち65歳以上の割合：13.4％
うち　70歳以上の者	532万人（前年比＋16万人）	

28 完全失業率は、60～64歳では、2011（平成23）年以降低下傾向にあったが、2021（令和3）年は、前年からの新型コロナウイルス感染症の影響により3.1％に上昇し、2022（令和4）年は2.7％と低下した。また、65歳以上では、2021（令和3）年の1.8％から2022（令和4）年は1.6％と低下した。

29 就業率の推移をみると、60～64歳、65～69歳、70～74歳、75歳以上では、10年前の2012（平成24）年の就業率と比較して、2022（令和4）年の就業率はそれぞれ上昇傾向にある。60～64歳では約7割、70～74歳でも3割の高齢者が就業している。しかし、60歳以降になると、非正規の職員の比率は上昇している。

◎介護需要、介護予防

30 65歳以上のすべての者を対象として**介護予防**の考え方がある。生活機能の低下がある者だけではなく、要支援・要介護状態の予防およびその重度化の予防・軽減に効果があり、本人の自己実現の達成を促すことや支援を必要とする期間や支援の量が減少すると考えられている。

31 介護予防の取組みは、生活機能の低下の予防、維持、向上に着目して、一次予防、二次予防、三次予防に整理されている。

図表10 介護予防

	状態像	想定されるサービス
一次予防	生活機能の維持・向上	地域支援事業
二次予防	生活機能低下の早期発見・早期対応	
三次予防	要介護状態の改善と重度化の予防	介護予防給付及び介護給付 　介護（介護予防）サービスを実施

32　健康寿命延伸に向けた、予防・健康づくり推進のため、介護予防、生活習慣病対策、フレイル対策として、市町村を中心とした介護保険法の地域支援事業と国民健康保険の保健事業との一体的な取組みが実施される。

高齢者を取り巻く社会環境

◎独居、老老介護、ダブルケア、8050問題

33　わが国における男女の平均的な生涯を3世代にわたってみてみると、定年退職や末子結婚後の期間が長期化していることにより、それらの後の生活をどう健康的に過ごしていくかが課題となっている。

34　現代の高齢者たちにとって、子どもや孫とは別々に暮らし、地域社会とのつながりも薄いなど、ある意味ではさまざまな人間関係の関係性が形成しづらい社会となっている。また、子どもの婚姻までの長期化や単身でいることから、介護が必要となったときに、子どもたちは介護の担い手として仕事との両立が困難となっている。認知症の夫を高齢の妻が介護するというような老老介護も課題となっている。

35　ダブルケアとは、育児と介護が同時期に発生する状態を指す。広義では家族や親族等との密接な関係における複数のケア関係とそこにおける複合的課題を指すと定義されている。

36　8050問題とは、80代の親が50代の子ども（主にひきこもり）の生活を支えるために経済的にも精神的にも強い負担を請け負うという社会問題のことである。現状として、子どもが自立した生活を送れないため、80代の親の年金を頼りに生活しているケースが多く、困窮した生活を送っている場合が少なくない。

　　💬 昨今では医療技術進歩で平均年齢の伸長もあり、「9060問題」に移行しつつある。

37　老老介護・ダブルケア・8050問題の本質的課題は、地域とのつながりの希薄からくるものである。元気なうちから地域住民として我が事とみなし住んでいる地域課題に目を向け、予防的取組みや、早期相談、解決への取

組みを地域や社会資源につなぎ、ネットワークを形成しておくことが大切であるといえる。

図表11 要介護者等からみた主な介護者の続柄

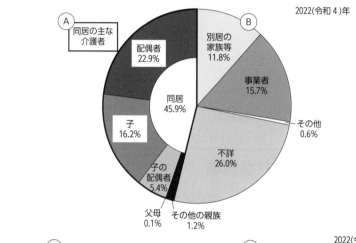

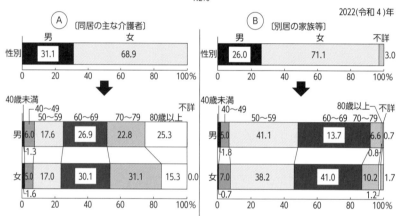

注：2022（令和4）年調査では、男の「同居の主な介護者」の年齢不詳はいない。
出典：厚生労働省「令和4年国民生活基礎調査」

3 高齢者福祉の歴史

高齢者福祉の理念

38 1995（平成7）年、高齢社会対策基本法により、高齢社会対策にかかわる基本理念が示された。この法は「総則」「基本的施策」「高齢社会対策会議」の3章からなる。

⊕33-127
⊕35-127

39 2019（令和元）年、認知症施策推進大綱で「共生」と「予防」の施策を推進することが示された。

◎老人福祉法の目的・理念

40 老人福祉に関する基本原理は、老人福祉法の基本的理念に掲げられる敬愛、生活保障および国や地方公共団体の責務である。

⊕35-134

41 老人福祉法（1963（昭和38）年）が制定される前の日本の高齢者福祉施策は、恤救規則（1874（明治7）年）から始まり、救護法（1929（昭和4）年）、旧生活保護法（1946（昭和21）年）と、救貧対策が中心であった。

42 1990（平成2）年に、老人福祉法は基本的理念が改正された。社会的援助としての生きがい保障など従来規定に加えて、①「豊富な知識と経験を有する者として敬愛されるとともに、生きがいを持てる」生活の保障（第2条）、②老人も社会の一員として「社会的活動に参加」するように努め、「参加する」機会を与えられる（**第3条**）と加えられた。

受験対策アドバイス

◆老人福祉法の制定（1963（昭和38）年）よりも前の老人を収容する施設として「養老院」が展開され、主に生活困窮者が対象でしたが、現在は「養護老人ホーム」として位置づけられています。

図表12 老人福祉法の抜粋と定義

基本的理念	第2条	老人は（中略）敬愛されるとともに、生きがいを持てる健全で安らかな生活を保障されるものとする。
	第3条	老人は（中略）社会的活動に参加するように努めるものとする。老人は（中略）適当な仕事に従事する機会その他社会的活動に参加する機会を与えられるものとする。
定義		・老人福祉法では「老人」の定義はない。 ・福祉の措置の対象者を65歳以上の者（65歳未満の者であっても特に必要と認められるものを含む）としている。

◎介護保険法の目的・理念

43 　介護保険法第1条は、法の目的を**図表13**のとおり定めている。**個人の尊厳**とは、年齢や障害の有無にかかわらず、人として尊重され、人間らしく基本的人権を保障され、大切に処遇されることを意味する。

44 　自立した日常生活とは、可能な限り自分の意思で生活の仕方や人生のあり方を選択し、決定することである。

45 　国民の共同連帯とは、介護負担を家族のみに負わせるのではなく、社会全体で担っていこうとするものである。
　📎 保険料負担も含めて国民の役割も盛り込まれている。

図表13 介護保険法の目的・理念

第1条 （目的）	この法律は、加齢に伴って生ずる心身の変化に起因する疾病等により要介護状態となり、入浴、排せつ、食事等の介護、機能訓練並びに看護及び療養上の管理その他の医療を要する者等について、これらの者が尊厳を保持し、その有する能力に応じ自立した日常生活を営むことができるよう、必要な保健医療サービス及び福祉サービスに係る給付を行うため、国民の共同連帯の理念に基づき介護保険制度を設け、その行う保険給付等に関して必要な事項を定め、もって国民の保健医療の向上及び福祉の増進を図ることを目的とする。
第2条 （介護保険）	1　介護保険は、被保険者の要介護状態又は要支援状態（以下「要介護状態等」という。）に関し、必要な保険給付を行うものとする。 2　前項の保険給付は、要介護状態等の軽減又は悪化の防止に資するよう行われるとともに、医療との連携に十分配慮して行わなければならない。 3　第1項の保険給付は、被保険者の心身の状況、その置かれている環境等に応じて、被保険者の選択に基づき、適切な保健医療サービス及び福祉サービスが、多様な事業者又は施設から、総合的かつ効率的に提供されるよう配慮して行われなければならない。 4　第1項の保険給付の内容及び水準は、被保険者が要介護状態となった場合においても、可能な限り、その居宅において、その有する能力に応じ自立した日常生活を営むことができるように配慮されなければならない。
第4条 （国民の努力及び義務）	1　国民は、自ら要介護状態となることを予防するため、加齢に伴って生ずる心身の変化を自覚して常に健康の保持増進に努めるとともに、要介護状態となった場合においても、進んでリハビリテーションその他の適切な保健医療サービス及び福祉サービスを利用することにより、その有する能力の維持向上に努めるものとする。 2　国民は、共同連帯の理念に基づき、介護保険事業に要する費用を公平に負担するものとする。

高齢者観の変遷

46 　高齢であることを理由に偏見や固定概念を抱き、差別的な言動をとることを**エイジズム**（agism）という。社会の変革に伴いこの考え方も変わっ

てきた。

図表14 エイジズムの変遷

～1960年代	制度的エイジズム	個人的な問題だけでなく社会や制度のうえで差別的な対処が行われること。
1960～1970年代	サクセスフル・エイジング	「幸福な老い」という概念。心身ともに健康になり、社会参加に適応していくことで主観的幸福が高まる。
1980～1990年代	プロダクティブ・エイジング	有償・無償にこだわらず、老後という期間において社会に貢献するために、新たな教育などのセルフケア活動を推進する。
1990～2000年以降	アクティブ・エイジング	人々が歳を重ねても生活の質が向上するように、健康、参加、安全の機会を最適化するプロセス。

47 昨今では、予防的な取組みで健康寿命の伸長や健康に対して意識していくこと、高齢者であっても可能な限り、積極的に社会参加を意識していくことなどの高齢者自体の意識や社会も変わりつつある。「シニア起業」「経験を活かした就業」などの働き手や、「社会参加・ボランティア」などの社会貢献などで、高齢者の担い手が増えつつある。

48 2014（平成26）年の「地域における医療及び介護の総合的な確保の促進に関する法律」（医療介護総合確保法）において、地域包括ケアシステムが定義され、身近な地域で医療、介護、介護予防、生活支援、住まいが包括的に確保される体制を構築するとした。

高齢者福祉制度の発展過程

〈1960年代〉

49 1962（昭和37）年、自主的な活動を行っていた老人クラブ活動を支援するための全国老人クラブ連合会が結成された。

⊕33-127

50 1963（昭和38）年に老人福祉法が制定された。当時の高齢化率は6％前後であり、高齢化社会と呼ばれる高齢化率が7％を超えたのは1970（昭和45）年である。

51 1963（昭和38）年制定の老人福祉法で、65歳以上の者に対する健康診査が定められた。

52 1963（昭和38）年制定の老人福祉法では、在宅高齢者に対して老人家庭奉仕員派遣制度や養護委託、老人クラブへの助成がなされた。入所型施設として、養護老人ホーム、特別養護老人ホーム、軽費老人ホームが規定さ

⊕33-127
⊕35-127

れた。また、有料老人ホームに関する規定も設けられた。同法において、養護老人ホームと特別養護老人ホームは、措置制度の対象であり、軽費老人ホームは契約によって入所が決まっていた。

　　☞ 養護老人ホームは、経済的理由により居宅において養護を受けることが困難な老人を収容するとされた。

⊕32-128
⊕34-127

53 福祉の措置の実施者は、居住地の市町村である。

〈1970 ～ 1980年代〉

⊕35-49（社保）

54 1973（昭和48）年には、老人医療費支給制度（いわゆる老人医療無料化）が老人福祉法の一環として実施された。これは70歳以上の高齢者について医療保険の一部負担分を国と地方自治体が負担して、老人医療費を無料にしようというものであった。

⊕35-127

55 1982（昭和57）年に制定された老人保健法による老人保健制度は、国民が老人医療に要する費用を公平に負担することを基本的理念の1つとした。

⊕32-128
⊕33-127

56 老人保健法（1982（昭和57）年）により、市町村による40歳以上の者に対する医療以外の保健事業（健康教育・調査、訪問指導など）の実施が規定された。

〈1990年代〉

⊕35-127

57 高齢者保健福祉推進十か年戦略（ゴールドプラン）（1989（平成元）年）を円滑に実施するために、1990（平成2）年、老人福祉法の改正が行われた。老人福祉法および老人保健法では、市町村老人保健福祉計画の策定が義務づけられた。また「寝たきり老人ゼロ作戦」として機能訓練や在宅介護指導員が計画された。

⊕32-128

58 1991（平成3）年に老人保健法の改正により、老人訪問看護制度が創設された。1992（平成4）年4月から在宅の寝たきり老人等に対して訪問看護ステーションから訪問看護が実施された。2000（平成12）年の介護保険施行後も医療保険による訪問看護の提供が行われている。

✍ **受験対策アドバイス**

◆新ゴールドプラン（1994（平成6）年）で掲げられた4つの基本理念は現在の介護保険法の理念へと展開され、改正が繰り返されている現在も大きくは変わっていません。

59 1994（平成6）年12月、「高齢者保健福祉推進十か年戦略の見直しについて」（新ゴールドプラン）により、従来のゴールドプランの全面的な見直しが行われた。

　　☞ 基本理念として、①利用者本位・自立支援、②普遍主義、③総合的サービスの提供、④地域主義が掲げられた。

60 1995（平成7）年、**高齢社会対策基本法**により、高齢社会対策にかかわる基本理念が示された。この法は「総則」「基本的施策」「高齢社会対策会議」の3章からなる。 ⊕33-127 ⊕35-127

61 1999（平成11）年12月、新ゴールドプランが1999（平成11）年度で終了するのに伴って、新たに「**今後5か年間の高齢者保健福祉施策の方向**」（ゴールドプラン21）が策定された。基本的な目標として、①活力ある高齢者像の構築、②高齢者の尊厳の確保と自立支援、③支え合う地域社会の形成、④利用者から信頼される介護サービスの確立という4点が掲げられた。

　📖 単なる数値目標だけではなく、2000（平成12）年の介護保険法施行を見すえ、策定された。

62 1997（平成9）年、介護保険法が制定された。高齢者のニーズに応じた総合的サービス利用のため、**居宅介護支援（ケアマネジメント）**が定められた。 ⊕34-127

〈2000年以降〉

63 厚生労働省老健局長の私的研究会である「高齢者介護研究会」は、2003（平成15）年6月に「**2015年の高齢者介護～高齢者の尊厳を支えるケアの確立に向けて～**」をまとめた。これにより、介護保険制度の実施状況を踏まえ、「高齢者の尊厳を支えるケアの確立」を目指したさまざまな検討が行われた。 ⊕34-127

64 2005（平成17）年、「認知症を知り地域をつくる10カ年キャンペーン」が開始され、その一環として「**認知症サポーター100万人キャラバン**」、認知症サポーターの養成が開始された。 ⊕33-127

65 2006（平成18）年に老人保健法が改正され、高齢者の医療の確保に関する法律と改称となり、後期高齢者医療制度が創設された。この制度は、75歳以上の者（後期高齢者）に対して適切な医療の給付等を行うことを目的としている。 ⊕32-128

66 2014（平成26）年の地域における医療及び介護の総合的な確保の促進に関する法律（医療介護総合確保法）において、地域包括ケアシステムが定義され、身近な地域で医療・介護・予防・生活支援・住まいが包括的に確保される体制を構築するとした。 ⊕34-127

67 「ニッポン一億総活躍プラン」（2016（平成28）年）では、介護の受け皿の整備加速、介護人材の処遇改善、多様な介護人材の確保・育成が掲げられている。 ⊕32-127

⊕ 32-127　　　　　**68**　「高齢社会対策大綱」（2018（平成30）年）では、AI（人工知能）などICT（情報通信技術）の技術革新の活用に対する期待が盛り込まれている。

⊕ 32-127　　　　　**69**　「認知症の人の日常生活・社会生活における意思決定支援ガイドライン」（2018（平成30）年）において、認知症の人の意思決定支援をするものとして、医療・福祉の専門職員や市町村の職員が想定されている。

⊕ 34-127　　　　　**70**　認知症施策推進総合戦略（新オレンジプラン）（2015（平成27）年）において、認知症の人の事故の損害への対応が課題とされた。

4 高齢者に対する法制度

介護保険法

◎介護保険法と介護保険制度の概要

〈介護保険法の概要〉

71 被保険者が介護保険サービスを利用したいときには、市町村に要介護認定または要支援認定を申請する。申請を受けた市町村は、認定調査を行い、介護認定審査会の審査判定を経て、認定通知を出す。認定通知を受け取った被保険者は、ケアプランを作成してサービス提供事業者に利用の申込みを行い、契約を交わしたうえで、サービス提供を受ける（**図表15参照**）。

〈介護保険制度の目的〉

72 介護保険法第1条は、法の目的を**図表16**のとおり定めている。

〈介護保険制度の理念〉

73 個人の尊厳とは、年齢や障害の有無にかかわらず、人として尊重され、人間らしく基本的人権を保障され、大切に処遇されることを意味する。

74 自立した日常生活とは、可能な限り自分の意思で生活の仕方や人生のあり方を選択し、決定することである。

75 国民の共同連帯とは、介護負担を家族のみに負わせるのではなく、社会全体で担っていこうとするものである。
　　✎ 40歳以上の国民全員が介護保険料を拠出し、負担していく仕組みによって具体化されている。

〈介護保険法改正の背景と方向性〉

76 2005（平成17）年の介護保険法の改正において、①介護保険制度の予防重視型システムへの転換、②地域支援事業の創設、地域包括支援センターの設置、地域密着型サービスの創設（認知症対応型共同生活介護（グループホーム）・小規模多機能型居宅介護）、③サービスの質の確保のための情報の公表の義務化、④介護支援専門員（5年ごと）、指定事業者（6年ごと）の更新制などの改正が行われた。

⊕32-48（行財）

77 2005（平成17）年10月より、在宅との負担のバランスを図るために、居住費用と食費を介護報酬から切り離して自己負担とすることになった。

図表15 介護保険制度の仕組みの概要

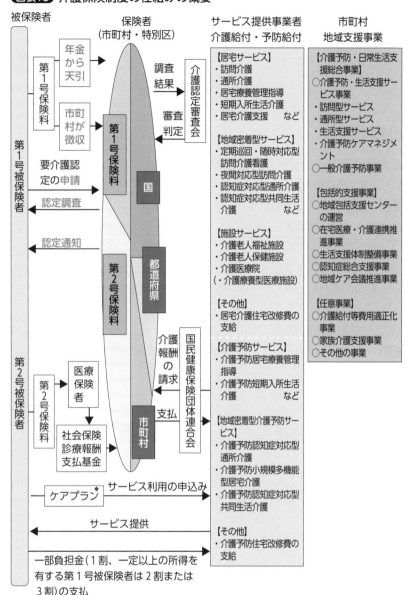

注：「保険者」の楕円内の構成は、介護保険の財源構成を表す。「仕組みの概要」であるので、すべてのサービス等を示すものではない。

受験対策アドバイス

◆ケアマネジャー（介護支援専門員）が策定するケアプランは利用者の自己負担がなく、10割保険給付から賄われます。

図表16 介護保険法第1条の法の目的

　加齢に伴って生ずる心身の変化に起因する疾病等により要介護状態となり、入浴、排せつ、食事等の介護、機能訓練並びに看護及び療養上の管理その他の医療を要する者等について、これらの者が尊厳を保持し、その有する能力に応じ自立した日常生活を営むことができるよう、必要な保健医療サービス及び福祉サービスに係る給付を行うため、国民の共同連帯の理念に基づき介護保険制度を設け、その行う保険給付等に関して必要な事項を定め、もって国民の保健医療の向上及び福祉の増進を図ることを目的とする。

78 2012（平成24）年4月の法改正は、高齢者が可能な限り地域でその有する能力に応じ自立した生活を営むことができるように、医療、介護、予防、住まい、生活支援サービスが切れ目なく提供されるよう地域包括ケアシステムの実現に向けたものである（**図表17参照**）。

図表17 地域包括ケアシステムの実現に向けて

①医療と介護の連携の強化等
- 医療、介護、予防、住まい、生活支援サービスが連携した地域包括ケアの推進
- 日常生活圏域ごとに地域ニーズや課題の把握を踏まえた介護保険事業計画の策定
- 24時間対応の定期巡回・随時対応型サービスや複合型サービスの創設
- 保険者の判断による予防給付と生活支援サービスの総合的な実施
- 介護療養型医療施設廃止期限を2018（平成30）年3月末まで猶予[注1]（新たな指定はしない）

②介護人材の確保とサービスの質の向上
- 介護福祉士や一定の教育を受けた介護職員等による痰の吸引等の実施
- 介護福祉士の資格取得方法の見直しの3年間延期（2015（平成27）年度）[注2]
- 事業所指定の欠格要件・取消要件に労働基準法違反者の追加
- 公表前の調査実施の義務づけ廃止などの介護サービス情報公表制度の見直し

③高齢者の住まいの整備等
- 有料老人ホーム等における前払金の返還に関する利用者保護規定の追加
- サービス付き高齢者向け住宅の供給促進（高齢者の居住の安全確保に関する法律（高齢者住まい法）の改正）

④認知症対策の推進
- 市民後見人の育成および活用など、市町村における高齢者の権利擁護の推進
- 市町村介護保険事業計画に、地域の実情に応じた認知症支援策の盛込み

⑤保険者による主体的な取組みの推進
- 介護保険事業計画と医療サービス、住まいに関する計画との調和の確保
- 地域密着型サービスについての公募・選考による指定

⑥保険料の上昇の緩和
- 各都道府県の財政安定化基金を取り崩し、介護保険料の軽減等への活用

注1：2017（平成29）年6月の改正で6年間延長され、2024（令和6）年3月末まで猶予とされた。
　2：2014（平成26）年6月の法改正で、さらに1年間延期され、2016（平成28）年度施行とされたが、2016（平成28）年3月の法改正で、2022（令和4）年度に延期された。その後、2020（令和2）年6月の法改正で、さらに2027（令和9）年度に延期された。

79 地域の自主性及び自立性を高めるための改革の推進を図るための関係法律の整備に関する法律が2011（平成23）年4月に成立し、これにより介護保険法と老人福祉法も一部改正された（**図表18参照**）。

80 地域における医療及び介護の総合的な確保を推進するための関係法律の整備等に関する法律（医療介護総合確保推進法）は、地域包括ケアシステムの体制を完成させるために、医療法、介護保険法等の関係法律について所要の整備等を行うものとして、2014（平成26）年6月に公布された。

81 2019（令和元）年、医療保険制度の適正かつ効果的な運営を図るた

図表18 条例で基準を定めることが可能になったサービス

介護保険法で規定されているサービス	老人福祉法で規定されているサービス
都道府県の条例で定めることとなるサービス ① 基準該当居宅サービス ② 基準該当介護予防サービス ③ 指定居宅サービス ④ 指定介護老人福祉施設 ⑤ 介護老人保健施設 ⑥ 指定介護予防サービス	都道府県の条例で定めることとなるサービス ① 養護老人ホーム ② 特別養護老人ホーム
市町村の条例で定めることとなるサービス ① 指定地域密着型サービス ② 指定地域密着型介護予防サービス	

めの健康保険法等の一部を改正する法律が公布された。この改正では、医療および介護給付の費用の状況等に関する**情報の連結解析および提供に関する仕組みの創設**、**高齢者の保健事業と介護予防の一体的な実施**等に関して示された。

◎介護報酬の概要

82 介護報酬とは、居宅や施設などにおける介護サービスの提供に対して、対価として支払われる報酬のことをいい、国が定めている。

⊕33-131

83 介護報酬は、厚生労働大臣が**社会保障審議会**の意見を聞いて定めるとされている。

84 介護サービスを提供した事業者・施設は、月ごとに提供したサービスの単位数を計算し、その**1割**（一定以上の所得のある第1号被保険者は**2割**または**3割**）を利用者本人から徴収する。残りは、**国民健康保険団体連合会**を通して**市町村**に請求し、支払いを受ける流れとなる。

⊕33-131

85 介護報酬は、1単位＝10円を原則として、サービスごと、要介護度ごとに定められ、原則3年ごとに見直しが行われている。

86 1単位の価格については、地域ごと、サービスごとに加算されている場合がある。地域は、1級地から7級地、その他に分けられる。

87 居宅介護サービス等の利用について、要介護度ごとに限度額が定められており（**区分支給限度基準額**）、その範囲内で複数のサービスを組み合わせて利用できるが、限度額を超えるとすべて自己負担となる。

　📖 居宅介護サービス等であっても、医師等の判断により行われる居宅療養管

理指導や、「居住系サービス」（短期利用を除く）、施設サービスについては限度額は適用されない。

📖 福祉用具の購入、住宅改修については、区分支給限度基準額とは別に上限額が決められている。

88 2005（平成17）年6月の法改正によって、施設介護サービスや短期入所介護、通所介護、通所リハビリテーションなどの介護報酬から**居住費**（**滞在費**）と**食費**が外され、利用者の負担となった。ただし低所得者等には軽減措置がある。

89 2012（平成24）年の改定で、介護職員による痰の吸引等の実施が開始されたことを評価するため、介護老人福祉施設における日常生活継続支援加算、訪問介護における特定事業所加算の算定要件に、**痰の吸引等が必要な者が一定の割合いる**ことが追加された。

90 2012（平成24）年の改定で、介護職員の処遇改善のために実施されてきた介護職員処遇改善交付金を介護報酬に円滑に移行するために、**介護職員処遇改善加算**が設けられた。

⊕32-134

91 2018（平成30）年の介護報酬改定では、国民一人ひとりが状態に応じた適切なサービスを受けられるよう、質が高く効率的な介護の提供体制の整備を推進するとされた。改定率はプラス0.54％。

92 2018（平成30）年の介護報酬の改定において、介護老人福祉施設で**複数の医師を配置**するなどの体制を整備し、配置医師が施設の求めに応じ早朝・夜間または深夜に施設を訪問することに対する加算などが新設された。

93 2019（令和元）年、介護職員の確保の定着につなげるため、経験・技能のある介護職員に対して加算される**介護職員等特定処遇改善加算**が開始された。

94 2021（令和3）年度の介護報酬改定では、改定率はプラス0.70％となった。

95 2024（令和6）年度の介護報酬改定では、改定率はプラス1.59％となった。概要は**図表19**のとおりである。

図表19 2024（令和6）年度介護報酬改定の概要

1　地域包括ケアシステムの深化・推進
　　認知症の方や単身高齢者、医療ニーズが高い中重度の高齢者を含め、質の高いケアマネジメントや必要なサービスが切れ目なく提供されるよう、地域の実情に応じた柔軟かつ効率的な取組を推進
　○質の高い公正中立なケアマネジメント　○地域の実情に応じた柔軟かつ効率的な取組　○医療と介護の連携の推進　○看取りへの対応強化　○感染症や災害への対応力向上　○高齢者虐待防止の推進　○認知症の対応力向上　○福祉用具貸与・特定福祉用具販売の見直し
2　自立支援・重度化防止に向けた対応
　　高齢者の自立支援・重度化防止という制度の趣旨に沿い、多職種連携やデータの活用等を推進
　○リハビリテーション・機能訓練、口腔、栄養の一体的取組等　○自立支援・重度化防止に係る取組の推進
　○LIFEを活用した質の高い介護
3　良質な介護サービスの効率的な提供に向けた働きやすい職場づくり
　　介護人材不足の中で、更なる介護サービスの質の向上を図るため、処遇改善や生産性向上による職場環境の改善に向けた先進的な取組を推進
　○介護職員の処遇改善　○生産性の向上等を通じた働きやすい職場環境づくり　○効率的なサービス提供の推進
4　制度の安定性・持続可能性の確保
　　介護保険制度の安定性・持続可能性を高め、全ての世代にとって安心できる制度を構築
　○評価の適正化・重点化　○報酬の整理・簡素化
5　その他
　○「書面掲示」規制の見直し　○通所系サービスにおける送迎に係る取扱いの明確化　○基準費用額（居住費）の見直し　○地域区分

◎保険者と被保険者、保険料
〈介護保険の費用負担構造〉

96　介護保険の財源構成は、公費（税金）50％、保険料50％である。公費の内訳は、国の負担金が25％、都道府県と市町村の負担金が各12.5％ずつである（施設等給付については、これとは異なっている）。保険料の内訳は、第1号被保険者と第2号被保険者の人口比率で3年ごとに変わる（**図表20参照**）。

97　地域密着型サービスの費用財源は、**公費負担**（国・地方公共団体）のほか、第1号と第2号被保険者の**保険料**があてられる。

⛔32-132　**98**　国の**調整交付金**とは、介護保険の財政の調整を行うため、①第1号被保険者の年齢階級別の分布状況、②第1号被保険者の所得の分布状況などを考慮して、国が市町村に交付する交付金のことをいう。

99　2005（平成17）年11月の三位一体改革によって、施設等給付費については、**都道府県交付金**が廃止された。これにより、都道府県知事が指定権限をもつ施設等給付費にかかる都道府県の費用負担が見直され、国の負担は20％（調整交付金を含む）、都道府県の負担割合が12.5％から17.5％となっている。対象は、介護老人福祉施設、介護老人保健施設、介護医療院、および特定施設の給付費である（**図表21参照**）。

図表20 介護保険制度の費用負担

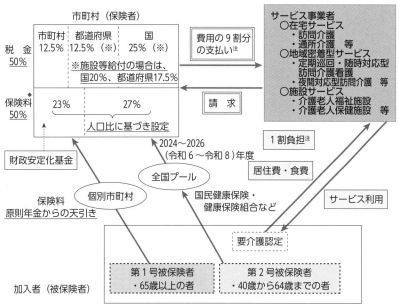

受験対策アドバイス

◆第2号被保険者の介護保険料の負担は、第1号被保険者の利用者の平均的な負担額と同じになるよう、人口割合により3年ごとに見直されています。

注：一定以上の所得を有する第1号被保険者は2割または3割負担。

図表21 保険給付・地域支援事業の費用負担構造

		国（調整交付金含む）	都道府県	市町村（一般会計）	第1号保険料	第2号保険料
給付費	居宅給付費	25.0%	12.5%	12.5%	23.0%	27.0%
	施設等給付費	20.0%	17.5%	12.5%	23.0%	27.0%
地域支援事業	介護予防・日常生活支援総合事業	25.0%	12.5%	12.5%	23.0%	27.0%
	包括的支援事業（第1号介護予防支援事業を除く）任意事業	38.5%	19.25%	19.25%	23.0%	—

注：負担比率は、2024（令和6）年度の現況による。

100 2006（平成18）年4月より、介護保険のサービスに、居宅と施設のほかに、地域支援事業（介護予防事業等）が加えられた。居宅給付費と地域支援事業のうち、介護予防事業の負担構造はそれまでと同じとされた。

101 地域支援事業のうち、包括的支援事業の負担構造は、国38.5％、都道府県19.25％、市町村19.25％、第1号保険料23.0％となる。

102 都道府県は、市町村の介護保険の財政の安定化に資するため、財政安定化基金を設置している。これは、保険料の収納率の低下など、一定の事由により市町村の介護保険の財政が不足した場合、資金の交付または貸付を行う。財源は、国、都道府県および市町村（第1号被保険者の保険料）がそれぞれ3分の1ずつ負担する。

103 小規模市町村は、保険者として介護保険の財政の安定化を図るため、介護給付等に要する財源について、ほかの市町村と共同して、議会の議決を経て規約を定め、調整保険料率に基づき市町村相互間において調整する事業（**市町村相互財政安定化事業**）を行う。また、都道府県は、市町村の求めに応じ、**市町村相互財政安定化事業**にかかる必要な調整などを行う。

〈保険者〉

104 介護保険制度の運営主体である保険者は、介護保険法第3条によって「**市町村及び特別区**」とされ、**介護保険特別会計**を設置して、介護保険に関する収入と支出を管理することとされている。

　　　介護保険特別会計を設け保険料等の特定歳入と歳出を一般会計と区別して経理することで、事業や資金運用状況を明確にしている。

105 **広域連合や一部事務組合**などの特別地方公共団体である広域自治体についても、小規模な市町村の運営の安定化・効率化の観点から、保険者となることができる。

受験対策アドバイス
◆第1号被保険者への徴収方法として65歳以上の9割近くが特別徴収となっています（厚生労働省「令和2年度介護保険事務調査集計結果」）。
35-131

106 市町村または特別区（以下、**市町村**）は、介護保険事業に要する費用（財政安定化基金拠出金の納付に要する費用を含む）にあてるため、第1号被保険者から政令で定める基準に従い条例で定めるところにより算定された保険料率に基づき、**保険料を徴収**しなければならない。

107 保険料の徴収は、第1号被保険者の場合、一定額以上（年額**18万円以上**）の年金受給者であれば、年金から天引きされる**特別徴収**の方法を原則とする。**特別徴収**の対象として、老齢・退職年金のほかに、遺族年金、障害年金も加えられている。

受験対策アドバイス
◆第2号被保険者が、給与から差し引かれる保険料を納付する「社会保険診療報酬支払基金」は居住地ではなく、就労先の管轄の都道府県にある社会保険診療報酬支払基金への支払いとなります。
35-131

108 無年金者や低年金者などの場合の保険料徴収は、口座振替や納付書による**普通徴収**の方法になる。**普通徴収**は、コンビニエンスストアなど私人に委託が可能となっている。

109 第1号被保険者が属する世帯の世帯主および第1号被保険者の配偶者は、**保険料の連帯納付義務**を負う。

110 第2号被保険者の保険料は、医療保険者が**医療保険料と一体的に徴収**し、社会保険診療報酬支払基金に**介護給付費・地域支援事業支援納付金**として納付する。社会保険診療報酬支払基金は、市町村に対し、介護給付費交付金、地域支援事業支援交付金を交付する。

111 健康保険加入者は**事業主負担**、国民健康保険加入者は**国庫負担**がある。

〈被保険者〉

112 被保険者は、①市町村の区域内に住所を有する65歳以上の者（第1号被保険者）、②市町村の区域内に住所を有する40歳以上65歳未満の医療保険加入者（第2号被保険者）である。

113 「日本国籍をもつ人が海外に長期滞在しており、日本に住民票がない場合」「日本国籍をもたない人が観光目的で日本国内に短期間滞在している場合」など**住所要件を満たさない場合**には、介護保険の被保険者とはならない。住民基本台帳法により、適法に3か月超在留する外国人で住所を有する者等について介護保険の被保険者となる。

114 第1号被保険者は、**被保険者資格の取得および喪失に関する事項**などを、市町村に届け出なければならない。

115 第1号被保険者の資格要件には、住所地特例がある。住所地特例とは、ほかの市町村に所在する住所地特例対象施設（①**介護保険施設**、②**特定施設**、③**養護老人ホーム**）に入所して、その施設の所在地に住所を変更しても、元の住所地市町村の被保険者とするという特例である（**介護保険法第13条**）。

116 第1号被保険者の保険料のもととなるのは**基準額**である。**基準額**は、その市町村の介護保険事業計画に基づいて算定される1年間の介護給付等に要する費用を賄うことができる、その必要額の23％（2024（令和6）〜2026（令和8）年度）に相当する額を、その市町村の第1号被保険者の見込み総数で割った平均額となっている。

117 保険者である市町村ごとに基準額が異なり、第1号被保険者の保険料の額も異なるが、所得に応じた**賦課率**は全国的に同様の率となっている。

118 賦課率の区分は、**13段階**が標準であるが、市町村によっては**13段階**以上とすることも可能である。

119 生活保護を受給している者の保険料は、**生活扶助費の介護保険料加算**として支給される。しかし、保護の目的を達成するために必要があるときは、保護費支給の際に福祉事務所が**天引き**し、保険者である市町村に支払うことができる。

120 生活保護を受給している40歳以上65歳未満の者が要介護状態となった場合、その多くが医療保険未加入者となっている。その場合、介護保険の被保険者ではないので介護給付を受けることはできない。しかし、それに代わって生活保護から**介護扶助**（**生活保護法第15条の2**）を受けることができる。また、65歳以上の被保護者は介護保険の給付が優先し、自己負担分（要し

受験対策アドバイス
◆介護保険の保険給付の支払い1〜3割の自己負担は第1号被保険者のみであって、第2号被保険者は一律1割自己負担となっています。

35-131

受験対策アドバイス
◆保険者による賦課率は2024（令和6）年度に9段階から13段階に変更されました。

35-131

35-131

た費用の1割）が、**介護扶助**の対象となる。

出 33-131

121 　特定入所者介護サービス費とは、一定の要件を満たした人を対象に所得に応じた限度額を設け、**食費と居住費を軽減**する制度である。

122 　第2号被保険者は、年齢到達や住民基本台帳法上の届出をしたときに、介護保険法による届出があったものとみなされる。しかし、医療保険資格の取得や喪失も含めて、特に要介護認定を申請する場合以外は、市町村に**届出をする必要**はない。

123 　介護保険の適用からの除外者は、**図表22**の施設に入所・入院している者が対象となり、当分の間、被保険者としないという例外が設けられている（**介護保険法施行法第11条、介護保険法施行規則第170条**）。これは、これらの施設ではすでに介護サービスが提供されており、その重複を避けるための措置である。

図表22 **介護保険の適用からの除外者が入所・入院する施設**

①指定障害者支援施設（障害者の日常生活及び社会生活を総合的に支援するための法律（障害者総合支援法）第19条第1項の規定による支給決定（生活介護および施設入所支援に限る）を受けて入所している身体障害者にかかるもの）
②障害者支援施設（身体障害者福祉法第18条第2項の規定により入所している身体障害者にかかるもので、生活介護を行うものに限る）
③医療型障害児入所施設
④医療機関（児童福祉法第6条の2の2第3項の厚生労働大臣が指定するもの）
⑤独立行政法人国立重度知的障害者総合施設のぞみの園法の規定によりのぞみの園が設置する施設
⑥ハンセン病療養所
⑦生活保護法に規定する救護施設
⑧労働者災害補償保険法第29条第1項第2号に規定する被災労働者の受ける介護の援護を図るために必要な事業にかかる施設
⑨障害者支援施設（知的障害者福祉法第16条第1項第2号の規定により入所している知的障害者にかかるもの）
⑩指定障害者支援施設（障害者総合支援法第19条第1項の規定による支給決定（生活介護および施設入所支援に限る）を受けて入所している知的障害者および精神障害者にかかるもの）
⑪障害者総合支援法第29条第1項の指定障害福祉サービス事業者であって、障害者総合支援法施行規則第2条の3に規定する施設（療養介護を行うものに限る）

◎**要介護認定の仕組みとプロセス**

124 　介護保険給付の対象者となるのは、**要介護状態**または**要支援状態**と認定された被保険者である。

125 　要介護状態、要支援状態とは、**図表23**のような状態のことをいう。

図表23 要介護・要支援状態について

要介護状態 （介護保険法第7条第1項）	要支援状態 （介護保険法第7条第2項）
身体上または精神上の障害があるために、入浴、排せつ、食事等の日常生活における基本的な動作の全部または一部について、6か月間にわたり継続して、常時介護を要すると見込まれる状態であって、要支援状態には該当せず、要介護1から要介護5の区分のいずれかに該当するもの。	身体上もしくは精神上の障害があるために入浴、排せつ、食事等の日常生活における基本的な動作の全部もしくは一部について、6か月間にわたり継続して常時介護を要する状態の軽減もしくは悪化の防止に特に資する支援を要すると見込まれる状態、または身体上もしくは精神上の障害があるために6か月間にわたり継続して日常生活を営むのに支障があると見込まれる状態であって、要支援1もしくは要支援2の区分のいずれかに該当するもの。

126 要介護者とは、①要介護状態にある**65歳以上**の者、②要介護状態にある**40歳以上65歳未満**の者であって、その要介護状態の原因である身体上または精神上の障害が**加齢**に伴って生ずる心身の変化に起因する**疾病**であって政令で定めるもの（**特定疾病**）によって生じたものであるものをいう（**図表24参照**）。

図表24 特定疾病

①がん末期
②関節リウマチ
③筋萎縮性側索硬化症（ALS）
④後縦靭帯骨化症
⑤骨折を伴う骨粗鬆症
⑥初老期における認知症（アルツハイマー病、脳血管性認知症など）
⑦進行性核上性麻痺、大脳皮質基底核変性症、パーキンソン病
⑧脊髄小脳変性症
⑨脊柱管狭窄症
⑩早老症（ウェルナー症候群）
⑪多系統萎縮症（シャイ・ドレーガー症候群など）
⑫糖尿病性神経障害、糖尿病性腎症、糖尿病性網膜症
⑬脳血管疾患（脳出血、脳梗塞）
⑭閉塞性動脈硬化症
⑮慢性閉塞性肺疾患（肺気腫、慢性気管支炎、気管支喘息など）
⑯両側の膝関節または股関節に著しい変形を伴う変形性関節症

127 障害者の日常生活及び社会生活を総合的に支援するための法律による自立支援給付を利用していたものが、65歳以上になり第1号被保険者となった場合、**介護保険法の給付**が優先される。

128 要支援者とは、①要支援状態にある**65歳以上**の者、②要支援状態にある**40歳以上65歳未満**の者であって、その要支援状態の原因である身体上または精神上の障害が**特定疾病**によって生じたものであるものをいう。

129 要介護（要支援）の認定を受けるには、申請書に被保険者証を添付し、保険者である**市町村**に申請する（**介護保険法第27条第1項など**）。認定の更新や区分変更などの申請の場合も同様である。

130 要介護（要支援）の申請は、本人に代わって**図表25**にあげるものが**代理**で申請することができる。

図表25 要介護等の代理申請者

①成年後見人
②家族、親族
③民生委員、介護相談員など
④地域包括支援センター
⑤指定居宅介護支援事業者、地域密着型介護老人福祉施設、介護保険施設（それぞれの指定基準に違反したことがない事業者・施設のみ）

131 寝たきりや認知症になっても、市町村におかれる**介護認定審査会**で「介護が必要」と認定されなければ、介護サービスは受けられない。また、予防給付を受けようとする被保険者は、要支援者に該当することについて、市町村の認定（**要支援認定**）を受けなければならない。

　　　審査判定業務を行うことが困難な市町村については、当該業務を都道府県に委託することが認められ、都道府県は介護認定審査会をおき、そこで審査判定が行われる。

132 市町村は、要介護認定調査などの実施等の事務について、当該事務を適正に実施することができると認められるものとして、都道府県知事が指定する**指定市町村事務受託法人**に委託することができる。法人の役員または職員には秘密保持義務などが規定されている。

133 申請した高齢者が**遠隔地**に住んでいる場合は、その住所地の市町村に調査を嘱託することができる。

134 認定調査の項目は74項目で、これらの項目はADLやIADL、あるいは認知症の状態について聞いているものである。各項目について、「①介助されていない、②見守り等、③一部介助、④全介助」や、ある一定の状態が「①ない、②ときどきある、③ある」などのように回答する。

　　　認定調査の各群については「特記事項」の欄があり、特別に記載すべきことがあれば記入できるようになっている。

135 認定調査票の各項目を、食事、排泄、清潔保持などの8分野に分けて時間を計算し、合計して算出された時間を**要介護認定等基準時間**という。この時間を基礎として一次判定を行う（**図表26参照**）。

図表26 一次判定と要介護認定等基準時間

区　分	状　　　態	要介護認定等基準時間
自立	非該当	25分未満
要支援1	社会的な支援を要する状態	25分以上32分未満
要支援2		32分以上50分未満
要介護1	部分的な介護を要する状態	
要介護2	軽度な介護を要する状態	50分以上70分未満
要介護3	中等度の介護を要する状態	70分以上90分未満
要介護4	重度の介護を要する状態	90分以上110分未満
要介護5	最重度の介護を要する状態	110分以上

136 　申請を受けた市町村は、認定調査と並行して、申請高齢者の**主治医**に対し、意見書の提出を求める。適切な主治医がいないときには、市町村が医師を指定したり、市町村職員である医師の診断を受けるように命じたりすることができる。

137 　一次判定を基礎に主治医の意見書や特記事項に基づき行われる二次判定によって、要支援1・2、要介護1～5の7段階と**非該当**のいずれに該当するかの判定を受ける。要支援者は予防給付、要介護者は介護給付を受ける。

138 　要介護（要支援）状態に該当した場合の通知にあたっては、要介護（要支援）状態区分が被保険者証に記載される。**認定審査会の意見**が付されている場合には、当該意見にかかる記載も併せて行われる。

139 　要介護認定で要介護状態の軽減または悪化の防止のために必要な療養に関する事項（要支援認定では、要支援状態の軽減または悪化の防止のために必要な療養および家事にかかる援助に関する事項）に意見が付された場合は、市町村は、**介護サービス（介護予防サービス）の種類の指定**ができる。
　🔖 指定された介護サービス以外のサービスについては、保険給付は行われない。

140 　市町村は、介護認定審査会による審査判定結果通知を受けて認定し、申請した被保険者にその結果を通知する。認定結果通知は申請日から30日以内にしなければならず、認定は申請日にさかのぼって有効となる。

141 　要介護（要支援）認定は、有効期間内（新規認定の場合は、原則6か月間。市町村が特に必要と認める場合にあっては、3～12か月間までの範囲内で月単位で定める期間。更新認定の場合は、原則12か月間。市町村が特に必要と認める場合にあっては、3～36か月間までの範囲内で月単位で

受験対策アドバイス

◆介護保険法では要介護認定の通知が申請日から30日を超える場合は、被保険者に対して決定までの見込期間とその理由を通知しなければなりません。

定める期間）に限り効力を有する。

　　　☞ 更新認定後の要介護（要支援）区分が現に受けている区分と同一の場合は、
　　　　上限が48か月間となる。

142　期間満了後においても要介護（要支援）状態に該当すると見込まれるときは、期間満了60日前から満了の日までの間に要介護（要支援）更新認定の申請をすることができる。

143　期間中要介護（要支援）度の変更がある場合は、被保険者の申請または職権により、要介護（要支援）度の変更の認定が行われる。また、要介護（要支援）者に該当しなくなったときなどには、市町村は、要介護（要支援）認定の取消しをすることができる。

144　ほかの市町村より転入してきた者が、すでに転入前の市町村から要介護（要支援）認定を受けていた場合、転入してから14日以内に要介護（要支援）認定に関する事項を証明する書面を添えて、転入後の市町村に申請を行った場合、認定審査会の審査判定を受けることなく、要介護（要支援）認定を引き継ぐことができる。

🔁 35-133　**145**　要介護度の新規認定の場合、市町村から職員が被保険者を訪問し、本人や家族から74項目にわたる調査票による聞き取りを行う。調査票と主治医意見書をもとに介護認定審査会での審査と判定がされ、結果が市町村に通知される。

🔁 35-133　**146**　介護認定審査会は、保健・医療・福祉に関する学識経験者で構成され、市町村長が任命する。審査および判定の案件を取り扱う合議体は、5名程度（要介護認定の更新に関する審査・判定の場合、5名以下でも可能（ただし3名は下回らない））の委員で構成される。委員は、原則、認定調査員として従事することはできない。

147　介護認定審査会は、市町村に設置されるが、複数の市町村で共同設置することが可能である。審査・判定では、市町村に対して被保険者の要介護（要支援）状態の軽減または悪化の防止のために必要な療養に関する事項などの意見を述べることができる。

148　介護認定審査会は、委員のうちから会長が指名する者により構成される合議体で、一次判定を基礎としながら、要介護状態に該当するか、要支援状態に該当するか、介護の必要に応じた区分について審査および判定を行う（二次判定）。

🔁 35-133　**149**　介護認定審査会は、被保険者の要介護状態の軽減または悪化防止のた

めに必要な療養に関する意見を**市町村**に述べることができる。

150 更新・区分変更申請の場合には、認定調査員は、**市町村職員以外の者** でも担うことができる。　　　　　　　　　　　　　　　　　　🔄 35-133

◎居宅サービス、施設サービスの種類
〈介護給付・予防給付・市町村特別給付〉

151 介護給付は、要介護1～5の認定を受けた被保険者（要介護者）が利用できるサービスであり、12種類の居宅サービス、2種類のその他の在宅サービス、3種類の施設サービス（介護療養施設サービスは2023（令和5）年度をもって廃止された）、9種類の地域密着型サービスからなっている（**図表27参照**）。

　🔖 居宅サービスと地域密着型サービスについては、要介護度ごとに支給限度額が月額で定められている。

図表27 介護給付サービスの種類

居宅サービス	①訪問介護 ②訪問入浴介護 ③訪問看護 ④訪問リハビリテーション ⑤居宅療養管理指導 ⑥通所介護 ⑦通所リハビリテーション ⑧短期入所生活介護 ⑨短期入所療養介護 ⑩特定施設入居者生活介護 ⑪福祉用具貸与 ⑫特定福祉用具販売	施設	①介護福祉施設サービス ②介護保健施設サービス ③介護医療院サービス
在宅	①居宅介護住宅改修 ②居宅介護支援	地域密着型サービス	①定期巡回・随時対応型訪問介護看護 ②夜間対応型訪問介護 ③地域密着型通所介護 ④認知症対応型通所介護 ⑤小規模多機能型居宅介護 ⑥認知症対応型共同生活介護 ⑦地域密着型特定施設入居者生活介護 ⑧地域密着型介護老人福祉施設入所者生活介護 ⑨複合型サービス（看護小規模多機能型居宅介護）

152 要支援1・2の認定を受けた被保険者（要支援者）に給付される予防給付は、居宅サービスとその他の在宅サービスについては介護給付の各サービスに準じたサービスがあるが（訪問介護・通所介護を除く）、施設サービスについては利用することはできない（**図表28参照**）。

153 地域密着型サービスは、介護給付の9種類のうち3種類に相当するサービスを介護予防サービスとして利用することができる（**図表27・図表28参照**）。

154 市町村特別給付は、介護保険法で定められている介護給付と予防給付のほかに、市町村独自のサービスを条例で定めて給付するサービスをいう。例えば、居宅サービスなどの月額支給限度額に独自で上乗せ（上乗せサービ

図表28 予防給付サービスの種類

居宅サービス	在宅	
①介護予防訪問入浴介護 ②介護予防訪問看護 ③介護予防訪問リハビリテーション ④介護予防居宅療養管理指導 ⑤介護予防通所リハビリテーション ⑥介護予防短期入所生活介護 ⑦介護予防短期入所療養介護 ⑧介護予防特定施設入居者生活介護 ⑨介護予防福祉用具貸与 ⑩特定介護予防福祉用具販売	①介護予防住宅改修 ②介護予防支援	
	地域密着型サービス	①介護予防認知症対応型通所介護 ②介護予防小規模多機能型居宅介護 ③介護予防認知症対応型共同生活介護

ス）を行ったり、法定の介護給付・予防給付のほかに独自の種類のサービス給付（**横出しサービス**）を設けている市町村もある。

　📖 横出しサービスとしては、紙おむつの給付や食事サービス、理髪サービス、移送サービスなど、それぞれの地域の需要に応えた独自のサービスがある。

155　指定サービスとは、介護保険サービスの事業者として、**都道府県知事**（地域密着型サービスについては**市町村長**）の指定を受けた事業者が提供するサービスのことをいう。また、その他に各サービスについて特例サービスがある（**介護保険法第42条など**）。

156　特例サービスとは、図表29のようなものをいう。特例サービスと認められることによって、サービス給付費の支払は**償還払い**ではなく、事業者による**代理受領**が認められる。

　📖 償還払いとは、サービス利用者がいったん事業者・施設に費用の全額を支払い、事業者・施設から受け取った領収書を保険者に提出して、保険給付額分の費用を受け取る仕組みである。

　📖 代理受領とは、本来、被保険者に対して支払われる保険給付費用を、サービス提供者である事業者・施設が代わりに受け取ることをいう。

図表29 特例サービス

①要介護（要支援）認定の効力が発生した日（申請日）よりも前に、緊急その他やむを得ない理由で指定サービスを受けた場合で、市町村が必要であると認めるとき。

②指定サービスに相当するサービス（事業者指定の人員基準や設備・運営基準のすべてを満たしているわけではないが、そのうちの一定の基準を満たしていると認められる事業者からのサービス（基準該当サービス））を受けた場合で、市町村が必要であると認めるとき。

③離島や中山間地など指定サービスや基準該当サービスの確保が著しく困難な場所で、指定サービス・基準該当サービス以外のサービスまたはこれに相当するサービスを受けた場合で、市町村が必要であると認めるとき。これを「相当サービス」という。

〈居宅サービス〉

157 介護保険法第8条第1項における居宅サービスとは、**図表30**の居宅サービスをいい、居宅サービス事業とは、居宅サービスを行う事業をいう。

図表30 介護保険法の居宅サービス

サービスの名称	サービスの種類
訪問介護	要介護者であって、居宅（軽費老人ホーム、有料老人ホーム、養護老人ホームを含む）において介護を受けるものに対し、介護福祉士や介護職員などにより行われる入浴、排せつ、食事等の介護その他の日常生活上の世話で、厚生労働省令で定めるもの（調理、洗濯、掃除等の家事、生活等に関する相談および助言。定期巡回・随時対応型訪問介護看護または夜間対応型訪問介護に該当するものを除く）をいう。
訪問入浴介護	居宅要介護者に対してその居宅を訪問し、浴槽を提供して行われる入浴の介護をいう。
訪問看護	居宅要介護者（主治医が、病状が安定期にあり、居宅において療養上の世話などが必要であると認めたものに限る）の居宅において看護師、保健師、准看護師、理学療法士、作業療法士、言語聴覚士により行われる療養上の世話または必要な診療の補助をいう。具体的には、主治医の指示に基づき、病状観察・管理、清拭等清潔の保持・管理、褥瘡の処置、食事介助・栄養の管理、カテーテル等の管理、リハビリテーション、ターミナルケア、排せつ介助、療養指導などを行う。
訪問リハビリテーション	居宅要介護者（主治医が、病状が安定期にあり、医学的管理の下における理学療法等が必要であると認めたものに限る）の居宅で、心身の機能の維持回復、日常生活の自立を助けるために行われる理学療法、作業療法その他必要なリハビリテーションをいう。病院、診療所、介護老人保健施設、介護医療院が訪問リハビリテーションを行う。
居宅療養管理指導	居宅要介護者について、病院、診療所または薬局の医師、歯科医師、薬剤師、歯科衛生士、管理栄養士、医療機関や訪問看護ステーションの保健師、看護師、准看護師により行われる療養上の管理および指導などをいう。
通所介護	居宅要介護者に対し、特別養護老人ホーム、養護老人ホームおよび老人福祉センターなどの施設または老人デイサービスセンターに通わせ、その施設において入浴、排せつ、食事等の介護、生活等に関する相談および助言、健康状態の確認、その他の日常生活上の世話、機能訓練を行うことをいう。
通所リハビリテーション	居宅要介護者（主治医が、病状が安定期にあり、施設において医学的管理の下における理学療法等が必要であると認めたものに限る）を介護老人保健施設、介護医療院、病院、診療所に通わせ、その施設において、心身の機能の維持回復を図り、日常生活の自立を助けるために理学療法、作業療法その他必要なリハビリテーションを行うことをいう。
短期入所生活介護	居宅要介護者を特別養護老人ホーム、養護老人ホーム等の施設または老人短期入所施設に短期間入所させ、その施設において入浴、排

		せつ、食事等の介護その他日常生活上の世話および機能訓練を行うことをいう。
⊕33-131	短期入所療養介護	居宅要介護者（病状が安定期にあり、施設に短期間入所して、看護等を必要とするものに限る）を介護老人保健施設や介護医療院、療養病床を有する病院等に短期間入所させ、看護、医学的管理の下における介護および機能訓練、その他必要な医療、日常生活上の世話を行うことをいう。
	特定施設入居者生活介護	特定施設（有料老人ホーム、軽費老人ホームまたは養護老人ホームであって地域密着型特定施設でないもの）に入居している要介護者について、サービス計画に基づいて行われる入浴、排せつ、食事等の介護、洗濯、掃除などの家事や、生活などに関する相談・助言、その他必要な日常生活上の世話、機能訓練および療養上の世話をいう。
	福祉用具貸与	居宅要介護者に対して厚生労働大臣が定める福祉用具（心身の機能が低下し日常生活を営むのに支障がある要介護者の日常生活上の便宜を図るための用具および要介護者の機能訓練のための用具で、日常生活の自立を助けるためのものをいう）を貸与することをいう。貸与は、福祉用具専門相談員の助言を受けて行われる。
	特定福祉用具販売	居宅要介護者に対して、福祉用具のうち入浴または排せつ等に用いる特定福祉用具の販売をいう。居宅介護福祉用具購入費の支給限度基準額は年間10万円である。

158 福祉用具の種目は、**図表31**のとおりである。

図表31 福祉用具の種目

①車いす
②車いす付属品
③特殊寝台
④特殊寝台付属品
⑤床ずれ防止用具（送風装置または空気圧調整装置付空気マット、水等による体圧分散の全身用マット）
⑥体位変換器
⑦手すり（取付工事を伴わないもの）
⑧スロープ（取付工事を伴わないもの）
⑨歩行器
⑩歩行補助つえ（松葉づえ、カナディアン・クラッチ、ロフストランド・クラッチ、プラットホームクラッチ、多点杖に限る）
⑪認知症老人徘徊感知機器
⑫移動用リフト（つり具の部分を除く）
⑬自動排泄処理装置

⊕33-131

159 福祉用具貸与では、貸与価格の上限設定がある。

160 特定福祉用具の種目は、**図表32**のとおりである。

図表32 特定福祉用具の種目

①腰掛便座
②自動排泄処理装置の交換可能部品
③排泄予測支援機器
④入浴補助用具（入浴用椅子、浴槽用手すり、浴槽内椅子、入浴台、浴室内すのこ、浴槽内すのこ、入浴用介助ベルト）
⑤簡易浴槽（工事を伴わないもの）
⑥移動用リフトのつり具の部分
⑦スロープ（段差解消のためのものであって、取付けに際し工事を伴わないものに限る）
⑧歩行器（歩行が困難な者の歩行機能を補う機能を有し、移動時に体重を支える構造を有するものであって、四脚を有し、上肢で保持して移動させることが可能なもの）
⑨歩行補助つえ（カナディアン・クラッチ、ロフストランド・クラッチ、プラットホームクラッチ及び多点杖に限る）

⊕32-131

〈在宅サービス（介護給付）〉

161 介護保険法第45条に規定する居宅介護住宅改修とは、居宅要介護者が手すりの取付けなどの**住宅改修**を行ったとき、居宅介護住宅改修費支給限度基準額を基礎として、改修に要した費用の100分の90（一定以上の所得を有する第1号被保険者は100分の80または100分の70）の額が支給される。

⊕32-131

　📖 住宅改修には、その性質上、限度額管理期間はない。支給限度基準額は原則1回で20万円である。

162 居宅介護住宅改修費の支給対象となる住宅改修の種類は、**図表33**のとおりである。

図表33 住宅改修の種類

・手すりの取付け
・段差の解消
・滑りの防止および移動の円滑化等のための床または通路面の材料の変更
・引き戸等への扉の取替え
・洋式便器等への便器の取替え
・その他これらの住宅改修に付帯して必要となる住宅改修

⊕32-131

163 介護保険法第8条第24項に規定する居宅介護支援とは、居宅要介護者が、居宅サービス、地域密着型サービス、その他日常生活を営むうえで必要な保健医療サービスや福祉サービスなどを適切に利用できるように、①**居宅サービス計画の作成**、②居宅サービス計画に基づく居宅サービスの提供が行われるように、指定居宅サービス事業者等との連絡調整など、③介護保険施設や地域密着型介護老人福祉施設への入所を要する場合の紹介などを行うことをいう。

〈施設サービス〉

164 施設サービスとは、**介護老人福祉施設、介護老人保健施設、介護医療院**の3つの介護保険施設から提供されるサービスをいう**(図表27 (33頁) 参照)**。これらのサービスはいずれも**施設サービス計画**に基づいて行われる。

165 施設サービス計画とは、介護保険施設に入所している要介護者に対して、施設から提供されるサービスの内容、その担当者、本人と家族の生活に対する意向、総合的な援助方針、健康上および生活上の問題点、解決すべき課題、提供するサービスの目標と達成時期、サービスを提供するうえでの留意事項などを定めた計画のことである**(介護保険法第8条第26項)**。

⊕34-134

166 介護保険法第8条第27項に規定する介護老人福祉施設とは、老人福祉法に規定する**特別養護老人ホーム**（入所定員が30人以上であるものに限る）で、そこに入所する要介護者に対し、施設サービス計画に基づいて、**入浴、排せつ、食事などの介護、その他の日常生活上の世話、機能訓練、健康管理および療養上の世話**をする施設をいう。

　　　🖘 特別養護老人ホームへの新規入所者は、原則、要介護3以上の高齢者に限定されている。

⊕34-134

167 介護保険法第8条第28項に規定する介護老人保健施設とは、心身機能の維持回復を図り居宅生活を営むことができるようにするための支援が必要な要介護者に対し、施設サービス計画に基づいて、**看護、医学的管理の下における介護、機能訓練その他必要な医療、日常生活上の世話**を行う施設として、**都道府県知事の許可を受けたもの**をいう。

⊕34-134
⊕35-73 (保医)

168 2017（平成29）年の介護保険法の改正で、**介護医療院**が、「日常的な医学管理が必要な重介護者の受入れ」や「看取り・ターミナル」などの機能と、「生活施設」としての機能を兼ね備えた、新たな介護保険施設として創設された。**介護医療院**は、介護老人保健施設と同様、介護保険法に設置根拠がある施設である**(図表34参照)**。**介護医療院**を開設しようとする者は、**都道府県知事の許可**を受けることになる。開設主体は、地方公共団体、医療法人、社会福祉法人などの非営利法人等である。**介護医療院**の開設者は、都道

図表34 介護医療院の定義

介護医療院	主として長期にわたり療養が必要である要介護者に対し、施設サービス計画に基づいて、療養上の管理、看護、医学的管理のもとにおける介護および機能訓練その他必要な医療ならびに日常生活上の世話を行うことを目的とする施設として、都道府県知事の許可を受けたもの
介護医療院サービス	入所する要介護者に対し、施設サービス計画に基づいて行われる療養上の管理、看護、医学的管理のもとにおける介護および機能訓練その他必要な医療ならびに日常生活上の世話をいう

府県知事の承認を受けた医師に当該**介護医療院**を管理させなければならない（都道府県知事の承認を受ければ医師以外の者も可）。

169 サービスの提供にあたっては、当該入所者（利用者）またはほかの入所者（利用者）等の生命または身体を保護するため緊急やむを得ない場合を除き、**身体的拘束**その他入所者（利用者）の**行動**を**制限する行為**を行ってはならない。やむを得ず**身体拘束**等を行う場合には、その態様・時間、その際の入所者（利用者）の心身の状況や緊急やむを得ない理由を記録する（**図表35・図表36参照**）。

　　✍ 身体拘束禁止規定は、「指定介護老人福祉施設の人員、設備及び運営に関する基準」等施設系サービスの運営基準で定めがある。

図表35 介護保険指定基準において禁止の対象となる具体的な行為

```
1　徘徊しないように、車いすやいす、ベッドに体幹や四肢をひも等で縛る。
2　転落しないように、ベッドに体幹や四肢をひも等で縛る。
3　自分で降りられないように、ベッドを柵（サイドレール）で囲む。
4　点滴・経管栄養等のチューブを抜かないように、四肢をひも等で縛る。
5　点滴・経管栄養等のチューブを抜かないように、または皮膚をかきむしらな
　　いように、手指の機能を制限するミトン型の手袋等をつける。
6　車いすやいすからずり落ちたり、立ち上がったりしないように、Ｙ字型拘束
　　帯や腰ベルト、車いすテーブルをつける。
7　立ち上がる能力のある人の立ち上がりを妨げるようないすを使用する。
8　脱衣やおむつはずしを制限するために、介護衣（つなぎ服）を着せる。
9　他人への迷惑行為を防ぐために、ベッドなどに体幹や四肢をひも等で縛る。
10　行動を落ち着かせるために、向精神薬を過剰に服用させる。
11　自分の意思で開けることのできない居室等に隔離する。
```

資料：身体拘束ゼロへの手引き

図表36 身体拘束廃止のためにまずなすべきこと──五つの方針

```
1　トップが決意し、施設や病院が一丸となって取り組む
2　みんなで議論し、共通の意識をもつ
3　まず、身体拘束を必要としない状態の実現をめざす
4　事故の起きない環境を整備し、柔軟な応援態勢を確保する
5　常に代替的な方法を考え、身体拘束をするケースは極めて限定的に
```

資料：身体拘束ゼロへの手引き

〈地域密着型サービス〉

170 地域密着型サービスは、要介護高齢者などが身近なコミュニティのなかでサービスを利用でき、住み慣れた地域でこれまでの生活との継続性を保って暮らし続けられるように創設された（**図表37参照**）。

171 地域密着型サービスは、事業所所在地の**市町村**が指定を行い、その市町村の住民を対象としているが、状況に応じて考慮される。

図表37 地域密着型サービスの種類

サービスの名称	サービスの種類
定期巡回・随時対応型訪問介護看護	①居宅要介護者に対して、定期的な巡回訪問により、または随時通報を受け、その者の居宅において、介護福祉士や介護職員等による入浴、排せつ、食事等の介護その他の日常生活上の世話を行うとともに、看護師等による療養上の世話または必要な補助を行うもの、②居宅要介護者に対して、定期的な巡回訪問により、または随時通報を受け、訪問看護を行う事業所と連携しつつ、その者の居宅において、介護福祉士や介護職員等による入浴、排せつ、食事等の介護その他の日常生活上の世話等を行うもののいずれかに該当するものをいう。
夜間対応型訪問介護	居宅要介護者が夜間でも安心して居宅で生活できるように、夜間の定期的な巡回訪問と随時の通報による随時訪問を組み合わせ、介護福祉士や介護職員等による入浴、排せつ、食事等の介護、生活等に関する相談・助言その他の日常生活上の世話（定期巡回・随時対応型訪問介護看護に該当するものを除く）を行うことをいう。
地域密着型通所介護	居宅要介護者について、老人デイサービスセンター等に通わせ、入浴、排せつ、食事等の介護、日常生活上の世話および機能回復訓練を行うことをいう。
認知症対応型通所介護	認知症居宅要介護者を特別養護老人ホームや老人デイサービスセンターなどに通わせ、入浴、排せつ、食事等の介護、生活等に関する相談・助言、健康状態の確認や、日常生活上の世話および機能訓練を行うことをいう。
小規模多機能型居宅介護	居宅要介護者について、その心身の状況、おかれている環境などに応じて、本人の選択に基づき、本人の居宅、または機能訓練や日常生活上の世話を適切に行うことができるサービスの拠点に通わせ、もしくは短期間宿泊させ、入浴、排せつ、食事等の介護、調理、洗濯、掃除等の家事、生活等に関する相談・助言、健康状態の確認や、日常生活上の世話および機能訓練を行うことをいう。
認知症対応型共同生活介護	認知症要介護者について、入居定員5〜9人の共同生活住居において、家庭的な環境と地域住民との交流の下で入浴、排せつ、食事などの介護その他の日常生活上の世話および機能訓練を行うことをいう。
地域密着型特定施設入居者生活介護	有料老人ホーム、養護老人ホーム、軽費老人ホームであって、その入居者が要介護者、その配偶者、3親等以内の親族などに限られるもの（介護専用型特定施設）のうち、入居定員が29人以下であるもの（地域密着型特定施設）に入居している要介護者に対して、サービス計画に基づいて、入浴、排せつ、食事等の介護、その他必要な日常生活上の世話、機能訓練および療養上の世話を行うことをいう。
地域密着型介護老人福祉施設	入所定員が29人以下の特別養護老人ホームであって、提供するサービスの内容などを定めた地域密着型施設サービス計画に基づいて、入浴、排せつ、食事等の介護その他の日常生活上の世話、機能訓練、健康管理および療養上の世話などを行うことを目的とする施設である。

地域密着型介護老人福祉施設入所者生活介護	地域密着型介護老人福祉施設に入所する要介護者に対して、地域密着型施設サービス計画に基づいて行われる世話を行うことをいう。入所者は、原則、要介護3以上の高齢者に限定される。
複合型サービス	居宅要介護者に対して、サービスを2種類以上組み合わせて提供されるサービスのうち、訪問看護および小規模多機能型居宅介護の組み合わせ（看護小規模多機能型居宅介護）や、居宅要介護者に対して一体的に提供されることが特に効果的かつ効率的なサービスの組み合わせとして厚生労働省令で定めるものをいう。

172 2017（平成29）年の介護保険法改正で、地域密着型通所介護などの地域密着型サービスについて、市町村の区域に、定期巡回・随時対応型訪問介護看護、小規模多機能型居宅介護などの事業所があり、①当該市町村または日常生活圏域における地域密着型サービス（地域密着型通所介護などに限る）の種類ごとの量が、市町村介護保険事業計画において定める見込量にすでに達しているか、またはその指定によってこれを超えることになるとき、または②市町村介護保険事業計画の達成に支障を生ずるおそれがあるときは指定をしないことができるようになった。

173 市町村は、厚生労働大臣が定める基準により算定した額に代えて、その額を超えない額を**市町村の地域密着型介護サービス費の額**とすることができる。

174 複合型サービスの組み合わせ対象のサービスは、**図表38**のとおりである。

図表38 組み合わせ対象のサービス

①訪問介護	⑧短期入所生活介護
②訪問入浴介護	⑨短期入所療養介護
③訪問看護	⑩定期巡回・随時対応型訪問介護看護
④訪問リハビリテーション	⑪夜間対応型訪問介護
⑤居宅療養管理指導	⑫地域密着型通所介護
⑥通所介護	⑬認知症対応型通所介護
⑦通所リハビリテーション	⑭小規模多機能型居宅介護

〈介護予防サービス〉

175 介護予防の取組みは、生活機能の低下の予防、維持・向上に着目して、一次予防、二次予防、三次予防に整理されている。一次予防で**生活機能の維持・向上**を図り、二次予防で**生活機能低下の早期発見・早期対応**、そして、三次予防で**要介護状態の改善と重度化の予防**となる。一次予防と二次予防は地域支援事業で実施し、三次予防は**介護予防サービス（予防給付）**と介護給付で実施される。2014（平成26）年の法改正では、全国一律の予防給付のうち介護予防訪問介護と介護予防通所介護を地域支援事業に移行し、市町村

が地域に合わせて柔軟性をもって効果的・効率的に展開できるようにした。

176　介護予防とは、身体上または精神上の障害があるために入浴、排せつ、食事等の日常生活における基本的な動作の全部もしくは一部について、常時の介護を要する、または日常生活を営むのに支障がある状態の軽減または悪化の防止をいう（**介護保険法第8条の2第2項**）。

177　介護予防サービスとは、**要支援1・2**の認定を受けた者が利用することのできる**予防給付**のサービスである。居宅・在宅サービスについては、基本的に介護給付のうち同様のサービス名称（訪問介護、通所介護を除く）の頭に「介護予防」という呼び方が冠された**10**種類がある（**図表39参照**）。

図表39 介護予防サービスの種類

サービスの名称	サービスの種類
介護予防訪問入浴介護	居宅において支援を受けるもの（居宅要支援者）に対して、介護予防を目的として、疾病などのやむを得ない理由で入浴に介護が必要な場合、介護予防サービス計画等に定めた期間にわたり浴槽を提供して行われる入浴の介護をいい、1回の訪問につき看護職員1人および介護職員1人をもって行う。
介護予防訪問看護	居宅要支援者（主治医が、病状が安定期にあり、居宅において療養上の世話などが必要であると認めたものに限る）に対して、介護予防を目的として、介護予防サービス計画等に定めた期間にわたり行われる療養上の世話または必要な診療の補助をいう。保健師、看護師、准看護師、理学療法士、作業療法士および言語聴覚士が行う。
介護予防訪問リハビリテーション	居宅要支援者（主治医が、病状が安定期にあり、居宅において医学的管理の下における理学療法等が必要であると認めたものに限る）に対して、介護予防を目的として、介護予防サービス計画等に定めた期間にわたり行われる、**理学療法、作業療法その他必要なリハビリテーション**をいう。
介護予防居宅療養管理指導	居宅要支援者に対して、介護予防を目的として、病院等の医師、歯科医師、薬剤師、歯科衛生士、管理栄養士および看護師等により行われる療養上の管理および指導などをいう。
介護予防通所リハビリテーション	居宅要支援者（主治医が、病状が安定期にあり、施設において医学的管理の下における理学療法等が必要であると認めたものに限る）に対して、介護予防を目的として、介護老人保健施設、介護医療院、病院、診療所に通わせ、その施設において、介護予防サービス計画等に定めた期間にわたり行われる、**理学療法、作業療法その他必要なリハビリテーション**をいう。
介護予防短期入所生活介護	居宅要支援者に対して、介護予防を目的として、特別養護老人ホーム、養護老人ホーム等の施設または老人短期入所施設に短期間入所させ、介護予防サービス計画等に定めた期間にわたり行われる、入浴、排せつ、食事等の介護、その他の日常生活上の支援および機能訓練をいう。
介護予防短期入所療養介護	居宅要支援者（病状が安定期にあり、施設に短期間入所して、看護等を必要とするものに限る）に対して、介護予防を目的として、介

	護老人保健施設、介護医療院、療養病床を有する病院等に短期間入所させ、その施設において、介護予防サービス計画等に定めた期間にわたり行われる、看護、医学的管理下における介護および機能訓練、その他必要な医療並びに日常生活上の支援をいう。
介護予防特定施設入居者生活介護	介護専用型特定施設を除く特定施設に入居している要支援者に対して、介護予防を目的として、その特定施設が提供するサービスの内容、これを担当する者、要支援者の健康上、生活上の問題点および解決すべき課題等の事項を定めた計画に基づき行われる入浴、排せつ、食事等の介護、洗濯、掃除等の家事、生活等に関する相談および助言その他の必要な日常生活上の支援、機能訓練並びに療養上の世話をいう。
介護予防福祉用具貸与	居宅要支援者に対して、福祉用具のうち、介護予防に資するものとして厚生労働大臣が定めるものの貸与をいう。福祉用具専門相談員の助言を受けて行われる。貸与される種目は、福祉用具と同様である。
特定介護予防福祉用具販売	居宅要支援者に対して、福祉用具のうち、介護予防に資するものであって入浴または排せつの用に供するものその他の厚生労働大臣が定めるもの（特定介護予防福祉用具）の販売をいう。福祉用具専門相談員の助言を受けて行われる。販売される種目は、特定福祉用具と同様である。

178 地域密着型介護予防サービスについては、**介護予防認知症対応型通所介護、介護予防小規模多機能型居宅介護、介護予防認知症対応型共同生活介護**の３種類である（**図表28（34頁）参照**）。

179 介護予防福祉用具貸与にかかる**福祉用具の種目**は、**図表31（36頁）**のとおりである。

180 低所得者が介護保険施設や短期入所などを利用する場合、食費や居住費の負担軽減のため、補足給付として**特定入所者介護サービス費**、または**特定入所者介護予防サービス費**が支給される。
  ☞ 2015（平成27）年８月より、補足給付の支給要件として、所得のほか資産の状況もしん酌されることとなった。

181 介護支援専門員は、障害のある人が65歳となり、介護保険サービスを利用する際には、それまで受けていた障害福祉サービス（障害者の日常生活及び社会生活を総合的に支援するための法律）等との調整を図り、利用者のサービスに対する相談支援を行う。

〈在宅サービス（介護予防）〉
182 介護保険法第57条に規定する介護予防住宅改修とは、居宅要支援者が手すりの取付け、段差の解消等の住宅改修を行ったとき、介護予防住宅改修費支給限度基準額を基礎として、その費用の100分の90（一定以上の所

得を有する第1号被保険者は100分の80または100分の70）の額が支給される。

183 介護予防支援とは、居宅要支援者が、介護予防サービス、地域密着型介護予防サービス、その他介護予防に役立つ保健医療サービスなどを適切に利用することができるように、指定介護予防支援事業者として指定を受けた地域包括支援センターの職員が、**介護予防サービス計画（ケアプラン）**を作成し、サービスが適切に提供されるようサービス事業者などと連絡調整を行うことをいう。

〈地域支援事業〉

出32-133 **184** 地域支援事業の目的は、高齢者が**要介護状態**等になることを予防し、社会に参加しつつ、地域で**自立した**日常生活を営むことができるよう支援することである。

185 2011（平成23）年の介護保険法改正により、介護予防・日常生活支援総合事業が創設された。この事業は、**市町村**の判断により、地域支援事業において、多様なマンパワーや社会資源の活用を図りながら、**要支援者・介護予防事業対象者**に対して、介護予防や配食・見守り等の生活支援サービス等を総合的に提供するものである。

186 2014（平成26）年6月の介護保険法の改正により、介護予防・日常生活支援総合事業は、要支援者等に対して必要な支援を行う**介護予防・生活支援サービス事業**と、住民主体の介護予防活動の育成および支援等を行う**一般介護予防事業**からなることとなった（図表40参照）。

187 2021（令和3）年4月より、一般介護予防事業における地域介護予防活動支援事業、包括的支援事業（地域包括支援センターの運営）および生活支援体制整備事業については、重層的支援体制整備事業として実施することができることとなった。

188 2021（令和3）年4月より、介護予防・生活支援サービス事業の対象者は、**居宅要支援被保険者**、**基本チェックリストに該当した者**、**継続利用要介護者**が含まれる。

189 介護予防・日常生活支援総合事業における一般介護予防事業の対象者は、すべての**第1号被保険者**とその**支援のための活動にかかわる人**である。

190 2015（平成27）年4月より、介護予防給付（**介護予防訪問介護・介護予防通所介護**）は、地域支援事業に移行した。これによって、**市町村**が地域の実情に応じ、住民主体の取組みを含めた多様な主体による柔軟な取組み

図表40 介護予防・日常生活支援総合事業（新しい総合事業）の構成

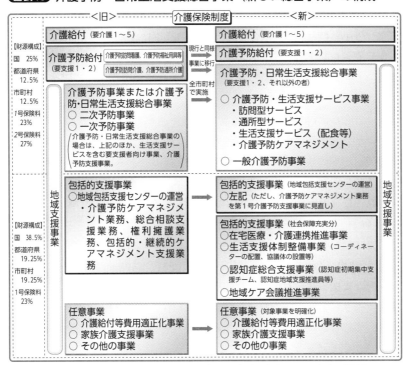

資料：厚生労働省「全国介護保険担当課長会議資料」（2014（平成26）年7月28日）を一部改変

で効果的かつ効率的にサービスを提供できるとされる。

191 地域支援事業における介護予防・生活支援サービス事業において、通所型サービス（第1号通所事業）は、日常生活上の支援または機能訓練を行うもので、保健・医療専門職による短期間で行われるサービスが実施可能である。　　⊕32-133

192 訪問型サービス（第1号訪問事業）では、旧介護予防訪問介護に相当するサービスに加え多様なサービスの提供としてA～Dの型を用いて提供される。訪問型サービスAでは訪問介護員等が生活援助として日常生活に対する援助を行う。　　⊕32-133

193 市町村は、地域支援事業の利用者に対し、事業の内容を勘案し、ふさわしい利用料を定め、利用料を請求することができる。　　⊕32-133

194 包括的支援事業における総合相談支援業務では、住み慣れた地域でその人らしく生活するために、必要な支援を把握し、制度につなげる等の支援を行う。

195 包括的支援事業における包括的・継続的ケアマネジメント支援業務では、高齢者の生活の支援のため、地域における多職種相互の協働等による連

携等を支援する。

196 2014（平成26）年の介護保険法の改正により、包括的支援事業（社会保障充実分）として、①在宅医療・介護連携推進事業、②認知症総合支援事業、③生活支援体制整備事業、④地域ケア会議推進事業が位置づけられた。

197 2020（令和2）年、地域支援事業実施要綱の一部が改正され、生活支援体制整備事業において、就労的活動支援コーディネーター（就労的活動支援員）が配置された。就労的活動の場を提供できる民間企業・団体等と就労的活動の取組みを実施したい事業者等とをマッチングし、高齢者個人の特性や希望に合った活動をコーディネートすることにより、役割がある形での高齢者の社会参加等を促進する活動を行う。

198 2020（令和2）年、地域支援事業実施要綱の一部が改正された。認知症総合支援事業において、認知症サポーター活動促進・地域づくり推進事業が実施される。目的として、認知症の人ができる限り地域のよい環境で自分らしく暮らし続けることができるよう、認知症の人やその家族の支援ニーズと認知症サポーターを中心とした支援をつなぐ仕組みを地域ごとに整備し、認知症施策推進大綱に掲げた「共生」の地域づくりを推進するとされた。

199 任意事業は、地域の実情に応じ、創意工夫を生かした多様な事業形態が可能とされているが、地域支援事業実施要綱の2015（平成27）年4月の改正により、実施できる対象事業が明確化された。

200 任意事業として、家族介護支援事業があり、介護知識・技術の指導、介護者の健康相談、認知症高齢者見守り事業等を実施することができる。

〈審査請求〉

201 要介護認定や要支援認定の結果や、保険料の決定などに不服がある場合、都道府県に設置されている介護保険審査会に対して審査請求をすることができる（介護保険法第183条）。

　　　　介護保険審査会は、①被保険者を代表する委員3人、②市町村を代表する委員3人、③公益を代表する委員3人以上で構成される。

202 審査請求は処分があったことを知った日の翌日から起算して3か月以内に行わなければならず、この処分の取消しについての訴訟は、審査請求に対する裁決を経た後でなければ提起できない。

〈苦情処理〉

203 苦情処理は、サービス事業者・施設、居宅介護支援事業者、区市町村（保険者）、国民健康保険団体連合会、都道府県などで対応されている。国民

健康保険団体連合会の苦情処理業務は、利用者・家族などからの苦情に基づいて事実関係の調査を行い、当該の事業者・施設に対して指導・助言を行う。

老人福祉法

◎老人福祉法の概要

204 1963（昭和38）年に老人福祉法が制定された。高齢化社会と呼ばれる高齢化率が7％を超えたのは1970（昭和45）年であった。1994（平成6）年に老年人口は14％を超え「高齢化社会」から「高齢社会」となった。

205 老人福祉法が制定され、それまで救貧対策が中心であった老人福祉施策から独立し、特別養護老人ホームの設置などが規定された。

206 老人福祉法の目的は、第1条において、「老人の福祉に関する原理を明らかにするとともに、老人に対し、その心身の健康の保持及び生活の安定のために必要な措置を講じ、もって老人の福祉を図ること」とされている。

図表41 老人福祉法の主な改正

年	内容
1963（昭和38）年 老人福祉法制定	・老人福祉施設として養護老人ホーム、特別養護老人ホーム、軽費老人ホームの位置づけがなされた ・生活保護法に基づく養老施設は養護老人ホームとして転換された ・老人福祉法に基づく福祉の措置が開始された ・65歳以上の者に対する健康診査が定められた ・在宅高齢者に対して老人家庭奉仕員派遣制度が創設された ・有料老人ホームに関する規定が設けられた
1972（昭和47）年	・70歳以上の高齢者の医療保険自己負担の無料の保障（老人医療費公費負担制度） ・疾患予防策の実施（40歳以上の健康診断の開始）
1982（昭和57）年	・70歳以上の高齢者に対し、毎月一定の医療費として自己負担制度（毎月一定自己負担制度の開始） ・老人保健法制定により老人医療費等の施策が老人福祉法より独立化
1990（平成2）年	・基本理念の改正 ・施設サービスのほか、在宅の福祉サービスも含め実施権限を市町村へ委譲した ・老人福祉計画策定の義務づけ
2011（平成23）年	養護老人ホームや特別養護老人ホームの設備、運営に関する基準は、国が定める基準にて一律に決められていたが、厚生労働省令で定める基準に従い、都道府県の条例で定めることとなった。

207 老人福祉に関する基本原理は、老人福祉法の基本的理念に掲げられる敬愛、生活保障および国や地方公共団体の責務である。また、同法第1条の必要な措置とは、居宅における介護等や老人ホームへの入所などの福祉の措置全般を指すものである。

208 老人福祉法第5条第1項において、「国民の間に広く老人の福祉についての関心と理解を深めるとともに、老人に対し自らの生活の向上に努める意欲を促すため、老人の日及び老人週間を設ける」と規定している。
- 老人の日…9月15日
- 老人週間…9月15日から21日

209 都道府県は、老人福祉施設を設置できる。また、市町村および独立行政法人は、あらかじめ都道府県知事に届け出て、養護老人ホームまたは特別養護老人ホームを設置することができる（老人福祉法第15条第1項・第3項）。

210 老人福祉法上の老人福祉施設は、特別養護老人ホーム、養護老人ホーム、軽費老人ホーム、老人福祉センターと1990（平成2）年から老人デイサービスセンター、老人短期入所施設、1994（平成6）年から在宅（老人）介護支援センターが加えられ、7施設となった（図表42参照）。

図表42 高齢者関連施設分類

老人福祉法上の「老人福祉施設」
- 老人デイサービスセンター（通所）
- 老人短期入所施設（入所）
- 養護老人ホーム（入所）
- 特別養護老人ホーム（入所）
  → 介護保険法上の介護保険施設（指定介護老人福祉施設）
- 軽費老人ホーム（入所）
- 老人福祉センター（利用）
- 在宅（老人）介護支援センター（利用）

老人福祉関連施設（厚生労働省通知等）
- 老人憩の家（利用）
- 老人休養ホーム（利用）
- 生活支援ハウス（高齢者生活福祉センター）（利用）
- 有料老人ホーム（入所）

医療法上の施設
- 病院の療養病床等（入院）

介護保険法上のみに規定された施設
- 介護老人保健施設（入所）
- 介護医療院（入所）
- 地域包括支援センター（利用）

図表43 老人福祉施設と老人居宅生活支援事業

	施設名	内容
老人福祉施設	特別養護老人ホーム	●65歳以上で、身体上又は精神上著しい障害があるために常時の介護を必要とし、かつ居宅において介護を受けることが困難な人を入所させ、必要な援助を行う施設
	養護老人ホーム	●65歳以上で、環境上の理由及び経済的理由により居宅において養護を受けることが困難な人を入所させ、必要な援助を行う施設
	軽費老人ホーム	●60歳以上で、無料又は低額な料金で、食事の提供その他日常生活上必要な便宜を提供する施設 ●A型（食事を提供）、B型（自炊が原則）、ケアハウス（食事と生活支援サービスなどを提供、バリアフリー）、都市型（定員20名以下）がある
	老人福祉センター	●無料又は低額な料金で、高齢者に関する各種の相談に応ずるとともに、高齢者に対して、健康の増進、教養の向上及びレクリエーションのための便宜を総合的に提供する
	老人介護支援センター	●高齢者・介護者・地域住民等からの相談に応じ、助言を行うとともに、関係機関との連絡調整その他の援助を総合的に行う
老人居宅生活支援事業	老人デイサービスセンター（事業）	●特別養護老人ホームその他の厚生労働省令で定める施設等に通わせ、入浴、排泄、食事等の介護、機能訓練、介護方法の指導その他の厚生労働省令で定める便宜を供与する事業を行う
	老人短期入所施設（事業）	●特別養護老人ホームその他の厚生労働省令で定める施設に短期間入所させ、養護する事業を行う
	老人居宅介護等事業	●居宅において入浴、排泄、食事等の介護その他の日常生活を営むのに必要な便宜であって厚生労働省令で定めるものを供与する事業を行う
	小規模多機能型居宅介護事業	●心身の状況、置かれている環境等に応じて、「居宅」において、又は「サービスの拠点に通わせ」、もしくは「短期間宿泊」させ、入浴、排泄、食事等の介護、機能訓練等を供与する事業を行う
	認知症対応型老人共同生活援助事業	●グループホーム等、共同生活を営むべき住居において入浴、排泄、食事等の介護その他の日常生活上の援助を行う事業を行う
	複合型サービス福祉事業	●「小規模多機能型居宅介護事業」と「訪問看護」等の複数のサービスを組み合わせて提供する事業

〈特別養護老人ホーム〉

211 特別養護老人ホームに必ずおかなければならない職員として、特別養護老人ホームの設備及び運営に関する基準では、**施設長、医師**（入所者に対し健康管理および療養上の指導を行うために必要な数）、**生活相談員、介護職員**または**看護職員**（看護師、准看護師）、**栄養士、機能訓練指導員**等とさ

れている。

212 2002（平成14）年度から、全室個室・ユニットケアのユニット型特別養護老人ホーム（新型特養）の運用が開始された。全室個室（広さ10.65m²以上）で、原則10人以下でユニット（生活単位）を構成し、共用スペースを設けている。

〈養護老人ホーム〉

213 養護老人ホームは、入所者の処遇に関する計画に基づき、**社会復帰の**促進および**自立**のために必要な指導や訓練その他の援助を行い、入所者の能力に応じ自立した日常生活を営むことを目指す。老人福祉法上の施設として措置制度が適用され、設置主体は**地方公共団体、地方独立行政法人および社会福祉法人**である。

214 養護老人ホームの入所措置基準のうち、**環境上の事情**については、健康状態（入院加療を要する病態でないこと）や家族や住居の状況などから、在宅で生活することが困難であると認められることを条件とする。

215 養護老人ホームの入所措置基準のうち、**経済的事情**については、①生活保護を受けていること、②前年度の所得による市町村民税の所得割の額がないこと、③災害その他の事情によって世帯の状態が困窮していることのいずれかに該当することを条件とする。

216 養護老人ホームは、20人以上の人員を入所させることができる規模を有しなければならないが、特別養護老人ホームに併設する場合にあっては10人以上である。養護老人ホームの居室定員は原則1人であるが、処遇上必要と認められる場合には2人とすることができる。

217 2005（平成17）年の介護保険法の改正により、養護老人ホームは、**特定施設入居者生活介護**の対象施設に追加された。介護サービスの提供に関しては、外部の介護サービス事業者から提供を受けることも可能とされた。また、職員の配置について、生活相談員、支援員、看護職員をそれぞれ最低1人は配置しなければならないこととされた。

218 2011（平成23）年5月、地域の自主性及び自立性を高めるための改革の推進を図るための関係法律の整備に関する法律が公布されたことに伴い、老人福祉法の改正も行われた。従来、養護老人ホームや特別養護老人ホームの設備、運営に関する基準は、国が定める基準（厚生省令）にて決められていたが、厚生労働省令で定める基準に従い、**都道府県の条例**で定めることとなった。また、一部の規定については厚生労働省令で定める基準を参考に、都道府県が基準を決めることができるようになった。

〈有料老人ホーム〉

219 **有料老人ホーム**とは、老人を入居させ、入浴、排泄もしくは食事の介護、食事の提供その他日常生活上必要な便宜を供与（ほかに委託して供与する場合および将来において供与することを約する場合を含む）することを目的とする施設であって、老人福祉施設、認知症対応型老人共同生活援助事業を行う住居その他厚生労働省令で定める施設でないものをいう。介護保険法では、特定施設入居者生活介護の対象である。

✐ 有料老人ホームの設置者は、施設を設置しようとする都道府県知事にあらかじめ届出なければならない。

✐ 設置者は、家賃等の一部を前払いとして一括して受領するときなどは、必要な保全措置を講じなければならない。

✐ 違反、不適切な運営において、入居者の保護のため必要がある場合、都道府県知事は事業の停止、制限を命ずることができる。

〈老人福祉計画〉

220 老人福祉法第20条の8第1項において、市町村は、老人居宅生活支援事業および老人福祉施設による事業（老人福祉事業）の供給体制の確保に関する計画（市町村老人福祉計画）を定めるものとするとされている。

221 **市町村老人福祉計画**では、その市町村の区域において確保すべき老人福祉事業の量の目標を定め、また老人福祉事業の量の確保のための方策、および老人福祉事業に従事する者の確保および資質の向上並びにその業務の効率化および質の向上のために講ずる都道府県と連携した措置に関する事項について定めるよう努める。

222 市町村老人福祉計画は、市町村介護保険事業計画と**一体のもの**として作成されなければならない。

223 老人福祉法では、**図表44**の規定についても定められている。

図表44 老人福祉法の規定

①市町村が設置する福祉事務所の業務
②市町村が設置する福祉事務所への社会福祉主事の配置義務
③都道府県による福祉事務所への社会福祉主事の配置
④市町村が行う措置に要する費用の支弁等

224 老人福祉法第5条の4第1項で、福祉の措置の実施者は居住地の**市町村**とされる。ただし、居住地が明らかでない場合などでは、**現在地の市町村**が実施するものとされる。

🖐 35-43（行財）

225 市町村には、福祉の措置の実施者として、①老人の福祉に関し、必要

な実情の把握に努めること、②老人の福祉に関し、必要な情報の提供を行い、並びに相談に応じ、必要な調査および指導を行い、並びにこれらに付随する業務を行うことを義務づけている（老人福祉法第5条の4第2項）。

⊕ 35-134

226 老人福祉法に基づいて市町村が採る措置の対象となるもので、老人ホームの入所等にかかわる措置としては、**養護老人ホーム**、**特別養護老人ホーム**、**養護受託**がある。居宅における介護等の措置としては、老人福祉法第5条の2第2項による**老人居宅介護等事業**等がある。

高齢者の医療の確保に関する法律（高齢者医療確保法）

◎高齢者医療確保法の概要

⊕ 32-128

227 2006（平成18）年に老人保健法が改正され、高齢者の医療の確保に関する法律（高齢者医療確保法）と改称となり、後期高齢者医療制度が創設された。この制度は、75歳以上の者（後期高齢者）に対して適切な医療の給付等を行うことを目的としている。

高齢者虐待の防止、高齢者の養護者に対する支援等に関する法律（高齢者虐待防止法）

◎高齢者虐待防止法の概要

228 2005（平成17）年11月に、高齢者虐待の防止、高齢者の養護者に対する支援等に関する法律（高齢者虐待防止法）が制定された。

図表45 高齢者虐待防止法の目的

> （目的）
> **第1条** この法律は、高齢者に対する虐待が深刻な状況にあり、高齢者の尊厳の保持にとって高齢者に対する虐待を防止することが極めて重要であること等にかんがみ、高齢者虐待の防止等に関する国等の責務、高齢者虐待を受けた高齢者に対する保護のための措置、養護者の負担の軽減を図ること等の養護者に対する養護者による高齢者虐待の防止に資する支援（以下「養護者に対する支援」という。）のための措置等を定めることにより、高齢者虐待の防止、養護者に対する支援等に関する施策を促進し、もって高齢者の権利利益の擁護に資することを目的とする。

229 高齢者虐待防止法における「高齢者虐待」とは、65歳以上の者に対し、家庭で現に養護する者、施設等の職員による虐待行為をいう。高齢者虐待は、図表46のように定義される。

◎高齢者虐待の未然防止、通報義務、早期発見

230 養護者による高齢者虐待の防止、養護者に対する支援等に関しては、①市町村による相談、助言等、②養護者による高齢者虐待を受けたと思われ

図表46 高齢者虐待の類型

		養護者による高齢者虐待		養介護施設従事者等による高齢者虐待
身体的虐待	養護者が	その養護する高齢者の身体に外傷が生じ、又は生じるおそれのある暴行を加えること	養介護施設又は養介護事業の業務に従事する者が	当該施設を入所・利用する、又は当該事業のサービスを受ける高齢者の身体に外傷が生じ、又は生じるおそれのある暴行を加えること
ネグレクト		その養護する高齢者を衰弱させるような著しい減食又は長時間の放置、養護者以外の同居人による身体的虐待、心理的虐待又は性的虐待の放置等養護を著しく怠ること		当該施設を入所・利用する、又は当該事業のサービスを受ける高齢者を衰弱させるような著しい減食又は長時間の放置その他の当該高齢者を養護すべき職務上の義務を著しく怠ること
心理的虐待		その養護する高齢者に対する著しい暴言又は著しく拒絶的な対応その他当該高齢者に著しい心理的外傷を与える言動を行うこと		当該施設を入所・利用する、又は当該事業のサービスを受ける高齢者に対する著しい暴言又は著しく拒絶的な対応その他当該高齢者に著しい心理的外傷を与える言動を行うこと
性的虐待		その養護する高齢者にわいせつな行為をすること又は当該高齢者をしてわいせつな行為をさせること		当該施設を入所・利用する、又は当該事業のサービスを受ける高齢者にわいせつな行為をすること又は当該高齢者をしてわいせつな行為をさせること
経済的虐待	養護者又は高齢者の親族が	当該高齢者の財産を不当に処分することその他当該高齢者から不当に財産上の利益を得ること		当該施設を入所・利用する、又は当該事業のサービスを受ける高齢者の財産を不当に処分することその他当該高齢者から不当に財産上の利益を得ること

図表47 養介護施設と養介護事業

> **養介護施設**
> 老人福祉施設、有料老人ホーム、地域密着型介護老人福祉施設、介護老人福祉施設、介護老人保健施設、介護医療院、介護療養型医療施設、地域包括支援センター
> **養介護事業**
> 老人居宅生活支援事業、居宅サービス事業、地域密着型サービス事業、居宅介護支援事業、介護予防サービス事業、地域密着型介護予防サービス事業、介護予防支援事業

る高齢者を発見した場合の市町村への**通報義務**等、③通報、届け出のあった場合の市町村による**安全確認や事実確認のための措置**、地域包括支援センターその他の関係機関等との対応協議、④高齢者の**一時的保護**、⑤地域包括支援センター職員等による居所への立入調査、質問などが規定されている。

231 国および地方公共団体は、高齢者虐待の防止、高齢者虐待を受けた高齢者の迅速かつ適切な保護および適切な養護者に対する支援を行うため、以下のことが規定されている（**高齢者虐待防止法第3条**）。

図表48 高齢者虐待における国等の責務

- ・関係省庁相互間その他関係機関及び民間団体の間の連携の強化、民間団体の支援その他必要な体制の整備に努めなければならない。
- ・高齢者虐待の防止及び高齢者虐待を受けた高齢者の保護並びに養護者に対する支援が専門的知識に基づき適切に行われるよう、これらの職務に携わる専門的な人材の確保及び資質の向上を図るため、関係機関の職員の研修等必要な措置を講ずるよう努めなければならない。
- ・高齢者虐待の防止及び高齢者虐待を受けた高齢者の保護に資するため、高齢者虐待に係る通報義務、人権侵犯事件に係る救済制度等について必要な広報その他の啓発活動を行うものとする。

232 国及び地方公共団体は、成年後見制度の周知及び利用に係る経済的負担の軽減のための措置等を講じ、成年後見制度が広く利用されるようにしなければならない（**高齢者虐待防止法第28条**）。

233 市町村は、養護者による高齢者虐待の防止や養護者による高齢者虐待を受けた高齢者の保護等を適切に実施するために、これらの事務に専門的に従事する職員を確保するよう努めなければならない。

234 市町村は虐待防止のために市町村が行う高齢者や養護者に対する相談、助言、指導について、**高齢者虐待対応協力者**のうち適当と認められるものに委託することができる。

235 市町村は、高齢者虐待の防止や早期発見、虐待を受けた高齢者や養護者に対する適切な支援を行うために、関係機関や民間団体との連携協力体制を整備しなければならない（**高齢者虐待防止法第16条**）。

236 虐待を受けた高齢者について、老人福祉法における**措置**により養介護施設に入所させた場合、養介護施設の長は、虐待を行った養護者からの当該高齢者との**面会**を拒むことができる。

237 都道府県知事は、養介護施設従事者等による虐待の状況や措置について、毎年度**公表**する。

238 養介護施設従事者等による高齢者虐待の防止等に関しては、①養介護施設の設置者等による施設従事者への研修の実施、②養介護施設の設置者等による苦情処理体制の整備、③養介護施設従事者等が業務に従事する養介護施設従事者等による虐待を受けたと思われる高齢者を発見した場合の市町村への**通報義務**などが規定されている。

239 **地域包括支援センター**は、虐待の事例を把握した場合には、高齢者虐待防止法などに基づき、速やかに当該高齢者を訪問して状況を確認するなど、

事例に即した適切な対応をとることとされている。

〈高齢者虐待の現状〉

240 2022（令和4）年度の高齢者虐待防止法に基づく対応状況等に関する調査結果の主な内容は、**図表49**のとおりである。

図表49 高齢者虐待の対応状況等調査の主なポイント

■養介護施設従事者等（※）による虐待
　　　※介護老人福祉施設、居宅サービス事業等の業務に従事する者
○相談・通報件数は、2,795件（対前年度405件（16.9％）増）。※過去最多で2年連続増加
　虐待判断件数は、856件（対前年度117件（15.8％）増）。※過去最多で2年連続増加
○相談・通報者の内訳は、当該施設職員（27.6％）が最も多く、当該施設管理者等（15.9％）、家族・親族（15.5％）の順。
○虐待の種別は、身体的虐待（57.6％）が最も多く、心理的虐待（33.0％）、介護等放棄（23.2％）、経済的虐待（3.9％）、性的虐待（3.5％）の順。
○虐待の発生要因は、教育・知識・介護技術等に関する問題（56.1％）が最も多く、職員のストレスや感情コントロールの問題（23.0％）、虐待を助長する組織風土や職員間の関係の悪さ、管理体制等（22.5％）の順。
○施設・事業所の種別は、特別養護老人ホーム（32.0％）が最も多く、有料老人ホーム（25.8％）、認知症対応型共同生活介護（グループホーム）（11.9％）の順。
○虐待等による死亡事例は、8件（8人）。
■養護者（※）による虐待
　　　※高齢者の世話をしている家族、親族、同居人等
○相談・通報件数は、38,291件（対前年度1,913件（5.3％）増）。※過去最多で10年連続増加
　虐待判断件数は、16,669件（対前年度243件（1.5％）増）。※横ばい傾向
○相談・通報者の内訳は、警察（34.0％）が最も多く、介護支援専門員（25.0％）、家族・親族（7.5％）の順。
○虐待の種別は、身体的虐待（65.3％）が最も多く、心理的虐待（39.0％）、介護等放棄（19.7％）、経済的虐待（14.9％）、性的虐待（0.4％）の順。
○虐待者の続柄は、息子（39.0％）が最も多く、夫（22.7％）、娘（19.3％）の順。
○虐待の発生要因は、被虐待者の状態として認知症の症状（56.6％）が最も多く、虐待者側の要因として介護疲れ・介護ストレス（54.2％）、理解力の不足や低下（47.9％）の順。
○虐待等による死亡事例は、32件（32人）。

資料：厚生労働省

241 2022（令和4）年度の調査では、虐待の事実が認められた施設・事業所のうち、約27％が過去に指導等を受けていた。　　⊕32-135

242 2022（令和4）年度の調査において、養護者による虐待の被虐待高齢者の家族形態で最も多いのは、「未婚の子と同居」、次いで「夫婦のみ世帯」「配偶者と離別・死別等した子と同居」「子夫婦と同居」の順であった。

243 2022（令和4）年度の調査では、養護者による虐待の被虐待高齢者のうち認知症日常生活自立度Ⅱ以上の者が**7割**を超える。

244 2022（令和4）年度の調査では、養護者による高齢者虐待への市町村の対応として、「被虐待高齢者の保護として虐待者からの分離を行った事例」が約**2割**、一方「分離していない事例」が約**半数**であった。

高齢者、障害者等の移動等の円滑化の促進に関する法律（バリアフリー法）

◎バリアフリー法の概要

245 1994（平成6）年に制定された高齢者、身体障害者等が円滑に利用できる特定建築物の建築の促進に関する法律（ハートビル法）と、2000（平成12）年に成立した高齢者、身体障害者等の公共交通機関を利用した移動の円滑化の促進に関する法律（交通バリアフリー法）は、2006（平成18）年の高齢者、障害者等の移動等の円滑化の促進に関する法律（バリアフリー法）に統廃合された。

> ✏ バリアフリーは、公共の建物、段差の解消等ハード面から考えられており、ユニバーサルデザインは、バリアフリーの理念が発展し、年齢・能力・性別にかかわらずすべての人の心やソフト面を対象としたものである。

246 バリアフリー新法は、高齢者、障害者等の自立した日常生活および社会生活を確保することの重要性から、高齢者、障害者等の移動上および施設の利用上の利便性および安全性の向上の促進を図り、公共の福祉の増進に資することを目的とするものである。

◎施設設置管理者等の責務

247 2018（平成30）年、移動等円滑化の促進に関する基本方針が改正され、国および国民の責務として「共生社会の実現」「社会的障壁の除去」を明確化した。

248 移動等円滑化の促進に関する基本方針が、2020（令和2）年6月に改正され、2025（令和7）年度末までのバリアフリー化の目標値が示された。基本方針において対象となる施設等は、駅や車両等公共交通機関、歩行空間、公共建築物、公園などである。

⊕34-135

249 移動等円滑化基準において、公共用通路の出入口の幅は**90cm以上**としなければならない。ただし、構造上やむを得ない場合は、**80cm以上**とすることができる。

⊕34-135

250 公共交通事業者等は、必要な情報提供や職員に対するバリアフリーに

関する教育訓練を行うよう努めなければならない（バリアフリー新法第8条）。

251　市町村は、旅客施設を中心とした地区や高齢者、障害者などが利用する施設が集中する地区において、**基本構想（バリアフリー基本構想）**を作成する。　　⊕34-135

252　移動等円滑化基本構想に位置づけられた事業の実施状況等の調査・分析や評価は、おおむね5年ごとに行わなければならない。　　⊕34-135

高齢者の居住の安定確保に関する法律（高齢者住まい法）

◎高齢者住まい法の概要

253　2001（平成13）年に、高齢者の居住の安定確保に関する法律（高齢者住まい法）が制定された。高齢者円滑入居賃貸住宅の**登録制度**、高齢者向け優良賃貸住宅の供給促進、終身建物賃貸借制度、民間賃貸住宅市場の整備などが設けられ、居住の安定確保が図られることとなった。

254　2011（平成23）年の高齢者住まい法の一部改正で、高齢者円滑入居賃貸住宅の登録制度、高齢者向け優良賃貸住宅の供給計画の認定制度が廃止され、**サービス付き高齢者向け住宅**の登録制度が創設された。　　⊕32-128

255　2016（平成28）年に高齢者住まい法の一部が改正され、都道府県だけでなく**市町村**も高齢者居住安定確保計画を策定すると、**サービス付き高齢者向け住宅**の登録基準を強化・緩和することができるようになった。

256　サービス付き高齢者向け住宅は、高齢者の居住の安定を確保するため、バリアフリー構造等を有し、介護・医療と連携して、高齢者を支援するサービスを提供する住宅である。高齢者向けの**賃貸住宅事業**または**有料老人ホーム**を行う者が、都道府県知事の登録を受ける。

257　サービス付き高齢者向け住宅の事業者は、その義務として入居者に対して契約前に書面を交付しなければならない。また、入居契約に従って高齢者生活支援サービスを提供しなければならない。

258　有料老人ホームは、サービス付き高齢者向け住宅として登録することが可能であり、登録されたものは、**老人福祉法**での届出（事業内容等と、その変更、廃止・休止の届出）の義務は適用されない。

図表50 高齢者住まい法の改正概要

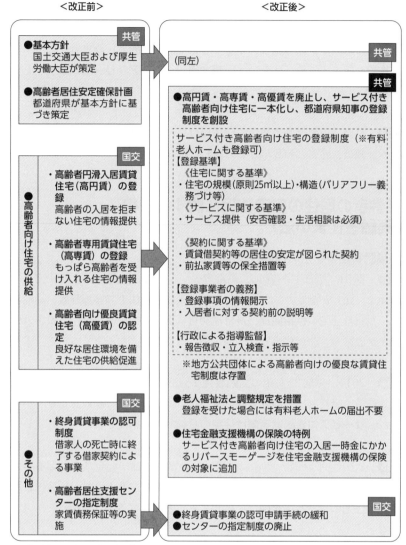

注：「国交」は国土交通省の略、「共管」は国土交通省・厚生労働省共管制度の略。
資料：国土交通省「改正高齢者住まい法の概要」

図表51 老人福祉法の特例について（有料老人ホームの場合）

サービス付き高齢者向け住宅については、
○ 食事、介護、家事、健康管理のいずれかのサービスを提供しているサービス付き高齢者向け住宅
　→ 有料老人ホームに該当する。
○ 安否確認・生活相談のみのサービス付き高齢者向け住宅
　→ 有料老人ホームには該当しない。

〈その他の高齢者の住宅整備〉

259 シルバーハウジングにおいては、ライフサポートアドバイザーが配置され、シルバーハウジングに居住している高齢者に対し、必要に応じ生活指導・相談、安否確認、一時的な家事援助、緊急時対応等のサービスを行う。

260　2007（平成19）年7月に、住宅確保要配慮者に対する賃貸住宅の供給の促進に関する法律が制定された。これは、低所得者、被災者、高齢者、障害者、子どもを育成する家庭等の住宅確保要配慮者は、民間賃貸住宅市場において入居制限が行われているなど、その居住水準が比較的低い状況にある場合が少なくないことから、**住生活基本法**の理念にのっとり、住宅確保要配慮者に対する賃貸住宅の供給の促進を図るため、国および地方公共団体の責務などを規定したものである。

261　住宅確保要配慮者に対して居住支援に取り組む法人（**住宅確保要配慮者居宅支援法人**）は、都道府県知事に申請し、指定される。

⊕33-135

262　地方公共団体は、住宅確保要配慮者に対する賃貸住宅の供給の促進に関する計画（**都道府県賃貸住宅供給促進計画**および**市町村賃貸住宅供給促進計画**）を作成できる。

⊕33-135

高年齢者等の雇用の安定等に関する法律（高年齢者雇用安定法）

◎高年齢者雇用安定法の概要

263　**高年齢者等の雇用の安定等に関する法律**は、高齢者等の職業の安定その他福祉の増進を図るとともに経済および社会の発展に寄与することを目的とし、雇用確保のほか、シルバー人材センター等について定めている。

264　企業には、雇用確保措置として**定年制の廃止、定年の引上げ、継続雇用制度の導入**のいずれかの措置を講じるよう義務づけている。これらの措置を実施済みの企業では「継続雇用制度の導入」が**69.2**％となっている。

265　高年齢者等の雇用の安定等に関する法律に基づき、事業主は就業確保措置として、**図表52**のいずれかの措置を講ずるよう努めることとされている。実施済みの企業は**29.7**％となっている。

図表52　高年齢者雇用安定法の就業確保措置

```
1  70歳までの定年の引上げ
2  定年制の廃止
3  70歳までの継続雇用制度（再雇用制度・勤務延長制度）の導入
4  70歳まで継続的に業務委託契約を締結する制度の導入
5  70歳まで継続的に以下の事業に従事できる制度の導入
   ①　事業主が自ら実施する社会貢献事業
   ②　事業主が委託、出資（資金提供）等する団体が行う社会貢献事業
```

育児休業、介護休業等育児又は家族介護を行う労働者の福祉に関する法律（育児・介護休業法）

◎育児・介護休業法の概要

266 育児休業、介護休業等育児又は家族介護を行う労働者の福祉に関する法律（育児・介護休業法）は、育児休業および介護休業に関する制度、子の看護休暇および介護休暇に関する制度を設けるとともに、子の養育および家族の介護を容易にするため所定労働時間等に関し事業主が行うべき措置を定めるほか、子の養育または家族の介護を行う労働者等に対する支援措置を実施することなどにより、子の養育または家族の介護を行う労働者等の雇用の継続および再就職の促進を図り、これらの者の職業生活と家庭生活との両立に寄与することを通じて、これらの者の福祉の増進を図り、あわせて経済および社会の発展に資することを目的とする。

267 育児・介護休業法は、2021（令和3）年に改正され、概要は**図表53**のとおりである。

図表53 育児・介護休業法（2021（令和3）年改正の概要）

1 「産後パパ育休」の創設
   子の出生後8週間以内に4週間まで取得することができる柔軟な育児休業の枠組みを創設する。
2 育児休業を取得しやすい雇用環境整備等の措置の義務づけ
   ①育児休業の申出・取得を円滑にするための雇用環境の整備に関する措置、②妊娠・出産の申し出をした労働者に対して事業主から個別の制度周知および休業の取得意向の確認のための措置を講ずることを事業主に義務づける。
3 育児休業の分割取得
   育児休業について、分割して2回まで取得することを可能とする。
4 育児休業の取得の状況の公表の義務づけ
   常時雇用する労働者数が1,000人超の事業主に対し、育児休業の取得の状況について公表を義務づける。
5 有期雇用労働者の育児・介護休業取得要件の緩和
   有期雇用労働者の育児休業および介護休業の取得要件のうち「事業主に引き続き雇用された期間が1年以上である者」であるという要件を廃止する。ただし、労使協定を締結した場合の例外も設ける。

図表54 育児休業関連制度

	産後パパ育休（2022令4.10.1〜）育休とは別に取得可能	育児休業制度（2022令4.10.1〜）	育児休業制度（改正前）
対象期間取得可能日数	子の出生後8週間以内に4週間まで取得可能	原則子が1歳（最長2歳）まで	原則子が1歳（最長2歳）まで
申出期限	原則休業の2週間前まで	原則1か月前まで	原則1か月前まで
分割取得	分割して2回取得可能（初めにまとめて申し出ることが必要）	分割して2回取得可能（取得の際にそれぞれ申出）	原則分割不可
休業中の就業	労使協定を締結している場合に限り、労働者が合意した範囲で休業中に就業することが可能	原則就業不可	原則就業不可
1歳以降の延長		育休開始日を柔軟化	育休開始日は1歳、1歳半の時点に限定
1歳以降の再取得		特別な事情がある場合に限り再取得可能	再取得不可

資料：厚生労働省

高齢者と家族等の支援における関係機関と専門職の役割

高齢者と家族等の支援における関係機関の役割

◎国、都道府県、市町村

〈国の役割〉

268 内閣が制定する法律施行令などの**政令**、厚生労働省等省庁レベルで制定される法律施行規則などの**省令**が、高齢者保健福祉の政策として大きな実効力をもつことになる。また、厚生労働省の担当部局から地方自治体に伝達される**通知**においても、地方自治体の高齢者保健福祉の施策が方向づけられる。

269 国は、要介護状態の**区分**を定める役割を担う。

〈市町村の役割〉

270 介護保険法第3条第1項では、「市町村及び特別区は、この法律の定めるところにより、介護保険を行うものとする」と定め、介護保険制度の保険者は、**市町村**および**特別区**であることを明確に規定している。

  📖 特別区とは都の区のことで、現在は東京都のみ。政令指定都市の区とは異なる。

⊕32-132

271 同条第2項では、「市町村及び特別区は、介護保険に関する収入及び支出について、政令で定めるところにより、**特別会計**を設けなければならない」と定め、介護保険の財政運営について、保険者である市町村および特別区が行うことを規定している（**図表55参照**）。

272 市町村または特別区（以下、市町村とする）は、介護者の支援事業、被保険者が要介護状態等となることを予防するための事業、指定居宅サービスおよび指定居宅介護支援の事業並びに介護保険施設の運営等のための**保健福祉事業**を行うことができる。なお、事業の対象者は、市町村特別給付とは異なり、**要介護者・要支援者**に限定されない。

受験対策アドバイス

◆介護保険事業計画は3年ごとに改定されますが、改定された場合、市町村は都道府県への報告義務があります。また、都道府県は厚生労働大臣への報告義務があります。

273 市町村は、3年を一期として、**介護保険事業計画**を策定する。また、市町村介護保険事業計画に定めるサービス費用見込額等に基づきおおむね3年間を通じて財政の均衡を保つように、保険料率が設定される。

274 2017（平成29）年の介護保険法の改正で、保険者等による**地域分析**

図表55 介護保険制度における市町村および特別区の主な役割

①被保険者の資格管理に関する事務	・認定資格の管理 ・被保険者台帳の作成 ・保険証の発行・更新 ・住所地特例の届出受付・管理	
②要支援・要介護認定に関する事務	・介護認定審査会の設置 ・要支援・要介護認定にかかる事務等	⊞33-132
③保険給付に関する事務	・高額介護サービス費・福祉用具購入費・住宅改修費・特例居宅介護サービス費など償還払いの保険給付 ・市町村特別給付の実施 ・現物給付の審査および支払（国民健康保険団体連合会に委託可能） ・居宅サービス計画の作成依頼の届出受付 ・種類支給限度基準額の設定 ・区分支給限度基準額の管理 ・給付の適正化・他制度との給付にかかわる調整等	
④保険料の徴収に関する事務	・第1号被保険者の徴収料率決定 ・普通徴収 ・特別徴収にかかる対象者の確認・通知等 ・滞納者への督促・滞納徴収等	
⑤会計等に関する事務	・特別会計の設置 ・市町村一般会計からの定率負担（12.5％） ・国庫定率負担・都道府県負担等の申請および収納	
⑥規定や条例に関する事務	・介護保険制度の運営に必要な条例・規則等の制定 ・改正等に関する事務	
⑦市町村計画の策定に関する事務	・介護保険事業計画の作成・変更	⊞34-131
⑧事業所に関する事務	・地域密着型サービス事業所、居宅介護支援事業所、介護予防支援事業所における事業所指定・指導監督 ・事業の人員・設備・運営に関する基準の制定	
⑨地域支援事業に関する事務	・地域支援事業の実施 ・地域包括支援センターの設置等 ・介護サービス相談員派遣等事業	⊞34-131 ⊞34-133

と対応が規定された。全市町村が保険者機能を発揮し、自立支援・重度化防止に取り組むよう、①データに基づく課題分析と対応（介護保険事業（支援）計画における、取り組むべき施策と目標の記載）、②適切な指標による実績評価、③インセンティブ（交付金による報奨）の付与が制度化されることとなった。

275 2017（平成29）年6月の介護保険法の改正で、居宅サービスの指定等に対する保険者の関与が規定された。市町村長は、都道府県知事の行う居宅サービスおよび介護予防サービスの指定について、**市町村介護保険事業計画との調整**を図る見地からの意見を申し出ることができることとなった。ま

た、都道府県知事は、その意見を勘案して、指定を行うにあたって、事業の適正な運営を確保するために**必要と認める条件**を付することができるものとなった。

〈都道府県の役割〉

276 都道府県は、広域的なサービス提供体制の整備に取り組むとともに、必要な助言などによって、介護保険制度の保険者である**市町村**を適切に援助する。

277 介護保険法第5条第2項には、都道府県の責務として、「都道府県は、介護保険事業の運営が健全かつ円滑に行われるように、必要な助言及び適切な援助をしなければならない」と明記されている（**図表56参照**）。

図表56 介護保険制度における都道府県の主な役割

①市町村支援に関する事務	・保険者支援 ・介護認定審査会の共同設置等の支援 ・市町村介護保険事業計画作成に対する助言 ・介護保険審査会の設置・運営
②事業所・施設に関する事務	・事業所や施設の指定・指定更新・指導監査等 ・事業や施設の人員・設備・運営に関する基準の制定 ・市町村が行う地域密着型特定施設入居者生活介護の指定に際しての助言・勧告等 ・指定市町村事務受託法人の指定
③介護サービス情報の公表に関する事務	・介護サービス事業者の調査と結果の公表 ・公表に関する事業者に対する指導監督
④介護支援専門員の登録等に関する事務	・介護支援専門員の登録・登録更新 ・介護支援専門員証の交付に関する事務 ・介護支援専門員の試験および研修・更新研修の実施
⑤財政支援に関する事務	・保険給付・地域支援事業に対する費用の負担 ・財政安定化基金の設置・運営
⑥介護保険事業支援計画の策定に関する事務	
⑦国民健康保険団体連合会の指導監督	

⊕33-132
⊕34-131

⊕34-131

⊕33-132

⊕32-132

278 介護保険事業計画は、介護保険の保険給付を円滑に実施するための計画であり、市町村が策定する**市町村介護保険事業計画**と都道府県が策定する**都道府県介護保険事業支援計画**がある。

⊕32-132
⊕34-131

279 介護保険法第115条の42において、都道府県知事は**指定情報公表センター**を指定し、介護サービス情報の報告の受理および公表を行わせることができるとされている。

◎指定サービス事業者
〈事業者の指定〉

280 介護保険法に基づく指定サービス事業者とは、都道府県知事の指定を受けた**指定居宅サービス事業者**、介護保険施設（介護老人保健施設、介護医療院は許可）、**指定介護予防サービス事業者**、市町村長の指定を受けた**指定地域密着型サービス事業者、指定居宅介護支援事業者、指定地域密着型介護予防サービス事業者、指定介護予防支援事業者**をいう。

281 都道府県知事による指定居宅サービス事業者の指定は、介護保険法第70条第1項に基づいて、居宅サービス事業を行う者の**申請**により、居宅サービスの種類ごと、また、居宅サービス事業を行う各々の事業所ごとに行われる。

282 都道府県知事は居宅介護サービス費の請求に**不正**がある場合、**指定を取り消す**ことができる。また、指定居宅サービス事業者から**廃業の届出**があったときは**公示**しなければならない。

⊕ 35-43（行財）

283 指定居宅サービスの事業の**取消し**を受けた事業者は、その取消しの日から**5年**を経過しない者は指定を受けることができない。

284 指定居宅サービス事業所は、**6年**ごとに指定の更新を受けなければならない。

285 指定居宅サービス事業所の責務として、サービス利用者の**介護保険被保険者証**に、**介護認定審査会の意見**がある場合には、それに配慮したサービスを提供する。

286 指定居宅サービス事業者には、市町村、ほかの居宅サービス事業者、保健医療サービスや福祉サービス提供者との**連携に努める義務**がある。

287 指定居宅サービス事業者が**廃止・休止**をする場合、利用者が引き続きサービス利用を希望する場合には、当該事業者はサービスが継続的に提供されるよう関係者との**連絡調整**その他の便宜の提供が必要である。

288 老人福祉法に規定された特別養護老人ホームは、**都道府県知事に申請**をして、指定介護老人福祉施設の指定を受けることができる（**介護保険法第86条**）。

289 介護老人保健施設の開設をしようとする地方公共団体、医療法人、社会福祉法人等は、**都道府県知事の許可**を受けなければならない（**介護保険法第94条**）。

290 介護医療院の基準については、介護療養型医療施設からの転換を進めるため、居住スペースと医療機関の併設が選択肢として用意された。宿直の医師を兼任できるようにするなどの人員基準が緩和されるとともに、設備を共用することが可能とされた。また、病院または診療所から介護医療院に転換した場合には、転換前の病院または診療所の名称を引き続き使用できることとなった（**図表57参照**）。

図表57 介護医療院の主な利用者像等

	Ⅰ型	Ⅱ型
主な利用者像	重篤な身体疾患を有する者および身体合併症を有する認知症高齢者等（療養機能強化型A・B相当）	左記と比べて、容体は比較的安定した者
療養室	定員4人以下　床面積8.0m²／人以上 4人以下の多床室であってもプライバシーに配慮した環境になるよう努める	
低所得者への配慮	補足給付の対象	

〈事業者実態および規制〉

291 2021（令和3）年の介護サービス施設・事業所調査（厚生労働省）での訪問介護事業所の経営主体は、**営利法人**が最も多い。

292 2008（平成20）年5月に、「介護保険法及び老人福祉法の一部を改正する法律」が成立した。介護サービス事業者の**不正事案の再発**を防止し、介護事業運営の適正化を図るため、法令遵守等の業務管理体制整備の義務づけ、事業者の本部等に対する立入検査権の創設、不正事業者による処分逃れ対策などを定めている。

〈その他〉

293 2006（平成18）年4月から、**介護サービス情報の公表制度**が始まった。その目的は、介護サービスを利用する者が適切、円滑にサービスの利用機会を確保できるようにするため、介護サービスの内容や事業者・施設の運営状況などの情報を公表させるものである。

294 2010（平成22）年4月から、**介護サービス情報の公表制度支援事業**が実施されている。その目的には、利用者の権利擁護や、サービスの質の確保の観点からの制度施行の支援があげられ、実施主体は**都道府県**とされている。

295 介護サービス情報の公表制度の利活用として、市町村は**地域包括支援センター**の情報の公表に努めるとされた。

296 指定サービス事業者は、自らその提供する指定居宅サービスの質の評

価を行うなど、常に利用者の立場に立ってサービスを提供するように努めなければならないとされている。なお、介護保険法では、介護サービス事業者に第三者評価を受ける義務は課せられていない。

◎国民健康保険団体連合会

297 国民健康保険団体連合会（国保連）は、国民健康保険法第83条に基づき、都道府県・市町村および特別区・国民健康保険組合が共同して目的を達成するために、必要な事業を行うことを目的に設立された法人である。国保連は、都道府県に1団体ずつ設立されている（**図表58参照**）。

図表58 国民健康保険団体連合会の役割

- ・市町村（保険者）から委託を受けて、介護給付費等（居宅介護サービス費・施設介護サービス費等）の請求に関する審査および支払
- ・第一号事業支給費の請求、介護予防・日常生活支援総合事業の実施に関する費用の審査および支払
- ・指定居宅サービス等の質の向上に関する調査、指定居宅サービス事業者、介護保険施設等について、利用者、家族の苦情に基づき事実関係の調査を行い、当該の事業者、施設に対して必要な指導・助言を行う（苦情処理業務）
- ・その他介護保険事業の円滑な運営に資する事業

⊕33-132

⊕33-132

受験対策アドバイス

国保連が対応する苦情相談は、介護サービスの質の向上を目的としており、指定等の取消権は有していません。

298 指定サービス事業者および基準該当サービス事業者（以下、事業者）が利用者に提供したサービスの**介護給付費の請求**は、国保連にされる。事業者は、原則としてサービス利用料の1割（一定以上の所得を有する第1号被保険者は2割または3割）を利用者に請求し、残りを国保連に請求する。

> 所得基準は、2割負担が合計所得金額160万円以上（単身で年金収入のみの場合280万円以上）、3割負担が220万円以上（344万円以上）が相当する（厚生労働省資料）。

299 国保連の役割は、市町村（保険者）から委託された介護給付費の**審査・支払**など、介護保険財政に直結する費用面での重要な役割を担っている（**図58参照**）。

300 介護給付費等審査委員会は、**国保連**におかれる。この委員会では、介護給付費請求書の審査の必要があるときは都道府県知事の承認を得て、事業者に対して報告、出頭、説明等を求めることができる。

⊕32-132

◎地域包括支援センター

〈地域包括支援センターの組織体系〉

301 地域包括支援センターは、地域住民の心身の健康の保持および生活の安定のために必要な援助を行い、保健医療の向上および福祉の増進を包括的に支援することを目的とする。**包括的支援事業**等を地域において一体的に実施する役割を担う中核的機関として設置される（**介護保険法第115条の46第1項**）。

302 　地域包括支援センターは、市町村の判断により担当圏域を設定して設置することができる。また、市町村から包括的支援事業の委託を受けた者も地域包括支援センターを設置することができる。

　　✎ 具体的には、NPO法人、医療法人、社会福祉法人などがある。

303 　厚生労働省通知「地域包括支援センターの設置運営について」の2016（平成28）年1月改正により、地域包括支援センターが適正に事業を実施することができるように、①適切な人員体制の確保、②市町村との役割分担および連携の強化、③センター間における役割分担と連携の強化、④効果的なセンター運営の継続が市町村の責務となり、体制の整備に努めることが強調された。

⊕ 32-133

304 　市町村は、介護予防ケアマネジメント（第1号介護予防支援事業）について、地域包括支援センターに委託することができる。

305 　地域包括支援センターの設置者は、自ら事業の質の評価を行い事業の質の向上を図らなければならない。

306 　市町村は、地域包括支援センターにおける事業の実施状況について、定期的に「評価を行う」とともに、「必要な措置」を講じなければならない。

307 　地域包括支援センターの人員配置基準は、第1号被保険者の数がおおむね3000人以上6000人未満ごとに常勤専従の社会福祉士、保健師、主任介護支援専門員（主任ケアマネジャー）をそれぞれ1名おくこととされている。職員等には守秘義務が課されている。

　　✎ 3職種の確保が困難な状況から準ずる者としての規定がある。

308 　地域包括支援センターは、指定介護予防支援事業者として、介護予防に関するケアマネジメントを行う。指定介護予防支援等の事業の人員及び運営並びに指定介護予防支援等に係る介護予防のための効果的な支援の方法に関する基準（指定介護予防支援基準）では、指定介護予防支援事業所ごとに保健師その他介護予防支援に関する知識を有する職員を、1人以上担当職員として配置しなければならないとしている。

309 　地域包括支援センターは、市町村が設置した地域包括支援センター運営協議会の意見を踏まえて、適切、公正かつ中立な運営を確保する（介護保険法施行規則第140条の66第2号ロ）。

310 　地域包括支援センター運営協議会の構成員については、①介護サービスおよび介護予防サービスに関する事業者および職能団体（医師、歯科医師、看護師、介護支援専門員、機能訓練指導員等）、②介護サービスおよび介護

予防サービスの利用者、介護保険の被保険者、③介護保険以外の地域の社会的資源や地域における権利擁護、相談事業等を担う関係者、④地域ケアに関する学識経験者を標準として、地域の実情に応じて市町村長が選定する。

〈地域包括支援センターの活動の実際〉

311 地域包括支援センターは、地域住民の保健医療の向上および福祉の増進を包括的に支援するため、**第1号介護予防支援事業、総合相談支援業務、権利擁護業務、包括的・継続的ケアマネジメント支援業務の4つの業務（包括的支援事業）**を、地域において一体的に実施する役割を担う中核的拠点である（**図表59参照**）。

34-133

312 2015（平成27）年4月からは、包括的支援事業に**在宅医療・介護連携推進事業、生活支援体制整備事業、認知症総合支援事業が位置づけられた**（**図表59参照**）。市町村は、これらの事業の全部または一部について、市町村が適当と認める者に委託することが可能である。

313 地域包括支援センターにおける社会福祉士の業務として、社会福祉協議会が実施する**日常生活自立支援事業**の説明をすることが含まれる。

    ✍ 日常生活自立支援事業の対象は、認知症高齢者、知的障害者、精神障害者等のうち判断力が不十分な人である。

314 地域ケア会議は、2015（平成27）年4月から**市町村**において設置が努力義務とされ、地域包括ケアシステムの実現に向けた手法で、地域包括支援センターまたは市で主催し、高齢者の個別課題の解決をする。さらに、**多職種が協働**することで、**地域課題の把握、地域づくり、資源開発、政策形成**まで一体的に取り組む。

315 2015（平成27）年4月から、地域包括支援センターにおいて、地域の実情を踏まえ、**基幹型センターや機能強化型センター**を位置づけるなど、センター間の役割分担・連携が強化された（**図表60参照**）。

関連する専門職等の役割

◎介護支援専門員

316 介護支援専門員（ケアマネジャー）とは、要介護者・要支援者からの相談に応じるとともに、要介護者等がその心身の状況等に応じて適切な居宅サービス、地域密着型サービス、施設サービス、あるいは各種の介護予防サービスを利用できるように、市町村、サービス事業者や施設との連絡調整などを行う者である。

図表59 地域包括支援センターの業務（包括的支援事業）

事　業　名	内　　容
第1号介護予防支援事業	基本チェックリスト該当者に対して、介護予防および日常生活支援を目的として、心身の状況、おかれている環境その他の状況に応じて、その選択に基づき、訪問型サービス（第1号訪問事業）、通所型サービス（第1号通所事業）、その他生活支援サービス（第1号生活支援事業）等適切なサービスが包括的かつ効果的に提供されるよう必要な援助を行う。
総合相談支援業務	地域の高齢者が住み慣れた地域で安心して、その人らしい生活が継続してできるよう、どのような支援が必要か把握し、地域における適切な保健・医療・福祉サービス、機関または制度の利用につなげる等の支援を行う。
権利擁護業務	地域の住民や民生委員、介護支援専門員等の支援だけでは十分に問題解決ができない、適切なサービスにつながる方法が見つからない等の困難な状況にある高齢者が、地域において、安心して尊厳のある生活ができるよう、専門的・継続的な視点から支援を行う。
包括的・継続的ケアマネジメント支援業務	介護支援専門員、主治医、地域の関係機関等の連携、在宅と施設の連携など、地域において、多職種相互の協働等により連携するとともに、介護予防ケアマネジメント、指定介護予防支援および介護給付におけるケアマネジメントとの相互の連携を図り、包括的・継続的なケアマネジメントを実現するため、地域における連携・協働の体制づくりや個々の介護支援専門員に対する支援等を行う。
在宅医療・介護連携推進事業	医療に関する専門的知識を有する者が、介護サービス事業者、居宅における医療を提供する医療機関その他の関係者の連携を推進する。
生活支援体制整備事業	被保険者の地域における自立した日常生活の支援および要介護状態等となることの予防または要介護状態等の軽減もしくは悪化の防止にかかる体制の整備その他のこれらを促進する。生活支援コーディネーター（地域支え合い推進員）の配置、「協議体」の設置を行う。
認知症総合支援事業	保健医療および福祉に関する専門的知識を有する者による認知症の早期における症状の悪化の防止のための支援その他の認知症であるまたはその疑いのある被保険者に対する総合的な支援を行う。「認知症初期集中支援推進事業」「認知症地域支援・ケア向上事業」等が含まれる。

⊕34-133

⊕34-133

317 介護支援専門員の登録は、法定資格者等であって、その実務経験（5年以上）がある者で、都道府県知事が行う介護支援専門員実務研修受講試験に**合格**し、介護支援専門員実務研修課程を**修了**した者について行われる。

318 2019（令和元）年6月の介護保険法の改正で、それまで介護支援専門員に登録できない者とされていた「成年被後見人または被保佐人」が「心

図表60 地域包括支援センターの機能強化

○高齢化の進展、相談件数の増加等に伴う業務量の増加およびセンターごとの役割に応じた人員体制を強化する。
○市町村は運営方針を明確にし、業務の委託に際しては具体的に示す。
○直営等の基幹型センターや、機能強化型センターを位置づけるなど、センター間の連携を強化し、効率的かつ効果的な運営を目指す。
○地域包括支援センター運営協議会による評価、PDCAの充実等により、継続的な評価・点検を強化する。
○地域包括支援センターの取組みに関する情報公表を行う。

在宅医療・介護連携		生活支援コーディネーター
地域医師会等との連携により、在宅医療・介護の一体的な提供体制を構築	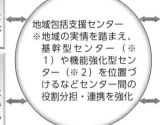 地域包括支援センター ※地域の実情を踏まえ、基幹型センター（※1）や機能強化型センター（※2）を位置づけるなどセンター間の役割分担・連携を強化	高齢者のニーズとボランティア等の地域資源とのマッチングにより、多様な主体による生活支援を充実
認知症初期集中支援チーム 認知症地域支援推進員		地域ケア会議
早期診断・早期対応等により、認知症になっても住み慣れた地域で暮らし続けられる支援体制づくりなど、認知症施策を推進		多職種協働による個別事例のケアマネジメントの充実と地域課題の解決による地域包括ケアシステムの構築

包括的支援業務 介護予防ケアマネジメント	介護予防の推進
従来の業務を評価・改善することにより、地域包括ケアの取組みを充実	多様な参加の場づくりとリハビリテーション専門職の適切な関与により、高齢者が生きがいをもって生活できるよう支援

市町村
運営方針の策定・新総合事業の実施・地域ケア会議の実施等

都道府県
市町村に対する情報提供、助言、支援、バックアップ等

※1　基幹型センター（直営センターで実施も可）：例えば、センター間の総合調整、他センターの後方支援、地域ケア推進会議の開催などを担う
※2　機能強化型センター：過去の実績や得意分野を踏まえて機能を強化し、他センターの後方支援も担う
資料：厚生労働省資料を一部改変

身の故障により介護支援専門員の業務を適正に行うことができない者として厚生労働省令で定めるもの」に改正された。

319 2005（平成17）年の介護保険法の改正で、ケアマネジメントの見直しの方向性として、**主治医と介護支援専門員の連携、在宅と施設との連携、包括的・継続的マネジメントを確立する**ことという方向性が示された。

320 介護支援専門員は、利用者が医療サービスを希望する場合、**利用者の同意を得て主治医等の意見を求めなければならない。**

321 介護支援専門員は、利用者が**介護保険施設**への入所を希望する場合には、**介護保険施設の紹介**を行う。　⊕35-132

322 介護支援専門員は、サービスの実施状況の把握（モニタリング）のた　⊕35-132

め、少なくとも1月に1回、利用者宅を訪問しなければならない。

323 　介護支援専門員は、居宅サービス計画等の**原案を作成**した際や、利用者が**要介護更新認定**を受けた場合や、**要介護状態区分の変更**の認定を受けた場合に、**サービス担当者会議**を開催して、担当者から専門的な意見を求める。

⊕ 34-132
⊕ 35-132
324 　介護支援専門員は、**居宅サービス計画**の作成にあたってはインフォーマル・サービスを含めた地域の多様なサービスを盛り込む総合的なサービス計画となるように努める。

325 　介護支援専門員の資質と専門性の向上を図ることを基本に、2005（平成17）年の法改正では、①介護支援専門員証の**有効期間**の導入、②介護支援専門員の**研修の強化**、③**主任介護支援専門員**の創設が行われた。

326 　主任介護支援専門員は、**地域包括支援センター**に配置される専門職として創設された。

327 　主任介護支援専門員は、ほかの介護支援専門員に適切な**指導・助言**を行うほか、地域における包括的・継続的なケアシステムを実現するために必要な情報の収集・発信、事業所・職種間の調整を行う。また、事業所における人事・経営管理、利用者の視点に立ってフォーマル・サービスやインフォーマル・サービスの質・量を確保し、改善していく提案などを行う。

328 　指定居宅介護支援事業所の介護支援専門員の役割は、利用の申込みがあった場合のサービスの種類やその内容、利用手続きの**説明**と**同意**、利用料の受領、正当な理由のない**提供拒否の禁止**、要介護認定の申請の援助、**居宅サービス計画**の作成などが運営に関する基準として定められている。提供に関する記録は、終結した日から**2年間**保存する。

⊕ 35-132
329 　指定居宅介護支援事業所の介護支援専門員による居宅サービス計画作成業務の保険給付は**10割給付**で、利用者の自己負担は**ない**。

⊕ 35-132
330 　居宅サービス計画は、**利用者や家族が作成**することができる。

◎訪問介護員

⊕ 34-132
331 　訪問介護員として、訪問介護業務に従事できる者は、国家資格者である介護福祉士、その他政令で定める者が行うとされている。その他政令で定める者とは、介護職員初任者研修および生活援助従事者研修を受けた者であり、都道府県が認定した資格となる。

⊕ 34-132
332 　訪問介護員は、利用者の心身の状況や環境等の的確な把握に努め、利

用者またはその家族に対し、相談および助言を行う。

333 サービス提供責任者とは、訪問介護サービスにおけるマネジメント（介護サービス、サービス見直しに伴う会議開催、契約手続、職員指導、介護給付費請求業務など）を行う者であり、利用者の訪問介護計画の作成と訪問介護員の指導等を行う。サービス提供責任者は、介護福祉士、改正前の介護職員基礎研修または訪問介護員研修1級修了者、障害福祉サービス事業におけるサービス提供責任者（共生型訪問介護の提供にあたる者に限る）である。

⊕ 34-132

334 サービス提供責任者は、原則、事業者ごとに利用者の数が40人またはその端数を増すごとに1人以上配置しなくてはならない。

📖 一定の人員配置条件により、サービス提供責任者の員数は利用者数50人またはその端数を増すごとに1人以上とすることができる。

◎介護職員

335 訪問介護以外の居宅サービス、地域密着型サービスおよび施設サービスで利用者の介護にあたるケアワーカー（介護職員）は、介護福祉士、2013（平成25）年4月改正前の介護職員基礎研修および訪問介護員研修（1～2級）、介護職員初任者研修を受けた者のほかに、未経験者もいる。

◎福祉用具専門相談員

336 福祉用具専門相談員とは、介護が必要な高齢者や障害者に福祉用具を貸与および販売する際に、選び方や使い方について助言する専門職である。

⊕ 33-133

📖 介護福祉士、義肢装具士、保健師、看護師、准看護師、理学療法士、作業療法士、社会福祉士、福祉用具専門相談員指定講習修了者がなる。

337 1993（平成5）年に、福祉用具の研究開発及び普及の促進に関する法律が制定され、福祉用具の研究開発及び普及を促進するための措置に関する基本的な方針が定められている。

◎認知症サポーター、介護サービス相談員

338 介護サービス相談員とは、2000（平成12）年度から実施された「介護相談員派遣等事業」（現在は「介護サービス相談員派遣等事業」）に位置する。これは、介護保険制度の根幹を担うべき主体である「利用者」「サービス提供者」「市町村」を対象に、介護保険制度の目的である「質量の両面にわたる介護サービスの充実」の実現を推進するため、市民が介護サービス相談員として活動することを目指すものである。

339 介護サービス相談員派遣等事業は、介護保険法における地域支援事業の任意事業である。実施主体は市町村である。

340 介護サービス相談員派遣等事業において、市町村に登録された介護サービス相談員が介護サービス施設・事業所等に出向いて、利用者の疑問や不安を受け、事業所等および行政との橋渡しをし、問題の改善やサービスの質の向上につなげる。

341 介護サービス相談員および事業運営事務局は、相談者情報を市町村に提供する場合には、あらかじめ文書により相談者の同意が必要である。

342 認知症サポーターとは、認知症に関する正しい知識と理解をもち、地域や職域で認知症の人やその家族を支援するボランティアをいう。認知症サポーター養成研修は、「認知症サポーターキャラバン」によって全国的に展開されている（2023（令和5）年12月末現在、認知症サポーター約1510万人）。

343 キャラバン・メイトは、認知症サポーター養成講座の企画・立案および実施を行う講師役をいう。その総数は、2023（令和5）年12月末で18万人である。

◎家族、住民、ボランティア

344 介護支援専門員の行うケアマネジメントは、多職種協働・連携を実施するうえで、常に利用者、家族の立場を踏まえつつ、全人的に理解する立場にある。また、保険給付対象サービス以外のインフォーマルなサービスも視野に入れて支援を行うものである。

345 サービス担当者会議は、作成された支援計画書の内容の検討、総合的な支援方針、目標、内容等の共有、問題点の明確化、役割分担の確認を行うために、介護支援専門員が開催し、そこには利用者、家族、主治医やサービス担当者などが参加して行う。

346 利用者の状態をアセスメントし、本人の希望や生活する場所等を考慮し多職種でかかわることは介護にとって重要な視点となる。

6　高齢者と家族等に対する支援の実際

社会福祉士の役割

347　高齢者の終末期ケアのあり方としては、高齢者の死の迎え方の希望を尊重し、家族や重要他者とケアチームが意思決定のプロセスを共有することや、安らかな死が迎えられるように**多職種の連携およびインフォーマル・サポート**をネットワーク化して支援することがあげられる。

348　ACP（アドバンス・ケア・プランニング）では、本人が医療・ケアチームと十分に話し合いを行い、本人による意思決定を尊重する。話し合いは何度も行うことができる。

高齢者と家族等に対する支援の実際（多職種連携を含む）

◎地域生活支援

349　地域包括支援センターにおける公私の役割は、**図表61**のとおりである。

◎認知症高齢者支援

350　認知症総合支援事業に基づく**認知症初期集中支援チーム**は、複数の専門職が家族の訴えなどにより、認知症が疑われる人や認知症の人および家族を訪問し、アセスメント、家族支援など、初期の支援を包括的、集中的（おおむね最長で6か月）に行い、自立生活のサポートを行う。

351　認知症初期集中支援チームのメンバーは、原則、医師、保健師、社会福祉士、介護支援専門員等であって認知症の医療や介護における専門的知識および経験を有すると市町村が認めたもので、実務・相談業務等の経験が3年以上の者または認知症初期集中支援チーム員研修を受講したもの2名以上と、日本老年精神医学会・日本認知症学会の定める専門医または認知症医療を主業務とした5年以上の臨床経験を有する医師のいずれかに該当する認知症サポート医である医師1名の計3名以上である。

352　「認知症施策推進5か年計画（オレンジプラン）」は、2013（平成25）年度から2017（平成29）年度までの暫定施策として、数値目標を示したものである。また、2015（平成27）年1月、厚生労働省は、「認知症施策推進

⊕35-127

図表61 地域包括支援センターにおける公私の役割

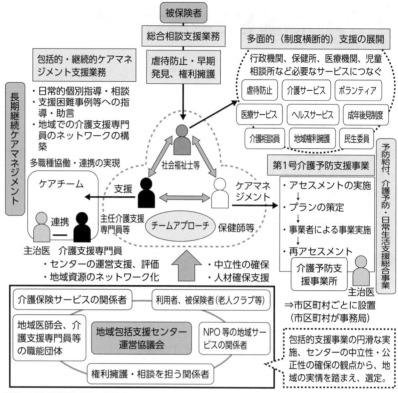

資料：厚生労働省資料を一部改変

総合戦略～認知症高齢者等にやさしい地域づくりに向けて～（新オレンジプラン）」を発表している。2017（平成29）年に、2020（令和2）年度末までの数値目標の更新や施策を効果的に実行するための改訂が行われた。

353 認知症介護の目標は、認知症の特徴や心理面の変化、日常生活動作、生活歴や習慣などの情報を正しく評価し、個々の認知症高齢者に合わせた、尊厳ある日常生活を維持することである。

354 認知症高齢者の家族へのケアでは、家族に対する受容と共感の姿勢が重要である。

355 「認知症の人の日常生活・社会生活における意思決定支援ガイドライン」（2018（平成30）年）において、認知症の人の意思決定支援をするものとして、医療・福祉の専門職員や市町村の職員が想定されている。

356 認知症高齢者は、認知症になったことへの驚き、戸惑い、自分自身が変わっていくことへのおそれ、進行する症状への無力感などのなかで生活している。認知症高齢者に対して「何もわからなくなっている人」という認識は、認知症の理解が不十分で誤った認識である。

〈認知症施策推進大綱〉

357 2019（令和元）年に、認知症になっても住み慣れた地域で自分らしく暮らし続けられる「共生」を目指し、「認知症バリアフリー」の取り組みを進めていくとともに、「共生」の基盤の下、通いの場の拡大など「予防」の取り組みを目的として、「**認知症施策推進大綱**」が策定された。

358 認知症施策推進大綱の基本指針として、①普及啓発・本人発信支援、②予防、③医療・ケア・介護サービス・介護者への支援、④認知症バリアフリーの推進・若年性認知症の人への支援・社会参加支援、⑤研究開発・産業促進・国際展開の5つの柱に沿って施策を推進する。

　📖 これらの施策はすべての認知症の人の視点に立って、認知症の人やその家族の意見を踏まえて推進することを基本とし、具体的支援策としては、「認知症の普及啓発」や「理解促進」「相談先の周知」などが挙げられる。

〈認知症基本法〉

359 2023（令和5）年6月に**共生社会の実現を推進するための認知症基本法**（認知症基本法）が制定された。同法の目的は、日本における急速な高齢化の進展に伴い認知症の人が増加している現状等を考慮し、認知症の人が尊厳を保持しつつ希望を持って暮らすことができるよう、認知症に関する施策に関し、基本理念を定め、国、地方公共団体等の責務を明らかにし、認知症施策の推進に関する計画の策定について定めるとともに、認知症施策の基本となる事項を定めること等により、認知症施策を総合的かつ計画的に推進し、それらにより認知症の人を含めた国民一人一人がその個性と能力を十分に発揮し、相互に人格と個性を尊重しつつ支え合いながら共生する活力ある社会（共生社会）の実現を推進することである。

360 認知症基本法において「認知症」とは、アルツハイマー病その他の神経変性疾患、脳血管疾患その他の疾患により日常生活に支障が生じる程度にまで認知機能が低下した状態として政令で定める状態と定義されている。

361 認知症基本法の基本理念は、**図表62**のとおりである。

362 認知症基本法に基づき、国は基本理念にのっとり、認知症施策を総合的かつ計画的に策定し、実施する責務を有する。

363 認知症基本法に基づき、地方公共団体は基本理念にのっとり、国との適切な役割分担を踏まえて、その地方公共団体の地域の状況に応じた認知症施策を総合的かつ計画的に策定し、実施する責務を有する。

364 認知症基本法に基づき、国民は、共生社会の実現を推進するために必要な認知症に関する正しい知識および認知症の人に関する正しい理解を深め

図表62 認知症基本法の基本理念

1 全ての認知症の人が、基本的人権を享有する個人として、自らの意思によって日常生活及び社会生活を営むことができるようにすること。
2 国民が、共生社会の実現を推進するために必要な認知症に関する正しい知識及び認知症の人に関する正しい理解を深めることができるようにすること。
3 認知症の人にとって日常生活又は社会生活を営む上で障壁となるものを除去することにより、全ての認知症の人が、社会の対等な構成員として、地域において安全にかつ安心して自立した日常生活を営むことができるようにするとともに、自己に直接関係する事項に関して意見を表明する機会及び社会のあらゆる分野における活動に参画する機会の確保を通じてその個性と能力を十分に発揮することができるようにすること。
4 認知症の人の意向を十分に尊重しつつ、良質かつ適切な保健医療サービス及び福祉サービスが切れ目なく提供されること。
5 認知症の人に対する支援のみならず、その家族その他認知症の人と日常生活において密接な関係を有する者（家族等）に対する支援が適切に行われることにより、認知症の人及び家族等が地域において安心して日常生活を営むことができるようにすること。
6 認知症に関する専門的、学際的又は総合的な研究その他の共生社会の実現に資する研究等を推進するとともに、認知症及び軽度の認知機能の障害に係る予防、診断及び治療並びにリハビリテーション及び介護方法、認知症の人が尊厳を保持しつつ希望を持って暮らすための社会参加の在り方及び認知症の人が他の人々と支え合いながら共生することができる社会環境の整備その他の事項に関する科学的知見に基づく研究等の成果を広く国民が享受できる環境を整備すること。
7 教育、地域づくり、雇用、保健、医療、福祉その他の各関連分野における総合的な取組として行われること。

るとともに、共生社会の実現に寄与するよう努めなければならない。

365 認知症基本法に基づき、認知症の日は9月21日とし、認知症月間は9月1日から9月30日までとされている。

366 認知症基本法に基づく認知症施策推進基本計画については、**図表63**のとおりである。

図表63 認知症施策推進基本計画

政府	認知症施策推進基本計画（基本計画）の策定の義務
都道府県	都道府県の実情に即した都道府県認知症施策推進計画（都道府県計画）を策定するよう努めなければならない。
市町村	基本計画（都道府県計画が策定されているときは、基本計画および都道府県計画）を基本とするとともに、市町村の実情に即した市町村認知症施策推進計画を策定するよう努めなければならない。

◎就労支援

367 高齢者の多様な雇用・就業ニーズに応えるために、個々の企業による取り組みに加え、地域の関係者が協働して多様な雇用・就業機会を創出して

いく機能や、高齢者の特性に合った就業機会を安定的に提供する機能が重要である。

368 高齢者のさまざまな働き方だけでなく、地域の人口減少・高齢化に伴い、地方や農山村などの過疎地域における地域機能を持続させようとさまざまな取り組みが展開されることに対し、高齢者の就労も1つの希望として捉える。

369 ハローワークにおいて、「生涯現役支援窓口」といったシニア世代のための就職相談窓口を置き、支援をしている。

370 65歳以上の高齢者を雇い入れた事業所は、「特定求職者雇用開発助成金」を受けることができる。1年以上継続して雇用することが確実な労働者（雇用保険の高年齢被保険者）として雇い入れる事業主に対し助成される仕組みである。

371 労働者に直接支給される給付金としては、高年齢雇用継続給付金がある。賃金が60歳到達等時点より75％未満に低下した状態で働き続ける60歳以上65歳未満の雇用保険被保険者へ支給される給付金である。

📖 2025（令和7）年4月より段階的に縮小し、廃止していく方針が示された。背景として高年齢者の就労の場の確保の増加が挙げられている。なお、高年齢者の起業の割合も増えており、高齢社会白書（令和3年版）によると、65歳以上の起業者の割合は2007（平成19）年に8.4％であったが、2017（平成29）年には11.6％まで上昇している。

図表64 高年齢雇用継続給付の概要

高年齢雇用継続基本給付金	雇用保険の被保険者であった期間が5年以上ある60歳以上65歳未満の労働者であって、60歳以後の各月に支払われる賃金が原則として60歳時点の賃金額の75％未満となった状態で雇用を継続する高年齢者が対象で、65歳に達するまで支給される。
高年齢再就職給付金	基本手当を受給した後、60歳以後に再就職して、再就職後の各月に支払われる賃金額が基本手当の基準となった賃金日額を30倍した額の75％未満となった者で以下の要件を満たす者に支給される。 ①基本手当についての被保険者であった期間が5年以上あること ②再就職した日の前日における基本手当の支給残日数が100日以上あること ③安定した職業に就くことにより被保険者となったこと

※解答の横の番号は、本科目で該当する重要項目や図表の番号です。

1 高齢者保健福祉推進十か年戦略（ゴールドプラン）を円滑に実施するために、老人福祉法および老人保健法では市町村老人保健福祉計画の策定が義務づけられた。 **1** ○ 57

2 居宅介護サービス等の利用について、要介護度に応じて定められる区分支給限度基準額が適用される場合、限度額を超える部分は自己負担となる。 **2** ○ 87

3 介護保険制度における第1号被保険者の保険料は、医療保険者が医療保険料と一体的に徴収する。 **3** × 106

4 介護給付を受けようとする被保険者は要介護者に該当することおよびその該当する要介護状態について、主治医の認定を受けなければならない。 **4** × 131

5 介護保険における施設サービスとは、有料老人ホーム、軽費老人ホーム、養護老人ホームの3つの施設から提供されるサービスを指す。 **5** × 164

6 介護保険における地域密着型サービスは、事業所所在地の市町村が指定を行い、その市町村の住民を対象としている。 **6** ○ 171

7 介護予防・生活支援サービス事業は、被保険者のうち、居宅で生活している要介護者および要支援者が幅広く対象となっている。 **7** × 186

8 介護保険制度において、市町村は介護保険審査会を設置する。 **8** × 201

9 老人福祉法に基づく老人福祉施設の1つとして、救護施設が含まれている。 **9** × 図表42

10 市町村老人福祉計画は、市町村介護保険事業計画と内容の重複がないよう全く区別をして作成する必要がある。 **10** × 222

11 「令和4年度『高齢者虐待の防止、高齢者の養護者に対する支援等に関する法律』に基づく対応状況等に関する調査研究」で示された養介護施設従事者等による高齢者虐待で、虐待内容として最も多いものは、「心理的虐待」となっている。 **11** × 図表49

12 都道府県は、3年を1期とする介護保険事業計画を策定する。 **12** × 273

13 指定居宅サービス事業者（地域密着型サービスを除く）は、市町村長が指定を行う。 **13** × 280

14 国民健康保険団体連合会は、介護サービス事業者が利用者に提供したサービスに伴う介護給付費の請求に関し、市町村から委託を受けて、審査及び保険給付の支払を行う。 **14** ○ 図表58

15 介護支援専門員は、居宅サービス計画の実施状況の把握のため、少なくとも1か月に1度は利用者宅を訪問することが義務づけられている。 **15** ○ 322

02

児童・家庭福祉

② 児童・家庭福祉

※【　】内は問題番号
※　　　は新カリにおける新規項目

大項目	中項目	小項目（例示）	出題実績		
			第36回	第35回	第34回
1 児童・家庭の定義と権利	1）児童・家庭の定義	・児童の定義，家庭の定義 ・児童と家庭の関係			
	2）児童の権利	・児童憲章 ・児童権利宣言 ・児童の権利に関する条約 ・児童福祉法 ・こども基本法			
2 児童・家庭の生活実態とこれを取り巻く社会環境	1）児童・家庭の生活実態	・ライフサイクル，家族形態 ・子育て（出産，育児，保育，家事） ・住居，就労，経済，教育 ・課外活動，遊び	【136】		
	2）児童・家庭を取り巻く社会環境	・子どもの貧困 ・いじめ ・児童虐待 ・ひとり親家庭 ・家庭内暴力（DV） ・社会的養護			【138】
3 児童・家庭福祉の歴史	1）児童福祉の理念	・健全育成 ・児童の権利 ・児童の意見の尊重 ・最善の利益			
	2）児童観の変遷	・保護の対象としての児童 ・権利の主体としての児童			
	3）児童・家庭福祉制度の発展過程	・児童福祉法制定 ・措置と契約			
4 児童・家庭に対する法制度	1）児童福祉法	・児童福祉法の概要 ・児童相談所 ・児童福祉施設の種類，里親制度，障害児支援，児童福祉制度に係る財源，児童福祉サービスの最近の動向	【137】	【136】	【137】
	2）児童虐待の防止等に関する法律（児童虐待防止法）	・児童虐待防止法の概要 ・児童虐待の定義，虐待予防の取組，虐待発見時の対応		【138】	
	3）配偶者からの暴力の防止及び被害者の保護等に関する法律（DV防止法）	・DV防止法の概要 ・DV防止法の目的，DVの定義，家庭内暴力発見時の対応			
	4）母子及び父子並びに寡婦福祉法（母子寡婦福祉法）	・母子寡婦福祉法の概要 ・母子寡婦福祉法の目的，母子父子寡婦福祉資金，母子・父子福祉施設，母子寡婦福祉制度に係る財源，母子寡婦福祉サービスの最近の動向			
	5）母子保健法	・母子保健法の概要 ・母子保健法の目的，母子健康手帳，養育医療の種類，母子保健制度に係る財源，母子保健サービスの最近の動向		【139】	
	6）子ども・子育て支援法	・子ども・子育て支援法の概要 ・子どものための教育・保育給付 ・保育所 ・地域子ども・子育て支援事業			
	7）児童手当法	・児童手当法の概要 ・児童手当の制度 ・児童手当制度の最近の動向		【140】	
	8）児童扶養手当法	・児童扶養手当法の概要 ・児童扶養手当の制度 ・児童扶養手当制度の最近の動向	【139】		

大項目	中項目	小項目（例示）	出題実績		
			第36回	第35回	第34回
	9）特別児童扶養手当等の支給に関する法律（特別児童扶養手当法）	・特別児童扶養手当法の概要 ・特別児童扶養手当の制度 ・特別児童扶養手当制度の最近の動向			
	10）次世代育成支援対策推進法	・次世代育成支援対策推進法の概要	【140】		
	11）少子化社会対策基本法	・少子化社会対策基本法の概要			
	12）困難な問題を抱える女性への支援に関する法律	・困難な問題を抱える女性への支援に関する法律の概要 ・女性相談支援センター，女性自立支援施設，女性相談支援員の概要		【137】	
	13）就学前の子どもに関する教育，保育等の総合的な提供の推進に関する法律	・就学前の子どもに関する教育，保育等の総合的な提供の推進に関する法律の概要 ・認定子ども園			
	14）子どもの貧困対策の推進に関する法律	・子どもの貧困対策の推進に関する法律の概要			
	15）子ども・若者育成支援推進法	・子ども・若者育成支援推進法の概要			
	16）いじめ防止対策推進法	・いじめ防止対策推進法の概要			
5 児童・家庭に対する支援における関係機関と専門職の役割	1）児童や家庭に対する支援における公私の役割関係	・行政の責務 ・公私の役割関係			
	2）国，都道府県，市町村の役割	・国の役割 ・都道府県の役割 ・市町村の役割	【138】		
	3）児童相談所の役割	・児童相談所の組織 ・児童相談所の業務 ・市町村及び他の機関との連携		【142】	【142】
	4）その他の児童や家庭（女性，若者を含む）に対する支援における組織・団体の役割	・児童福祉施設 ・家庭裁判所 ・警察 ・女性相談支援センター，配偶者暴力相談支援センター，女性自立支援施設 ・子ども家庭センター ・子ども・若者総合相談センター ・子育て世代包括支援センター ・地域若者サポートステーション			【139】 【140】
	5）関連する専門職等の役割	・保育士，医師，歯科医師，保健師，看護師，助産師，理学療法士，作業療法士，栄養士，弁護士 等 ・児童福祉司，児童心理司，家庭相談員，母子・父子自立支援員，児童指導員，母子支援員 等 ・スクールソーシャルワーカー，スクールカウンセラー等 ・民生委員・児童委員，主任児童委員 ・家族，住民，ボランティア 等		【141】	
6 児童・家庭に対する支援の実際	1）社会福祉士の役割				

大項目	中項目	小項目（例示）	出題実績		
			第36回	第35回	第34回
	2）支援の実際（多職種連携を含む）	・妊産婦から乳幼児期の子育て家庭への支援 ・社会的養護を必要とする児童に対する支援 ・障害児に対する支援 ・ひとり親家庭に対する支援 ・女性，若者への支援 ・子どもの貧困に対する支援 ・児童虐待防止に向けた支援 ・児童相談所における支援 ・要保護児童対策地域協議会における支援 ・就労支援	【141】 【142】		【106】 【136】 【141】

児童・家庭の定義と権利

児童・家庭の定義

◎児童の定義

1 児童の権利に関する条約第1条では、「児童」を18歳未満のすべての者と定義している。

受験対策アドバイス

各法の対象とする年齢規定は、他科目でも出題されます。まとめて押さえておきましょう。

図表1 各法律における児童等の定義

根拠法	児童等の定義
児童福祉法（第4条）	児童とは、満18歳に満たない者をいい、乳児、幼児、少年に分ける。
母子及び父子並びに寡婦福祉法（第6条）	児童とは、20歳に満たない者をいう。
児童扶養手当法（第3条）	児童とは、18歳に達する日以後の最初の3月31日までの間にある者または20歳未満で政令で定める程度の障害の状態にある者をいう。
母子保健法（第6条）	新生児とは、出生後28日を経過しない乳児をいう。
児童福祉法（第4条）母子保健法（第6条）	乳児　満1歳に満たない者乳児とは、1歳に満たない者をいう。
児童福祉法（第4条）母子保健法（第6条）	幼児とは、満1歳から小学校就学の始期に達するまでの者をいう。
就学前の子どもに関する教育、保育等の総合的な提供の推進に関する法律（認定こども園法）（第2条）	子どもとは、小学校就学の始期に達するまでの者をいう。
こども基本法（第2条）	こどもとは、心身の発達の過程にある者をいう。
児童福祉法（第4条）少年法（第2条）	少年　小学校就学の始期から満18歳に達するまでの者少年とは、20歳に満たない者をいう。

2 未熟児とは、母子保健法第6条によると、身体の発育が未熟のまま出生した乳児であって、正常児が出生時に有する諸機能を得るに至るまでのものをいう。また、同法第18条は、体重2500g未満の低体重児の市町村への届出を規定している。

3 障害児とは、児童福祉法第4条に、身体に障害のある児童、知的障害

のある児童、精神に障害のある児童（発達障害児を含む）、治療方法が確立していない疾病等（難病等）のある児童と規定されている。

4 保護を要する児童（**要保護児童**）とは、児童福祉法に、保護者のない児童または保護者に監護させることが不適当であると認められる児童と規定されている。

5 **要支援児童**とは、児童福祉法に、乳児家庭全戸訪問事業の実施その他により把握した保護者の養育を支援することが特に必要と認められる児童（要保護児童に該当するものを除く）と規定されている。

◎児童と家庭の関係

6 児童の権利に関する条約の前文において、「児童が、その人格の完全なかつ調和のとれた発達のため、家庭環境の下で幸福、愛情及び理解のある雰囲気の中で成長すべきであること」とある。**家庭環境**は、family environmentの訳語であり、ここでいう家庭は「どの社会・文化にも普遍的に観察できる、子どもを産み育てる機能を伴う親族集団（環境）」を指していると考えられる。

7 国および地方公共団体は、児童が家庭において心身ともに健やかに養育されるよう、児童の保護者を支援しなければならないと規定されている（児童福祉法第3条の2）。

8 こども**基本法**第3条で、「こどもの養育については、家庭を基本として行われ、父母その他の保護者が**第一義的責任**を有するとの認識の下、これらの者に対してこどもの養育に関し十分な支援を行うとともに、家庭での養育が困難なこどもにはできる限り家庭と同様の養育環境を確保することにより、こどもが心身ともに健やかに育成されるようにすること」と規定されている。

9 **子ども虐待**は、家族の構造的な問題を背景として生起してくる。そのため、家族の歴史や家族間の関係、また経済的背景などを含めて総合的な見立てをすることが必要である（厚生労働省「子ども虐待対応の手引き」）。

10 内閣府「国民生活に関する世論調査が行った調査（2022（令和4）年度）」によれば、「あなたにとって家庭はどのような意味をもっていますか」という問いに対し、「家族の団らんの場」「休息・やすらぎの場」という選択肢を選んだ人は6割以上いる。一方で、「子どもを生み、育てる場」は19.3％、「子どものしつけをする場」は7.2％と低い値になっている。

児童の権利

◎児童権利宣言

11 1924年の国際連盟のジェネバ（ジュネーブ）児童権利宣言は、前文と5か条からなり、①心身の正常な発達権、②愛護と保護の保障、③救済の最優先性、④搾取からの保護、⑤人類への奉仕を目指す児童の育成を定めている。

　✐「人類は、児童に対し、最善のものを与える義務を負う」との児童の権利の理念が最も早く明文化された。

◎児童憲章

12 アメリカの第1回ホワイトハウス（白亜館）会議は、1909年にセオドア・ルーズベルト（Theodore Roosevelt）によって開かれ、要扶養児童問題が論じられ、「家庭は文明の最高の創造物」と宣言された。

⊕32-137

13 1951（昭和26）年に制定された日本の児童憲章は、世界児童憲章案（1922年）、ジェネバ（ジュネーブ）児童権利宣言（1924年）、アメリカ児童憲章（1930年）を参照して、児童福祉法の基本理念を徹底するために作成されたものである。

◎児童の権利に関する条約

14 児童の権利に関する条約は、1989（平成元）年の国連総会において採択された。条約を守ることを約束している「締約国・地域」の数は、196にのぼり、世界で最も広く受け入れられている人権条約である。

　✐児童の権利に関する条約の採択は、世界中で、多くの子どもたちの状況の改善につながった。

受験対策アドバイス

◆児童の権利は、よく出題されます。児童の権利に関する条約は、特に重要であり、条文に目を通しておきましょう。

15 児童の権利に関する条約は、前文と本文54条からなっている。前文は、ジェネバ（ジュネーブ）児童権利宣言（1924年）、世界人権宣言（1948年）、国連の児童の権利宣言（1959年）にのっとって、基本的人権の尊重などを規定している。

16 児童の権利に関する条約では、児童の養育および発達に対する第一義的責任は親にあり、その親が養育責任を果たすための国の援助、家庭環境の重視と児童の最善の利益等を強調している。

　✐監護を受けている間における虐待からの保護を定めている点でも画期的である。

17 児童の権利に関する条約は、児童（18歳未満の人）が守られる対象であるだけでなく、権利をもつ主体であるという考え方に基づいている。児童が大人と同じように、一人の人間としてもつさまざまな権利を認めるとと

もに、成長の過程にあって保護や配慮が必要な、子どもならではの権利も定めている。

18 児童の権利に関する条約の定めるさまざまな権利のすべてにかかわる基本的な考え方は、「**4つの原則**」と呼ばれている。4つの原則は、日本の「こども基本法」にも取り入れられている。原則の1つである「子どもの意見の尊重」が積極的に進められている。

図表2 4つの原則

条項	内容
差別の禁止（差別のないこと）[第2条]	すべての子どもは、子ども自身や親の人種や国籍、性、意見、障害、経済状況などどんな理由でも差別されず、条約の定めるすべての権利が保障される。
子どもの最善の利益（子どもにとって最もよいこと）[第3条]	子どもに関することが決められ、行われるときは、「その子どもにとって最もよいことは何か」を第一に考える。
生命、生存および発達に対する権利（命を守られ成長できること）[第6条]	すべての子どもの命が守られ、もって生まれた能力を十分に伸ばして成長できるよう、医療、教育、生活への支援などを受けることが保障される。
子どもの意見の尊重（子どもが意味のある参加ができること）[第12条]	子どもは自分に関係のある事柄について自由に意見を表すことができ、大人はその意見を子どもの発達に応じて十分に考慮する。

◎児童福祉法

19 2016（平成28）年6月の児童福祉法の改正で総則規定が見直され、児童福祉法の理念の明確化等が行われた。第1条において「全て児童は、児童の権利に関する条約の精神にのっとり、適切に養育されること、その生活を保障されること、愛され、保護されること、その心身の健やかな成長及び発達並びにその自立が図られることその他の福祉を等しく保障される権利を有する」ことが規定された。

◎こども基本法

20 2022（令和4）年に、こども基本法が制定された。これは、日本国憲法および児童の権利に関する条約の精神にのっとり、次代の社会を担うすべてのこどもが、生涯にわたる人格形成の基礎を築き、自立した個人としてひとしく健やかに成長することができ、こどもの心身の状況、置かれている環境等にかかわらず、その権利の擁護が図られ、将来にわたって幸福な生活を送ることができる社会の実現を目指して、こども施策を総合的に推進することを目的とするものである。

図表3　こども施策

> 1　新生児期、乳幼児期、学童期及び思春期の各段階を経て、おとなになるまでの心身の発達の過程を通じて切れ目なく行われるこどもの健やかな成長に対する支援
> 2　子育てに伴う喜びを実感できる社会の実現に資するため、就労、結婚、妊娠、出産、育児等の各段階に応じて行われる支援
> 3　家庭における養育環境その他のこどもの養育環境の整備

㉑　こども基本法第3条において、こども施策は6つの基本理念をもとに行うことを定めている。

図表4　こども施策の基本理念

> 1　全てのこどもについて、個人として尊重され、その基本的人権が保障されるとともに、差別的取扱いを受けることがないようにすること。
> 2　全てのこどもについて、適切に養育されること、その生活を保障されること、愛され保護されること、その健やかな成長及び発達並びにその自立が図られることその他の福祉に係る権利が等しく保障されるとともに、教育基本法の精神にのっとり教育を受ける機会が等しく与えられること。
> 3　全てのこどもについて、その年齢及び発達の程度に応じて、自己に直接関係する全ての事項に関して意見を表明する機会及び多様な社会的活動に参画する機会が確保されること。
> 4　全てのこどもについて、その年齢及び発達の程度に応じて、その意見が尊重され、その最善の利益が優先して考慮されること。
> 5　こどもの養育については、家庭を基本として行われ、父母その他の保護者が第一義的責任を有するとの認識の下、これらの者に対してこどもの養育に関し十分な支援を行うとともに、家庭での養育が困難なこどもにはできる限り家庭と同様の養育環境を確保することにより、こどもが心身ともに健やかに育成されるようにすること。
> 6　家庭や子育てに夢を持ち、子育てに伴う喜びを実感できる社会環境を整備すること。

㉒　こども基本法において、政府は年次報告（「こども白書（仮称）」）を毎年国会に提出することとされている（第8条）。従来の「少子化社会対策白書」「子供・若者白書」「子どもの貧困の状況及び子どもの貧困対策の実施の状況」の内容が「こども白書」に盛り込まれ、1つの白書となることとされている。

㉓　こども基本法において、政府はこども施策を総合的に推進するため、こども施策に関する大綱（こども大綱）を作成することとされている（第9条）。これまでの「少子化社会対策大綱」「子ども・若者育成支援推進大綱」「子供の貧困対策に関する大綱」が束ねられ、今後は「こども大綱」に一元化される。

㉔　2023（令和5）年12月、こども大綱が閣議決定された。日本国憲法、

こども基本法、こどもの権利条約の精神にのっとり、**図表5**の6本の柱をこども施策に関する基本的な方針としている。

図表5 こども施策に関する基本的な方針

①こども・若者を権利の主体として認識し、その多様な人格・個性を尊重し、権利を保障し、こども・若者の今とこれからの最善の利益を図る

②こどもや若者、子育て当事者の視点を尊重し、その意見を聴き、対話しながら、ともに進めていく

③こどもや若者、子育て当事者のライフステージに応じて切れ目なく対応し、十分に支援する

④良好な成育環境を確保し、貧困と格差の解消を図り、全てのこども・若者が幸せな状態で成長できるようにする

⑤若い世代の生活の基盤の安定を図るとともに、多様な価値観・考え方を大前提として若い世代の視点に立って結婚、子育てに関する希望の形成と実現を阻む隘路（あいろ）の打破に取り組む

⑥施策の総合性を確保するとともに、関係省庁、地方公共団体、民間団体等との連携を重視する

2 児童・家庭の生活実態とこれを取り巻く社会環境

児童・家庭の生活実態

◎ライフサイクル、家族形態

25 2022（令和4）年国民生活基礎調査（厚生労働省）によると、1986（昭和61）年には全世帯の4割を占めていた「夫婦と未婚の子のみ」の世帯は、2022（令和4）年では全体の約25％となっている。

26 核家族化や少子高齢化により、世帯数の増加および平均世帯人員の減少、単独世帯の増加、夫婦と未婚の子のみの世帯および三世代世帯の減少という傾向は一貫して続いている。

27 内閣府『男女共同参画白書 2023（令和5）年版』によると、「子供ができても、ずっと職業を続ける方がよい」と考える男女の割合は20歳から49歳までどの年齢階級でも増加傾向にあり、特に女性のほうがそのように考える割合が高い。

28 内閣府『男女共同参画白書 2023（令和5）年版』によると、2022（令和4）年の二人以上世帯のうち勤労者世帯（世帯主60歳未満）の1か月間の収入は、2000（平成12）年と比較して増加しているが、世帯主収入は減少し、世帯主の配偶者の収入の占める割合が増加している。

　　☞ 片働きでは、以前と同じ収入を維持できなくなっている状況がうかがえる。

◎子育て（出産、育児、保育、家事）

29 こども家庭庁の調査によると、就学前人口の減少等により保育所待機児童数は減少傾向にあるが、2023（令和5）年4月時点で、2680人の保育所待機児童がいる。また、保育所待機児童の9割が3歳未満児となっている。

　　☞ 前年より保育所待機児童数が増加した自治体は134自治体で、人口増加率の高い自治体ほど保育所待機児童数が多い傾向にある。

30 2021（令和3）年の社会生活基本調査によると、6歳未満の子どもをもつ夫婦と子どもの世帯において、1週間の平均育児時間は夫が1.05時間、妻が3.54時間となっている。2001（平成13）年と2021（令和3）年を比較すると妻の家事時間が減少しているのに対し育児時間は増加している。

31 2021（令和3）年の社会生活基本調査によると、テレワークにより

通勤時間が減少する一方で、25〜34歳では睡眠、趣味・娯楽、35〜44歳では育児、45〜54歳では睡眠、食事の時間がそれぞれ長くなっている。

㉜ **合計特殊出生率**とは、一人の女性が生涯に生むと推定される子どもの数をいい、わが国では人口維持に必要とされる2.1を割っている。1989（平成元）年は、1.57ショックといわれ、その後も低下を続け、2005（平成17）年の人口動態統計では、1.26となった。その後、上昇に転じたが再び下降し、2022（令和4）年は1.26で過去最低となった。

㉝ **年少人口**（0〜14歳）は、1988（昭和63）年に総人口の20％を割り、2023（令和5）年は、11.5％（前年比0.2ポイント低下）で過去最低となった。
　　💬 前年に比べ28万2000人少ない1450万3000人で、1982（昭和57）年から42年連続の減少となり、過去最少となった。

㉞ 2022（令和4）年の**出生数**は、77万759人で、統計を始めた1899（明治32）年以降で最少となり、初めて80万人台を割り込んだ。

㉟ 諸外国の合計特殊出生率は、アメリカ1.64（2020年）、フランス1.82（2020年）、スウェーデン1.66（2020年）、イギリス1.58（2020年）、ドイツ1.53（2020年）、イタリア1.24（2020年）、韓国0.84（2020年）である。

㊱ わが国の**乳児死亡率**は、2022（令和4）年の人口動態統計によると、出生1000人に対して1.8となり、世界でも最低率国になっている。また、**妊産婦死亡率**は、2022（令和4）年に出生10万対4.2で、世界でも最低率のグループに入っている。

㊲ **乳児死亡**の原因は、1960年代頃までは肺炎・腸炎などの感染症が第1位であったが、2004（平成16）年以降、先天奇形、変形および染色体異常が第1位となっている。

◎住居、就労、経済、教育
㊳ 少子化社会対策大綱（2020（令和2）年5月29日閣議決定）によると、結婚・子育て世代が将来にわたる展望を描けるよう、環境を整えるために、「雇用環境等の整備（経済的基盤の安定）」や、「男女共に仕事と子育てを両立できる環境の整備」「子育て等により離職した女性の再就職支援」などが重点課題となっている。

㊳ 少子化社会対策大綱（2020（令和2）年5月29日閣議決定）によると、子育て、教育、**住居**などさまざまな面における経済的負担の重さが第3子以降を持ちたいとの希望の実現の大きな阻害要因となっている。

40 少子化社会対策大綱（2020（令和2）年5月29日閣議決定）では、「結婚」という段階における施策の方向性として、若い世代の経済的基盤の安定に向け、若者の就労支援、非正規雇用労働者の正社員転換・待遇改善を進め、若い世代の雇用の安定を図るとともに、高齢世代から若者世代への経済的支援を促進するとされている。

41 国内総生産（GDP）に占める教育機関への公的支出の割合（2019年時点）は、経済協力開発機構（OECD）加盟37か国中、日本は36位（2.8％）だった（OECD統計）。

  👉 前年の同率最下位からは改善したが、依然として低い状況が続く。OECD平均は4.1％で、最も高かったのはノルウェーの6.4％、最下位はアイルランドの2.7％。

42 大学などの高等教育を受ける学生の私費負担の割合は、日本は67％で、OECD平均の31％を大きく上回った（OECD統計）。

  👉 2020年時点の高等教育を受ける学生の私立教育機関に在籍する割合は79％と、OECD平均（17％）の4倍以上。

◎課外活動、遊び

43 スポーツ庁では、少子化が進展するなか、運動部活動においては、従前と同様の運営体制では維持は難しくなってきており、学校や地域によっては存続の危機にある。学校部活動の地域連携ならびに地域の運営団体・実施主体による地域スポーツクラブ活動への移行に取り組んでいる。

44 スポーツ庁「運動部活動の地域移行に関する検討会議提言について」（2022（令和4）年）では、新たなスポーツ環境のあり方に関して、地域スポーツに支払う会費が保護者にとって大きな負担となると、参加を躊躇するおそれがあり、経済的に困窮する家庭においては会費を支払うことが難しいといった問題があることが示されている。

45 2023（令和5）年度の全国体力・運動能力、運動習慣等調査によると、小・中学校の男女ともに肥満の割合が、前年より低下した。肥満である児童生徒は、その他の児童生徒と比較し、体力合計点（実技テスト項目における得点の合計）が低い。

46 2023（令和5）年度の全国体力・運動能力、運動習慣等調査によると、朝食を「毎日食べる」児童生徒は7〜8割程度で、中学生のうち「食べない日が多い」「食べない」生徒は6％程度となっている。

47 2023（令和5）年度の全国体力・運動能力、運動習慣等調査によると、スクリーンタイム（平日1日当たりのテレビ、スマートフォン、ゲーム機等

による映像の視聴時間）が4時間以上の児童生徒は、小学生は男子28.0%、女子23.6%、中学生は男子29.1%、女子27.7%となっており、学習以外のスクリーンタイムが増加している。

児童・家庭を取り巻く社会環境

◎子どもの貧困

48 「2022（令和4）年国民生活基礎調査」によると、相対的貧困率は、「子どもがいる現役世帯」は10.6%で、そのうち「大人が一人」の世帯は44.5%となっている。

🈺33-136

2021（令和3）年 子供の生活状況調査の分析 報告書

49 子どもの生活状況は、母親・父親の学歴の違いや就労状況の違いが収入の水準と関連している。母親・父親が働いていない理由として、収入が低い世帯やひとり親世帯では「自分の病気や障害のため」の回答割合が高い。

50 収入の水準が低い世帯やひとり親世帯では、頼れる人がいないと回答した割合が高い。
✏️ 心理的な状況として、うつ・不安障害が疑われる状況にある者の割合が高い。

51 新型コロナウイルス感染症の拡大による「世帯全体の収入の変化」について「減った」と回答した割合は、収入が低い世帯で高い。

52 支援制度の利用状況について、等価世帯収入が中央値の2分の1未満の世帯でも、「就学援助」や「児童扶養手当」の利用割合は5〜6割前後である。「生活保護」「生活困窮者の自立支援相談窓口」「母子家庭等就業・自立支援センター」の利用割合は1割未満と低い。
✏️ 等価世帯収入とは、世帯の年間収入を世帯の人数の平方根で割ったものをさす。

53 世帯収入の水準や親の婚姻状況によって、子どもの学習・生活・心理などさまざまな面が影響を受ける。特に等価世帯収入が中央値の2分の1未満の収入が低い水準の世帯や、ひとり親世帯が、親子ともに多くの困難に直面している。
✏️ 等価世帯収入が「中央値の2分の1以上中央値未満」の、いわば収入が中低位の水準の世帯でも、多様な課題が生じている。

54 現在の暮らしの状況について「苦しい」または「大変苦しい」と回答した割合は、等価世帯収入の水準別にみると、「中央値以上」の世帯では9.0%、「中央値の2分の1未満」の世帯では57.1%となっている。
✏️ 「ふたり親世帯」では21.5%、「母子世帯」のみでは53.3%となっている。

◎いじめ

55 **いじめ防止対策推進法**は、2013（平成25）年に制定された。この法律において、いじめは、「いじめを受けた児童等の教育を受ける権利を著しく侵害し、その心身の健全な成長及び人格の形成に重大な影響を与えるのみならず、その生命又は身体に重大な危険を生じさせるおそれがある」とされている。

56 いじめ防止対策推進法において、いじめとは、「児童等に対して、当該児童等が在籍する学校に在籍している等当該児童等と一定の人的関係にある他の児童等が行う心理的又は物理的な影響を与える行為（インターネットを通じて行われるものを含む。）であって、当該行為の対象となった児童等が心身の苦痛を感じているもの」と定義されている。

　📖 「児童等」とは、学校に在籍する児童または生徒をいう。

2022（令和4）年度 児童生徒の問題行動・不登校等生徒指導上の諸課題に関する調査

57 小・中・高等学校および特別支援学校におけるいじめの認知件数は、68万1948件である。いじめ防止対策推進法第28条第1項に規定する重大事態の発生件数は、923件となっている。

⊕36-136

58 小・中学校における不登校児童生徒数は、29万9048人である。そのうち、学校内外で相談を受けていない児童生徒数は、11万4217人となっている。

◎児童虐待

59 2022（令和4）年度の福祉行政報告例によると、2022（令和4）年度の**児童相談所**における**児童虐待相談**の対応件数は21万9170件（速報値）で、統計を開始した1990（平成2）年（1101件）から年々増加している。

　📖 心理的虐待の割合が6割程度で最も多く、次いで身体的虐待、ネグレクト、性的虐待の順に割合が多い。

　📖 児童相談所に寄せられた虐待相談の相談経路は、**警察等**が最も多く51.5%となっている。次いで近隣・知人、家族・親戚、学校からが多い。

　📖 児童への主な虐待者は、**実母**（47.5%）が最も多く、実父（41.5%）、実父以外の父（5.4%）、実母以外の母（0.5%）となっている。

　📖 被虐待児の年齢をみると、**3**歳が1万4035件（6.8%）、次いで1歳が1万3593件（6.5%）となっている。

60 「こども虐待による死亡事例等の検証結果等について（第19次報告）」によると、死亡事例等を防ぐために留意すべきリスクについて援助過程の側面として、「保護者の交際相手や同居等の生活上の関わりが強く、こどもの養育に一定の関与がある者も含めた家族全体を捉えた**リスクアセスメント**」

の不足や、「関係機関間で同一の支援方針による対応ができておらず、見守り支援における具体的内容も共有されていない」ことなどが挙げられている。

㊶ 2022（令和4）年12月の民法の改正において、懲戒権が削除された。社会的に許容される正当なしつけは、同法第820条の「監護及び教育」として行うことができるとされた。

　📖 改正前民法の懲戒権は、子ども虐待の口実に使われることがあり、懲らしめや戒めるという強力な権利であるとの印象を与えることが問題となっていた。

　📖 改正後の民法において、子の人格の尊重、子の年齢や発達の程度への配慮、体罰その他の子の心身の健全な発達に有害な影響を及ぼす言動を禁止する規定が設けられた。

㊷ 1999（平成11）年に、児童買春、児童ポルノに係る行為等の処罰及び児童の保護等に関する法律（児童買春・児童ポルノ禁止法）が制定された。国外犯を含めた児童に対する性的搾取・性的虐待の処罰等を規定し、心身に有害な影響を受けた児童に対し、児童相談所による一時保護、施設入所等の保護のための規定を盛り込んでいる。

㊸ 2014（平成26）年6月、児童買春・児童ポルノ禁止法は、法律の題名が、児童買春、児童ポルノに係る行為等の規制及び処罰並びに児童の保護等に関する法律に改められた。

　📖 児童ポルノの定義や、学術研究、報道等に関し適用上の注意規定が明確化された。

　📖 自己の性的好奇心を満たす目的での児童ポルノ所持等についての罰則が1年以下の懲役または100万円以下の罰金となった。

◎ひとり親家庭

⊕33-136

㊹ 2021（令和3）年度の全国ひとり親世帯等調査によれば、母子世帯数は、119万5128世帯、父子世帯数は、14万8711世帯となっている。

　📖 母子世帯のひとり親になった理由は、死別が5.3％、生別が93.5％（うち離婚が79.5％）である（図表6参照）。

㊺ 2021（令和3）年度の全国ひとり親世帯等調査によれば、養育費の取り決めについて、母子世帯では「相手と関わりたくない」が取り決めをしていない最大の理由となっている。取り決めをしている世帯や受給している世帯が母子・父子世帯ともに増えている。

㊻ 離婚後の親権について、現状の単独親権から共同親権を認めるかどうかの議論が進められている。共同親権の導入は子の利益になるとして賛同する意見の一方で、ドメスティック・バイオレンス（DV）などへの懸念から

	母子世帯	父子世帯
世帯数	119万5128世帯	14万8711世帯
ひとり親世帯になった理由	離婚79.5% 死別 5.3%	離婚69.7% 死別21.3%
就業している	86.3%	88.1%
うち正規の職員・従業員	48.8%	69.9%
うち自営業	5.0%	14.8%
うちパート・アルバイト等	38.8%	4.9%
平均年間収入［母又は父自身の収入］	272万円	518万円
平均年間就労収入［母又は父自身の就労収入］	236万円	496万円

注：「平均年間収入」および「平均年間就労収入」は、2020（令和2）年の年間の収入。

反対意見も根強い。

67 「2022（令和4）年国民生活基礎調査」によれば、母子世帯数は、近年、やや減少傾向がみられる。

◎家庭内暴力（DV）

68 「男女間における暴力に関する調査（2020（令和2）年度調査）」によると、「身体的暴行」「心理的攻撃」「経済的圧迫」「性的強要」のいずれかについて配偶者から被害を受けたことがある人をまとめると、「あった」が22.5%となっている（「何度もあった」7.4%、「1、2度あった」15.1%の計）。

　🖝 被害経験の割合をみると、「身体的暴行」が14.7%、「心理的攻撃」が12.5%、「経済的圧迫」が5.9%、「性的強要」が5.2%となっている。

69 「男女間における暴力に関する調査（2020（令和2）年度調査）」によると、配偶者からの被害経験を性別にみると、被害経験が「あった」は女性が25.9%、男性が18.4%となっている。いずれの暴力行為も、女性のほうが被害経験者の割合が多くなっている。

70 配偶者からの暴力事案等について警察への相談件数は8万4496件である。女性からの相談が73.1%、男性からの相談は26.9%となっている（警察庁「2022（令和4）年におけるストーカー事案、配偶者からの暴力事案等、児童虐待事案等への対応状況について」）。

◎社会的養護

71 社会的養護とは、保護者のない児童や、保護者に監護させることが適当でない児童を、公的責任で社会的に養育し、保護するとともに、養育に大

きな困難を抱える家庭への支援を行うことをいう。

72 里親委託や児童養護施設等の小規模かつ地域分散化等の推進に向けて、「都道府県社会的養育推進計画」が策定されている。

〈こども家庭庁「社会的養育の推進に向けて」〉

73 家庭での養育が困難または適当でない場合は、家庭養育優先原則に基づき、養育者の家庭に子どもを迎え入れて養育を行う**里親**や**ファミリーホーム**（家庭養護）を優先する。児童養護施設、乳児院等の施設についても、できる限り小規模かつ地域分散化された家庭的な養育環境の形態（**家庭的養護**）に変えていくとされている。

 ☞ これを家庭養育優先原則といい、児童を家族の養護から離脱させることは最終手段とみなされるべきであり、家庭と同様の環境における養育が推進されている。

74 社会的に養護されている子どもは約4万2000人であり、そのうち**児童養護施設**で暮らす子どもは約2万3000人である。

 ☞ 障害等のある子どもが増加している。

75 2021（令和3）年度の児童虐待対応件数20万7660件のうち、里親委託・施設入所等は4421件（2.1％）となっている。

76 里親に委託されている子どものうち約4割、乳児院に入所しているこどものうち約4割、児童養護施設に入所している子どものうち約7割は、虐待を受けた経験がある。

77 里親等委託率は、2017（平成29）年度末時点は17.5％、2022（令和4）年度末時点では23.5％となっている。児童養護施設入所児童数や入所率が年々減っているのに対し、里親等の委託児童数や委託率は増えている。

3 児童・家庭福祉の歴史

児童福祉の理念

78 1947（昭和22）年制定の児童福祉法は、「福祉」という言葉をもつ最初の法律で、児童の**健全育成**の目的と政府の責任を明示した。

79 2016（平成28）年の児童福祉法改正によって、法制定後初めて理念規定（総則規定）が改正された。背景として、児童福祉法制定時から見直されておらず、児童が権利の主体であることや、児童の**最善の利益**が優先されることが明確でないといったことが指摘されていた。

 36-137

受験対策アドバイス

「社会福祉の原理と政策」の科目とも重なります。過去問の研究をしておくとよいでしょう。

✎ 第1条で、児童の権利に関する条約の精神にのっとり、すべての児童は適切に養育され生活を保障される等の権利があることが示され、第2条で、児童の意見の尊重や最善の利益、保護者の第一義的責任が規定された。

図表7 児童福祉法の理念規定の改正

2016（平成28）年改正（現行）	改正前（1947（昭和22）年制定時）
第1条 全て児童は、児童の権利に関する条約の精神にのつとり、適切に養育されること、その生活を保障されること、愛され、保護されること、その心身の健やかな成長及び発達並びにその自立が図られることその他の福祉を等しく保障される権利を有する。	第1条 すべて国民は、児童が心身ともに健やかに生まれ、且つ、育成されるよう努めなければならない。すべて児童は、等しくその生活を保障され愛護されなければならない。
第2条 全て国民は、児童が良好な環境において生まれ、かつ、社会のあらゆる分野において、児童の年齢及び発達の程度に応じて、その意見が尊重され、その最善の利益が優先して考慮され、心身ともに健やかに育成されるよう努めなければならない。② 児童の保護者は、児童を心身ともに健やかに育成することについて第一義的責任を負う。③ 国及び地方公共団体は、児童の保護者とともに、児童を心身ともに健やかに育成する責任を負う。	第2条 国及び地方公共団体は、児童の保護者とともに、児童を心身ともに健やかに育成する責任を負う。

80 2022（令和4）年制定のこども基本法第3条第1項第4号において、「全てのこどもについて、その年齢及び発達の程度に応じて、その意見が尊重され、その最善の利益が優先して考慮されること」と規定されている。

児童観の変遷

⊕35-25（現社）

81 日本の児童救済事業から児童の福祉への歴史のなかで、大きな影響を与えた人物と業績、行動などに関しては**図表8**のとおりである。

図表8 日本の児童福祉に影響を与えた人物

人物名	主な業績等
聖徳太子	悲田院
赤沢鍾美（あつとみ）	私立静修学校
石井十次（じゅうじ）	岡山孤児院
留岡幸助（とめおかこうすけ）	家庭学校
石井亮一	滝乃川学園
野口幽香・森島峰	二葉幼稚園
糸賀一雄	近江学園、びわこ学園、『この子らを世の光に』
高木憲次	整肢療護園、肢体不自由児の父
小林提樹	島田療育園
福井達雨	止揚学園
水上勉	『拝啓池田総理大臣殿』
キャロル（Carroll, A. K.）（カナダ人）	「児童福祉マニュアル」

⊕32-107（相理）
⊕32-137

82 欧米における児童救済保護、権利、福祉の歴史で大きな影響を与えた人物は、**図表9**のとおりである。

◎保護の対象としての児童

83 厚生省原案の児童保護法要綱案（1946（昭和21）年）に対し、中央社会事業委員会小委員会は「児童保護法要綱案を中心とする児童保護に関する意見書」をまとめた（1947（昭和22）年）。この意見書は「厚生省案の要綱をみると、保護対象の範囲は、不良少年、犯罪少年と被虐待児童が主であって、要するに特殊な問題児童の範囲を出ていない。立法にあたっては積極性を与えねばならないから、法の対象を特殊児童に限定することなく、全児童を対象とする必要がある。したがって、法の趣旨目的が一般児童の福祉の増進を図る明朗かつ積極的な意味から、法の名称も児童福祉法とするほうがよい」という指摘であった。

84 「児童福祉」という言葉は、児童福祉法によって広く用いられるようになった。それまでは「児童保護」という言葉が児童問題の分野においては支配的であった。

図表9 欧米の児童福祉に影響を与えた人物

人物名	主な業績等
ルソー（Rousseau, J. J.）（フランス）	『エミール』
オーエン（Owen, R.）（イギリス）	性格形成学院、幼児学校
バーネット（Barnett, S.）（イギリス）	セツルメント運動、トインビー・ホール
ボウルビィ（Bowlby, J.）（イギリス）	愛着・アタッチメント、ホスピタリズム
バーナード（Barnardo, T. J.）	バーナードホーム
モンテッソーリ（Montessori, M.）（イタリア）	特殊児童学校
フレーベル（Fröbel, F.）（ドイツ）	遊びを中心とした幼児教育施設、幼稚園
ケイ（Key, E.）（スウェーデン）	『児童の世紀』
アダムス（Addams, J.）（アメリカ）	セツルメント運動、ハル・ハウス
コルチャック（Korczak, J.）（ポーランド）	子どもの権利、児童の権利に関する条約、ホロコースト

◎権利の主体としての児童

85 第二次世界大戦後、1948年の「世界人権宣言」において、すべての人は平等であり、同じ権利をもつとされた。第25条において、母と子とは、特別の保護および援助を受ける権利を有することが明記された。

86 1959年の国連の児童の権利宣言は、前文と10か条の本文からなり、1924年のジェネバ（ジュネーブ）児童権利宣言、1948年の世界人権宣言の流れをくむものである。

87 国連の児童の権利宣言は、前文で基本的人権の尊重など国連憲章の精神を再確認し、世界人権宣言の人間の平等と自由な権利を改めて強調している。また、人類は児童に対し、**最善のものを与える義務**を負うとしている。

88 国連の児童の権利宣言は、「児童が、幸福な生活を送り、かつ、自己と社会の福利のためにこの宣言に掲げる権利と自由を享有することができるようにするため」に公布されたものであり、子どもは子どもとしての権利をもつことが宣言された。

89 児童の権利宣言が存在しているにもかかわらず、児童が危機的な状況に陥っている現実が認められ、より強い拘束力をもった条約の制定が検討された。1979年の国際児童年を経て、1989年に児童の権利に関する条約の制定に至った。

90 児童の権利に関する条約を1994（平成6）年に日本政府が批准することになり、子どもに権利があること（子どもの権利主体性）、子どもの権利を保障しなければならないことについて、社会的に広く意識されるようになった。

91 児童福祉法の2016（平成28）年の改正に続いて、2022（令和4）年制定のこども基本法においても、児童の権利に関する条約の精神に従うことが示された。これらは、子どもの権利を法律で認めていることであり、子どもが権利の主体であることを示している。

児童・家庭福祉制度の発展過程

◎児童福祉法制定

92 児童福祉法は、第二次世界大戦後の1947（昭和22）年12月、第1回国会において成立した。

93 敗戦後の浮浪児問題に対して、根本的に問題を解決しようとした日本の政府は、終戦後最初の中央社会事業委員会に対して、児童保護事業を徹底強化することの具体策を諮問した。国会に提出された政府原案の基盤をなすものは中央社会事業委員会の答申であった。

94 児童福祉法は、第1条において国民の義務という面と児童の権利という面の両方から児童の福祉増進を強調した。第2条においては保護者と、国、地方公共団体との児童の健全育成に関する責任をうたった。

 📝 すべての児童を対象としたことが、これまでの児童を対象とした法律と異なっていた。

◎措置と契約

95 社会福祉制度における措置制度は、戦前の社会事業が軍人優遇の組織体制であったことの反省に立脚し、国が責任をもって社会福祉行政を実施することをねらいとしていた。

96 保育制度については、1997（平成9）年の児童福祉法改正により、「保育所への入所の措置」の文言は「保育の実施」に変更された。従来、市町村による措置であったが、市町村と保護者との契約となった。行政解釈では措置制度から契約制度への転換がはかられたとされている。

97 2000（平成12）年6月の児童福祉法の改正で、助産施設および母子生活支援施設は、従来の措置制度から利用者が希望する施設を都道府県等に申し込み、利用する方式に改められた。2001（平成13）年4月から実施されている。

4　児童・家庭に対する法制度

児童福祉法

◎児童福祉法の概要

98　いわゆる「児童福祉六法」とは、児童福祉法、児童扶養手当法、特別児童扶養手当等の支給に関する法律、母子及び父子並びに寡婦福祉法、母子保健法、児童手当法をいう。

99　1947（昭和22）年に制定された児童福祉法は、18歳に満たない者、妊産婦までも対象とし、児童一般の健全な育成および福祉の積極的増進を基本とする。

受験対策アドバイス

◆児童福祉法の改正内容はよく問われます。一度条文を通読しておくと理解しやすくなります。

図表10 児童福祉法の主な改正内容

改正年	主な改正内容
1997（平成9）年 （1998（平成10）年4月施行）	①保育制度について措置制度から利用者の選択申し込み制に変更になった。また、保育所は地域の人々の保育に関する相談に応じることとされた。 ②放課後児童健全育成事業が法制化され、社会福祉法において第2種社会福祉事業に位置づけられた。 ③児童養護施設、児童自立支援施設、母子生活支援施設の目的に自立支援が明記された。 ④施設名称・職種名の変更が行われた。 ・養護施設・虚弱児施設→統合して児童養護施設 ・母子寮→母子生活支援施設 ・教護院→児童自立支援施設 ・保母→保育士 ・教護・教母→児童自立支援専門員・児童生活支援員
2010（平成22）年 （2012（平成24）年4月施行）	・障害児支援の強化がはかられた。具体的には、①児童福祉法を基本として身近な地域での支援充実（障害種別等で分かれている施設の一元化、通所サービスの実施主体を都道府県から市町村へ移行）、②放課後等デイサービス・保育所等訪問支援の創設、③障害児入所施設における在園期間の延長措置の見直しが行われた。
2014（平成26）年 （2015（平成27）年1月施行）	・小児慢性特定疾病の医療費助成（小児慢性特定疾病医療費）に要する費用の2分の1を国が負担することが規定され、医療費の自己負担割合も従来の3割から2割に引き下げられた。対象となる疾病は、現在788疾病である（2021（令和3）年11月から）。
2016（平成28）年	・児童福祉法の理念の明確化が行われた。 ・児童虐待の発生予防として、支援を要する妊婦等を把握し

	た医療機関や学校等は、その旨を市町村に情報提供するよう努めることが明記された。 ・児童虐待発生時の迅速・的確な対応のため、①市町村は、児童等に対する必要な支援を行うための拠点の整備に努めるものとすることや、②政令で定める特別区は、児童相談所を設置するものとすること、③都道府県は、児童相談所に児童心理司、医師または保健師、指導・教育担当の児童福祉司を置くとともに、弁護士の配置またはこれに準ずる措置を行うものとすることとされた。 ・被虐待児童への自立支援として、養子縁組里親を法定化するとともに、都道府県（児童相談所）の業務として、里親の開拓から児童の自立支援までの一貫した里親支援、ならびに、養子縁組に関する相談・支援を位置づけた。さらに、自立援助ホームについて、22歳の年度末までの間にある大学等就学中の者を対象に追加した。
2019（令和元）年	①児童の権利擁護 ・児童福祉施設の長等の体罰の禁止 ・都道府県（児童相談所）の業務として、児童の安全確保を明文化 ②児童相談所の体制強化および関係機関間の連携強化等 ・児童相談所が措置決定等について、常時弁護士による助言・指導の下で適切かつ円滑に行うため、弁護士の配置またはこれに準ずる措置を行うものとし、また、医師および保健師を配置する。 ・児童相談所の行う業務の質の評価を行うことにより、その業務の質の向上に努める。 ・児童福祉司の数の基準の見直し ・児童福祉司およびスーパーバイザーの任用要件の見直し、児童心理司の配置基準の法定化 ・児童相談所の管轄区域の参酌基準の設定
2022（令和4）年	・①こども家庭センターおよび地域子育て相談機関の設置の努力義務化、②子育て世帯訪問支援事業、児童育成支援拠点事業、親子関係形成支援事業等の新設、③児童発達支援の類型の一元化、④里親支援センターの児童福祉施設への位置づけ、⑤児童自立生活援助の年齢による一律の利用制限の弾力化、⑥児童の意見聴取等の仕組みの整備、⑦虐待を受けた児童への専門的対応のための児童福祉司の任用要件追加、⑧一時保護開始時の判断に関する司法審査の導入、⑨児童を性暴力から守る環境整備などが定められた。

100 児童福祉法第5条にいう**妊産婦**とは、妊娠中または出産後1年以内の女子をいう。保健指導は、妊産婦の配偶者も対象となる。

101 児童福祉法第6条にいう**保護者**とは、親権を行う者、未成年後見人その他の者で児童を現に監護する者をいう。

102 児童福祉法第12条において、**都道府県**は児童相談所を設置しなければならないとされている。

103 　子育て支援事業には、放課後児童健全育成事業、子育て短期支援事業、乳児家庭全戸訪問事業、養育支援訪問事業、地域子育て支援拠点事業、一時預かり事業、病児保育事業、子育て援助活動支援事業（ファミリー・サポート・センター事業）、子育て世帯訪問支援事業、児童育成支援拠点事業、親子関係形成支援事業がある。

104 　子育て支援事業は、第二種社会福祉事業である。子どもの虐待が増加する背景として親の孤立に起因する子育ての不安や負担感があり、それを軽減するためのものであり、訪問型のサービスが特色となっている。

105 　1976（昭和51）年から都市児童健全育成事業として、児童クラブを設置し、留守家庭児童対策が行われてきた。1991（平成3）年から放課後児童対策事業となり、1997（平成9）年の児童福祉法改正によって放課後児童健全育成事業となった。

106 　2018（平成30）年9月、従来の放課後子ども総合プランに代わって新・放課後子ども総合プランが策定された。これは、共働き家庭等の「小1の壁」を打破するとともに、「待機児童」を解消し、すべての児童が放課後等を安全・安心に過ごし、多様な体験・活動を行うことができるよう、文部科学省と厚生労働省が協力し、放課後児童健全育成事業（放課後児童クラブ）および放課後子供教室の計画的な整備等を進めるために目標を設定し新たなプランを策定するものである。
> ✏️ 「小1の壁」とは、子どもが小学校に入学することで、仕事と育児の両立が困難になる状態を指す。

107 　新・放課後子ども総合プランに掲げる目標（2019（平成31・令和元）～2023（令和5）年）として、放課後児童クラブは、2021（令和3）年度末までに約25万人分を整備、2023（令和5）年度末までに計約30万人分の受け皿を整備する。新たに開設する約80％は小学校内で実施する。

108 　新・放課後子ども総合プランでは、放課後児童クラブと放課後子供教室の両事業をすべての小学校区で一体的にまたは連携して実施、うち小学校内で一体型として1万か所以上で実施することを目指す。

⊕34-137

109 　子育て短期支援事業とは、児童を養育している家庭の保護者が、疾病などの事由によって家庭における児童の養育が一時的に困難となった場合および母子が経済的な理由により緊急一時的に保護を必要とする場合などに、一定期間、養育・保護（保護者への支援を含む）するものである。市町村が実施主体となる短期入所生活援助（ショートステイ）事業と夜間養護等（トワイライトステイ）事業がある。
> ✏️ 児童養護施設、乳児院、保育所、保育士、里親などによって行われる。

110 **乳児家庭全戸訪問事業**とは、市町村（特別区を含む）の区域内における原則として生後4か月に至るまでの乳児のいる家庭を保健師や助産師などが訪問し、①子育てに関する情報の提供、②乳児およびその保護者の心身の状況および養育環境の把握、③養育についての相談に応じ助言その他の援助を行う事業をいう。

 33-140
 33-142
 34-136
 35-139

111 **養育支援訪問事業**とは、乳児家庭全戸訪問事業の実施その他により把握した、①保護者の養育を支援することが特に必要と認められる児童（要支援児童）、②保護者に監護させることが不適当であると認められる児童およびその保護者、③出産後の養育について出産前において支援を行うことが特に必要と認められる妊婦（特定妊婦）に対し、その養育が適切に行われるよう、要支援児童等の居宅において、助産師や保健師などによって養育に関する相談、指導、助言その他必要な支援を行う事業をいう。

 33-142

112 **地域子育て支援拠点事業**とは、乳児または幼児およびその保護者が相互の交流を行う場所を開設し、子育てについての相談、情報の提供、助言その他の援助を行う事業をいう。

113 **一時預かり事業**とは、家庭において保育を受けることが一時的に困難となった、あるいは、保護者の負担を軽減するため一時的に預かることが望ましいと認められる乳児または幼児について、主として昼間において、保育所その他の場所で一時的に預かり、必要な保護を行う事業をいう。

114 **病児保育事業**とは、保育を必要とする乳児・幼児または保護者の労働もしくは疾病その他の事由により家庭において保育を受けることが困難となった小学校に就学している児童であって、疾病にかかっているものについて、保育所、認定こども園、病院、診療所その他厚生労働省令で定める施設において、保育を行う事業をいう。

115 **子育て援助活動支援事業**とは、児童の一時預かり・保護や外出の移動支援を受けることを希望する者と当該援助を行うことを希望する者（援助希望者）との連絡および調整ならびに援助希望者への講習の実施その他の必要な支援を行う事業をいう。

 36-138

116 **子育て世帯訪問支援事業**は、2022（令和4）年の児童福祉法の改正により創設された。要支援児童、要保護児童の保護者、特定妊婦等を対象とし、その居宅において、子育てに関する情報の提供ならびに家事および養育にかかる援助その他の必要な支援を行う。

117 **児童育成支援拠点事業**は、2022（令和4）年の児童福祉法の改正により創設された。養育環境等に関する課題を抱える児童について、当該児童

に生活の場を与えるための場所を開設し、情報の提供、相談および関係機関との連絡調整を行うとともに、必要に応じて当該児童の保護者に対し、情報の提供、相談および助言その他の必要な支援を行う。

118 親子関係形成支援事業は、2022（令和4）年の児童福祉法改正により創設された。要支援児童、要保護児童およびその保護者、特定妊婦等を対象としている。親子間における適切な関係性の構築を目的として、講義、グループワーク等を実施することにより、当該児童の心身の発達の状況等に応じた情報の提供、相談および助言その他の必要な支援を行う。

◎児童福祉施設の種類

⊕34-141
⊕36-138

**受験対策
アドバイス**
施設の目的や対象を押さえておきましょう。
⊕32-95（相基）

119 児童福祉法にいう児童福祉施設とは、助産施設、乳児院、母子生活支援施設、保育所、幼保連携型認定こども園、児童厚生施設、児童養護施設、障害児入所施設、児童発達支援センター、児童心理治療施設、児童自立支援施設、児童家庭支援センター、里親支援センターの13種類である（図表11参照）。

120 乳児院の職員には、施設長、小児科の経験を有する医師または嘱託医、看護師、保育士、個別対応職員、家庭支援専門相談員、栄養士、調理員等が配置されている。
- ☞ 直接子どもにかかわる看護師の職員配置基準は、児童福祉施設の設備及び運営に関する基準では乳児および満2歳に満たない幼児おおむね1.6人につき1人とされているが、一部保育士や児童指導員に代えることもできる。

⊕32-95（相基）
⊕35-137

121 母子生活支援施設は、1997（平成9）年の改正により母子寮から母子生活支援施設に改称された。児童が満20歳になるまで保護者からの申込みがあり、かつ必要と認めるときは、引き続き母子を在所させることができる。
- ☞ 母子生活支援施設には、施設長、母子支援員、嘱託医、少年を指導する職員、調理員をおかなければならない。

122 児童厚生施設は、児童館と児童遊園の2種類があり、第二種社会福祉事業であり、利用施設である。

⊕36-138

123 児童館は、小型児童館、児童センター、大型児童館（A〜C型）がある。遊戯室、図書室、集会室、相談室、交流スペースなどを設けなければならない。
- ☞ 児童館で児童の指導にあたる職員を児童の遊びを指導する者という。児童館は子育て家庭の支援、異年齢児との交流など、地域における児童健全育成のための拠点となっている。

124 児童遊園とは、児童館と同様の目的を有する屋外型の施設で、広場、

図表11 児童福祉施設の種類

施設の種類		施設の目的および対象者
助 産 施 設		保健上必要があるにもかかわらず、経済的理由により入院助産を受けることができない妊産婦を入所させて助産を受けさせる。
乳 児 院		乳児（保健上、安定した生活環境の確保その他の理由により特に必要のある場合には、幼児を含む）を入院させて、これを養育し、あわせて退院した者について相談その他の援助を行う。
母 子 生 活 支 援 施 設		配偶者のない女子またはこれに準ずる事情にある女子およびその者の監護すべき児童を入所させて、これらの者を保護するとともに、これらの者の自立の促進のためにその生活を支援し、あわせて退所した者について相談その他の援助を行う。
保 育 所		日々保護者の委託を受けて、保育に欠けるその乳児または幼児を保育する。
幼保連携型認定こども園		満3歳以上の幼児に対する教育および保育を必要とする乳幼児に対する保育を一体的に行い、健やかな成長が図られるよう適当な環境を与え、心身の発達を助長する。
児 童 養 護 施 設		保護者のない児童（乳児を除く。ただし、安定した生活環境の確保その他の理由により特に必要のある場合には、乳児を含む）、虐待されている児童その他環境上養護を要する児童を入所させて、これを養護し、あわせて退所した者に対する相談その他の自立のための援助を行う。
障害児入所施設	福祉型	障害児を入所させて、保護、日常生活の指導および独立自活に必要な知識技能の付与を行う。
	医療型	障害児を入所させて、保護、日常生活の指導および独立自活に必要な知識技能を付与するとともに治療を行う（医療法に規定する病院設備を設ける）。
児童発達支援センター		地域の障害児の健全な発達において中核的な役割を担う機関として、障害児を日々保護者のもとから通わせて、高度の専門的な知識および技術を必要とする児童発達支援を提供し、あわせて障害児の家族、指定障害児通所支援事業者その他の関係者に対し、相談、専門的な助言その他の必要な援助を行う。
児 童 心 理 治 療 施 設		家庭環境、交友関係など環境上の理由で社会生活が困難となった児童を短期間入所させ、または保護者のもとから通わせて、社会生活に適応するために必要な心理治療、生活指導を行い、あわせて退所した者について相談その他の援助を行う。
児 童 自 立 支 援 施 設		不良行為をなし、またはなすおそれのある児童および家庭環境その他の環境上の理由により生活指導等を要する児童を入所させ、または保護者のもとから通わせて、個々の児童の状況に応じて必要な指導を行い、その自立を支援する。
児童厚生施設	児童館	児童に健全な遊びを与えて、その健康を増進し、または情操を豊かにする。
	児童遊園	児童に健全な遊びを与え、その健康を増進し情操を豊かにするとともに、事故による傷害の防止を図る。
児童家庭支援センター		地域の児童の福祉に関する各般の問題につき、児童に関する家庭その他からの相談のうち、専門的な知識および技術を必要とするものに応じ、必要な助言を行うとともに、市町村の求めに応じ、技術的助言その他必要な援助を行うほか、保護を要する児童またはその保護者に対する指導を行い、あわせて児童相談所、児童福祉施設等との連絡調整等を総合的に行い、地域の児童、家庭の福祉の向上を図る。
里親支援センター		里親支援事業を行うほか、里親および里親に養育される児童ならびに里親になろうとする者について相談その他の援助を行う。

ブランコ、砂場などの遊具が置かれ、児童公園の補完的役割も担っている。

⊕ 34-140

125 養護施設は、児童福祉法の改正によって1997（平成9）年に**児童養護施設**と改称された。児童養護施設における家庭環境の調整は、児童の家庭の状況に応じ、親子関係の再構築などが図られるよう行わなければならない。

✐ 児童福祉施設の設備及び運営に関する基準によれば、児童養護施設の児童の居室1室の定員は4人以下となっている。

✐ 児童養護施設には、施設長、**児童指導員**、嘱託医、保育士、個別対応職員、**家庭支援専門相談員**、栄養士、調理員等が配置される。直接子どもにかかわる児童指導員および保育士の職員配置基準は、児童福祉施設の設備及び運営に関する基準では2歳未満児1.6人につき1人、3歳未満児2人につき1人、3歳以上の幼児4人につき1人、それ以上の子どもについては5.5人につき1人以上とされている。

126 2000（平成12）年からは、地域小規模児童養護施設が創設された。児童養護施設に入所する子どものうち、本体施設から離れた家庭的な環境の下で養育することが適切なものを対象に、地域の一般住宅に5、6人の子どもが2人以上の職員の援助を受けて生活している。

127 2016（平成28）年6月の児童福祉法の改正により、情緒障害児短期治療施設は、**児童心理治療施設**と改称された。

128 **児童自立支援施設**には、職員は、施設長、児童自立支援専門員、児童生活支援員、嘱託医、精神科の経験を有する医師または嘱託医、個別対応職員、家庭支援専門相談員、栄養士、調理員等が配置されている。児童福祉施設の設備及び運営に関する基準では児童自立支援専門員および児童生活支援員はおおむね児童4.5人につき1人以上とされている。心理療法を行う必要がある児童が10人以上いる場合は、心理療法を担当する職員を配置する。

⊕ 35-137

129 1997（平成9）年の児童福祉法の改正により、児童福祉施設に新たに**児童家庭支援センター**が加えられた。

✐ 児童家庭支援センターの職員には、守秘義務規定が設けられている。また、児童相談所長または都道府県は、児童またはその保護者を児童家庭支援センターの職員に指導させ、または指導を委託する措置をとることができる。

⊕ 34-137
⊕ 35-139

130 1997（平成9）年の児童福祉法の改正で新たに加わった**児童自立生活援助事業**とは、いわゆる「自立援助ホーム」が法制化されたものである。義務教育終了後の児童等からの申込みがあったときは、児童養護施設、児童自立支援施設等の施設入所の措置を解除された者等の自立を図るため、共同生活を営むべき住居その他の施設等の場所において相談その他の日常生活上の援助および生活指導、就業の支援を行うことを都道府県ができるものとし

た事業である。

131 2022（令和4）年児童福祉法改正により、児童自立生活援助事業の対象者等の年齢要件の弾力化が図られた。年齢要件について、満20歳以降も政令で定める事情がある者は、都道府県知事が認めた時点まで児童自立生活援助の実施を可能にするとともに、教育機関に在学していなければならない要件を緩和し、児童自立生活援助事業を活用して同じ施設等に入所等し続けることを可能とした。

132 児童養護施設、児童自立支援施設、児童心理治療施設、乳児院、母子生活支援施設の長は、児童福祉施設の設備及び運営に関する基準に基づき、入所者に対し、計画的な自立支援を行うため、個々の入所者に対する自立支援計画を策定しなければならない。

133 児童福祉法第31条などによれば、都道府県は、母子生活支援施設、児童養護施設、障害児入所施設、児童心理治療施設または児童自立支援施設に入所した児童については満20歳に達するまで在所させることができる。

134 2004（平成16）年の児童福祉法の改正で、退所した者についての相談援助等が、乳児院、母子生活支援施設、児童養護施設、情緒障害児短期治療施設（現・児童心理治療施設）、児童自立支援施設に加えられた。

135 2004（平成16）年4月から、児童養護施設等で小規模グループケアが実施されている。これは、小規模なグループによるケア（養育）を行う体制を整備し、児童養護施設等のケア形態の小規模化を推進し、できる限り家庭的な環境のなかで職員との個別的関係を重視した体制で行われるケアである。

136 児童福祉施設の長は、都道府県知事または市町村長から措置または助産の実施、母子保護の実施の委託を受けたときは、正当な理由がない限りこれを拒むことはできない。

137 児童養護施設、障害児入所施設、児童心理治療施設および児童自立支援施設の各児童福祉施設の長、小規模住居型児童養育事業を実施する者、里親は、学校教育法に規定する保護者に準じて、施設入所中の児童を就学させなければならない。

138 2022（令和4）年12月の民法の一部改正に伴い児童福祉法も改正され、児童相談所長や児童福祉施設の施設長等が児童に行う措置について、「懲戒」を削除し、措置をとる場合においては、児童の人格を尊重するとともに、その年齢および発達の程度に配慮しなければならず、かつ、体罰その他の子の

心身の健全な発達に有害な影響を及ぼす言動をしてはならないこととされた。

　　　☞ 児童福祉施設の施設長等には、里親、小規模住居型児童養育事業の養育者も含まれる。

◎里親制度

139 都道府県および児童相談所は、要保護児童（保護者のない児童又は保護者に監護させることが不適当であると認められる児童）である通告を受けた場合などに養育を里親に委託する（**児童福祉法第27条第1項第3号**）。

受験対策アドバイス

◆里親制度も時代によって変化しています。改正された点などをまとめておきましょう。

図表12 里親制度の主な変遷

- 2002（平成14）年度に、親族里親、専門里親を創設
- 2008（平成20）年の児童福祉法改正で、「養育里親」と「養子縁組を希望する里親」とを制度上区分
- 2009（平成21）年度から、養育里親と専門里親について、研修を義務化
- 2017（平成29）年度から、里親の新規開拓から委託児童の自立支援までの一貫した里親支援を都道府県（児童相談所）の業務として位置づけるとともに、養子縁組里親を法定化し、研修を義務化

🔄32-138　**140** 里親の種類は、**養育里親**、**親族里親**、**専門里親**のほか、養子縁組によって養親となることを希望する**養子縁組里親**がある（**図表13参照**）。

図表13 日本における里親の種類

里親の種類		対象児童		登録の有効期間	養育できる要保護児童の最大人数	研修義務
養育里親	専門里親	要保護児童		5年	4人	あり
			被虐待児・非行児・障害児である要保護児童	2年	4人（ただし、被虐待児・非行児・障害児は2人まで）	あり
親族里親		次の要件に該当する要保護児童 ①当該親族里親が扶養義務者およびその配偶者である ②児童の両親等が死亡、行方不明、拘禁などの状態により養育が期待できない		—	4人	必要に応じて
養子縁組によって養親となることを希望する里親		要保護児童		5年	4人	あり

注：里親が同時に養育する児童（実子・養子等を含む）は6人を超えることはできない。

🔄34-141　**141** 厚生労働省通知「里親委託ガイドラインについて」では、社会的養護が必要な子どもを里親家庭に委託することにより、社会的養護を家庭的な環境で行えるとしている。社会的養護では、里親委託を優先して検討するべき

であるという里親委託優先の原則を示している。

142 都道府県知事、指定都市市長、中核市市長は、親族里親を認定する際には、**都道府県児童福祉審議会**の意見を聴くことが義務づけられている。また、施設入所等の措置の決定およびその解除等にあたって、児童もしくはその保護者の意向が当該措置と一致しないとき、または都道府県知事が必要と認めるときは、都道府県児童福祉審議会の法律の専門家、医師、教育関係者などによる少人数の部会の意見を聴かなければならない。

143 **養育里親**とは、養子縁組を前提としない里親であり、要保護児童を養育することを希望し、かつ、都道府県知事が行う養育里親研修を修了し、経済的に困窮していない者という要件を満たす者である。なお、同法に規定する養育里親名簿への登録が必要となる。

144 **親族里親**とは、要保護児童の扶養義務者およびその配偶者である親族であり、かつ両親その他要保護児童を現に監護する者が死亡、行方不明、拘禁等の状態となったことにより、これらの者による養育が期待できないと認められる児童を養育する里親として里親認定を受けた者をいう。なお、扶養義務者でないおじ・おば等については養育里親を適用し、里親研修の受講を要件とし、里親手当を支給する。

⊕32-138

145 1年以内の期間で要保護児童の養育を行う短期里親については、2009（平成21）年3月31日をもって区分がなくなった。

146 **専門里親**とは、2年以内の期間を定めて、要保護児童のうち、児童虐待等の行為により心身に有害な影響を受けた児童、非行のある児童または障害児等を養育するものとして養育里親名簿に登録されたものをいう。

☞ 専門里親は、養育里親として3年以上委託児童の養育の経験を有するか、3年以上児童福祉事業に従事した者であって都道府県知事が適当と認めた者などで、専門里親研修課程を修了しているなどといった要件に該当する必要がある。

147 厚生労働省通知「里親制度の運営について」によれば、知識、経験を有する等児童を適切に養育できると認められる者については、必ずしも配偶者がいなくても、里親として認定して差し支えなく、また、一人の里親希望者について異なった種類の里親を重複して認定しても差し支えない。

⊕32-138

148 里親と里子の間に民法上の親子関係を成立させるためには、**家庭裁判所への養子縁組の届出**を必要とする。

149 里親の一時的な休息のための援助（**レスパイトケア**）は、委託児童を

養育している里親家庭が一時的な休息のための援助を必要とする場合に、乳児院、児童養護施設等またはほかの里親を活用して当該児童の養育を行うものである。

150 2008（平成20）年の児童福祉法の改正で、**小規模住居型児童養育事業（ファミリーホーム）** が制度化された。これは、同法第27条第1項第3号の措置にかかる児童について、委託児童の自主性を尊重し、豊かな人間性および社会性を養うことなどを目的とし、保護者のない児童または保護者に監護させることが不適当であると認められる児童（要保護児童）の養育に関して相当の経験を有する者、養育里親として2年以上同時に2人以上の委託児童の養育経験を有する者などの住居において行う事業のことをいう。

151 2012（平成24）年から里親を支援する機能をもたせるために、児童養護施設や乳児院に**里親支援専門相談員**が配置されている。

⊞ 35-136

152 2019（平成31）年から、**里親養育包括支援（フォスタリング）事業**が実施されることとなった。里親等における自立支援体制の強化など子どもの自立に向けた継続的・包括的な体制を構築することで、委託された子ども等の委託解除前後の自立に向けた支援の充実を図るものである。

> ✑ 里親養育包括支援（フォスタリング）事業では、里親のリクルート、里親に対する研修、委託中の児童への支援、委託措置解除後の支援等の一連の里親支援業務を行う。

153 2022（令和4）年児童福祉法改正によって、**里親支援センター**が、児童福祉施設に位置づけられた。里親支援センターは、里親の普及啓発、里親の相談に応じた必要な援助、入所児童と里親相互の交流の場の提供、里親の選定・調整、委託児童等の養育の計画作成といった里親支援事業や、里親や委託児童等に対する相談支援等を行う。

◎養子縁組制度

154 2016（平成28）年12月、民間あっせん機関による養子縁組のあっせんに係る児童の保護等に関する法律が公布された。同法は、養育者との永続的な関係に基づいて行われる家庭における養育を児童（18歳に満たない者）に確保し、養子縁組あっせん事業を行う者について許可制度を導入し、その業務の適正な運営を確保するための規定を定めたものである。民間あっせん機関による適正な養子縁組のあっせんの促進をすることによって、児童の福祉の増進に資することを目的とするものである。

155 民間あっせん機関とは、許可基準、手数料、第三者評価などについて規定を満たし、都道府県知事の許可を受け、養子縁組のあっせんを業として行う機関のことをいう。

156　養子縁組には、普通養子縁組と特別養子縁組の2種類がある。普通養子縁組は、契約により成立する（ただし、子が未成年の場合、一部を除いて家庭裁判所の許可が必要となる）。**特別養子縁組**は、家庭裁判所の決定により成立し、原則実父母の同意を必要とする。

157　普通養子縁組、特別養子縁組いずれの場合も親権者は養親のみとなる。特別養子縁組では、実親との親族関係は終了し、養親から子を離縁することはできない。

158　2019（令和元）年の民法改正によって、特別養子縁組の養子候補者の上限年齢（原則審判申立て時）は、6歳未満から15歳未満に引き上げられた。

◎**障害児支援**

159　障害児についての相談支援は、児童相談所、保健所のほか、障害児相談支援が児童福祉法に位置づけられ、障害児支援利用援助および継続障害児支援利用援助が実施されている。

160　2010（平成22）年12月の児童福祉法の改正で、障害児に対する支援について見直しが行われた。障害種別等に分かれていた障害児に対して入所による支援を行う施設は、障害児入所施設となった（**図表14参照**）。　　⊞34-141

　　✍ 障害児入所施設は、福祉型障害児入所施設と医療型障害児入所施設に区分

図表14 障害児支援を行う施設における近年の変遷

	2012（平成24）年4月以降	2024（令和6年度）以降
入所による支援を行う施設		
知的障害児施設 第一種自閉症児施設（医） 第二種自閉症児施設 盲児施設 ろうあ児施設 肢体不自由児施設（医） 肢体不自由児療護施設 重症心身障害児施設（医）	障害児入所支援 ・福祉型 ・医療型	
通所による支援を行う施設		
児童デイサービス 知的障害児通園施設 難聴幼児通園施設 肢体不自由児通園施設（医） 重症心身障害児（者）通園事業	障害児通所支援 ・福祉型児童発達支援 ・医療型児童発達支援 ・放課後等デイサービス ・居宅訪問型児童発達支援 （2018（平成30）年〜） ・保育所等訪問支援	障害児通所支援 ・児童発達支援 ・放課後等デイサービス ・居宅訪問型児童発達支援 ・保育所等訪問支援

注：（医）とあるものは医療の提供を行っているもの

された。重複障害に対応するとともに、身近な地域で支援を受けられること
をねらいとした。

⊕ 34-141
161　障害児に対して通所による支援を行う施設は、障害種別による区分を
なくし、実施主体は**市町村**とされ、児童福祉法の**障害児通所支援**として再編
された。

162　障害児通所支援には、**児童発達支援、放課後等デイサービス、居宅訪
問型児童発達支援、保育所等訪問支援**がある。医療型児童発達支援は、
2024（令和6）年度より児童発達支援に一元化された。
　　✍ 障害児通所支援を受けた場合、障害児通所給付費が市町村から支給される。

図表15 障害児通所支援の種類

⊕ 34-137
⊕ 35-139

⊕ 34-137

⊕ 33-140
⊕ 34-137
⊕ 35-139

種類	行われる支援
児童発達支援 （第6条の2の2第2項）	障害児につき、児童発達支援センター等の施設に通わせ、日常生活における基本的な動作、知識技能の習得、集団生活への適応のための支援等の便宜を供与し、またはこれに併せて治療（肢体不自由児に対して行われるものに限る）を行う。
放課後等デイサービス （第6条の2の2第3項）	就学している障害児につき、授業の終了後または休業日に児童発達支援センター等の施設に通わせ、生活能力の向上のために必要な支援、社会との交流の促進その他の便宜を供与する。
居宅訪問型児童発達支援 （第6条の2の2第4項）	重度の障害の状態その他これに準ずるものにある障害児であって、児童発達支援、医療型児童発達支援または放課後等デイサービスを受けるために外出することが著しく困難なものにつき、当該障害児の居宅を訪問し、日常生活における基本的な動作および知識技能の習得ならびに生活能力の向上のために必要な支援その他の便宜を供与する。
保育所等訪問支援 （第6条の2の2第5項）	保育所その他の児童が集団生活を営む施設等に通うまたは乳児院その他の児童が集団生活を営む施設等に入所する障害児につき、その施設を訪問し、その施設における障害児以外の児童との集団生活への適応のための専門的な支援その他の便宜を供与する。

163　障害児入所支援を受けたとき、障害児の保護者に対して**都道府県**から、
食事の提供に要する費用、居住または滞在に要する費用その他の日常生活に
要する費用等および治療に要する費用（入所特定費用）を除き、障害児入所
給付費が支給される。障害児入所支援を受けた場合の利用者負担については、
利用者の負担能力に応じたもの（応能負担）を原則とする。
　　✍ 高額障害児入所給付費とは、障害児入所給付費の自己負担額が著しく高額
　　　であるときに支給され、特定入所障害児食費等給付費とは、障害児入所支援
　　　を受けている障害児の保護者のうち、所得が低い者に対し、食費・居住費が
　　　支給される制度である。

164 2010（平成22）年12月の児童福祉法改正で、障害児施設の在園期間延長措置の見直しが行われた。18歳以上の障害児施設入所者については、障害者自立支援法（現・障害者総合支援法）で対応することとなった。

165 障害児入所給付費等の支給を受けている者または措置により障害児入所施設に在所等している者で、自立した日常生活または社会生活を営むことが著しく困難なものについて、満20歳に到達しても引き続き指定入所支援を受けなければ、または障害児入所施設に在所できなければ、福祉を損なうおそれがあるときは、満23歳に達するまで、引き続き障害児入所給付費等の支給を受け、または障害児入所施設に在所ができるものとされた（2024（令和6）年4月施行）。

166 都道府県は、障害児入所施設に在所している障害児等が、地域において自立した日常生活または社会生活へ移行できるよう、市町村その他の関係者との協議の場を設け、市町村その他の関係者との連携および調整を図ること等の必要な措置を講じなければならないものとされた（2024（令和6）年4月施行）。

167 2020（令和2）年の「障害児入所施設の機能強化をめざして――障害児入所施設の在り方に関する検討会報告書」によると、障害児入所施設は、発達支援機能、自立支援機能、社会的養護機能、地域支援機能、その他の機能をもつとされている。

168 2020（令和2）年の「障害児入所施設の機能強化をめざして――障害児入所施設の在り方に関する検討会報告書」によると、障害児入所施設にある課題として、ケア単位の小規模化、早い段階から退所後の支援に取り組むための関係機関との連携を担うソーシャルワーカーの配置促進や、18歳以上の入所者への対応（いわゆる「過齢児問題」）、職員配置基準の引き上げなどがあげられる。

169 2020（令和2）年の「障害児入所施設の機能強化をめざして――障害児入所施設の在り方に関する検討会報告書」において、障害児入所施設改革に関する基本的視点と方向性として、①ウェルビーイングの保障、②最大限の発達の保障、③専門性の保障、④質の保障、⑤包括的支援の保障が示された。

170 2016（平成28）年6月の児童福祉法改正で、障害児支援のニーズの多様化へのきめ細かな対応として、①医療的ケアを要する障害児が適切な支援を受けるための自治体の保健・医療・福祉等の連携促進の努力義務、②障害児のサービスにかかる提供体制の計画的な構築を推進するための自治体における障害児福祉計画の策定といった支援が拡充された。

171 障害児・者が、同一事業所で支援（通所介護や放課後等デイサービスなど）を受けやすくするため、2017（平成29）年に児童福祉法が改正され、介護保険や障害者福祉制度と同様に、共生型サービスが規定された。

172 2021（令和3）年に「医療的ケア児及びその家族に対する支援に関する法律（医療的ケア児支援法）」が施行された。医療的ケア児およびその家族の相談に応じ、または情報の提供もしくは助言その他の支援を行う「医療的ケア児支援センター」を各都道府県に配置するとしている。

◎児童福祉制度に係る財源

173 私立保育所の運営費は、市町村が支弁した費用から利用者負担額を控除したものを国2分の1、都道府県4分の1、市町村4分の1で負担する。公立保育所に関する運営費は、2004（平成16）年より一般財源化され、公費負担分は市町村が負担する。

174 2004（平成16）年の児童福祉法の改正により、都道府県または市町村の長は、収入の確保および本人またはその扶養義務者の便益の増進に寄与すると認める場合に限り、保育料の収納事務を私人に委託できる。

◎児童福祉サービスの最近の動向

⊕36-136

175 ヤングケアラーとは、一般に家族にケアを要する人がいる場合に大人が担うようなケアを引き受け、家事や家族の世話、介護、感情面のサポートなどを行っている18歳未満の子どもをいう。年齢や成長の度合いに見合わない重い責任や負担を負うことで、本人の育ちや教育に影響があるといった課題がある。

　　📧 ヤングケアラーを適切な福祉サービスや就労支援サービス等につなぐ機能を強化するため、ヤングケアラー・コーディネーターの活用が期待されている。

176 児童の車内置き去り事故などに対応して、児童福祉施設、障害児通所・入所施設、家庭的保育事業等、放課後児童健全育成事業において、自動車で送迎する場合には、点呼等の所在の確認が義務づけられた。

　　📧 条件によりブザー等の児童等の見落としを防止する装置の設置義務がある。

児童虐待の防止等に関する法律（児童虐待防止法）

◎児童虐待防止法の概要

✍ **受験対策アドバイス**
虐待に関連した問題は毎回出題されています。事例問題にも対応できるよう過去問も研究しておきましょう。

177 児童虐待の防止等に関する法律（児童虐待防止法）は、児童の人権を著しく侵害し、その心身の成長および人格の形成に重大な影響を与える児童に対する虐待の禁止、児童虐待の予防および早期発見その他の児童虐待の防止に関する国および地方公共団体の責務、児童虐待を受けた児童の保護および自立の支援のための措置等を定め、児童虐待の防止等に関する施策を促進

し、児童の権利利益の擁護に資することを目的とする。

178 2000（平成12）年5月に制定された児童虐待防止法は、2004（平成16）年4月に一部改正され、特に児童の安全確保などに警察の協力が必要な場合、児童相談所長に警察署長への援助要請を義務づけたほか、虐待を受けたと思われる児童を発見した者は、速やかに通告する義務を課すなどの措置が講じられた。

179 2007（平成19）年6月に、児童虐待防止法の改正が行われ、特に第1条の目的に「児童の権利利益の擁護に資すること」が明記された。

◎児童虐待の定義

180 保護者（親権を行う者、未成年後見人その他の者で、児童を現に監護するもの）がその監護する児童（18歳に満たない者）について行う**図表16**に掲げる行為を「児童虐待」と定義している（**児童虐待防止法第2条**）。

⊕ 35-138

図表16 児童虐待となる行為

①児童の体に外傷が生じ、または生じるおそれのある暴行を加えること。(身体的虐待)
②児童にわいせつな行為をすることまたは児童をしてわいせつな行為をさせること。(性的虐待)
③児童の心身の正常な発達を妨げるような著しい減食または長時間の放置、保護者以外の同居人による①②または④に掲げる行為と同様の行為の放置その他の保護者としての監護を著しく怠ること。(ネグレクト)
④児童に対する著しい暴言または著しく拒絶的な対応、児童が同居する家庭における配偶者に対する暴力（配偶者（事実婚を含む）の身体に対する不法な攻撃であって生命または身体に危害を及ぼすもの、およびこれに準ずる心身に有害な影響を及ぼす言動をいう）その他の児童に著しい心理的外傷を与える言動を行うこと。(心理的虐待)

⊕ 35-138

◎虐待予防の取組

181 何人も、児童に対し、虐待をしてはならないと規定されている（**児童虐待防止法第3条**）。

182 国および地方公共団体の責務等として、①児童虐待の予防および早期発見、②迅速かつ適切な児童虐待を受けた児童の保護および自立の支援（児童虐待を受けた後18歳となった者に対する自立の支援を含む）、③児童虐待を行った保護者に対する親子の再統合の促進への配慮、④児童虐待を受けた児童が家庭等で生活するために必要な配慮をした適切な指導および支援を行うため、関係省庁等相互間その他関係機関および民間団体の間の連携の強化および民間団体の支援が明記されている（**児童虐待防止法第4条**）。

183 2007（平成19）年の改正により、児童虐待防止法第4条の国および

地方公共団体の責務等に、児童虐待を受けた児童等に対する「医療の提供体制の整備」と、「児童虐待を受けた児童がその心身に著しく重大な被害を受けた事例の分析」が加わった。また、児童の親権を行う者は、児童を心身ともに健やかに育成することについて第一義的責任を有するものであって、親権を行うにあたっては、できる限り児童の利益を尊重するよう努めなければならないこととされた。

184 2019（令和元）年の児童虐待防止法の改正で、児童虐待を受けた児童が住所等を**移転**する場合、**移転前**の住所等を管轄する児童相談所長は、**移転先**の児童相談所長に速やかに情報提供を行うとともに、情報提供を受けた児童相談所長は、**要保護児童対策地域協議会**が速やかに情報交換を行うことができるための措置等を講ずるものとなった。

◎虐待発見時の対応

185 2011（平成23）年6月、民法が改正され、①親権の一時停止制度（親権の行使が困難または不適当なため子どもの利益を害する場合、2年以内の親権停止）の導入、②親権喪失制度の要件（虐待または悪意の遺棄、子どもの利益を著しく害する）の明確化、③親権喪失または親権停止の請求者（子ども本人、未成年後見人、未成年後見監督人）の追加、④懲戒権の制限（子どもの利益のための監護・教育に必要な範囲に限定）と深刻な児童虐待への対応が行われた。

⊕35-138 　**186** 学校、児童福祉施設、病院、都道府県警察、女性相談支援センター、教育委員会、配偶者暴力相談支援センターその他児童の福祉に業務上関係のある団体、学校の教職員、児童福祉施設の職員、医師、歯科医師、保健師、助産師、看護師、弁護士、警察官、女性相談支援員その他児童の福祉に職務上関係のある者は、児童虐待を発見しやすい立場にあることを自覚し、児童虐待の早期発見に努めなければならないとされている（**児童虐待防止法第5条**）。

⊕32-141
⊕35-138 　**187** 児童虐待を受けたと思われる児童を発見した者は、速やかに、これを市町村、都道府県の設置する福祉事務所もしくは児童相談所または児童委員を介して市町村、都道府県の設置する福祉事務所もしくは児童相談所に通告しなければならないとされている（**児童虐待防止法第6条**）。

188 刑法の秘密漏示罪の規定その他の**守秘義務**に関する法律の規定は、児童虐待を受けたと思われる児童を発見した場合における通告をする義務の遵守を妨げるものと解釈してはならないとされている。

189 市町村、児童相談所または福祉事務所が児童虐待を受けたと思われる児童の発見の通告を受けた場合、当該通告を受けた市町村、児童相談所または福祉事務所の所長、所員その他の職員、および当該通告を仲介した児童委

員はその職務上知り得た事項であって当該通告をした者を特定させるものを漏らしてはならないとされている（**児童虐待防止法第7条**）。

190 市町村または都道府県の設置する福祉事務所が、児童虐待を受けたと思われる児童の発見の通告を受けたときは、市町村または福祉事務所の長は、必要に応じて近隣住民、学校の教職員、児童福祉施設の職員その他の者の協力を得つつ、当該児童との面会その他の当該児童の安全の確認を行うための措置を講ずるとともに、必要に応じて児童相談所への送致などを行うものとされている（**児童虐待防止法第8条**）。

191 2007（平成19）年の法改正により、児童虐待防止法第8条の2に出頭要求が新設された。都道府県知事は、児童虐待が行われているおそれがあると認めるときは、保護者に対し、児童を同伴して出頭することを求め、児童相談所の職員等に必要な調査または質問をさせることができることとなった。

192 都道府県知事は、児童虐待が行われているおそれがあると認めるときは、児童委員または児童の福祉に関する事務に従事する職員をして、児童の住所または居所に立ち入り、必要な調査または質問をさせることができるとされている（**児童虐待防止法第9条**）。

⊕35-142

193 2007（平成19）年の法改正により、児童虐待防止法第9条の2に再出頭要求が規定された。都道府県知事は、保護者が正当な理由なく立入調査を拒否した場合、児童虐待が行われているおそれがあると認めるときは、当該保護者に対し、当該児童を同伴して出頭することを求め、児童相談所の職員等に必要な調査または質問をさせることができることとなった。

194 2007（平成19）年の法改正により、児童虐待防止法第9条の3以下に臨検、捜索等が規定された。都道府県知事は、保護者が正当な理由なく立入調査を拒むなどの場合において、児童虐待が行われている疑いがあるときは、児童の安全の確認を行い、またはその安全を確保するため、児童の住所または居所の所在地を管轄する地方裁判所、家庭裁判所または簡易裁判所の裁判官があらかじめ発する許可状により、児童相談所の職員等に児童の住所もしくは居所に臨検させ、解錠して立ち入ることを可能にした。また、児童を捜索させることができることとなった。

　　📖 2016（平成28）年6月の児童虐待防止法の改正で、臨検・捜索について保護者が再出頭の求めに応じないことを要件としないものとすることとなった。

195 児童相談所長は、児童の安全の確認または一時保護の場合に、必要があると認めるときは、当該児童の住所または居所の所在地を管轄する警察署長に対し援助を求めることができる。都道府県知事が、職員に立入調査もし

くは質問をさせる、または臨検などをさせようとする場合についても同様である。また、必要に応じて迅速かつ適切に、警察署長に対し援助を求めなければならないとされている（児童虐待防止法第10条）。

196 児童虐待を行った保護者について、児童福祉司、社会福祉主事、児童委員または児童家庭支援センターの職員等により行われる指導は、**親子の再統合**への配慮その他の児童虐待を受けた児童が家庭等で生活するために必要な配慮の下に行われ、当該保護者は、指導を受けることが義務であるとし、この指導を受けないときは、都道府県知事は、当該保護者に対し、指導を受けるよう勧告することができるとされている（児童虐待防止法第11条）。

197 2007（平成19）年の法改正により、児童虐待防止法第11条に、児童虐待を行った保護者に対する指導にかかる勧告に従わなかった場合には、当該保護者の児童について、都道府県知事が一時保護、強制入所措置その他の必要な措置を講ずる旨が明記された。

出33-137

198 2019（令和元）年の児童虐待防止法第11条の改正で、都道府県知事または児童相談所長は、児童虐待を行った保護者について指導を行う場合は、児童虐待の再発を防止するため、医学的または心理学的知見に基づく指導を行うよう努めるものとなった。さらに、都道府県は、保護者への指導を効果的に行うため、児童の一時保護等（介入的対応）を行った児童福祉司等以外の者に当該児童にかかる保護者への指導を行わせることなどの措置を講じなければならないこととなった。

出34-142
出35-138

199 2007（平成19）年の法改正により、児童虐待防止法第12条以下に面会等の制限等が規定された。一時保護および同意施設入所措置の場合にも、強制施設入所措置の場合と同様に、児童相談所長等は、児童虐待を行った保護者について当該児童との面会または通信を制限することができることとなった。

出34-142

200 児童虐待を受けた児童について、保護者の同意を得て施設入所等の措置がとられた場合において、その児童を再び保護者に引き渡した場合には児童虐待が行われるおそれがあると認められるにもかかわらず保護者が引き渡しを求めること、保護者が児童への面会または通信の制限に従わないことなどの事情から、児童の施設入所等の措置をとることが保護者の意に反し、これを継続することが困難であると認めるときは、児童相談所長は、当該児童に一時保護を行い、または適当な者に委託して、一時保護を行わせることができるとされている（児童虐待防止法第12条の2）。

201 **接近禁止命令**とは、都道府県知事または児童相談所長は、入所措置または一時保護の場合において、面会および通信の全部が制限されているとき

は、児童虐待を行った保護者に対し、当該児童の身辺へのつきまとい、またはその住居等の付近での徘徊を禁止することを命ずることができるものである。接近禁止命令は、半年を限度とする（児童虐待防止法第12条の4）。

　　✎ この命令の違反につき罰則が設けられ、1年以下の懲役または100万円以下の罰金が科される。

202　2016（平成28）年6月の児童虐待防止法の改正で、同法第13条の4により、児童の医療、福祉または教育に関係する機関および関連する職務に従事する者は、市町村長等から児童虐待の防止等にかかる児童等に関する資料等の提供を求められたときは、当該資料等を提供することができるものとすることとなった。

203　都道府県知事は、都道府県児童福祉審議会等に、立入調査、臨検および捜索並びに一時保護の実施状況、児童の心身に著しく重大な被害を及ぼした事例等を報告しなければならないこととされている（児童虐待防止法第13条の5）。

204　児童の親権を行う者は、児童のしつけに際して、児童の人格を尊重し、年齢や発達の程度に配慮しなければならず、かつ、体罰等の児童の心身の健全な発達に有害な影響を及ぼす言動をしてはならないものとし、さらに、児童虐待に係る暴行罪、傷害罪、その他の犯罪について、当該児童の親権を行う者であることを理由として、その責を免れることはないと規定されている（児童虐待防止法第14条）。

⊕ 33-137

205　2008（平成20）年の児童福祉法の改正によって、施設内虐待（被措置児童虐待）の禁止が明文化された。これは小規模住居型児童養育事業に従事する者、里親もしくはその同居人、乳児院、児童養護施設、障害児入所施設、児童心理治療施設、児童自立支援施設の長、その職員その他の従業者、指定医療機関の管理者その他の従業者、児童を一時保護する施設を設けている児童相談所の所長、その施設の職員その他の従業者、または児童の一時保護の委託を受けてその業務に従事する者（施設職員等）が、委託された児童、入所する児童または一時保護を加え、もしくは加えることを委託された児童（被措置児童等）に対して行う虐待行為の禁止である。

206　施設内虐待にあたる行為とは、**図表17**の行為をいう。また、施設職員等は、被措置児童等虐待その他被措置児童等の心身に有害な影響を及ぼす行為をしてはならないと規定された。

図表17 施設内虐待にあたる行為

①被措置児童等の身体に外傷が生じ、または生じるおそれのある暴行を加えること。
②被措置児童等にわいせつな行為をすること、または被措置児童等をしてわいせつな行為をさせること。
③被措置児童等の心身の正常な発達を妨げるような著しい減食、または長時間の放置、同居人もしくは生活をともにするほかの児童による①②または④に掲げる行為の放置、その他の施設職員等としての養育、または業務を著しく怠ること。
④被措置児童等に対する著しい暴言、または著しく拒絶的な対応その他の被措置児童等に著しい心理的外傷を与える言動を行うこと。

207 2008（平成20）年の児童福祉法の改正によって、施設内虐待を発見した者の通告義務が規定された。被措置児童等虐待を受けたと思われる児童を発見した者は、速やかに、これを都道府県の設置する福祉事務所、児童相談所、都道府県の行政機関、都道府県児童福祉審議会、もしくは市町村または児童委員を介して、都道府県の設置する福祉事務所、児童相談所、都道府県の行政機関、都道府県児童福祉審議会、もしくは市町村に通告しなければならないこととなった。

208 児童虐待防止法の制定に伴い、児童福祉法の一部が改正され、児童福祉司および児童相談所長の任用資格に社会福祉士が加えられた。

209 児童虐待予防の取組みとしては、2000（平成12）年に児童虐待防止市町村ネットワーク事業が創設され、2004（平成16）年には要保護児童対策地域協議会として児童福祉法において法定化されている。

210 児童虐待の発生予防としては、親子の孤立の予防、不安感や負担感の除去、早期段階での潜在的子育て支援ニーズの発見が重要であり、訪問型（アウトリーチ型）のサービスが必要である。

配偶者からの暴力の防止及び被害者の保護等に関する法律（DV防止法）

◎DV防止法の概要

211 2001（平成13）年4月に、配偶者からの暴力の防止及び被害者の保護等に関する法律（DV防止法）が制定された。これは配偶者からの暴力（ドメスティック・バイオレンス：DV）にかかる通報、相談、保護、自立支援等の体制を整備し、配偶者からの暴力の防止および被害者の保護を図ることを目的としている。

212 DV防止法は、2013（平成25）年の改正で、生活の本拠をともにす

る交際（いわゆる同棲）をする関係にある相手からの暴力および当該暴力を
受けた者について準用されることとなった。

213 2023（令和5）年改正によって、保護命令制度の拡充や保護命令違
反の厳罰化が行われた。

図表18 DV防止法の2023（令和5）年改正

・接近禁止命令等の申立てをすることができる被害者について、配偶者からの身体
に対する暴力を受けた者、「生命又は身体」に対する加害の告知による脅迫を受
けた者に加えて、「自由、名誉又は財産」に対する加害の告知による脅迫を受け
た者を追加
・接近禁止命令の発令要件について、「更なる身体に対する暴力又は生命・身体・
自由等に対する脅迫により心身に重大な危害を受けるおそれが大きいとき」に拡
大
・接近禁止命令等の期間を6か月間から1年間に伸長
・電話等禁止命令の対象行為に、緊急時以外の連続した文書の送付・SNS等の送信、
緊急時以外の深夜早朝のSNS等の送信、性的羞恥心を害する電磁的記録の送信、
位置情報の無承諾取得を追加　など

◎DV防止法の目的、DVの定義、家庭内暴力発見時の対応

214 DV防止法は、2004（平成16）年に改正され、第1条の定義において、
「配偶者からの暴力」とは、配偶者からの身体に対する暴力またはこれに準
ずる心身に有害な影響を及ぼす言動をいうとするとともに、離婚後に元配偶
者から引き続き受けるこれらの暴力や言動も含めることとされた。

215 「配偶者」とは、①法律婚の相手方、②事実婚の相手方、③生活の本
拠を共にする交際相手が該当する。また、離婚等の前に暴力等を受け、離婚
等のあとも引き続き暴力等を受ける場合、元配偶者も対象となる。

216 都道府県は、当該都道府県が設置する**女性相談支援センター**その他の
適切な施設において、当該各施設が配偶者からの暴力の防止および保護のた
めに相談・指導、緊急時における同伴者を含めた安全の確保・一時保護、施
設利用、就業の促進、住宅の確保など、**配偶者暴力相談支援センター**として
の機能を果たすようにすることとされている。

⊕33-138

217 被害者の保護として、①配偶者からの暴力等を受けている者を発見し
た者は、配偶者暴力相談支援センターまたは警察官への通報の努力義務、②
警察官は被害の防止のため暴力の制止、被害者の保護等必要な措置をとるこ
との努力義務、③福祉事務所による被害者の自立支援のために必要な措置を
講ずることの努力義務などを規定している。

218 配偶者暴力相談支援センター、都道府県警察、福祉事務所、児童相談
所その他の関係機関は、DV被害者およびその同伴する家族の保護を行うに

⊕33-138

あたって、その適切な保護が行われるよう、相互に連携を図りながら協力するよう努めるものとされている。

219 保護命令制度とは、地方裁判所が被害者の申し立てにより、配偶者に対し一定の行為を禁止する命令を発令する制度のことをいう。

220 保護命令には、被害者への接近禁止命令、退去等命令がある。被害者への接近禁止命令とは被害者の身辺につきまとったり、被害者の住居、勤務先等の付近をはいかいすることを禁止する命令をいう。退去等命令とは、被害者とともに住む住居から退去することを命じ、当該住居の付近をはいかいすることを禁止する命令のことをいう。

母子及び父子並びに寡婦福祉法（母子寡婦福祉法）

◎母子寡婦福祉法の概要

221 母子福祉法は、1964（昭和39）年に制定され、1981（昭和56）年に母子家庭に加えて、母子家庭の母であった寡婦を対象として母子及び寡婦福祉法となった。これは、母子家庭等および寡婦に対して、その生活の安定と向上のために必要な措置を講じるものである。2002（平成14）年の改正で、父子家庭も対象に加えられた。

222 2014（平成26）年4月、母子及び寡婦福祉法が改正され、同年10月より、名称が母子及び父子並びに寡婦福祉法と改称されることとなった。これに関連して、母子自立支援員は母子・父子自立支援員に、母子福祉施設は母子・父子福祉施設に、母子福祉団体は母子・父子福祉団体に、などと改められることとなった。

223 母子・父子自立支援員は、母子及び父子並びに寡婦福祉法に基づくもので、母子家庭等の福祉に関する身近な相談員として、相談に応じ、その自立に必要な情報提供および指導、職業能力の向上および求職活動に関する支援を行う。

224 母子家庭の経済的自立を図ることを目的として、母子福祉資金の貸付制度がある。配偶者のいない女子で20歳未満の児童を扶養している者またはその扶養している児童が対象となる。

225 寡婦福祉資金は、配偶者のない女子であって、かつて配偶者のない女子として民法第877条の規定により児童を扶養していたことのある者を対象としている。

226 2014（平成26）年4月の母子及び寡婦福祉法の改正では、都道府県

等による母子家庭等への支援措置の積極的・計画的な実施、自立支援教育訓練給付金および高等職業訓練促進給付金への公課禁止など、母子家庭等への支援の強化が図られた。

227 母子家庭等就業・自立支援センター事業は、ハローワークの就業情報の提供とは別に、母子家庭の母等に対する就業相談、就業支援講習会、就業情報の提供等、家庭の事情に応じた就業支援サービスを提供している。また、母子生活支援施設と連携しながら、母子家庭等の地域生活の支援や養育費の取決めを促進するなどの専門相談も行っている。

228 母子及び父子並びに寡婦福祉法に規定される**母子・父子福祉施設**として、母子・父子福祉センター（各種相談、生業指導、技能習得、内職あっせんなどを行う施設）、母子・父子休養ホーム（無料または低額な料金で、レクリエーションや休養のための便宜を供与する施設）があり、第二種社会福祉事業となっている。

⊕35-137

229 **子ども食堂**は、全国に2022（令和4）年度に7363か所となり、2021（令和3）年度から1349か所増加した。ひとり親家庭や貧困家庭等、さまざまな人の食事を支え、交流の場や子どもの居場所にもなっている。

母子保健法

◎母子保健法の概要

230 **母子保健法**は、母性並びに乳児および幼児の健康の保持増進を図る目的で1965（昭和40）年に制定された。**母子健康手帳**の交付（市町村への妊娠の届出を行った者に交付）、1歳6か月児健診、3歳児健診、未熟児養育医療などが規定されている。

受験対策アドバイス

子育て支援とからめて出題されています。改正点などをまとめておきましょう。

231 1994（平成6）年の母子保健法の改正で、1997（平成9）年から母子保健施策の実施主体が市町村に一元化されたことで、都道府県は、市町村の行う母子保健に関する事業の実施の連絡調整、指導および援助を行う役割を担うこととなった。

232 2016（平成28）年6月の母子保健法の改正で、母子健康センターは、**母子健康包括支援センター**に変更され、市町村に設置の努力義務が課された。母子保健に関する各種の相談ならびに母性および乳幼児の保健指導、助産等、母子保健に関する支援に必要な実情の把握および関係機関との連絡調整を行うこと等が事業として追加された。

⊕32-139
⊕32-140
⊕34-139
⊕36-138

233 2022（令和4）年の児童福祉法の改正に伴い母子保健法も改正され、2024（令和6）年より、母子健康包括支援センターは、児童福祉法に基づ

くこども家庭センターに統合され、母子健康包括支援センターの事業は「こども家庭センターの母子保健事業」として引き継がれることとなった。

⊕ 35-137
⊕ 35-139

234 2019（令和元）年12月に母子保健法が改正され、市町村は、心身の状態に応じた保健指導、療養に伴う世話または育児に関する指導、相談その他の援助を必要とする出産後1年を経過しない女子および乳児につき、次に掲げる産後ケア事業（**図表19参照**）を行うよう努めなければならないこととなった（2021（令和3）年4月1日から施行）。

図表19 産後ケア事業

> ① 病院、診療所、助産所などで、産後ケアを行うもの（産後ケアセンター）に産後ケアを必要とする出産後1年を経過しない女子および乳児を短期間入所させ、産後ケアを行う事業
> ② 産後ケアセンターなどに産後ケアを必要とする出産後1年を経過しない女子および乳児を通わせ、産後ケアを行う事業
> ③ 産後ケアを必要とする出産後1年を経過しない女子および乳児の居宅を訪問し、産後ケアを行う事業

235 健やか親子21は、21世紀の母子保健の主要な取組みを提示するビジョンであり、関係者、関係機関・団体が一体となって推進する国民運動計画である。2001（平成13）年から2014（平成26）年までを実施期間とした。そして2015（平成27）年4月からの10か年計画として健やか親子21（第2次）が実施されることとなった。

236 1977（昭和52）年から始まった1歳6か月児健康診査（満1歳6か月を超え満2歳に達しない幼児）および3歳児健康診査（満3歳を超え満4歳に達しない幼児）は、市町村が実施主体で、保健センター、母子健康包括支援センター、公民館などで行われている。結果は母子健康手帳に記載される。異常が疑われた場合は、精密健康診査が公費で行われる。

237 先天性代謝異常等検査は、フェニルケトン尿症等の先天性代謝異常、先天性副腎過形成症および先天性甲状腺機能低下症に関して行われている。これらを放置すると知的障害などの症状をきたすので、新生児マススクリーニング検査（タンデムマス法）を行い、異常を早期に発見し、その後の治療・生活指導等につなげることにより、知的障害等の心身障害を予防することを目的とする。これらの疾患が発見されれば、20歳になるまで小児慢性特定疾病医療費で医療援護が行われる。

238 市町村長は未熟児について、養育上必要があると認めるときは、医師、保健師等の職員に訪問指導を行わせることができる。

239 母子保健法第20条に基づく未熟児養育医療は、出生時体重2000g以

下、あるいはその他の症状があり、医師が入院養育の必要を認めたものに対し、指定された養育医療機関での医療の給付またはその費用の公費負担をする。保健師等による訪問指導が行われている。

240 1992（平成4）年から**母子健康手帳**は、保健所から市町村に交付事務が移された。この手帳には妊娠・出産・育児に関する注意事項が記載されており、妊娠中から児童が6歳になるまでの健康状態を記録する。

241 2018（平成30）年12月に、**成育過程にある者及びその保護者並びに妊産婦に対し必要な成育医療等を切れ目なく提供するための施策の総合的な推進に関する法律（成育基本法）**が公布された（2019（令和元）年12月1日施行）。これは、成育過程にある者等に対し必要な成育医療等を切れ目なく提供するための施策を総合的に推進するため、成育医療等の提供に関する施策に関し、基本理念、国、地方公共団体等の責務等、基本方針の策定について定め、成育医療等の提供に関する施策を規定したものである。

242 成育基本法において**成育過程**とは、出生に始まり、新生児期、乳幼児期、学童期および思春期の各段階を経て、大人になるまでの一連の成長の過程をいう。**成育医療等**とは、妊娠、出産および育児に関する問題、成育過程の各段階において生ずる心身の健康に関する問題等を包括的にとらえて適切に対応する医療および保健ならびにこれらに密接に関連する教育、福祉等にかかるサービス等をいう。

　　☞ 成育基本法により、政府は、成育医療等の提供に関する施策の総合的な推進に関する基本的な方針（成育医療等基本方針）を定めなければならない。

子ども・子育て支援法

◎子ども・子育て支援法の概要

243 2012（平成24）年8月、幼児期の学校教育・保育、地域の子ども・子育て支援を総合的に推進するため、**子ども・子育て関連3法**が公布された。一部を除いて2015（平成27）年4月から施行された。

　　☞ 3法とは、「子ども・子育て支援法」「認定こども園法の改正法」「関係法律の整備法」である。

244 2012（平成24）年に制定された「子ども・子育て関連3法」に基づく制度として、市町村が実施主体となる**子ども・子育て支援制度**が、2015（平成27）年4月から始まった。 🔁33-140

245 2016（平成28）年3月に子ども・子育て支援法が改正され、**仕事・子育て両立支援事業**が創設された。事業所内保育業務を目的とする施設等の設置者に対し助成および援助が行われる。

246 2019（令和元）年5月の子ども・子育て支援法の改正で、**子育ての
ための施設等利用給付**が創設された。対象施設等を利用した際に要する費用
の支給をするもので、市町村は、子どものための教育・保育給付の対象外で
ある幼稚園、特別支援学校の幼稚部、認可外保育施設、預かり保育事業、一
時預かり事業、病児保育事業、子育て援助活動支援事業であって、市町村の
認定を受けたものに支給する。

247 子育てのための施設等利用給付の支給要件は、3歳から5歳まで（小
学校就学前まで）の子どもまたは0歳から2歳までの住民税非課税世帯の子
どもで保育の必要性がある子どもであって市町村の認定を受けたものであ
る。

⊕ 33-140

248 子ども・子育て支援制度では、市町村が実施主体となり、地域のニー
ズに基づき5年間を計画期間とする市町村子ども・子育て支援事業計画を策
定し、給付・事業を実施することとなった。都道府県・国は、制度面、財政
面などで市町村を重層的に支える。

249 子ども・子育て支援制度では、市町村・都道府県では合議制の機関の
設置を努力義務としている。

◎子どものための教育・保育給付

250 子ども・子育て支援制度では、子どものための教育・保育給付として、
小学校就学前の子どもの保護者に対し、認定こども園、幼稚園、保育所を通
じた共通の給付である**施設型給付**、小規模保育等への給付である**地域型保育
給付**が創設された（**図表20参照**）。

図表20 施設型給付費等の支給を受ける子どもの認定区分

認定区分	給付の内容	利用定員を設定し、給付を受けることとなる施設・事業
満3歳以上の小学校就学前の子どもであって、2号認定子ども以外のもの（1号認定子ども） （子ども・子育て支援法第19条第1項第1号）	教育標準時間	幼稚園 認定こども園
満3歳以上の小学校就学前の子どもであって、保護者の労働または疾病その他の内閣府令で定める事由により家庭において必要な保育を受けることが困難であるもの（2号認定子ども） （同第19条第1項第2号）	保育短時間 保育標準時間	保育所 認定こども園
満3歳未満の小学校就学前の子どもであって、保護者の労働または疾病その他の内閣府令で定める事由により家庭において必要な保育を受けることが困難であるもの（3号認定子ども） （同第19条第1項第3号）	保育短時間 保育標準時間	保育所 認定こども園 小規模保育等

資料：厚生労働省資料を一部改変

◎保育所

251 保育所は、第二種社会福祉事業の児童福祉施設として、児童自身の福祉を図ることを目的とし、法定資格を有する**保育士**が配置されている。

252 2012（平成24）年の児童福祉法改正により、保育を必要とする場合、保育を必要とする子どものすべての施設・事業の利用について、**市町村**が利用の調整を行う。また、認定こども園、公立保育所、地域型保育は、**市町村**の調整のもとで施設・事業者と利用者の間の契約とし、私立保育所は**市町村**と利用者の間の契約とし、保育料の徴収は市町村が行うこととなった（図表21参照）。

図表21 保育を必要とする場合の利用手順

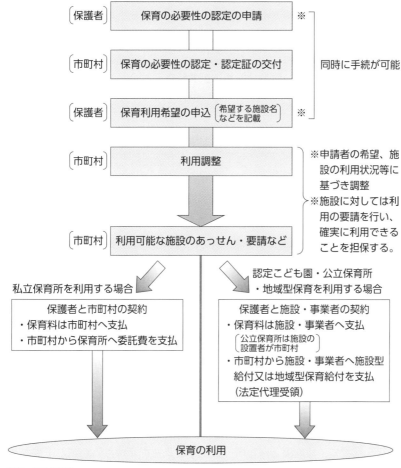

資料：厚生労働省

253 保育所は、保護者の労働または疾病などの事由により、保育を**必要と**する乳児、幼児または児童を保育する。

    🖘 保育を必要とする場合とは、フルタイムのほかパートタイムなどすべての就労、求職活動、就学、虐待やDVのおそれがあることなど、従来の「保育に欠ける事由」より拡大された。

254 保育時間は、1日につき8時間を原則とするが、フルタイムの就労を想定した保育標準時間、パートタイムの就労を想定した保育短時間の2区分が設定され、就労実態等に応じて利用することが可能な最大限の枠として保育必要量が設定されている。

255 市町村は、保育を必要とする乳児・幼児に対し、必要な保育を確保するために必要があると認めるときは、当該市町村における保育所および幼保連携型認定こども園の整備に関する市町村整備計画を作成することができる。

256 市町村長は、保育の実施に対する需要の状況等に照らし適当であると認めるときは、公私連携型保育所の運営を継続的かつ安定的に行うことができる能力を有するものであると認められるもの（法人に限る）を、その申請により、公私連携保育法人として指定することができる。

257 認可保育所の設置者は、地方公共団体、社会福祉法人、宗教法人、学校法人、NPO、その他の法人、企業、個人である。

258 保育所には、保育士、嘱託医および調理員をおき、保育士は、乳児おおむね3人につき1人以上、満1歳以上満3歳に満たない幼児おおむね6人につき1人以上、満3歳以上は15人につき、満4歳以上は25人につき、それぞれ1人以上配置される。保育所1か所につき2人を下回ることはできない。

📝 保育士の配置基準について、2024（令和6）年度より、3歳以上は20対1から15対1へ、4歳以上は30対1から25対1へと改善された。

259 子ども・子育て支援制度では、**幼稚園**は、3歳〜小学校就学前を対象とし、小学校以降の教育の基礎をつくるための幼児期の教育を行う学校と位置づけられる。また保育所は、0歳〜小学校就学前を対象とし、就労などのため家庭で保育のできない保護者に代わって保育する施設と位置づけられる。

260 子ども・子育て支援制度では、**認定こども園**は、教育と保育を一体的に行う施設で、幼稚園と保育所の機能や特長を併せ持ち、地域の子育て支援も行う。0歳〜小学校就学前を対象とし、認可手続きの簡素化などにより新たな設置、幼稚園・保育所からの移行をしやすくすることとされた。

261 子ども・子育て支援制度では、新たに**地域型保育**が新設された。施設より少人数（原則20人以下）の単位で、主に0〜2歳の子どもを預かる事業である。市町村の認可事業で待機児童の多い都市部、子どもが減っている地方の双方で身近な保育の場と位置づけられる。

📖 家庭的保育（定員5人以下）、小規模保育（定員6～19人）、事業所内保育（会社の事業所の保育施設など）、居宅訪問型保育（1対1を基本とし、障害・疾患などで個別のケアが必要な場合や施設がなくなった地域が対象）の4つのタイプがある。

262 認可外保育施設とは、2001（平成13）年の児童福祉法改正によって保育所と同様の業務を目的とする施設（1日に保育する乳幼児数が5人以下の小規模施設、事業所内保育施設、事業者が顧客のために設置する施設、親族間の預かり合い、幼稚園併設施設、公立施設を除く）として新たに規定された施設であって、都道府県知事等から認可を受けていないものをいう。

263 子育てに対する親の意識や期待が多様化し、ベビーシッターなどの個別的保育サービスなどの企業化が生じ、1991（平成3）年には社団法人全国ベビーシッター協会（現・公益社団法人全国保育サービス協会）が結成された。

264 2020（令和2）年に策定された新子育て安心プランでは、2021（令和3）年度から2024（令和6）年度末までの4年間で約14万人分の保育の受け皿を整備し、女性の就業率の上昇に対応、保育士の確保、地域の特性に応じた支援や子育て資源の活用を推進するとしている。

◎地域子ども・子育て支援事業
265 子ども・子育て支援制度では、地域の子育て支援の充実を図るため地域子ども・子育て支援事業が創設された（**図表22参照**）。

🔄36-138

児童手当法

◎児童手当法の概要、最近の動向
266 1971（昭和46）年に成立した児童手当法は、何度かの制度改正を経て、2006（平成18）年の改正で、支給対象は小学校修了前まで延長された。2010（平成22）年から、児童手当に代わり子ども手当が実施され、支給対象は中学校修了前まで（15歳に到達後の最初の年度末まで）に拡大された。そして、2012（平成24）年の「児童手当法の一部を改正する法律」によって実質的に「児童手当」制度の復活となった。

📖 支給に要する費用の一部には、事業主からの拠出金が充てられている。

🔄35-140

✋ **受験対策アドバイス**
◆児童手当の支給対象、支給額手続きなど細かな点も出題されています。改正されたところも押さえておきましょう。

267 児童手当の支給には、①日本国内に住んでいる場合に支給、②児童と同居、監護、生計を同じくする者に優先的に支給、③未成年後見人がいる場合にはその者に支給、④施設入所等の場合は施設の設置者や里親などに支給、⑤受給者が申請をして市区町村の認定を受けて支給などのルールがある（**図表23参照**）。

🔄33-139
🔄35-140

✏ 児童扶養手当を受給していても児童手当は支給される。

✏ 2024（令和6）年10月から、児童手当について、①支給対象を高校生までに拡大、②所得制限の撤廃、③第3子以降の支給額を月額3万円に引き上げなどが予定されている。

図表22 地域子ども・子育て支援事業の概要について

利用者支援事業	子どもやその保護者に、地域の施設や子育て支援事業等の情報提供を行い、必要に応じ相談・助言、関係機関との連絡調整等を実施する
地域子育て支援拠点事業	乳幼児やその保護者が相互の交流を行う場所を開設し、子育てについての相談、情報の提供、助言その他の援助を行う
妊婦健康診査	妊婦の健康の保持・増進を図るため、健康診査として、①健康状態の把握、②検査計測、③保健指導を実施し、妊娠期間中の適時に必要に応じた医学的検査を実施する
乳児家庭全戸訪問事業	生後4か月までの乳児のいるすべての家庭を保健師や助産師などが訪問し、子育て支援に関する情報提供や養育環境等の把握を行う
養育支援訪問事業 子どもを守る地域ネットワーク機能強化事業	養育支援が特に必要な家庭に対して、その居宅を訪問し、養育に関する指導・助言等を行うことにより、適切な養育の実施を確保する 要保護児童対策地域協議会等による要保護児童等に対する支援の機能を強化する
子育て短期支援事業	保護者の疾病等の理由により家庭において養育を受けることが一時的に困難となった児童について、児童養護施設等に入所させ、または里親等に委託し必要な保護を行う（短期入所生活援助事業（ショートステイ）および夜間養護等事業（トワイライトステイ））
子育て援助活動支援事業（ファミリー・サポート・センター事業）	乳幼児や小学生等の児童を有する子育て中の保護者を会員として、児童の預かり等の援助を受けることを希望する者と援助を行うことを希望する者との相互援助活動に関する連絡、調整を行う
一時預かり事業	家庭において保育を受けることが一時的に困難となった乳幼児について、主として昼間に、認定こども園、幼稚園、保育所、地域子育て支援拠点等において、一時的に預かり、必要な保護を行う
延長保育事業	保育認定を受けた子どもについて、通常の利用日・利用時間以外の日・時間において、認定こども園、保育所等において保育を実施する
病児保育事業	病児について、病院・保育所等に付設された専用スペース等において、看護師等が一時的に保育等をする
放課後児童健全育成事業（放課後児童クラブ）	保護者が労働等により昼間家庭にいない小学校に就学している児童に対し、授業の終了後に小学校の余裕教室、児童館等を利用して適切な遊びや生活の場を与えて、その健全な育成を図る
実費徴収にかかる補足給付を行う事業	保護者の世帯所得の状況等を勘案して、施設等に対して保護者が支払うべき日用品、文房具その他の必要な物品の購入に要する費用や行事への参加に要する費用等を助成する
多様な主体が本制度に参入することを促進するための事業	民間事業者の参入の促進に関する調査研究その他多様な事業者の能力を活用した特定教育・保育施設等の設置または運営を促進するための事業

資料：厚生労働省資料を改変

図表23 児童手当の支給額

①所得制限限度額未満である者	
3歳未満	月額1万5000円
3歳以上小学校修了前（第1子・第2子）	月額1万円
3歳以上小学校修了前（第3子以降）	月額1万5000円
中学生	月額1万円
②所得制限限度額以上である者 　当分の間の特例給付（附則に規定。2022（令和4）年10月支給分より所得が一定額以上は対象外）	月額5000円

⊕35-140

⊕35-140

※ 所得制限限度額は、年収960万円（夫婦・児童2人世帯）を基準に設定（政令で規定）し、2012（平成24）年6月分から適用。

児童扶養手当法

◎児童扶養手当法の概要、最近の動向

268 1961（昭和36）年11月に、児童扶養手当法が制定された。同法は、父母の離婚などで、父または母と生計を同じくしていない児童（18歳に達する日以後の最初の3月31日までにある者。障害のある場合は20歳未満の者）が育成される家庭（ひとり親家庭）の、生活の安定と自立の促進に寄与し、児童の福祉の増進を図ることを目的に手当を支給する制度である。

⊕36-139

269 児童扶養手当は、図表24のいずれかに該当する場合に手当が支給される。また、父または母がいない、もしくは監護をしない場合などに、その児童を養育する（その児童と同居して、これを監護し、かつ、その生計を維持することをいう）養育者に対して支給される。

⊕36-139

図表24 児童扶養手当の支給要件

母がその児童を監護している場合（母に手当支給）	父がその児童を監護し、かつ、生計を同じくしている場合（父に手当支給）
①父母が婚姻を解消した児童 ②父が死亡した児童 ③父が一定程度の障害の状態にある児童 ④父の生死が明らかでない児童 ⑤その他①から④に準ずる状態にある児童で政令で定めるもの（父が1年以上遺棄している児童、父が1年以上拘禁されている児童、父が裁判所からのDV保護命令を受けた児童など）	①父母が婚姻を解消した児童 ②母が死亡した児童 ③母が一定程度の障害の状態にある児童 ④母の生死が明らかでない児童 ⑤その他①から④に準ずる状態にある児童で政令で定めるもの（母が1年以上遺棄している児童、母が1年以上拘禁されている児童、母が裁判所からのDV保護命令を受けた児童など）

270 児童扶養手当の支払回数は、年6回（1月、3月、5月、7月、9月、11月）であり、前年度の所得に基づいて支給額が算定される。

271 2010（平成22）年5月の児童扶養手当法の改正において、同年8月から、父子家庭の父にも児童扶養手当が支給されることとなった。

272 2014（平成26）年4月の児童扶養手当法の改正により、これまで児童扶養手当の支給対象外とされていた公的年金等の受給者等について、同年12月より、公的年金等の額が児童扶養手当の額より低い場合、差額について支給されることとなった。

273 2016（平成28）年5月の児童扶養手当法の改正により、児童が2人以上のひとり親家庭の経済的負担を軽減することを目的に、第2子にかかる加算額および第3子以降にかかる加算額が増額された。

274 2020（令和2）年の児童扶養手当法改正で、児童扶養手当の額が障害年金等の額を上回る場合、これまで児童扶養手当を受給できなかったが、2021（令和3）年3月分から子の加算部分との差額を児童扶養手当として受給できるようになった（子の加算部分と同額分は支給停止）。

特別児童扶養手当等の支給に関する法律（特別児童扶養手当法）

◎特別児童扶養手当法の概要

275 1964（昭和39）年に、特別児童扶養手当等の支給に関する法律（特別児童扶養手当法）が制定された。

276 特別児童扶養手当は、20歳未満の障害児を監護する父母または養育者に支給され、特別障害者手当は、20歳以上で在宅であって、著しく重度の障害にあるため日常生活に常時特別の介護を要する者に支給される。障害等級が1級に該当する場合は支給額が高く設定される。

277 障害児福祉手当は、障害児のうち、さらに重度の障害の状態にあるため、日常生活において常時の介護を必要とする在宅の20歳未満の重度障害児に支給される。なお、施設入所している場合は支給されない。

次世代育成支援対策推進法

◎次世代育成支援対策推進法の概要

278 1999（平成11）年12月の「少子化対策推進関係閣僚会議」（「閣僚会議」）において、少子化対策推進基本方針が決定された。これは、政府が中長期的に進めるべき総合的な少子化対策の指針として策定されたもので、仕事と子育ての両立の負担感や子育ての負担感を緩和・除去し、安心して子育てができるようなさまざまな環境整備を進めることにより、21世紀の日

本を家庭や子育てに夢や希望をもつことができる社会にしようとすることを基本的な考え方としている。

279 2003（平成15）年7月に、次世代育成支援対策推進法が成立した。次世代育成支援対策推進法の特徴は、図表25のとおりである。

図表25 次世代育成支援対策推進法の特徴

①基本理念
父母その他保護者が子育ての第一義的責任を有すると同時に、子育てに伴う喜びが実感されるよう配慮されること。
②国および地方公共団体の責務
国は「行動計画策定指針」を定める。都道府県および市町村はその「指針」に基づく行動計画を策定すること。また、相互に連携を図りながら、次世代育成支援対策の推進に努める。
③事業主の責務
⑦一般事業主（常時雇用労働者101人以上）行動計画の策定義務。また、行動計画を公表および労働者に周知しなければならなくなった（なお、常時雇用労働者100人以下の一般事業主の場合は「努力義務」としている）。 ⑦特定事業主（国および地方公共団体の機関等政令で定めるもの）の行動計画の策定。また、特定事業主行動計画の職員への周知や少なくとも年1回実施状況を公表しなければならなくなった。
④行動計画の内容
市町村および都道府県は、行動計画策定指針に即して、5年ごとに、地域における子育ての支援、母性並びに乳児および幼児の健康の確保および増進、子どもの心身の健やかな成長に資する教育環境の整備、子どもを育成する家庭に適した良質な住宅および良好な居住環境の確保、職業生活と家庭生活との両立の推進その他の次世代育成支援対策の実施に関する行動計画を策定することができる。また、定期的に実施状況に関する評価を行うことなどの見直しが行われた。
⑤次世代育成支援対策推進センターの設置
⑥次世代育成支援対策地域協議会を組織

③の横に ⊕ 33-140

④の横に ⊕ 33-140

280 2014（平成26）年4月、次世代育成支援対策推進法が改正された。同法の有効期限が10年延長され、また、2015（平成27）年4月より、次世代育成支援対策の実施状況が優良な事業主に、厚生労働大臣による新たな認定（特例認定）制度が創設されることとなった。認定を受けた場合、一般事業主行動計画の策定・届出義務に代えて、次世代育成支援対策の実施状況の公表が義務づけられる。

少子化社会対策基本法

◎少子化社会対策基本法の概要

281 2003（平成15）年7月、**少子化社会対策基本法**が制定された。同法は、急速に少子化が進展し、21世紀の国民生活に深刻かつ多大な影響を及ぼすものであることにかんがみ、このような事態に対し、長期的な視点に立って的確に対処するため、①少子化社会において講ぜられる施策の基本理念、②国および地方公共団体の責務、③少子化に対処するために講ずべき施策の基本となる事項その他の事項を定めた**（図表26参照）**。

図表26 少子化対策の主な流れ

1994（平成6）年	「今後の子育て支援のための施策の基本的方向について」（エンゼルプラン）の策定
1999（平成11）年	「少子化対策推進基本方針」「新エンゼルプラン」の策定
2002（平成14）年	「少子化対策プラスワン」提言
2003（平成15）年	「少子化社会対策基本法」「次世代育成支援対策推進法」の成立
2004（平成16）年	「少子化社会対策大綱」「子ども・子育て応援プラン」の策定
2006（平成18）年	「新しい少子化対策について」（少子化社会対策会議決定）
2007（平成19）年	「子どもと家族を応援する日本」重点戦略検討会議発足および重点戦略を決定
2010（平成22）年	「子ども・子育てビジョン」閣議決定
2015（平成27）年	「少子化社会対策大綱～結婚、妊娠、子供・子育てに温かい社会の実現をめざして～」閣議決定
2020（令和2）年	「少子化社会対策大綱～新しい令和の時代にふさわしい少子化対策へ～」閣議決定

282 少子化社会対策基本法に基づき、2004（平成16）年6月に**少子化社会対策大綱**が策定された。2010（平成22）年1月には「**大綱**」として「**子ども・子育てビジョン**」が、2015（平成27）年には「**少子化社会対策大綱～結婚、妊娠、子供・子育てに温かい社会の実現をめざして～**」が閣議決定された。

283 2020（令和2）年に新たに**少子化社会対策大綱**が策定され、①結婚・子育て世代が将来にわたる展望を描ける環境をつくる、②多様化する子育て家庭の様々なニーズに応える、③地域の実情に応じたきめ細かな取組みを進める、④結婚、妊娠・出産、子供・子育てに温かい社会をつくる、⑤科学技術の成果など新たなリソースを積極的に活用するなどが盛りこまれた。

困難な問題を抱える女性への支援に関する法律

◎困難な問題を抱える女性への支援に関する法律の概要

284 婦人保護事業を売春防止法から切り離し、困難な問題を抱える女性への支援に関する法律（困難女性支援法）が、2022（令和4）年に議員立法により制定された（2024（令和6）年4月施行）。

285 困難女性支援法は、「女性が日常生活又は社会生活を営むに当たり女性であることにより様々な困難な問題に直面することが多いことに鑑み、困難な問題を抱える女性の福祉の増進を図るため、困難な問題を抱える女性への支援に関する必要な事項を定めることにより、困難な問題を抱える女性への支援のための施策を推進し、もって人権が尊重され、及び女性が安心して、かつ、自立して暮らせる社会の実現に寄与すること」を目的とする。

286 困難女性支援法では、困難な問題を抱える女性を、「性的な被害、家庭の状況、地域社会との関係性その他の様々な事情により日常生活又は社会生活を円滑に営む上で困難な問題を抱える女性（そのおそれのある女性を含む。）」と定義している。

◎女性相談支援センター、女性自立支援施設、女性相談支援員の概要

287 女性相談支援センターは、「婦人相談所」を名称変更した機関である。困難女性支援法に規定され、困難な問題を抱える女性への支援に関し、主として次に掲げる業務を行う。①対象女性の立場に立った相談、②緊急時における安全の確保および一時保護、③医学的・心理学的な援助、④自立して生活するための関連制度の利用に関する情報提供等、⑤居住して保護を受けることができる施設の利用に関する情報提供等を行う。

288 女性自立支援施設は、「婦人保護施設」を名称変更した施設である。困難女性支援法に規定され、困難な問題を抱える女性を入所させて、保護を行うとともに、心身の健康の回復を図るための医学的・心理学的な援助を行い、自立の促進のためにその生活を支援し、また、退所した者について相談その他の援助を行う（同伴児童の学習・生活も支援する）。

289 女性相談支援員は、「婦人相談員」を名称変更した専門職である。困難女性支援法に規定され、困難な問題を抱える女性について、その発見に努め、その立場に立って相談に応じ、専門的な技術に基づいて必要な援助を行う。

就学前の子どもに関する教育、保育等の総合的な提供の推進に関する法律

◎就学前の子どもに関する教育、保育等の総合的な提供の推進に関する法律の概要

290 2006（平成18）年6月に、就学前の子どもに関する教育、保育等の総合的な提供の推進に関する法律（認定こども園法）が制定された。これにより、就学前の教育、保育ニーズに対応し、幼稚園と保育所の両機能を併せもった認定こども園制度が創設された。

291 認定こども園は、認定こども園法による就学前児童に対する教育・保育サービスで都道府県知事または指定都市・中核市の長が認定する。

292 認定こども園とは、教育・保育を一体的に行う施設で、いわば幼稚園と保育所の両方の良さを併せもっている施設であり、保護者が働いている・いないにかかわらず利用可能な施設である。認定こども園は、地域の実情に応じて、図表27の4類型が定められている。

図表27 認定こども園法の改正について

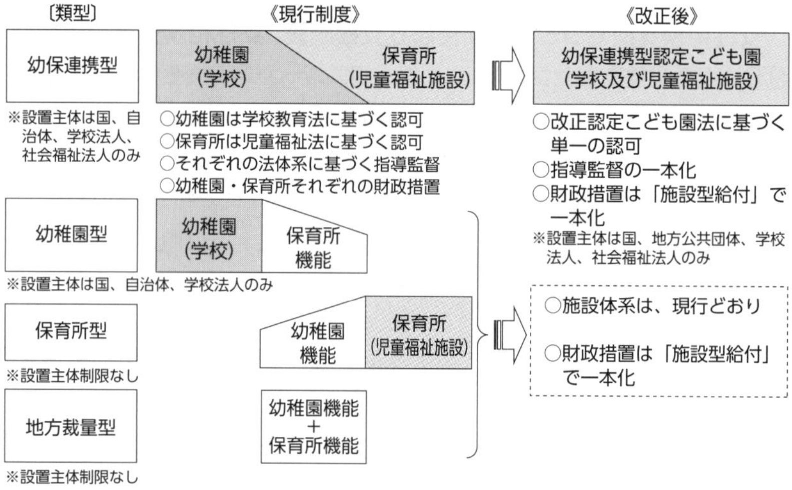

資料：厚生労働省資料を一部改変

293 子ども・子育て支援制度の実施に伴い、幼保連携型認定こども園について、認可・指導の一本化、学校および児童福祉施設、第二種社会福祉事業を行う施設としての法的位置づけ、財政措置の施設型給付への一本化が行われた。

294 こども家庭庁「保育所等関連状況取りまとめ（2023（令和5）年4月1日）」によると、2023（令和5）年4月時点で、保育所の利用児童数は約191万8042人であり、幼保連携型認定こども園の利用児童数、約63万7893人を上回っている。

295 幼保連携型認定こども園の設置者は、国、地方公共団体、学校法人、社会福祉法人とされ、国、地方公共団体以外の者は都道府県知事により認可を受ける。施設に設置される保育教諭は、幼稚園教諭と保育士の両方の資格が必要とされる。

子どもの貧困対策の推進に関する法律

◎子どもの貧困対策の推進に関する法律の概要

296 2013（平成25）年に、子どもの貧困対策の推進に関する法律が制定され、2019（令和元）年6月の改正により目的と基本理念の充実が図られた。貧困の状況にあるすべての子どもが健やかに育成される環境を整備するとともに、教育の機会均等が保障され子ども一人ひとりが夢や希望をもつことができるよう、子どもの貧困解消に向けて児童の権利に関する条約の精神にのっとり、対策を総合的に推進することを目的とする。

⊕33-141

　　☞ 子どもの「将来」だけでなく、「現在」に向けた対策、貧困解消に向けて、児童の権利条約の精神がもち込まれた。また、市町村は貧困対策計画の策定の努力義務が課された。

子ども・若者育成支援推進法

◎子ども・若者育成支援推進法の概要

297 子ども・若者をめぐる環境の悪化や抱える問題の複雑化に対し、従来の縦割り的な対応では限界が生じていることを背景に、2009（平成21）年に、子ども・若者育成支援推進法が制定された。

298 子ども・若者育成支援推進法には、基本理念として、修学・就業のいずれもしていない困難を抱える子ども・若者の問題に対する支援について明記された。

　　☞ 国および地方公共団体は、基本理念にのっとり、施策を策定し、実施する責務があるとされている。

299 子ども・若者育成支援推進法に基づき、「子ども・若者育成支援推進大綱」が策定されている。今後は、「こども大綱」に一本化される予定である。

いじめ防止対策推進法

◎いじめ防止対策推進法の概要

300 いじめ防止対策推進法は、2013（平成25）年に制定された。いじめの定義や、いじめ防止基本方針の策定、基本的施策、重大事態への対処等が規定されている。

5　児童・家庭に対する支援における関係機関と専門職の役割

児童や家庭に対する支援における公私の役割関係

受験対策アドバイス

関係機関や専門職は児童の科目だけでなく、他の科目でも問われています。混乱しないようにまとめておきましょう。

301　1964（昭和39）年から、福祉事務所に家庭児童相談室を設置し、家庭における適正な児童養育などのために家庭児童福祉の業務に従事する社会福祉主事と家庭相談員が配置されている。また、1989（平成元）年からは都道府県中央児童相談所に、子ども・家庭110番が整備されている。

302　保健所は、療育医療の給付、養育医療の給付に伴う事務、身体に障害のある児童に対する療育指導などを行っている。1997（平成9）年4月からは、療育の対象に、疾病によって長期にわたり療養を必要とする児童が加えられた。

国、都道府県、市町村の役割

◎国の役割

303　2001（平成13）年の省庁再編で、中央児童福祉審議会は、社会保障審議会に統合された。

304　国は、政令の定めるところにより、児童福祉施設（助産施設、母子生活支援施設および保育所を除く）を設置するものとされている。

◎都道府県の役割

305　都道府県・指定都市には、児童福祉審議会（または、地方社会福祉審議会児童福祉専門分科会）を設置しなければならないが、市町村は任意設置である。

306　児童福祉審議会は、児童、妊産婦および知的障害者の福祉に関する事項を調査・審議し、それぞれが属する行政機関の諮問に答え、意見を述べることができる。

307　2004（平成16）年の児童福祉法の改正によって、同法第11条は都道府県の業務の規定に改められ、市町村に対する必要な援助を行うことなどが規定された。

308　都道府県が設置しなければならない児童福祉施設は、児童自立支援施

設であり、その他の施設は**条例**により設置される。

309 都道府県知事は、児童相談所の一時保護などの業務の質の評価を行うことなどにより、業務の質の向上に努めなければならない。

⊕34-142

310 2011（平成23）年5月、地域の自主性及び自立性を高めるための改革の推進を図るための関係法律の整備に関する法律が公布されたことに伴い、児童福祉法の改正も行われた。従来、児童福祉施設等の設備、運営に関する基準は、国が定める基準（厚生労働省令）にて決められていたが、今後は厚生労働省令で定める基準に従い、都道府県の**条例**で定めることとなった。また、一部の規定については厚生労働省令で定める基準を参考に、都道府県が基準を決めることができるようになった。

◎市町村の役割

311 2004（平成16）年の児童福祉法改正によって、同法第10条は、市町村の業務の規定に改められた。市町村は、児童および妊産婦の福祉に関し、必要な実情の把握、相談、調査、個別的または集団的に必要な指導などを行う。児童相談所のような専門的判定を必要としない比較的軽い事例が中心となる。

312 市町村は、都道府県知事にあらかじめ届けることで児童福祉施設を設置できる。なお、国、都道府県、市町村以外の者が施設を設置する場合は、都道府県知事の**認可**を要する。

児童相談所の役割

313 児童相談所は、児童に関する家庭その他からの相談のうち、専門的な知識および技術を必要とするものに応じ、児童およびその家庭につき必要な調査ならびに医学的、心理学的、教育学的、社会学的および精神保健上の判定を行い、それに基づいて必要な指導を行い、児童の一時保護および一時保護解除後の環境調整・状況把握等による安全の確保を行う。

⊕36-138

314 児童相談所は、所長、児童福祉司、相談員、児童心理司、医師、心理療法担当職員、児童指導員、保健師、保育士などの職員からなる。また、2019（令和元）年の児童福祉法の改正により、児童の健康等のため所員に医師および保健師が各1名含まれなければならないこととなった（2022（令和4）年4月施行）。

⊕32-142

**受験対策
アドバイス**

◆児童相談所に関する問題は、毎回問われています。現場で必要とされる知識でもあり、細かいと思われるところも暗記するとよいでしょう。

315 児童相談所の所長適格者は、医師であって精神保健に関して学識を有する者、大学において心理学等の学科を修めた者、社会福祉士、児童福祉司たる資格を得た後2年以上所員として勤務した者などがあげられる。2004

（平成16）年12月の法改正で、厚生労働大臣の定める基準に適合する研修を受けなければならなくなった。

⊕33-96（相基）

316 児童福祉司は、児童福祉法に規定され、養成校を卒業するか、講習会の課程修了者、大学で心理学・教育学・社会学を修めた者（内閣府令で定める施設において1年以上児童福祉に関する相談援助業務に従事したもの）、医師、社会福祉士、社会福祉主事として2年以上児童福祉に関する相談援助業務に従事した講習会修了者などから任用される。

317 児童相談所には、児童福祉司としておおむね5年以上勤務し指定の研修を受けた者で、ほかの児童福祉司が職務を行うため必要な専門的技術に関する指導および教育を行う児童福祉司（指導教育担当児童福祉司）を配置しなければならない。

318 児童心理司と相談員は、児童相談所の専門職員である。
- 児童心理司は、「心理に関する専門的な知識及び技術を必要とする指導をつかさどる所員」として、主に心理学的判定業務を担当する。資格は、精神保健の学識経験をもつ医師、大学で心理学を専修する学科またはそれに相当する課程を修めて卒業した者、またはこれに準ずる資格を有する者等と規定している。
- 相談員は、「相談及び調査をつかさどる所員」で、児童福祉司の資格を要する。

319 2007（平成19）年の少年法の改正に伴って、児童相談所は、家庭裁判所からの送致だけでなく、警察官からの送致も受け付け、援助活動を進めることとなった。

⊕32-142
⊕33-137

320 児童相談所は、都道府県と指定都市に設置義務がある。2006（平成18）年4月からは、児童相談所を設置する市として政令で定める市についても、児童相談所を設置できることとなった。2016（平成28）年の児童福祉法の改正で、政令で定める特別区は、児童相談所を設置するものとすることとなった。

321 2004（平成16）年の児童福祉法の改正により、住民に身近な市町村が、児童に関する家庭その他からの相談に応じることとなったことから、児童相談所の役割は、専門的な知識および技術を必要とする相談への対応や市町村相互間の連絡調整、市町村に対する情報の提供その他必要な援助などを行うこととなった。

◎児童相談所の業務

322 児童相談所に寄せられる相談の種類は、大きく分けると養護相談（児童虐待相談を含む）、障害相談、非行相談、育成相談、保健相談、その他の

相談に分類される。

323 2021（令和3）年度の対応総数は、57万1961件で、前年度より4万4689件増加している。総数の内訳は、養護相談が28万3001件（49.5％）と最も多く、次いで障害相談が20万3619件（35.6％）となっている（**図表28参照**）。

図表28 児童相談所の相談対応件数

年度＼種別	総数	養護相談	非行相談	障害相談	育成相談	保健相談	その他の相談
2016（平成28）年度	(100%) 457,472	(40.3%) 184,314	(3.1%) 14,398	(40.5%) 185,186	(10.0%) 45,830	(0.4%) 1,807	(5.7%) 25,937
2017（平成29）年度	(100%) 466,800	(41.9%) 195,786	(3.0%) 14,110	(39.6%) 185,032	(9.3%) 43,446	(0.4%) 1,842	(5.7%) 26,664
2018（平成30）年度	(100%) 504,856	(45.3%) 228,719	(2.6%) 13,333	(37.4%) 188,702	(8.6%) 43,594	(0.3%) 1,644	(5.7%) 28,864
2019（令和元）年度	(100%) 544,698	(49.2%) 267,955	(2.3%) 12,410	(34.8%) 189,714	(7.8%) 42,441	(0.3%) 1,435	(5.6%) 30,743
2020（令和2）年度	(100%) 527,272	(53.3%) 280,985	(2.0%) 10,615	(30.8%) 162,351	(7.4%) 38,908	(0.2%) 1,269	(6.3%) 33,144
2021（令和3）年度	(100%) 571,961	(49.5%) 283,001	(1.9%) 10,690	(35.6%) 203,619	(7.3%) 41,534	(0.3%) 1,441	(5.5%) 31,676

資料：厚生労働省「福祉行政報告例」

324 児童相談所が行う在宅指導は、専門的な助言指導、カウンセリング・心理療法・ソーシャルワーク等を継続する継続指導、ほかの機関へのあっせんといった措置によらない指導と、児童福祉司指導・児童委員指導・児童家庭支援センター指導等といった児童福祉法第26条、第27条に基づく措置による指導などがある。

325 児童の里親への委託、各児童福祉施設への入所措置は、都道府県・指定都市の権限であるが、児童相談所長に委任されている。また、児童相談所長が提出する都道府県知事への報告書には、児童の家庭環境ならびに措置についての児童および保護者の意向を記載しなくてはならない。

326 1997（平成9）年の児童福祉法の改正により、都道府県知事は、少年法の保護処分の決定を受けた児童につき、当該決定に従って児童自立支援施設に入所させる措置（保護者の下から通わせて行うものを除く）または児童養護施設に入所させる措置をとらなければならなくなった。

327 1998（平成10）年、2005（平成17）年に児童相談所運営指針が改

正された。その指針のなかで、児童相談所は、児童を施設に入所させる措置をとる際、児童の権利や施設生活の規則などについて、年齢に応じて児童の権利ノートやパンフレットを活用するなどして説明することや児童自身が児童相談所に相談できること、施設の苦情解決の仕組みについて説明しなければならないとされた。

328 2007（平成19）年の児童相談所運営指針の改正では、児童虐待の対応を迅速かつ的確に行うために、①虐待に関する情報については、すべて虐待通告として受理し、緊急受理会議の開催の徹底、②安全確認を行う時間ルールの設定（**48時間**以内が望ましい）、③市町村においても安全確認を行うこと、④すべての在宅虐待事例に関する定期的フォローなどを明記した。

329 都道府県・指定都市の委任を受けた児童相談所長は、**家庭裁判所**の審判に付することが適当であると認める児童を、**家庭裁判所**に送致する措置をとらなければならない。

⊕ 32-142
⊕ 35-142

330 児童相談所長は、非行や虐待により在宅の指導が困難なケースで、親権者または後見人が施設入所に反対している場合に、施設入所をさせる必要があるといったとき、家庭裁判所に送致したり、**親権喪失**の審判、未成年後見人の選任および解任を家庭裁判所に請求することができる。

⊕ 34-142
⊕ 35-142

331 2004（平成16）年の児童福祉法の改正により、都道府県は、保護者の児童虐待等の場合の措置に関して、保護者が同意しない場合であっても、**家庭裁判所**の承認を得て、2年を限度に児童福祉施設への入所措置をとることができることとなった。ただし、当該入所措置にかかる保護者に対する指導措置の効果等に照らし、当該入所措置を継続しなければ著しく児童の福祉を害するおそれがあると認めるときは、**家庭裁判所**の承認を得て、当該期間を更新することができる。

⊕ 34-142
⊕ 35-142

332 児童相談所長は、棄児（捨て子）・家出や虐待児童等の緊急保護、処遇決定のための行動観察、短期の集中的な心理療法・生活指導等を行う短期入所指導を目的として児童の**一時保護**を行う必要がある場合、保護者や児童の同意がなくても、児童相談所付設の一時保護所において**一時保護**し、または里親など適当な者に委託して**一時保護**を行うことができる。

333 2022（令和4）年の児童福祉法改正で、児童相談所が一時保護を開始する際に、親権者等が同意した場合を除き、事前または保護開始から7日以内に地方裁判所、家庭裁判所、簡易裁判所の裁判官に**一時保護状**の請求をしなければならなくなった（2025（令和7）年6月施行）。

334 2011（平成23）年6月の児童福祉法の改正により、児童相談所長は、

一時保護を加えた児童で親権者または未成年後見人がないものに対し親権者
または未成年後見人があるに至るまでの間、親権を行うことになった。

335　児童相談所長は、一時保護が行われた児童で親権者または未成年後見
人があるものについても、監護・教育に関し、その児童の福祉のために必要
な措置をとることができる（この場合、児童の人格を尊重し、年齢や発達の
程度に配慮し、体罰等の有害な影響を及ぼす言動をしてはならない）。また、
児童の安全を確保するため緊急の必要があるときは親権者または未成年後見
人の意に反して必要な措置をとることができる。

336　児童相談所長は、児童の親権者にかかる**親権喪失**、**親権停止**もしくは
管理権喪失の審判の請求を行うことができる。

⊕ 32-142
⊕ 35-142

337　児童相談所長は、親権を行う者のない児童について、その福祉のため
必要があるときは、**未成年後見人**の選任の請求をしなければならない。

338　児童相談所長は、小規模住居型児童養育事業者または里親に委託中の
児童で親権者または未成年後見人のないものに対し、親権者または未成年後
見人があるに至るまでの間、**親権**を行う。

339　2019（令和元）年の児童福祉法改正で、都道府県（児童相談所）は、
児童の権利保護の観点から、**一時保護の解除後**の家庭等の環境の調整等によ
り、児童の**安全確保**をすることが義務づけられた。

⊕ 33-137

340　児童相談所長は、保護者または警察官が家庭裁判所に送致通告するよ
りも**児童福祉法の措置**に委ねたほうが適当であると認めた少年、家庭裁判所
が児童福祉法の措置を相当と認めた少年についての援助を行う（**少年法第6条
第2項・第18条**）。

341　2022（令和4）年の児童福祉法改正で、児童相談所等は入所措置や
一時保護等の際に児童の**最善の利益**を考慮しつつ、児童の意見・意向を勘案
して措置を行うため、児童の**意見聴取等**の措置を講ずることとなった（2024
（令和6）年4月施行）。

その他の児童や家庭（女性、若者を含む）に対する 支援における組織・団体の役割

◎家庭裁判所
342　家庭裁判所は、保護者による**児童虐待**などの場合の措置に関して、保
護者が同意しない場合の承認の申立てが都道府県からあった場合は、期限を
定めて、当該申立てにかかる保護者に対する指導の措置に関し、**報告**および

意見を求めることができるものとしている（児童福祉法第28条第4項）。

343　保護者による児童虐待などの場合の措置の終了後、家庭その他の環境の調整を行うため、当該保護者に対し指導の措置をとることが相当であると認めるときは、当該保護者に対し指導の措置をとるべき旨を都道府県に勧告することができる（児童福祉法第28条第7項）。

344　家庭裁判所は、14歳未満の触法少年、虞犯少年については、都道府県知事または児童相談所長から送致を受けたときに限り、審判に付することができる（少年法第3条第2項）。審判に付された少年および保護者は、付添人を選任できる。

◎女性相談支援センター、配偶者暴力相談支援センター、女性自立支援施設

345　配偶者暴力相談支援センターは、配偶者からの暴力の防止及び被害者の保護等に関する法律（DV防止法）により、都道府県が設置義務を負っている（市町村は努力義務）。

　　🖝 都道府県は、一時保護施設を有する女性相談支援センター（困難な問題を抱える女性への支援に関する法律第9条に規定）やその他の適切な施設を指定することで、配偶者暴力相談支援センターの機能を果たすこととされている。

346　DV防止法には、女性自立支援施設において被害者の保護を行うことができると明記されている。DV被害者からの相談およびカウンセリング、被害者の保護のほか、自立支援や保護命令制度の利用、保護施設に関する情報提供も行う。

347　女性自立支援施設における在所者の入所理由は、2022（令和4）年度では、「夫等からの暴力」を理由とする入所者が全体の38.3％で最大となっている（厚生労働省「困難な問題を抱える女性の支援について」）。

◎こども家庭センター

348　2022（令和4）年の児童福祉法の改正により、児童福祉法に基づく市区町村子ども家庭総合支援拠点と母子保健法に基づく母子健康包括支援センター（子育て世代包括支援センター）の設立の意義や機能は維持したうえで組織の見直しが行われた。市町村は、すべての妊産婦、子育て世帯、こどもへ一体的に相談支援を行う機能を有する機関（こども家庭センター）の設置に努めなければならないこととされた。

349　こども家庭センターの業務は、図表29のとおりである。

図表29 こども家庭センターの業務

①児童および妊産婦の福祉に関し、必要な実情の把握に努めること。
②児童および妊産婦の福祉に関し、必要な情報の提供を行うこと。
③児童および妊産婦の福祉に関し、家庭その他からの相談に応ずることならびに必要な調査および指導を行うこと並びにこれらに付随する業務を行うこと。
④児童および妊産婦の福祉に関し、心身の状況等に照らし包括的な支援を必要とすると認められる要支援児童等その他の者に対して、これらの者に対する支援の種類および内容その他の事項を記載した計画（サポートプラン）の作成その他の包括的かつ計画的な支援を行うこと。
⑤児童および妊産婦の福祉に関する機関との連絡調整を行うこと。
⑥児童および妊産婦の福祉ならびに児童の健全育成に資する支援を行う者の確保、当該支援を行う者が相互の有機的な連携の下で支援を円滑に行うための体制の整備その他の児童および妊産婦の福祉ならびに児童の健全育成にかかる支援を促進すること。
⑦その他、児童および妊産婦の福祉に関し、家庭その他につき、必要な支援を行うこと。

350 こども家庭センターは、できる限り妊産婦、こどもや保護者の意見や希望を確認または汲み取りつつ、関係機関のコーディネートを行い、地域のリソースや必要なサービスと有機的につないでいくソーシャルワークの中心的な役割を担う。

　　📖 保健師等が中心となって行う各種相談等（母子保健機能）を行うとともに、こども家庭支援員等が中心となって行うこども等に関する相談等（児童福祉機能）を一体的に行う。

351 こども家庭センターには、センター長を1名、母子保健および児童福祉双方の業務について十分な知識を有し、俯瞰して判断することのできる統括支援員を1か所あたり1名配置する。統括支援員は、例えばこども家庭ソーシャルワーカーなどを有している者や十分な経験がある者が望ましい。

◎子ども・若者総合相談センター、地域若者サポートステーション

352 地方公共団体は、子ども・若者育成支援に関する相談に応じ、関係機関の紹介その他の必要な情報の提供及び助言を行う拠点（子ども・若者総合相談センター）としての機能を担う体制を、単独で又は共同して、確保するよう努めるものとする。

353 地域若者サポートステーションは、働くことに悩みを抱えている15歳〜49歳までの若者に対し、キャリアコンサルタントなどによる専門的な相談、コミュニケーション訓練などによるステップアップ、協力企業への就労体験などにより、就労に向けた支援を行う。

関連する専門職等の役割

◎保育士

⊕33-142
⊕35-141

354 保育士の定義は、児童福祉法第18条の4によれば、「登録を受け、保育士の名称を用いて、専門的知識及び技術をもって、児童の保育及び児童の保護者に対する保育に関する指導を行うことを業とする者」をいう。

⊕35-141

355 保育士の資格は、都道府県知事の指定する保育士を養成する学校その他の施設（指定保育士養成施設）を卒業した者、保育士試験に合格した者に与えられる国家資格である。保育士試験は、毎年1回以上都道府県知事が行う。なお、保育士となる資格を有する者が保育士となるには、都道府県に備える保育士登録簿に氏名などを登録しなければならない。

⊕35-141

356 保育士に関し児童福祉法では、信用失墜行為の禁止、秘密保持義務、名称の使用制限などが定められている。

357 2022（令和4）年の児童福祉法改正で、児童に性暴力等を行った保育士の資格管理の厳格化が行われた。都道府県知事は、保育士が性暴力等を行ったと認められる場合には、その登録を取り消さなければならないものとなった。

358 2022（令和4）年の児童福祉法改正で、国は、性暴力等を行ったことにより保育士の登録を取り消された者、それ以外の理由により保育士の登録を取り消された者のうち、後にその行為が性暴力等に該当していたと判明したものについて、データベースを整備することとなった（2024（令和6）年4月施行）。

359 2022（令和4）年の児童福祉法改正で、禁錮以上の刑に処せられた者は保育士となることができないものとされた。また、児童の福祉に関する法律の規定により罰金の刑に処せられた者が保育士となることができない期間を、その執行を終えた日等から起算して2年間から3年間と改めた。

◎スクールソーシャルワーカー、スクールカウンセラー等

⊕35-138

360 児童虐待防止法第5条（児童虐待の早期発見等）では、学校、児童福祉施設、病院、都道府県警察、女性相談支援センター、教育委員会、配偶者暴力相談支援センターその他児童の福祉に業務上関係のある団体および学校の教職員、児童福祉施設の職員、医師、歯科医師、保健師、助産師、看護師、弁護士、警察官、女性相談支援員その他児童の福祉に職務上関係のある者は、児童虐待を発見しやすい立場にあることを自覚し、児童虐待の早期発見に努めなければならないとされている。

361 教育分野においては、**スクールソーシャルワーク**の制度化が図られている。不登校やいじめなどでの教員負担の軽減、家庭・地域といった社会環境上の要因がいじめなどの背景にあり、福祉の専門化が求められている。

⊕34-136

◎民生委員、児童委員、主任児童委員

362 **児童委員**は、市町村の区域におかれ、民生委員法による民生委員が、児童委員を兼ねている。都道府県知事の推薦によって、厚生労働大臣が委嘱し、任期は3年である。児童委員は、その職務に関し、都道府県知事の指揮監督を受ける。

363 都道府県知事は、児童委員の**研修**を実施しなければならない。

364 児童委員の職務については児童福祉法第17条に、適格要件等については「民生委員・児童委員選任要領」に定められている。

365 2001（平成13）年の児童福祉法改正によって、児童委員の職務の明確化がなされた。児童委員は、**図表30**の職務を行う。

図表30 児童委員の職務

①児童および妊産婦につき、その生活および取り巻く環境の状況を把握しておくこと、また、サービスを適切に利用するために必要な情報の提供その他の援助および指導を行うこと。
②児童および妊産婦にかかる社会福祉を目的とする事業を経営する者または児童の健やかな育成に関する活動を行う者と密接に連携し、その事業または活動を支援すること。
③児童福祉司または福祉事務所の社会福祉主事の行う職務に協力すること。
④児童の健やかな育成に関する気運の醸成に努めること。

⊕33-142

366 2001（平成13）年の児童福祉法の改正によって**主任児童委員**が法定化された。児童福祉法第16条は、「厚生労働大臣は、児童委員のうちから、主任児童委員を指名する」とし、民生委員法第6条第2項は、「都道府県知事及び民生委員推薦会は、民生委員の推薦を行うに当たっては、当該推薦に係る者のうちから児童福祉法の主任児童委員として指名されるべき者を明示しなければならない」と規定している。

367 **主任児童委員**は、児童委員の職務について、児童の福祉に関する機関と児童委員（主任児童委員である者を除く）との連絡調整を行うとともに、児童委員の活動に対する援助および協力を行う。また、区域を担当せず、地域における児童健全育成活動の中心となって、積極的に活動することが期待されている。

368 2000（平成12）年6月の児童福祉法の改正で、児童委員は、その担当区域における児童および妊産婦に関し、必要な事項について児童相談所長に通知するときにおいて、緊急の必要があると認める場合には、**市町村長**を経由しないことができることとなった。また、要保護児童を発見した者が、当該児童を福祉事務所または児童相談所に通告する場合に、**児童委員**を介して行うことができることとされた。

◎家族、住民、ボランティア等

369 要保護児童を発見した者は、市町村、都道府県の設置する福祉事務所もしくは児童相談所または児童委員を介して市町村、都道府県の設置する福祉事務所もしくは児童相談所に通告しなければならない（**児童福祉法第25条**）。

　　📖 罪を犯した満14歳以上の児童については、家庭裁判所に通告しなければならない。

6 児童・家庭に対する支援の実際

社会福祉士の役割

370 2022（令和4）年の児童福祉法改正では、子育てに困難を抱える世帯が顕在化してきている状況を踏まえ、子育て世帯に対する包括的な支援体制の中核を担うこども家庭センターの設置や地域における障害児支援の中核的役割を担う児童発達支援センターの位置づけの明確化などが行われた。

📝 **受験対策アドバイス**

近年、事例問題も多くなっています。実際の現場に立って考える習慣を身につけましょう。

図表31 子ども家庭福祉分野独特の専門性（要素）

子どもは自ら意見表明することが難しい存在であることを踏まえた権利擁護
子どもの発達を捉える視点
子どもの自立を見通す視点
家庭全体を見据えた虐待予防の視点
親子の分離などの権利制限を伴う介入的ソーシャルワーク
家庭裁判所をはじめとした少年保護機関等との連携
家庭や学校など子どもを中心とした環境に働きかけるソーシャルワーク
里親の養成や里親家庭への支援

371 こども家庭ソーシャルワーカーの専門性の柱として、①こども家庭福祉を担うソーシャルワークの専門職としての姿勢を培い維持すること、②こどもの発達と養育環境等のこどもを取り巻く環境を理解すること、③こどもや家庭への支援の方法を理解・実践できることがあげられている。

支援の実際（多職種連携を含む）

◎妊産婦から乳幼児期の子育て家庭への支援

372 「こども未来戦略方針」（閣議決定）によると、妊娠から産後2週間未満までの妊産婦の多くが不安や負担感を抱いていることや、こどもの虐待による死亡事例の6割が0歳児（うち5割は0か月児）であることなどを踏まえると、妊娠期からの切れ目ない支援と産前・産後ケアの拡充は急務となっている。

373 こども家庭センターにおける支援の主な業務フローは、**図表32**のとおりである。

図表32 こども家庭センターの支援のフロー

①妊娠の届出、乳幼児健康診査等の機会を通じて、保健師等が支援の必要な家庭を把握し、個別の妊産婦等を対象としたサポートプランを策定。
②合同ケース会議を開催し、統括支援員を中心として、特定妊婦や要支援児童等の該当性判断や支援方針の検討・決定。
③子ども家庭支援員等が保健師等と協働しながらサポートプランを更新し、当事者に手交。
④更新されたサポートプランは、こども家庭支援員等と保健師等が適宜、連携・協働して、サポートプランに基づく支援を実施。

◎社会的養護を必要とする児童に対する支援

374 2011（平成23）年6月、民法の改正が行われ、これまで、未成年後見人は1人でなければならないとされてきたが、法人または複数の未成年後見人を選任することができるようになった。さらに、児童福祉法が改正され、里親委託中等の親権者等がいない児童の親権を児童相談所長が行うこととする等の措置が講じられた。

375 児童福祉施設の長は、入所中の児童または児童以外の満20歳に満たない者で親権を行う者または未成年後見人のないものに対し、親権を行う者または未成年後見人があるに至るまでの間、親権を行う。

376 2017（平成29）年6月に児童福祉法が改正され、虐待を受けている児童等の保護者に対する指導への司法関与が盛り込まれた。①里親委託・施設入所の措置の承認**（児童福祉法第28条）**の申立てがあった場合に、家庭裁判所が都道府県等に対して保護者指導を勧告することができることとなり、都道府県等は保護者への指導の結果を家庭裁判所に報告することとなった。②①の勧告を行い、却下の審判をする場合（在宅での養育）においても、家庭裁判所が都道府県等に対して保護者指導を勧告することができることとなった。③①および②の場合において、家庭裁判所は、勧告した旨を保護者に通知することとなった**（図表33参照）**。

図表33 保護者に対する指導への司法関与

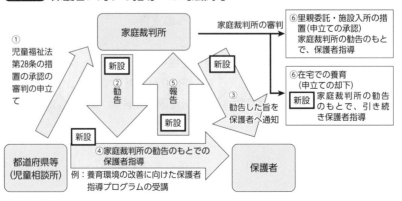

377 「こども未来戦略方針」（閣議決定）によると、社会的養護の下で育ったこどもの自立支援に向け、学習環境整備等の支援強化を図るとされている。

◎障害児に対する支援

378 2021（令和3）年に、医療的ケア児及びその家族に対する支援に関する法律（医療的ケア児支援法）が制定された。それにより、日常生活および社会生活を営むために恒常的に医療的ケア（人工呼吸器による呼吸管理、喀痰吸引その他の医療行為）を受けることが不可欠である児童（18歳以上の高校生等を含む）に対して、国・地方公共団体の責務、保育所や学校における医療的ケアその他の支援、医療的ケア児支援センターの設置などが定められた。

379 「こども未来戦略方針」（閣議決定）によると、障害の有無にかかわらず、安心して暮らすことができる地域づくりを進めるため、地域における障害児の支援体制の強化や保育所等におけるインクルージョンを推進するとされている。

380 「こども未来戦略方針」（閣議決定）によると、地域における障害児支援の中核的役割を担う児童発達支援センターについて、専門的な支援の提供と併せて、地域の障害児支援事業所や保育所等への支援を行うなどの機能強化を行うとともに、保育所等への巡回支援の充実を図るとされている。

◎ひとり親家庭に対する支援

381 2012（平成24）年9月に、母子家庭の母及び父子家庭の父の就業の支援に関する特別措置法が成立した。子育てと就業との両立が困難であること、就業に必要な知識および技能を習得する機会を必ずしも十分に有してこなかったこと等の母子家庭の母がおかれている特別の事情、子育てと就業との両立が困難であること等の父子家庭の父がおかれている特別の事情にかんがみ、母子家庭の母および父子家庭の父の就業の支援に関する特別の措置を講じ、母子家庭および父子家庭の福祉を図ることを目的とする。

◎女性、若者への支援

382 若者の就労支援は、全国に177か所ある地域若者サポートステーションのほか、新卒応援ハローワークや、わかものハローワークにおいても行われている。

383 若者の雇用の促進等を図り、その能力を有効に発揮できる環境を整備するため、「青少年の雇用の促進等に関する法律」（若者雇用促進法）が、2015（平成27）年から順次施行されている。

〈「こども未来戦略方針」（閣議決定）〉

384 こども・子育て政策の課題として、①若い世代が結婚・子育ての将来展望を描けない、②子育てしづらい社会環境や子育てと両立しにくい職場環境がある、③子育ての経済的・精神的負担感や子育て世帯の不公平感が存在するの3点が挙げられている。

385 こども・子育て政策の基本理念として、①若い世代の所得を増やす、②社会全体の構造・意識を変える、③全てのこども・子育て世帯を切れ目なく支援するの3点が挙げられている。

386 若い世代（18〜34歳の未婚者）の結婚意思については、依然として男女の8割以上が「いずれ結婚するつもり」と考えているものの、近年、「一生結婚するつもりはない」とする者の割合が増加傾向となっている。

387 未婚者の希望するこども数については、夫婦の平均理想こども数（2.25人）と比べて低水準であることに加えて、その減少傾向が続いている。直近では男性で1.82人、女性で1.79人と特に女性で大きく減少し、初めて2人を下回った。

388 男性の雇用形態別に有配偶率をみると、雇用形態の違いによる有配偶率の差が大きいことがわかる。また、年収別にみると、いずれの年齢層でも一定水準までは年収が高い人ほど配偶者のいる割合が高い傾向にある。

図表34 男性の雇用形態別有配偶率

	正規職員・従業員	非正規の職員・従業員（パート・アルバイト）
25〜29歳	30.5％	12.5％（8.4％）
30〜34歳	59.0％	22.3％（15.7％）

389 女性（妻）の就業継続や第2子以降の出生割合は、夫の家事・育児時間が長いほど高い傾向にあるが、日本の夫の家事・育児関連時間は2時間程度と国際的にみても低水準である。

390 こどもがいる共働きの夫婦について平日の帰宅時間は、女性よりも男性のほうが遅い傾向にあり、保育所の迎え、夕食、入浴、就寝などの育児負担が女性に集中する「ワンオペ」になっている傾向もある。

391 全世帯の約3分の2が共働き世帯となるなかで、未婚女性が考える「理想のライフコース」は、出産後も仕事を続ける「両立コース」が「再就職コース」を上回っている。実際には女性の正規雇用における「L字カーブ」の存在など、理想とする両立コースを阻む障壁が存在している。

　　⇨　「L字カーブ」とは、女性の正規雇用比率が、20代後半をピークに急低下
　　していく現象を示すグラフが由来。

◎子どもの貧困に対する支援

392　「こども未来戦略方針」（閣議決定）によると、こどもの貧困対策は、
我が国に生まれた全てのこどもの可能性が十全に発揮される環境を整備し、
全てのこどもの健やかな育ちを保障するという視点のみならず、公平・公正
な社会経済を実現する観点からも極めて重要であるとされている。

　　⇨　こどものいる世帯の約1割はひとり親世帯であり、その約5割が相対的貧困
　　の状況にあることを踏まえれば、特に、ひとり親家庭の自立と子育て支援は、
　　こどもの貧困対策としても喫緊の課題であると認識する必要があるとされて
　　いる。

◎児童虐待防止に向けた支援

393　2016（平成28）年の児童福祉法の改正では、児童虐待の発生予防が
目的の1つとされた。

394　こども虐待による死亡事例等の検証結果（第19次報告）を踏まえ、
虐待の発生予防と早期発見についての課題と提言が示されている。具体的に
は、妊婦の状況に合わせた伴走型の支援の実施やアウトリーチ型の支援等の
展開、支援・介入のための適切なリスク判断を行うためにこどもと日常的な
かかわりのあるすべての人物について直接会うことが重要であることなどが
示されている。

◎要保護児童対策地域協議会における支援

395　地方公共団体は、要保護児童の適切な保護を図るため、必要な情報の　　⊕32-140
交換を行うとともに、要保護児童等に対する支援の内容に関する協議を行う
要保護児童対策地域協議会を置くように努めなければならない（児童福祉法第
25条の2）。

396　2008（平成20）年の児童福祉法の改正により、要保護児童対策地域
協議会が支援の内容を協議する対象に、要支援児童、その保護者、特定妊婦
が追加された。

397　地方公共団体の長は、要保護児童対策地域協議会を構成する関係機関　　⊕32-140
等から1つに限り要保護児童対策調整機関を指定する。関係機関との連絡調
整を行う要保護児童対策調整機関の調整担当者は、厚生労働大臣が定める基
準に適合する研修を受けなければならない。

398　要保護児童対策地域協議会設置・運営指針によって、地域協議会のモ
デルが示されている。これは、児童福祉関係、保健医療関係、教育関係、警

察司法関係、人権擁護関係、配偶者からの暴力関係のほか、NPO・ボランティア・民間団体によって構成され、被虐待児童、要保護児童に限らず非行児童、要支援児童およびその保護者、特定妊婦の支援協議も含まれている（**図表35参照**）。

図表35 地域協議会のモデル

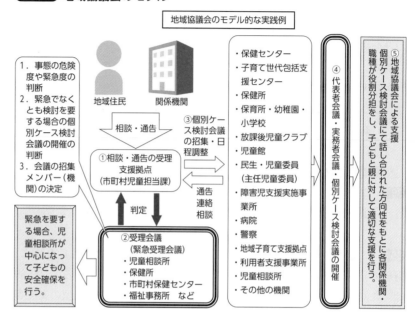

399 子ども家庭福祉における多職種連携としては、子どものもつ複合的なニーズをチームアプローチによって実践する動きがみられる。また、「保育」「教育」「ソーシャルワーク」が一体的に実践され始めている。例えば、保育と教育の関係では幼保一元化の観点から、双方の資格を取得した人材養成が行われ、保育とソーシャルワークの関係では、社会福祉士受験資格取得に必要な実務経験に、児童養護施設での保育士の相談援助業務の経験も加えられている。

実力チェック！ 一 問 一 答

※解答の横の番号は、本科目で該当する重要項目や図表の番号です。

1 「児童の権利に関する条約」は、「児童とは、18歳未満のすべての者をいう」と規定している。　　**1** ○　**1**

2 母子及び父子並びに寡婦福祉法において、児童とは、18歳に満たない者をいう。　　**2** ×　**図表1**

3 2022（令和4）年度の福祉行財政報告例によると、児童相談所が対応した虐待相談を虐待種別でみると、身体的虐待が最も多い。　　**3** ×　**59**

4 石井十次は、イギリスのバーナードの活動に影響を受けて岡山孤児院を設立した。　　**4** ○　**81**　**図表8**

5 児童養護施設は、保護者のいる児童を入所させることはできない。　　**5** ×　**119**　**図表11**

6 里親には、養育里親、養子縁組里親、親族里親、週末里親の4種類がある。　　**6** ×　**140**

7 小規模住居型児童養育事業（ファミリーホーム）は、児童を養育者の家庭に迎え入れて養育を行う事業である。　　**7** ○　**150**

8 放課後等デイサービスは、小学校に通う児童を対象に、放課後、小学校の空き教室や児童館等の公共施設において「学童保育」を実施する取り組みである。　　**8** ×　**162**　**図表15**

9 児童虐待の防止等に関する法律によると、児童に家族の介護を行わせることは、児童虐待の定義に含まれる。　　**9** ×　**180**　**図表16**

10 児童虐待の防止等に関する法律によると、児童の福祉に職務上関係のある者には、児童虐待の早期発見の努力義務が課せられている。　　**10** ○　**186**

11 母子保健法では、健康の保持増進について、母性および乳児だけでなく、幼児も対象として規定している。　　**11** ○　**230**

12 児童扶養手当は、父子家庭も対象にしている。　　**12** ○　**271**

13 障害児福祉手当は、障害児入所施設などに入所している児童に対して支給される。　　**13** ×　**277**

14 都道府県および政令指定都市・中核市は、児童相談所を設置しなければならない。　　**14** ×　**320**

15 児童相談所長は、児童等の親権者にかかる民法の規定による親権喪失の審判の請求を行うことができる。　　**15** ○　**330**

16 児童委員は、児童および妊産婦について、生活や取り巻く環境の状況を把握する。　　**16** ○　**図表30**

03

貧困に対する支援

③ 貧困に対する支援

大項目	中項目	小項目（例示）	出題実績		
			第36回	第35回	第34回
1 貧困の概念	1）貧困の概念	・絶対的貧困，相対的貧困，社会的排除，社会的孤立等			
	2）公的扶助の意義と範囲	・公的扶助の意義（生存権，セーフティネット，ナショナルミニマム） ・公的扶助の範囲（狭義，広義）			
2 貧困状態にある人の生活実態とこれを取り巻く社会環境	1）貧困状態にある人の生活実態	・健康 ・居住 ・就労 ・教育 ・社会関係資本		【63】	
	2）貧困状態にある人を取り巻く社会環境	・経済構造の変化 ・家族，地域の変化 ・格差の拡大 ・社会的孤立			
3 貧困の歴史	1）貧困状態にある人に対する福祉の理念	・人権の尊重 ・尊厳の保持 ・貧困，格差，差別の解消			
	2）貧困観の変遷	・スティグマ ・貧困の測定 ・貧困の発見			
	3）貧困に対する制度の発展過程	・救貧制度（日本，諸外国） ・生活保護法 ・ホームレスの自立の支援等に関する特別措置法（ホームレス自立支援法） ・子どもの貧困対策の推進に関する法律 ・生活困窮者自立支援法			
4 貧困に対する法制度	1）生活保護法	・生活保護法の原理原則と概要 ・生活保護制度の動向 ・最低生活費と生活保護基準 ・福祉事務所の機能と役割 ・相談支援の流れ ・自立支援，就労支援の考え方と自立支援プログラム ・生活保護施設の役割	【63】 【64】 【65】 【66】	【64】 【65】 【66】	【63】 【65】 【66】 【68】
	2）生活困窮者自立支援法	・生活困窮者自立支援法の理念と概要 ・生活困窮者自立支援制度の動向 ・自立相談支援事業と任意事業 ・生活困窮者自立支援制度における組織と実施体制 ・相談支援の流れ		【67】	
	3）低所得者対策	・生活福祉資金貸付制度 ・無料低額診療事業 ・無料低額宿泊所 ・求職者支援制度 ・法律扶助 ・低所得者への住宅政策と住居支援	【67】	【68】	【69】 【145】
	4）ホームレス対策	・ホームレス自立支援法の概要 ・ホームレスの考え方と動向 ・ホームレス支援施策	【69】		
5 貧困に対する支援における関係機関と専門職の役割	1）貧困に対する支援における公私の役割関係	・行政の責務 ・公私の役割関係			
	2）国，都道府県，市町村の役割	・国の役割 ・都道府県の役割 ・市町村の役割			
	3）福祉事務所の役割	・福祉事務所の組織 ・福祉事務所の業務		【146】	【67】 【146】
	4）自立相談支援機関の役割	・自立相談支援機関の組織 ・自立相談支援機関の業務	【68】		

大項目	中項目	小項目（例示）	出題実績		
			第36回	第35回	第34回
	5）その他の貧困に対する支援における関係機関の役割	・社会福祉協議会 ・ハローワーク，地域若者サポートステーション ・民間支援団体 等	【145】 【146】		
	6）関連する専門職等の役割	・精神保健福祉士，医師，保健師，看護師，理学療法士，作業療法士 等 ・介護支援専門員，サービス管理責任者 等 ・ハローワーク就職支援ナビゲーター 等 ・教諭，スクールソーシャルワーカー 等 ・弁護士，保護観察官，保護司 等 ・民生委員・児童委員，主任児童委員 ・家族，住民，ボランティア 等			
6 貧困に対する支援の実際	1）社会福祉士の役割				
	2）貧困に対する支援の実際（多職種連携を含む）	・生活保護制度及び生活保護施設における自立支援，就労支援，居住支援 ・生活困窮者自立支援制度における自立支援，就労支援，居住支援 ・生活福祉資金貸付を通じた自立支援 ・多機関及び多職種，住民，企業等との連携による地域づくりや参加の場づくり		【69】	【64】

1 貧困の概念

貧困の概念

1 貧困の概念には、大きく絶対的貧困と相対的貧困という2つの概念がある。絶対的貧困は、貧困を肉体的能率を維持することが困難な状態として捉え、相対的貧困は、貧困をその社会において標準とされる生活との比較で相対的に低い所得や消費として捉える。

2 ラウントリー（Rowntree, B. S.）は、生存に必要な食事を摂れない状態を貧困状態であると考え、肉体的能率を維持するための最低限の所得水準を第一次貧困、飲酒などの浪費がなければなんとか肉体的能率が維持できる水準を第二次貧困とする絶対的貧困の概念で労働者世帯の調査を実施した。

> 貧困線は、19世紀末にロンドンで貧困調査を実施したチャールズ・ブース（Booth, C.）が設定した。

🔰34-26（現社）

3 タウンゼント（Townsend, P.）は、所属する社会で標準的とされる生活様式や習慣、活動に参加できない状態を貧困と捉え、当たり前とされる生活から外れることを相対的剥奪として、相対的貧困アプローチに基づく新しい貧困観を提示した。

4 リスター（Lister,R.）は、貧困概念の多義性を捉えるため、容認できない困窮としての貧困の物質的核を車の軸、それに伴う貧困の関係的・象徴的側面を車輪にたとえて、これらを不可分のものとして捉える必要があるという貧困の車輪を提唱した。

5 リスターは、「貧困の車輪」のなかでも、貧困者に不利な影響を与えるラベリングや人権の否定、声が聞き届けられないなどの非物質的な関係的・象徴的側面の不利益に着目し、貧困者にも貧困でない者と平等な地位が承認されることを求める貧困の政治を概念化した。

6 1990年代後半以降、従来の貧困の枠組みでは貧困を説明することが難しくなり、経済的困窮だけでなく、失業や低いスキル、差別、不健康などの複合的不利の問題を貧困とかかわる社会問題として捉える社会的排除アプローチが広がった。

公的扶助の意義と範囲

7 国家がすべての国民に対して生活を保障する社会保障制度は、主として労働者が貧困になることを予防する**防貧制度**としての社会保険制度と、貧困者に対して生活を保障する**救貧制度**としての公的扶助制度を中心として成り立っている。

8 公的扶助の特質は、救済対象は法的には全国民であるが、実質的には低所得者等で貧困な生活状態にあり、独力で自立した生活ができない要保護状態にある生活困窮者が対象となっていることであり、社会保険制度との相違点は、**図表1**のとおりである。

03

貧困に対する支援

受験対策アドバイス

公的扶助制度と社会保険制度は、科目「社会保障」とあわせて繰り返し出題されてきました。救貧・防貧の意味と資力調査の有無を中心に整理しておきましょう。
34-51（社保）

図表1 公的扶助制度と社会保険制度の相違点

項　目	公的扶助制度	社会保険制度
貧困に対する機能	救貧的機能（事後的）	防貧的機能（事前的）
資力調査（ミーンズ・テスト）	前提条件とし、困窮状態にあることを確認	前提条件とせず、拠出に対する反対給付
適用（給付）の条件	申請・費用無拠出	強制加入・費用拠出
適用（給付）の内容	最低生活基準の不足分	賃金比例額または均一額
適用（給付）の水準	国が定めた最低生活基準	公的扶助の同等以上
適用（給付）の開始	困窮の事実	事故の発生時
適用（給付）の期間	無期	おおむね有期
実施機関の裁量	一定限度内で余地がある	画一的でほとんど余地なし
財源	国・地方自治体の一般財源（本人負担なし）	被保険者・事業主の保険料および国の一部負担

9 公的扶助の範囲は、狭義のものとして生活保護制度が該当するが、広義のものとして資力調査に代わる**所得調査**を要件とする**社会手当制度**、公的給付による自立生活を保障しようとする各種制度、低所得者対策の一環として実施される各種施策が該当する。

10 日本国憲法第25条は、**生存権**として、第1項ですべての国民は健康で文化的な最低限度の生活を営む権利を有することを認めており、第2項で国がそれを保障する義務があることを規定している。この「健康で文化的な最低限度の生活」が、国が国民すべてに対して保障すべき**ナショナル・ミニマム**の概念である。

11 日本の公的扶助制度の代表である生活保護法は、日本国憲法に定める生存権を具現化したものであり、法が保障する**最低生活水準**は、国が国民の

保障するナショナル・ミニマムのレベルを示すものでもある。

12 社会保障制度の機能の1つである、人々が困難な状況となることを防ぐ仕組みを**セーフティネット機能**という。社会保険が貧困を予防する第1のセーフティネット、低所得者を対象とする施策が第2のセーフティネットに位置づけられ、**資力調査**を必須とする救貧対策としての公的扶助（生活保護制度）は、その最後に位置する**第3のセーフティネット**の機能を担っている。

2 貧困状態にある人の生活実態と これを取り巻く社会環境

貧困状態にある人の生活実態

⓭ 「2019年度家庭の生活実態及び生活意識に関する調査」によれば、生活保護世帯の世帯類型は、**高齢者世帯が最も多く（45.0％）**、その他の世帯（23.4％）、母子世帯（12.2％）の順である。一般世帯では、その他の世帯が最も多く（65.3％）で、高齢者世帯（30.7％）、障害者世帯、傷病者世帯（1.6％）の順である。生活保護世帯では、高齢者世帯や母子世帯が相対的に多くなっている（**図表2参照**）。

図表2 生活保護世帯・一般世帯別の世帯構成

世帯類型	生活保護世帯	一般世帯
	%	%
高齢者世帯	45.0	30.7
母子世帯	12.2	0.7
障害者世帯	9.2	1.6
傷病者世帯	10.2	1.6
その他の世帯	23.4	65.3

資料：厚生労働省「2019年度家庭の生活実態及び生活意識に関する調査」より作成

⓮ 「2019年度家庭の生活実態及び生活意識に関する調査」によれば、世帯主の健康状態は生活保護世帯では「あまりよくない」「よくない」が約半数を占め、一般世帯では「まあよい」「ふつう」が60％を超えていることと比べると、健康不良の割合が高い（**図表3参照**）。

図表3 世帯主の健康状態

世帯主の健康状態	生活保護世帯	一般世帯
よい	8.8	15.6
まあよい	10.9	17.2
ふつう	31.5	48.2
あまりよくない	37.2	13.2
よくない	11.2	2.0
不詳	0.4	1.0

資料：厚生労働省「2019年度家庭の生活実態及び生活意識に関する調査」より作成

⓯ 「2019年度家庭の生活実態及び生活意識に関する調査」によれば、生活保護世帯の住居は、「民間賃貸住宅」「都市再生機構・公社・公営住宅」が約90％を占め、一般世帯の約76％が「持ち家」であるのとはまったく異な

る傾向にある（**図表4参照**）。

	持ち家	民間賃貸住宅	都市再生機構・公社・公営住宅	給与住宅	その他	不詳
生活保護世帯	6.7	67.3	22.2	0.0	2.9	0.9
一般世帯	76.4	14.1	4.2	1.7	3.8	0.0

資料：厚生労働省「2019年度家庭の生活実態及び生活意識に関する調査」より作成

16 「2019年度家庭の生活実態及び生活意識に関する調査」によれば、暮らしの状況（生活意識）は、生活保護世帯も一般世帯も「大変苦しい」が20％前後あるが、一般世帯は、「ふつう」が41.4％で最多であるのに対し、生活保護世帯では「やや苦しい」が46.4％で最多となっており、生活保護世帯の暮らし向きは「苦しい」状況にある（**図表5参照**）。

図表5 暮らしの状況（生活意識）

	大変苦しい	やや苦しい	ふつう	ややゆとりがある	大変ゆとりがある	不詳
生活保護世帯	17.6	46.4	33.8	1.6	0.1	0.5
一般世帯	20.9	32.0	41.4	4.8	1.0	0.0

資料：厚生労働省「2019年度家庭の生活実態及び生活意識に関する調査」より作成

17 「2019年度家庭の生活実態及び生活意識に関する調査」によれば、食料が買えない機会の有無について、生活保護世帯では、「何度もあった」「ときどきあった」をあわせると2割を超える。生活保護を利用していても必要な食料が買えないことがあったということである（**図表6参照**）。

図表6 食料が買えない機会の有無

	何度もあった	ときどきあった	ほとんど無かった	まったく無かった	不詳
生活保護世帯	4.2	18.6	33.2	43.6	0.4
一般世帯	2.0	6.8	25.7	64.9	0.6

資料：厚生労働省「2019年度家庭の生活実態及び生活意識に関する調査」より作成

18 「2019年度家庭の生活実態及び生活意識に関する調査」によれば、生活保護世帯の世帯主の雇用形態（仕事なし・仕事の有無不詳を除く）は、「一般常雇者」が44.8％で最多、「その他・不詳」が29.7％、「1月以上1年未満の契約の雇用者」が16.0％の順である。

19 「2019年度家庭の生活実態及び生活意識に関する調査」によれば、中学生以下の子のいる世帯の子の進路について、一般世帯では「高校まで」が18.4％、「大学まで」が63.1％考えているのに対し、生活保護世帯では「高

校まで」が67.0％、「大学まで」が17.4％と大きな差がみられる。

⑳ 「2019年度家庭の生活実態及び生活意識に関する調査」によれば、中学生以下の子のいる世帯の子のクラブ活動の参加の割合は、一般世帯で44.2％、生活保護世帯で38.5％であり、学習塾への通塾の割合はそれぞれ23.0％と7.4％で、学校外での活動に差がみられる。

㉑ 「2019年度家庭の生活実態及び生活意識に関する調査」によれば、「近所の方と親しくおつきあいしている方がいない」「別居家族・親族と親しくおつきあいしている方がいない」割合は、一般世帯に比べて生活保護世帯はそれぞれ20％以上多くなっており、社会的な関係の希薄さがうかがえる。

㉒ 2022（令和4）年度の被保護者調査における生活保護の近年の動向は、**図表7**のとおりである。

㉓ 2022（令和4）年度の被保護者調査によれば、生活保護世帯のうち就労している者がいる世帯は14.6％であり、世帯類型別にみると**母子世帯**は46.3％、その他の世帯は37.5％、障害者・傷病者世帯は17.8％、高齢者世帯は4.4％である。

🖊️ **受験対策アドバイス**

保護の動向は頻出項目です。保護率や被保護人員、世帯数、保護の開始・廃止理由の大まかな動向をつかんでおきましょう。

貧困状態にある人を取り巻く社会環境

◎経済構造の変化

㉔ 高度経済成長期に形成された**日本型雇用システム**（新卒一括採用、終身雇用、年功序列型賃金）は、1990年代のバブル経済崩壊以降の経済の長期停滞期に揺らぎ、高年齢労働者の解雇、パート・アルバイト・派遣労働者などのいわゆる**非正規労働者**が増加した。

㉕ 日本型雇用システムが崩れたことで、非正規労働者の低賃金・不安定雇用、正規労働者との待遇の格差が生じ、**ワーキングプア**の問題が顕在化した。

㉖ 所得格差を表す**ジニ係数**は、1980（昭和55）年の0.34から2017（平成29）年の0.56と大幅に上昇した。社会保障給付等による再分配により、それぞれ0.31、0.37に改善されているが、主要先進国と比較すると、格差が大きい。

㉗ 「2022（令和4）年国民生活基礎調査」によると、世帯構成は、「単独世帯」が全世帯の32.9％で最も多く、「夫婦と未婚の子のみの世帯」（25.8％）、「夫婦のみの世帯」（24.5％）の順となっている。

💠34-18（社会）

　　☞戦後世帯数は一貫して増加したが、平成期には最多であった「夫婦と未婚

図表7 生活保護の動向

		2022（令和4）年度の状況 ＜令和4年度被保護者調査＞	近年の動向
⊕33-63 ⊕35-63	保護率	1.62%	過去最高1947（昭和22）年度3.77%、過去最低1995（平成7）年度 0.7%。 1995（平成7）年度から2013（平成25）年度まで毎年増加し、2016（平成28）年度からは微減。
⊕32-63 ⊕33-63 ⊕35-63	被保護人員	約202万4600人（1か月平均）	1995（平成7）年を底に増加を続け、2011（平成23）年には1951（昭和26）年以来の過去最高となり、2014（平成26）年まで更新した。
⊕33-63 ⊕35-63		保護の種類別扶養人員（1か月平均） ①生活扶助約176万8000人（87.3%） ②住宅扶助約173万6000人（85.8%） ③医療扶助約170万7000人（84.3%）	2006（平成18）年度から、医療扶助と住宅扶助の順位が逆転した。
⊕32-63	被保護世帯	約164万3500世帯（1か月平均）	
⊕32-63		世帯類型別の構成割合 ①高齢者世帯（55.6%）、②障害者・傷病者世帯（24.9%）、③その他の世帯（15.5%）、④母子世帯（4.1%）	1997（平成9）年度以降、すべての類型で増加を続けてきたが、2012（平成24）年度を境に、障害者・傷病者世帯、母子世帯は減少傾向。
⊕32-63 ⊕33-63 ⊕35-63		保護の開始理由 ①貯金等の減少・喪失（46.1%） ②傷病による（18.8%） ③働きによる収入の減少・喪失（18.1%）	2008（平成20）年までは「傷病による」、2009（平成21）〜2011（平成23）年は「働きによる収入の減少・喪失」が最多。2020（令和2）年に「働きによる収入の減少・喪失」と「傷病による」が逆転した。
⊕33-63 ⊕35-63		保護の廃止理由 ①死亡（50.6%） ②その他（16.0%） ③働きによる収入の増加・取得・働き手の転入（14.3%）	2000（平成12）年に比べ、「死亡」の割合が増加し、一貫して最多となっている。

の子のみの世帯」に代わって2019（令和元）年からは「単独世帯」が最多となった。

28 「2022（令和4）年国民生活基礎調査」によると、1世帯当たりの平均世帯人員は、1953（昭和38）年には5.0人だったものが、2022（令和4）年には2.25人まで減少しており、世帯内でお互いを支え合う社会的機能を担う存在が期待できなくなっている。

◎社会的孤立

29 2022（令和4）年の人々のつながりに関する基礎調査では、孤独感が「しばしばある・常にある」と回答した人の属性として、仕事別では仕事はなし（失業中）（9.9％）、年間収入別では100万円未満（8.1％）、経済的な暮らし向き別では大変苦しい（14.2％）が最も多く、孤独感と経済的困難の相関がみられる。また、心身の健康状態別では「よくない」（21.7％）、「あまりよくない」（12.6％）の回答が3分の1を超えており、健康状態との関連もうかがうことができる。

30 孤独・孤立対策推進法は、日常生活や社会生活において孤独を覚えることや社会から孤立していることによって、心身に有害な影響を受けている状態にある人への支援等に関する取組みについて、その基本理念、国等の責務等を定めたもので、2024（令和6）年4月に施行された。

31 孤独・孤立対策推進法では、孤独・孤立対策について基本理念として、孤独・孤立の状態は人生のあらゆる段階において何人にも生じ得るものであるとして社会のあらゆる分野において孤独・孤立対策の推進を図ることが重要であること、当事者等の立場に立って、当事者等の状況に応じた支援が継続的に行われることを定めている。

受験対策アドバイス

新カリキュラムでは、貧困状態が単に収入が少ないということだけでなく、雇用システムの変化や社会的孤立とも関連し、生活上の問題が複雑化していることに焦点を当てています。

貧困状態にある人に対する福祉の理念

◎人権の尊重

32 日本国憲法の三大原則の1つは、基本的人権の尊重であり、これに基づいて第13条ではすべての国民の幸福追求権、第25条では生存権を規定しており、社会福祉や社会保障制度の構築と実施について、国の国民に対する責務が明記されている。

◎尊厳の保持

33 社会福祉法第3条では、福祉サービスの基本的理念として個人の尊厳の保持を規定している。これは、福祉サービスは個人の尊厳の保持を旨として、福祉サービス利用者の健やかな育成、能力に応じ自立した日常生活を営むことができるように支援するものとして、福祉サービスが良質かつ適切なものでなければならないというものである。

34 社会福祉法に規定する「個人の尊厳の保持」が、社会福祉の方向性であり、貧困状態にある人々に対しても、その人格の尊厳や人権保障に配慮しなければならない。特に貧困状態でさまざまな資源へのアクセスが困難であることなどに配慮して、権利擁護の視点に基づく支援が必要である。

◎貧困、格差、差別の解消

受験対策アドバイス

絶対的貧困から相対的貧困の考え方の移りかわりがどのような社会背景のもとで進んできたのかを、貧困観と制度の変遷の両面から理解しましょう。そのうえで貧困に対する支援においても人権や個人の尊厳が尊重されることを理解しましょう。

35 生活のためのニーズを充足する資源が欠ける状態が、貧困であり、その主たる原因は収入の少なさである。近年、国民の経済的格差は、正規労働者と非正規労働者の賃金格差に顕著にみられ、そうした状況が長期間続くことによって、働いても生活に十分な収入を得ることが難しいワーキングプアと呼ばれる人々が生まれている。

36 労働市場においては、男女の賃金や昇格などに差別構造がみられる。特に母子家庭の母親について、就労における差別構造が顕著にみられ、母子世帯の低所得や貧困状態につながっている。

37 貧困、格差、差別は、とりわけ雇用の問題に深くかかわって相互に関連しているため、貧困に対する支援にあたっては、権利擁護の観点から支援を組み立てていくことと、雇用政策による改善が求められる。

貧困観の変遷

◎スティグマ

38 19世紀末までは、貧困の発生は個人の努力不足や怠惰などの個人的な要因によるものであるという**個人主義的貧困観**が支配的であった。貧困はモラルを欠いた本人の自己責任によるものだとする考え方であり、個人の公的な救済は積極的には行われなかった。

39 個人主義的貧困観によれば、貧困状態そのものが恥ずべきことであり、公的な救済を受けることは社会の迷惑であると考えられ、貧困対策の対象者の**スティグマ**を助長するものであった。

　👄 スティグマにより、貧困者には蔑みの視線が寄せられ、救済を受けることに対しての抵抗感が強くなるなどの弊害が生じる。

◎貧困の測定

40 1880年代末のチャールズ・ブースのロンドンの労働者調査は、約3割の人々が貧困層に位置づけられると結論づけ、貧困が生じる理由は怠惰や浪費などの個人的要因よりも、低賃金・不安定就労、生活環境の劣悪さなどの**社会的要因**が大きいことを明らかにした。

🏃33-25（現社）
🏃34-26（現社）

　👄 ブースの調査は、世界で初の科学的貧困調査といわれる。

41 ラウントリーは、イギリスのヨーク市で労働者への貧困調査を行い、肉体的能率の維持が困難な第一次貧困状態の者が労働者の約10％、第二次貧困状態の者が約18％存在し、併せて約3割が貧困状態にあるとした。

42 ラウントリーは、調査から**貧困のライフサイクル**の概念を示した。これは、一般的な労働者の生涯において、子ども期、子育て期、退職後という3度、貧困を経験する傾向にあるという貧困リスクの周期性を示すものである。

◎貧困の発見

43 ブースとラウントリーの貧困調査は、貧困が一部の人に限定的な問題ではなく社会全体に広がっていること、個人的要因というよりも社会的要因によって発生していることを示すものであり、**貧困の発見**と呼ばれた。

44 第二次世界大戦後の高度経済成長によって、多くの先進国では社会全体の生活水準が向上したが、タウンゼントは、肉体的生存レベルでとらえる貧困観の限界があるとして、所属する社会における標準的な生活様式や社会参加ができない状態を**相対的剥奪としての貧困**として新しく定義した。

　👄 1970年代のタウンゼントの業績は、「貧困の再発見」と呼ばれた。

貧困に対する制度の発展過程

◎救貧制度（日本、諸外国）

45 イギリスでは、都市部の貧民や浮浪者の増加を背景に、1601年に**救貧法（エリザベス救貧法）**が制定された。教区単位での運営、救貧税を財源とすること、貧民を労働能力の有無で3つに類型化したことを特徴とした。

46 エリザベス救貧法は、①扶養能力のない貧民の児童には徒弟奉公を強制し、②労働能力がある貧民には就労を強制、③労働能力がない貧民は親族扶養を前提として限定的な救済を行うものであった。

⊕33-25（現社）

47 産業革命による資本主義の発達や自由放任主義の広がりによって批判が集まるようになった救貧法は、1834年に改正され（**新救貧法**）、①行政水準の全国統一、②**劣等処遇の原則**、③労役場（**ワークハウス**）制度を特徴とした。

> 💬 劣等処遇の原則とは、救済の水準を独立自立の労働者の最低階層の実態より実質も外見も低位なものにとどめるものである。

⊕34-26（現社）

48 1942年の**ベヴァリッジ報告**（「社会保険および関連サービス」）は、第二次世界大戦後のイギリスの再建、福祉国家への基本方向を示すものであり、基本的目標を**ナショナル・ミニマム**の保障とし、基本的ニードには社会保険が対応し、特殊ニードには公的扶助が対応することとした。

> 💬 イギリスの国民生活を脅かす5つの巨人を貧困、疾病、無知、不衛生、怠惰とした。

49 1874（明治7）年制定の**恤救規則**は、**人民相互の情誼**に基づき親族扶養や隣保的救済を原則とし、規則による救済の対象を無告ノ窮民に厳しく限定した。対象者には、米代相当の現金給付を行った。

50 無告ノ窮民とは、親族扶養や隣保的救済ができない、①単身の障害者・70歳以上で働けない者、②単身の疾病者、③単身の13歳以下の年少者である。

⊕34-25（現社）

51 **救護法**は、1929（昭和4）年に制定、1932（昭和7）年に施行された。生活困窮者を、原則として**居宅保護**により救護するものであったが、労働能力を有している者を除外する**制限扶助主義**をとった。また、扶養義務者が扶養できる場合は、急迫の場合を除き救護しないとされた。

52 救護法による扶助の種類は、生活・医療・生業・助産の4種で、加えて埋葬費も支給した。経費は原則、市町村の負担とし、国が2分の1、道府県が4分の1を補助した。

53 1945（昭和20）年の**生活困窮者緊急生活援護要綱**は、戦災者・引揚者・復員者のみならず失業者をも対象として、宿泊・給食・医療・衣料等にかかる現物給付を行うものであった。

📖 日本における公的扶助制度ではじめて、労働能力を有する者を救済の対象とした。

◎**生活保護法**

54 1946（昭和21）年の**旧生活保護法**は、法第1条で、要保護状態にある者の生活を差別的または優先的な取扱いをすることなく平等に保護すること（無差別平等）を定めるとともに、要保護者に対する**国家責任**による保護を明文化した。ただし、怠惰者および素行不良の者には保護を行わないという**欠格条項**を設けていた。

55 旧生活保護法は、救護法と同様に、保護の実施機関を**市町村長**とし、補助機関を**方面委員**（現在の民生委員）とした。

56 旧生活保護法による扶助は、医療・助産・生活・生業・葬祭扶助の5つであり、保護にかかる経費の8割を国が負担した。

57 旧生活保護法は、保護請求権や不服申立てに関する規定をもっていなかった。

58 1947（昭和22）年に日本国憲法が施行されたことにより、旧生活保護法が全面改正され、1950（昭和25）年に現行生活保護法が施行された。

◎**ホームレスの自立の支援等に関する特別措置法**

59 1990年代後半から野宿生活者（ホームレス）が社会的な問題として認識されるようになり、2002（平成14）年に**ホームレスの自立の支援等に関する特別措置法**（ホームレス自立支援法）が制定された。

📖 10年間の時限立法であったが2回延長され、2027（令和9）年8月まで有効となっている。

◎**子どもの貧困対策の推進に関する法律**

60 2009（平成21）年に子どもの貧困率等が公表されたことなどを背景に、**子どもの貧困**が社会問題として認識されるようになり、2013（平成25）年に**子どもの貧困対策の推進に関する法律**が成立し、2014（平成26）年に施行された。

61 子どもの貧困対策の推進に関する法律は、子どもの現在および将来が生まれ育った環境によって左右されることのない社会を実現することを目的に、子どもの貧困の解消、教育の機会均等、健康で文化的な生活の保障、次

⊕35-26（現社）

生活困窮者自立支援法等の一部を改正する法律（令和6年4月24日法律第21号）が公布され、生活保護法が改正されています（一部を除き、2025（令和7）年4月1日施行）。

⊕33-66

世代への貧困の連鎖の防止等を図るものである。

◎生活困窮者自立支援法

62 2008（平成20）年の世界金融危機の影響を受けて生活保護受給者が急増したことを契機に、2012（平成24）年に社会保障審議会に「生活困窮者の生活支援の在り方に関する特別部会」が設置され、生活保護受給に至る前の段階で早期に支援を行うための新たな生活困窮者支援制度の構築が提言された。

63 生活困窮者自立支援法は、生活困窮者に対する自立支援に関する措置を講ずることにより、生活困窮者の自立の促進を図ることを目的として、2013（平成25）年に成立し、2015（平成27）年に施行された。

受験対策アドバイス

生活困窮者自立支援法等の一部を改正する法律（令和6年4月24日法律第21号）が公布され、生活困窮者自立支援法が改正されています（一部を除き、2025（令和7）年4月1日施行）。

4 貧困に対する法制度

生活保護法

◎原理原則と概要

64 生活保護法は、国民の**最低生活保障**および**自立の助長**を法の目的として、国家責任、無差別平等、最低生活、保護の補足性の**4つの基本原理**、および申請保護の原則、基準及び程度の原則、必要即応の原則、世帯単位の原則という**4つの原則**によって実施されている。

📖 36-63

65 生活保護は、日本国憲法第10条に定める日本国民を対象とした制度であるため、原則として外国人には適用されないが、人道的立場等から行政措置として一般国民に対する取扱いに準じて必要な保護を行っている。

📖 35-77

✑ ただし、外国人には不服申立ての権利が認められていない。

66 生活保護法の4つの基本原理は、**図表8**のとおりである。

📖 32-64
📖 36-63

図表8 生活保護法の4つの基本原理

基本原理	概　要	生活保護法
国家責任	日本国憲法第25条に規定する理念に基づき、国が生活に困窮するすべての国民に対し、その困窮の程度に応じ、必要な保護を行い、その最低限度の生活を保障するとともに、その自立を助長する。	第1条
無差別平等	法律の定める要件を満たす限り、無差別平等に保護を受けることができる。本人の信条、性別、社会的身分または門地等により優先的または差別的な取扱いをせず、生活困窮に陥った原因による差別を否定している。	第2条
最低生活	法律により保障される最低限度の生活は、健康で文化的な生活水準を維持することができるものでなければならない。	第3条
保護の補足性	生活保護は最後の生活保障の制度であることから、①保護は、生活に困窮する者が、その利用し得る資産、能力その他あらゆるものを、その最低限度の生活の維持のために活用することを要件として行われる、②民法に定める扶養義務者の扶養および他の法律に定める扶助は、すべて保護に優先して行われる。	第4条

✍ **受験対策アドバイス**

生活保護法に関しては、原理・原則が繰り返し出題されています。生活保護法第1条〜4条、第7条〜10条は、条文を読み込んでおきましょう。保護の補足性は、具体例を説明できるようにしておきましょう。

⏷32-68

67 **保護の補足性**にかかわらず、処分しなくてもよい**資産**として、①現実に最低生活の維持のために活用されており、かつ、処分するよりも保有しているほうが生活維持および自立の助長に実効が上がっていると認められる資産、②現在活用されていないが、近い将来において活用されることがほぼ確実であって、かつ、処分するよりも保有しているほうが生活維持に実効があると認められる資産がある。

⏷32-68
⏷33-65
⏷34-64
⏷36-64

68 現に**労働能力**があり、適当な職場があるにもかかわらず、働こうとしない者は、保護の補足性の要件を欠くものとして保護を受けることはできない。また、就労可能との医師の診断がなされても、直ちに保護が廃止されるわけではない。

⏷32-68
⏷33-64
⏷35-64
⏷36-64

69 **扶養義務者**の範囲は、民法第877条に基づき、絶対的扶養義務者（直系血族および兄弟姉妹）および相対的扶養義務者（特別な事情がある三親等内の親族で家庭裁判所から扶養義務を負わされた者）である。扶養義務者による扶養は、保護に優先するものであるが、保護受給の要件ではない。

⏷32-66
⏷34-67

70 保護の要否を決定する際、扶養義務者への**扶養照会**を行うが、10年以上の長期間音信不通であるなど明らかに扶養の履行が期待できない場合や、DVから逃れてきたなどの場合は、照会は行われない。

71 保護の実施機関は、保護開始の決定時に、扶養義務を履行していない扶養義務者に対して**書面による通知**をしなければならない（生活保護法第24条第8項）。また、保護の決定・実施にあたり必要があると認めるときに、申請書の内容を調査するために扶養義務者等に報告を求めることができる（同法第28条第2項）。

72 **被保護者**とは、現に保護を受けている者をいい、**要保護者**とは、現に保護を受けているといないとにかかわらず、保護を必要とする状態にある者をいう（生活保護法第6条第1項・第2項）。

⏷32-64
⏷33-64
⏷34-63
⏷36-63

73 生活保護法の4つの原則は、**図表9**のとおりである。
  🖉 保護申請権は、一身専属権とされている。
  🖉 生活保護法にいう世帯は、同一の住居に居住し、生計を一にしている者の集まりで、他人も含まれる。

図表⑨ 生活保護法の4つの原則

原則	概　要	生活保護法
申請保護の原則	保護は、要保護者、その扶養義務者又はその他の同居の親族の申請に基いて開始される。ただし、要保護者が急迫した状況にあるときは、保護の申請がなくても、必要な保護を行うことができるとして職権による保護（急迫保護）も認めている。	第7条
基準及び程度の原則	厚生労働大臣の定める基準により測定した要保護者の需要のうち、その者の金銭または物品で満たすことのできない不足分を補う程度において保護が行われる。その基準は、要保護者の年齢別、性別、世帯構成別、所在地域別その他保護の種類に応じて必要な事情を考慮した最低限度の生活の需要を満たすに十分かつ、これを超えないものでなければならない。	第8条
必要即応の原則	保護は、要保護者の年齢別、性別、健康状態等その個人または世帯の実際の必要の相違を考慮して、有効かつ適切に行われる。	第9条
世帯単位の原則	保護は、世帯を単位としてその要否および程度が決定される。ただし、これによりがたいときは、個人単位で決定するなど、例外的な世帯分離が行われる。	第10条

◎保護の種類と内容（扶助の種類）

74　生活保護法による**扶助の種類**は、①生活扶助、②教育扶助、③住宅扶助、④医療扶助、⑤介護扶助、⑥出産扶助、⑦生業扶助、⑧葬祭扶助の8種類である。必要に応じ、単給または併給される（**図表10参照**）。

75　**生活扶助**は、被保護者の居宅における**金銭給付**が原則であり、1か月分以内を限度に世帯主またはこれに準ずる者に前渡しすることを原則としている（**図表11参照**）。居宅では保護の目的が達しがたいとき、または被保護者が希望したとき等は、**現物給付**として適当な施設に入所させ、またはこれらの施設に入所を委託しもしくは私人の家庭に養護を委託できる。

76　**教育扶助**は、義務教育に伴って必要となる学用品費、実習見学費、通学用品費などの費用が小・中学校別に定めた基準額によって支給される。教科書に準ずる副読本的な図書、ワークブック・辞書、楽器の購入費、学校給食費および通学のための交通費、児童・生徒が学校または教育委員会の行う校外活動に参加するための費用、課外のクラブ活動に要する費用が支給される。被保護者、その親権者もしくは未成年後見人または学校長に対して**金銭給付**することが原則である（**図表11参照**）。

⊕35-65
⊕36-65

⊕32-65
⊕33-65
⊕35-65

図表10 生活保護基準等体系図（2024年4月現在）

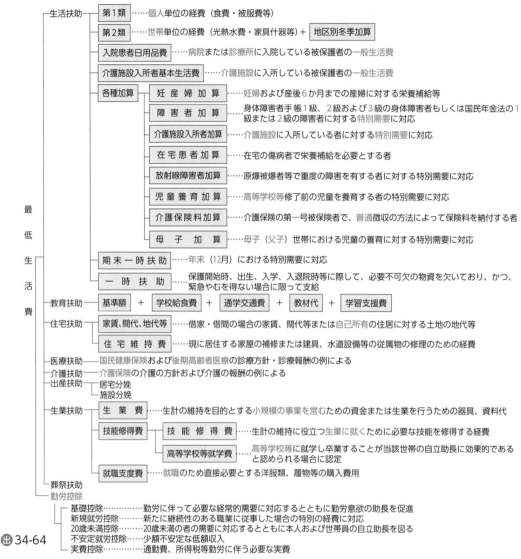

注：このほか、救護施設、更生施設入所者についての入所保護基準がある。

⊕ 32-65
⊕ 34-64
⊕ 36-64
⊕ 36-65

77 住宅扶助は、最低生活に必要な借家・借間の場合の家賃、間代等または自己所有の住居に対する土地の地代等および現に居住する家屋の補修または建具・水道設備等の従属物の修理のための住宅維持費ならびに敷金等に対応する。**金銭給付**が原則である（**図表11参照**）。

⊕ 32-65
⊕ 36-65

78 医療扶助は、最低生活に必要な診察、薬剤、治療材料、医学的処置・手術等の治療、施術、看護および移送を被保護者に対して医療券および給付券により**現物給付**（医療保護施設および指定医療機関の利用等）することが原則である（**図表11参照**）。

図表11 保護金品の給付方法

扶助の種類	給付方法	原則以外の給付方法の内容	その他の事項	
生活扶助	金銭給付	移送費、救護施設・更生施設入所等	居宅、前払いを原則	⊕35-65
教育扶助	金銭給付		生活扶助と同時支給を原則	⊕35-65
住宅扶助	金銭給付	宿所提供施設利用等	生活扶助と同時支給を原則	
医療扶助	現物給付	保護遡及時の被保護者負担額	指定医療機関の利用が原則	⊕32-65
介護扶助	現物給付	保護遡及時の被保護者負担額	指定介護機関の利用が原則	⊕35-65
出産扶助	金銭給付	異常分娩による入院等		⊕32-65
生業扶助	金銭給付	授産施設利用等		
葬祭扶助	金銭給付		葬祭を行う者に支給する	⊕35-65

79 介護扶助は、最低生活に必要な居宅介護（居宅介護支援計画による）、　⊕35-65
介護予防（介護予防支援計画による）、福祉用具、介護予防福祉用具、住宅　⊕36-65
改修、介護予防住宅改修、施設介護および移送を給付するものである。介護
保険法に規定する要介護状態または要支援状態にある被保護者に対して、**現
物給付**することが原則である（**図表11参照**）。

80 補足性の原理により、介護保険法は生活保護法に優先するため、介護
保険によるサービスを利用した場合の費用は9割が介護保険から給付され、
1割の利用者負担分を介護扶助が対応する。

　▱ 第1号被保険者の介護保険料は、生活扶助の介護保険料加算が対応する。

81 出産扶助は、要保護者の最低生活における出産に必要な分娩費（前後　⊕32-65
の処置料を含む）および脱脂綿・ガーゼ等の衛生材料費を**金銭給付**すること　⊕36-65
が原則である（**図表11参照**）。

82 生業扶助は、生計の維持または自立助長を目的に、生業費（小規模の　⊕32-65
事業を営むための資金または生業のための器具、資料代）、技能修得費（生　⊕33-65
業に就くために必要な技能を修得する経費）、就職支度費（就職のために直　⊕35-65
接必要な洋服類・履物等の購入費用）を困窮のため最低限度の生活が維持で　⊕36-64
きない者またはそのおそれがある者に対して**金銭給付**することが原則である
（**図表11参照**）。

　▱ 子どものいる被保護世帯の自立支援の観点から、生業扶助で**高等学校等就
　学費**が支給されている。授業料（公立高校の授業料相当）、教材代、入学料・
　入学考査料、交通費、学習支援費などが認められている。

83 葬祭扶助は、死体の検案、運搬、火葬、埋葬などに必要な経費を葬祭　⊕35-65
を行う者に**金銭給付**することが原則である（**図表11参照**）。級地別および大人

と小人の別に基準額が設定される。

◎保護の種類と内容 (加算等)

84 生活扶助基準は、経常的最低生活費である基準生活費、各種加算、入院患者日用品費、介護施設入所者基本生活費、期末一時扶助費および一時扶助費（臨時的最低生活費）から構成されている。現在は水準均衡方式によって算定された3級地6区分の基準額が示されている。

85 基準生活費の基本とされる居宅基準は、要保護者が居宅において保護を受ける場合の生活扶助基準で、第1類費および第2類費で構成される。

⊕ 32-65
⊕ 36-65

86 第1類の経費は、食費、被服費など個人的な需要を満たすための費用で年齢別および所在地域別（市町村を単位とする3級地6区分）に定められている。世帯人員により、基準額に対して逓減率を乗じる仕組みになっている。

⊕ 36-65

87 第2類の経費は、光熱水費や家具什器（じゅうき）など世帯の共通的な需要を満たすための経費で、世帯人員別に定められており、暖房が必要となる冬季には、冬季加算が地区別（都道府県を単位として全国を6つに区分）に加算される。

⊕ 36-65

88 入院患者日用品費は、1か月以上病院または診療所に入院している要保護者の基準生活費であり、第1類、第2類に代わって支給される。

89 介護施設入所者基本生活費は、要保護者が介護保険法による介護施設において保護を受ける場合の基準生活費であり、第1類、第2類に代わって支給される。

⊕ 36-65

90 生活扶助の各種加算は、特別の状態にある者の**特別需要**に対応して、基準生活費のほかに特別需要分を補塡して最低生活の維持を図るものであり、①妊産婦加算、②障害者加算、③介護施設入所者加算、④在宅患者加算、⑤放射線障害者加算、⑥**児童養育加算**、⑦介護保険料加算、⑧**母子加算**の8種類（**図表10参照**）がある。

91 障害者加算は、身体障害者障害程度等級表1〜3級の者、障害基礎年金1級または2級の受給者、それに準ずる者の特別需要に対応する費用として支給される。

⊕ 36-65

92 介護保険料加算は、介護保険の**第1号被保険者**で、普通徴収の方法によって介護保険料を納付する義務を負う被保護者に、保険者へ納付すべき介護保険料に対応する費用として支給される。

93 母子加算は、父母の一方もしくは両方が欠けているかこれに準ずる状態にある場合に、父母の他方または祖父母・兄・姉など、児童（18歳に達する日以後の最初の3月31日までの間にある者または20歳未満の障害者）の養育にあたる者に支給される。

⊕33-65

94 期末一時扶助費は、年末の特別需要に対する費用である。12月から1月にかけて保護を継続する被保護世帯に対し、基準生活費に加算される。級地別に6つの区分（救護施設等では3区分）に従い、世帯人員分を生活扶助費として支給する。

95 生活扶助の一時扶助費（臨時的最低生活費）は、新規保護開始時における最低生活の基盤となる物資購入、出生、入学、入退院時等による臨時的な特別需要のある被保護者等に、真にやむを得ないと認められる場合に支給される。

96 入学準備金は、小学校、中学校への入学にあたり、ランドセル、学生服、通学用かばん、靴等の購入費として支給されるものである。

97 就労自立給付金は、被保護者の就労のインセンティブを高めるため、保護受給中の就労収入の一定額を積み立て、安定した職業に就いたこと等の理由で保護廃止に至ったときに支給する制度である。

⊕34-64

98 要保護者の収入認定に際して、収入からの認定除外や実費控除のほかに就労に伴う必要経費として、一定の勤労控除が認められている（**図表10参照**）。

⊕34-64

◎被保護者の権利及び義務

99 生活保護法の被保護者に対する3つの権利と5つの義務は**図表12**のとおりである。

⊕32-68
⊕34-65

◎不服申立て

100 保護の実施機関が行った保護の申請却下、保護の変更、保護の停止・廃止、就労自立給付金または進学準備給付金の支給に関する事務などの処分に不服のある者は、処分があったことを知った日の翌日から起算して3か月以内に都道府県知事に対して審査請求を行うことができる（**図表13参照**）。

⊕33-66

図表12 被保護者の権利及び義務

		概　要	生活保護法
被保護者の権利	不利益変更の禁止	正当な理由がなければすでに決定された保護を保護の実施機関の裁量によって、不利益に変更されることがない。	第56条
	公課禁止	保護金品および進学・就職準備給付金を標準として租税その他の公課を課せられることがない。	第57条
	差押禁止	すでに給与を受けた保護金品および進学・就職準備給付金またはこれらを受ける権利を差し押さえられることがない。	第58条
被保護者の義務	譲渡禁止	保護または就労自立給付金もしくは進学・就職準備給付金の支給を受ける権利を譲り渡すことができない。	第59条
	生活上の義務	常に能力に応じて勤労に励み、自ら健康の保持・増進に努め、生計の状況を適切に把握するとともに支出の節約を図り、その他生活の維持、向上に努めなければならない。	第60条
	届出の義務	収入・支出その他生計の状況について変動があったとき、または居住地もしくは世帯の構成に異動があったときは、すみやかに保護の実施機関または福祉事務所長にその旨を届け出なければならない。	第61条
	指示等に従う義務	保護の実施機関が行う保護の目的達成に必要な指導または指示を受けたときは、これに従わなければならない。 被保護者が従わない場合、保護の変更、停止または廃止が行われることがある。	第62条
	費用返還義務	急迫した場合等において資力があるにもかかわらず、保護を受けたときは、都道府県・市町村に対して、すみやかにその受けた保護金品に相当する金額の範囲内において保護の実施機関の定める額を返還しなければならない。	第63条

33-66　**101**　審査請求を受けた都道府県知事は、処分が違法または不当でないかにつき審査したうえで、50日（第三者機関による諮問の場合70日）以内に裁決を行う。なお、この期間内に都道府県知事の裁決がなかったときは、審査請求人は、その審査請求が棄却されたとみなすことができる（**図表13参照**）。

33-66　**102**　都道府県知事の行った裁決に不服のある者は、裁決があったことを知った日の翌日から起算して1か月以内に**厚生労働大臣**に対し、**再審査請求**を行うことができる（**図表13参照**）。

図表13 不服申立ての流れ

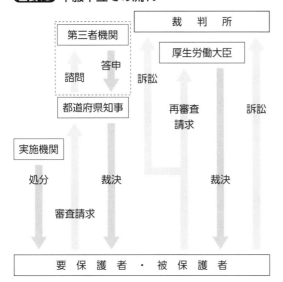

103 生活保護法に関する**処分取消の行政訴訟**は、その処分についての審査請求に対する都道府県知事の裁決を経た後でなければ提起することができない**審査請求前置主義**を採っている。 ⊕33-66

◎保護の財源

104 国は、都道府県および市町村が支弁した保護費、保護施設事務費、委託事務費、就労自立給付金費、進学・就職準備給付金費等の**4分の3**を負担しなければならない（**図表14参照**）。 ⊕36-66

105 都道府県、市および福祉事務所を設置する町村は、保護費、保護施設事務費、委託事務費、就労自立給付金費、進学・就職準備給付金費等の**4分の1**を負担しなければならない（**図表14参照**）。

図表14 費用負担区分

経費	区分	国	都道府県または は指定都市・ 中核市	市町村
保護費（施設事務費・委託事務費・就労自立給付金費・進学・就職準備給付金費等を含む）	市または福祉事務所を設置している町村内居住者	$\frac{3}{4}$	—	$\frac{1}{4}$
	福祉事務所を設置していない町村内居住者	$\frac{3}{4}$	$\frac{1}{4}$	—
	指定都市・中核市内居住者	$\frac{3}{4}$	$\frac{1}{4}$	—
	居住地の明らかでない者	$\frac{3}{4}$	$\frac{1}{4}$	—

106 都道府県は、現在地保護をした被保護者につき市町村が一時繰替支弁した保護費、保護施設事務費、委託事務費、就労自立給付金費、進学・就職準備給付金費等の**4分の1**を負担しなければならない（**図表14参照**）。

107 被保護者に対して**扶養の義務**を履行しなければならない者があるときは、その義務の範囲内において、保護費を支弁した都道府県又は市町村の長は、その費用の全部または一部を、その者から**徴収**することができる。

108 保護費を支弁した都道府県および市町村の長は、不実の申請その他不正な手段により保護を受け、または他人をして受けさせた者から支弁した費用の額の全部または一部を**徴収**する。

  ✏️ さらに徴収する額の40％以下の金額を上乗せすることができる。

◎最低生活費と生活保護基準

⊕34-63
⊕35-66

109 生活扶助基準の算定方法は、マーケット・バスケット方式、エンゲル方式、格差縮小方式と変遷し、現在は**水準均衡方式**を採用している（**図表15参照**）。

110 生活保護基準は、保護の要否を判定するとともに、保護費の支給の程度を決定するという2つの機能を有している。

◎保護の実施機関と実施体制

⊕33-68
⊕34-68
⊕35-45（行財）
⊕36-66

111 **都道府県および市**（特別区を含む）は、条例により生活保護法実施のための現業機関（保護の実施機関）として、社会福祉法に基づく**福祉事務所**（福祉に関する事務所）を設置しなければならない（**社会福祉法第14条第1項**）。町村については任意設置である。

⊕35-69

112 要保護者の保護を決定・実施しなければならない機関は、**図表16**のとおりである（**生活保護法第19条**）。

⊕32-68

113 **保護の開始の申請**は、要保護者等が、保護を受けようとする理由、資産・収入の状況（扶養義務者による扶養の状況を含む）等、保護の要否、種類、程度および方法を決定するために必要な事項などを記載した申請書を保護の実施機関に提出しなければならない。ただし、これにより難いときは、その限りではない。

114 保護の実施機関は、保護開始または保護変更の申請があったときは、保護の要否、種類、程度および方法を決定し、その決定の理由を附した**書面**で通知しなければならない。

115 決定通知は、申請のあった日から**14日以内**に行うことが原則である。

図表15 生活扶助基準の算定方法

算定方法	採用時期	概要
マーケット・バスケット方式	1948（昭和23）年8月～1961（昭和36）年3月	ラウントリーがヨーク市貧困調査に用いた理論生計費方式。最低生活の必需品を一つずつ積み上げて金額を算出する。
エンゲル方式	1961（昭和36）年4月～1965（昭和40）年3月	ドイツのエンゲル（Engel, C. L. E.）が、労働者家庭の家計構造分析をして発見した、貧困世帯であるほど、総支出に占める飲食物費の割合（エンゲル係数）が上昇するという法則を用いたものである。
格差縮小方式	1965（昭和40）年4月～1984（昭和59）年3月	予算編成時に公表される政府経済見通しにおける国民の消費水準（民間最終消費支出）の伸びを基礎として、格差縮小分を加味して生活扶助基準を算定するもの。一般国民と生活保護階層との消費水準格差を縮小させていく方式である。
水準均衡方式	1984（昭和59）年4月～現在	生活扶助基準額は、一般国民の消費実態と対比してすでに妥当な水準に到達しているという認識のもと、当該年度の政府経済見通しで見込まれる民間最終消費支出の伸び率を基礎とし、前年度の同支出の実績等を勘案して所要の調整をして生活扶助基準を算定するものである。

図表16 保護の実施責任

居住地区分	実施責任
市または福祉事務所を設置している町村内居住者	居住地の市町村福祉事務所
福祉事務所を設置していない町村内居住者	居住地を管轄する都道府県の福祉事務所
居住地の明らかでない者	現在地を管轄する福祉事務所（現在地保護）
救護施設・更生施設、介護老人福祉施設等入所者	入所前の居住地または現在地を管轄する福祉事務所

扶養義務者の資産および収入の状況の調査に日時を要する等の場合は、30日まで延長できるが、決定通知書に理由を明記しなければならない。30日以内に通知がないときは、申請が却下されたものとみなすことができる。

116 福祉事務所を設置していない**町村**の長が、保護開始または保護変更の申請を受け取ったときは、5日以内に、要保護者の保護決定に参考となるべき事項を記載した書面を添えて保護の実施機関に送付しなければならない。

⊕ 34-68

117 保護の実施機関または福祉事務所を設置していない**町村の長**は、要保護者が急迫した状況にあるときは、速やかに、**職権**をもって保護を開始しなければならない。

118 保護の実施機関は、被保護者に対して、生活の維持、向上その他保護の目的達成に必要な最少限度の**指導または指示**を行うことができるが、その指導または指示は、被保護者の意に反して、強制し得るものと解釈してはならないとされている。

⊕ 34-42（行財）

119 保護の実施機関は、要保護者から求めがあったときは、要保護者の**自立を助長**するために、要保護者からの相談に応じ、必要な助言をすることができる。

⊕ 32-68

120 保護の決定実施上の指導・指示は、保護の実施要領にその定めがある。概要は、**図表17**のとおりである。

図表17 指導指示の概要

保護申請時	①保護の開始申請が行われた場合、保護の受給要件、保護を受ける権利とそれに伴い生じる義務について十分に説明し、適切な指導を行う。 ②要保護者が利用し得る資源の活用を忌避していると認められる場合、適切な助言指導を行い、従わないときは保護の要件を欠くものとして申請を却下する。
保護受給中	生活保護法第27条による指導指示は、口頭により行うことを原則とするが、これによりがたいときは、文書による指導指示を行うこととする。文書による指導指示に従わない場合は、法第62条により保護の変更、停止または廃止を行う。
保護停止中	保護停止中の被保護者についても、生活状況の経過を把握し、必要と認められる場合は、生活の維持向上に関し適切な助言指導を行う等の措置を講ずる。

121 保護の実施機関は、保護の決定または実施のため必要があると認めるときは、要保護者の資産および収入の状況、健康状態その他の事項を調査するために、職員による**立入調査**や要保護者に対して**検診命令**をすることができる。

122 保護の実施機関および福祉事務所長は、保護の決定または実施のため必要があると認めるときは、要保護者または被保護者であった者、その扶養義務者の資産および収入の状況等について、①官公署、日本年金機構、共済組合等に必要な書類の閲覧・資料の提供を求めること、または②銀行、信託会社、雇用主その他関係人に**報告を求める**ことができる。

123 保護の実施機関が行う訪問調査等には、**訪問調査**、関係機関調査、課税調査の3つがある。

124 訪問調査は、要保護者の生活状況等を把握し、処遇に反映させることや自立助長のための指導を行うことを目的とするものであり、訪問調査の目的を明確にして、年間訪問計画を策定して行う。訪問調査には、①申請時等の訪問、②**訪問計画**に基づく訪問、③臨時訪問がある。

125 訪問計画に基づく訪問は、①少なくとも1年に2回以上の**家庭訪問**と、②入院入所者訪問がある。入院患者については少なくとも1年に1回以上、本人および担当主治医等に面接して、病状等を確認する。生活扶助を目的とする施設や介護施設に入所している者、保護施設の通所事業利用者についても1年に1回以上訪問する。

126 保護の実施機関は、被保護者が保護を必要としなくなったときは、速やかに**保護の停止**または廃止を決定しなければならない。

⊕34-68

◎相談支援の流れ
127 生活保護における相談援助活動のプロセスには、①要保護者の発見、②インテーク、③アセスメントとプランニング、④インターベンション、⑤モニタリングとエバリュエーション、⑥ターミネーションの段階がある。生活保護の相談・申請から決定までのプロセスは、**図表18**のとおりである。

◎自立支援、就労支援の考え方と自立支援プログラム
128 社会保障制度審議会福祉部会の生活保護制度の在り方に関する専門委員会の報告書を受けて、生活保護制度を利用しやすく自立しやすい制度に転換することを重視し、実施機関による多様な対応、早期の対応、システム的な対応が可能となるように経済的給付に加えて**自立支援プログラム**が導入された。

129 「2005（平成17）年度における自立支援プログラムの基本方針について」では、「自立」の考え方が示された。「自立支援」を、就労による経済的自立を図る**就労自立支援**のみならず、自分で自らの健康・生活管理を行う**日常生活自立支援**、社会的なつながりを回復・維持する**社会生活自立支援**を含むものとして定義した。

⊕32-66

130 生活保護制度における自立支援プログラムは、保護の実施機関が実施主体となる。管内の被保護世帯全体の状況を把握したうえで、被保護者の状況や**自立阻害要因**について類型化を図り、それぞれの類型ごとに取り組むべき自立支援の具体的内容および実施手順等を定め、これに基づき個々の被保護者に必要な支援（個別支援プログラム）を組織的に実施するものである（図

図表18 生活保護の相談・申請から決定まで

```
要保護者  ──→  面接相談

              「保護のしおり」等を用いた十分な制度の説明
              生活福祉資金、各種社会保障施策活用の可否の検討
              申請意思の確認と申請手続きへの援助指導
              ＊保護の申請権を侵害しないこと

               申　　請

              本人、扶養義務者、同居の親族による申請
              被保護者の権利と義務等の説明

              申請受理

              1週間以内に訪問調査（実地調査）＝事実確認

              資力調査

              補足性の要件を満たしているか否か
                ＜調査項目＞
                ・預貯金、保険、不動産等の資産調査
                ・扶養義務者による扶養の可否の調査
                ・年金等の社会保障給付、就労収入等の調査
                ・就労の可能性の調査　など
                ＊スティグマに対する配慮

         保護の要否判定

              ケース診断会議の活用
              最低生活費と収入の対比による判定

              保護の決定

              14日以内に書面で通知（特別な理由があるときは30日以内）
              30日以内に通知がない場合、申請却下とみなすことができる
                ＜通知の内容＞
                保護の要否、種類、程度及び方法
                通知が14日を超えて延期された場合はその理由
```

資料：厚生労働省資料を一部改変

表19参照）。

131 個別支援プログラムの整備にあたっては、自立支援プログラムとして活用できる他法他施策、関係機関、その他の地域の社会資源を積極的に活用し、こうした社会資源が存在しない場合には、実施機関等において必要な事業を企画し、実施することとされている。

132 個別支援プログラムの整備にあたっては、専門的知識を有する者の雇用、民生委員、社会福祉協議会、社会福祉法人、民間事業者等の地域の適切な社会資源への外部委託（アウトソーシング）等により、実施体制の充実を積極的に図ることとされている。

図表19 自立支援プログラム策定の流れ

```
              ┌─────────────────────────┐
              │  管内被保護世帯全体の状況把握  │
              └─────────────────────────┘
                         │
                         ↓
              ┌─────────────────────────┐
              │ 被保護者の状況・自立阻害要因の類型化 │
              └─────────────────────────┘
                         │   年齢別、世帯構成別
                         │   自立阻害要因別等の類型化
                         ↓
              ┌─────────────────────────┐
              │ 類型ごとの支援の具体的内容・実施手順 │
              └─────────────────────────┘
                         │   担当職員の培った経験
    ┌────────┐           │   他の実施機関の取組み例
    │対象者の選定│         │   活用できる地域の社会資源
    └────────┘           ↓
              ┌─────────────────────────┐
              │   個別支援プログラムの整備   │
              └─────────────────────────┘
                         │
           ┌─────────────┐
        ◄──│ ・他法他施策  │
           │ ・関係機関   │ の積極的活用
           │ ・地域の社会資源│
           └─────────────┘
        ◄──  ・専門的知識を有する者の雇用
              ・地域の社会資源への外部委託
              ┌ ─ ─ ─ ─ ─ ─ ─ ─ ─ ─ ─ ┐
        ◄──  │  被保護者への説明と参加の指導  │
    ┌────────┐└ ─ ─ ─ ─ ─ ─ ─ ─ ─ ─ ─ ┘
    │被保護者の同意│       │
    └────────┘         ↓
              ┌─────────────────────────┐
              │   プログラムに基づく具体的支援  │
              └─────────────────────────┘
                         │
                         ↓
              ┌─────────────────────────┐
              │    取組み状況の評価     │
              └─────────────────────────┘
```

自立支援	就労自立支援	就労による経済的自立
	日常生活自立支援	自分で自分の健康・生活管理
	社会生活自立支援	社会的なつながりの回復・維持

133 実施機関は、管内の被保護者全体の状況を概観し、優先的な対応が必要な事項や早期に実施可能な事項から順に個別支援プログラムを整備し、準備が整った個別支援プログラムから順次、支援対象者を選定し、その被保護者に対して意向を確認しながら必要な説明を行い、**本人の意思と選択**に基づくプログラムを選定する。

134 自立支援プログラムは、生活保護法第27条の2に規定する**自治事務**としての「相談及び助言」に基づくものであり、同法第27条の「指導及び指示」とは性格が異なる。　⊕ 32-66

135 自立支援プログラムへの参加は、福祉事務所長による措置や強制によるものではなく、被保護者の**同意**によるものである。　⊕ 32-66

136 自立支援プログラムにおいては、就労自立支援のみならず必要な場合には、日常生活自立や社会生活自立のための支援、**就労意欲喚起**のための支援なども行われる。　⊕ 32-66

◎**生活保護施設の役割**

⊕34-66
⊕35-69
⊕36-68

137 保護施設は、居宅において生活を営むことが困難な要保護者を入所または利用させる生活保護法に基づく施設であり、救護施設、更生施設、医療保護施設、授産施設および宿所提供施設の5種類がある（**図表20参照**）。各施設の入所または利用は、保護の実施機関が行う措置によるものである。

図表20 保護施設の種類と目的

施設名	対象	扶助の種類	備考
救護施設	身体上または精神上著しい障害があるために日常生活を営むことが困難な要保護者	生活扶助	入所または通所により、生活指導・生活訓練等を行う。また、退所者に対する通所・訪問による生活指導等を行う。
更生施設	身体上または精神上の理由により養護および生活指導を必要とする要保護者	生活扶助	入所または通所により、就労指導・職業訓練等を行う。
医療保護施設	医療を必要とする要保護者	医療扶助	
授産施設	身体上もしくは精神上の理由または世帯の事情により就業能力の限られている要保護者	生業扶助	就労または技能の修得のために必要な機会および便宜を与えて、自立を助長する。施設授産と家庭授産がある。
宿所提供施設	住居のない要保護者の世帯	住宅扶助	宿所提供施設を利用することにより住宅扶助の現物給付を行う。

⊕34-66
⊕36-66

138 社会福祉法上の第一種社会福祉事業である保護施設の設置主体は、都道府県、市町村、地方独立行政法人、社会福祉法人および日本赤十字社に限られ、設備運営、配置職員と数、利用定員などについては、都道府県が定める条例による基準を遵守しなければならない。

生活困窮者自立支援法

◎**法の理念と概要**

139 生活困窮者自立支援制度は、生活困窮者に対する包括的な支援を行うことを趣旨とし、「包括的な支援」「個別的な支援」「早期的な支援」「継続的な支援」「分権的・創造的な支援」を特徴とする。

⊕35-28（現社）
⊕36-33（地域）

140 生活困窮者自立支援法は、生活困窮者が生活保護に至る前の段階で包括的かつ早期に対応し、自立支援の強化を図るものであり、基本理念として生活困窮者の尊厳の保持を掲げている。

⊕36-33（地域）

141 生活困窮者自立支援法は、生活困窮者を「就労の状況、心身の状況、地域社会との関係性その他の事情により、現に経済的に困窮し、最低限度の

生活を維持することができなくなるおそれのある者」と定義している。

☞ 生活保護受給中の者は含まれない。

142 生活困窮者自立支援法による事業の**実施主体**は、都道府県、市、福祉　　⊕33-42（行財）
事務所を設置する町村であり、住居確保給付金の交付以外の事業は、委託す　　⊕35-67
ることができる。

◎動向

143 生活困窮者自立支援制度における支援状況調査の集計結果によれば、
自立相談支援機関の新規相談受付件数は、2015（平成27）年度から2019（令
和元）年度までは人口10万人当たり15前後で推移していたが、コロナ禍に
あって2020（令和2）年度には51.4に急増、2021（令和3）年度も36.6と
高い数値を示している。

144 生活困窮者自立支援制度における支援状況調査の集計結果によれば、
人口10万人当たりの就労支援対象者数は、2.0前後で推移してきたが、
2021（令和3）年度に5.2となり、コロナ禍の影響もあって支援の成果とし
ての就労・増収率は、2016（平成28）年度に71％だったものが2020（令
和2）年度には27％、2021（令和3）年度には35％となっている。

◎自立相談支援事業と任意事業

145 生活困窮者自立支援法による事業は、必須事業である生活困窮者**自立**　　⊕32-69
相談支援事業、生活困窮者**住居確保給付金**、努力義務とされる**就労準備支援**　　⊕34-34（地域）
事業と**家計改善支援事業**、任意事業の**一時生活支援事業**と**子どもの学習・生**　　⊕34-97（相基）
活支援事業とその他生活困窮者の自立を図るために必要な事業から成る（**図**　　⊕35-67
表21参照）。　　⊕35-69
　　⊕36-68

146 生活困窮者のうち、就労準備支援事業を利用しても一般企業への就労　　⊕36-68
を目指すことが難しい者を対象に、就労機会の提供と就労支援担当者による
一般就労に向けた支援等を行う生活困窮者**就労訓練事業**は、いわゆる「**中間
的就労**」として、都道府県知事が認定した事業者が実施する。

◎組織と実施体制

147 生活困窮者自立相談支援事業では、相談支援業務のマネジメントや地　　⊕32-69
域の社会資源開発等を行う**主任相談支援員**、相談支援を担当する**相談支援員**、
就労支援に関する知識・技術を有する**就労支援員**の3職種の配置を基本とす
る（**図表28参照**）。

148 生活困窮者に対する包括的な支援体制の強化として、自立相談支援事
業と就労準備支援事業、家計改善支援事業の一体的実施が促進されている。

受験対策
アドバイス
生活困窮者自立支援法
に関しては、6つの事
業の概要と、それらが
必須事業、努力義務の
課された事業、任意事
業のいずれであるかを
整理しておきましょ
う。

図表21 生活困窮者自立支援法による事業

必須事業	生活困窮者自立相談支援事業	・就労支援等の自立に関する相談、情報提供、助言 ・認定生活困窮者就労訓練事業の利用あっせん ・自立支援計画の作成および自立支援のための援助
	生活困窮者住居確保給付金	離職により住居を失ったか家賃の支払いが困難になった者に、就職を容易にするため住居確保のための給付金を支給
努力義務	生活困窮者就労準備支援事業	すぐには一般就労への移行が困難な生活困窮者に、就労への準備としての基礎能力の形成を計画的かつ一貫して支援
	生活困窮者家計改善支援事業	・家計の状況を適切に把握することの支援 ・家計の改善の意欲を高めることの支援 ・生活に必要な資金の貸付けのあっせん
任意事業	生活困窮者一時生活支援事業	・ホームレス等に対し、宿泊場所の供与、食事の提供等 ・シェルター等の退所者や、地域社会から孤立している者に対して、訪問による情報提供等
	子どもの学習・生活支援事業	・生活困窮者世帯（生活保護受給世帯を含む）の子どもに対する学習の援助 ・子ども、保護者に対する生活習慣および育成環境に関する助言 ・進路選択や就労に関する問題についての相談、情報提供、連絡調整
	その他	その他生活困窮者の自立の促進を図るために必要な事業

149 生活困窮者自立支援事業の実施自治体は、自治体職員、自立相談支援事業の相談支援員、サービス提供事業者、関係機関職員、社会福祉協議会職員、民生委員等を構成員とする、生活困窮者に対する支援の情報交換や支援体制の検討のための**支援会議**を組織することができる。

⊕32-69

150 福祉事務所を設置していない町村は、生活困窮者やその家族等からの相談に応じ、**生活困窮者自立相談支援事業の利用勧奨等を行う事業**を行うことができる。

🖎 都道府県、市および福祉事務所設置町村は努力義務。

◎相談支援の流れ

151 自立相談支援事業における支援のプロセスは、自立相談機関での相談⇒総合的なアセスメント⇒自立生活のためのプランの作成⇒各分野の支援事業・支援機関による支援の提供⇒再アセスメント⇒終結とフォローアップである（**図表22参照**）。

図表22 自立相談支援事業における支援の流れ

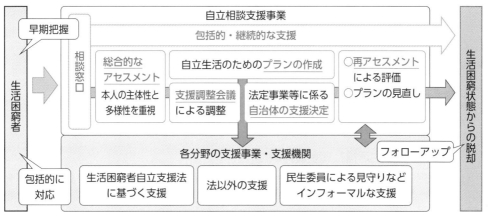

資料：厚生労働省社会・援護局地域福祉課生活困窮者自立支援室「生活困窮者自立支援制度について」（平成27年7月）11頁

152 自立相談支援機関における相談支援は、同機関に相談が入ることから始まるが、本人からの相談だけでなく、他機関からの紹介による場合のほか、相談支援機関からの**アウトリーチ**によってニーズ把握を行う場合も少なくない。

📖 生活保護に至る早期の段階からの支援により、生活困窮状態からの早期自立を期待できる。

153 アセスメントでは、生活困窮の状況を包括的に把握し、対応すべき課題を抽出、要因等を分析して解決の方向を見つけていく。その際は、本人の主体性を重視し、本人のもつストレングスにも着目することが重要である。

154 自立生活のプラン作成の段階では、把握したニーズに基づいて、本人と相談支援員とで相談しながら**自立支援計画案**を作成する。

155 自立支援計画案は、自立相談支援機関が主催する**支援調整会議**の場で内容を検討、共有する。生活困窮者自立支援法に基づく事業の利用の場合には、自治体による支援決定を経て、自立支援計画に基づく支援が開始される。

156 支援は、各分野の支援事業や支援機関によって実施され、生活困窮者自立支援法に基づく事業のほかに他の法令に基づく制度・サービスやインフォーマルな支援なども含まれる。

157 自立支援計画に基づく支援が一定期間経過すれば、支援が適切に提供されているか、本人が目標達成に向かっているか等の支援の提供状況を確認する**モニタリング**を行い、自立支援計画を評価して支援を終結させるか、再度自立支援計画を作成して支援を継続するかを判断する。

158 支援を終結する場合は、①目標である自立達成のめどが立った場合、②困窮状態の脱却には至らないが自立相談支援機関によるかかわりから離れてよいと判断できる場合、③連絡が途絶した場合、などであり、自立支援計画に対する評価をもとに、支援調整会議において検討・決定する。

☞ 支援を終結した後も、必要に応じて**フォローアップ**を実施する。

低所得者対策

◎生活福祉資金貸付制度

⊕33-69
⊕35-68
⊕36-67

159 生活福祉資金貸付制度は、**低所得世帯、障害者世帯、高齢者世帯**を対象として、資金の貸付けと必要な相談支援を行うことにより、その経済的自立と生活意欲の助長促進並びに在宅福祉および社会参加の促進を図り、安定した生活を送れるようにすることを目的とした資金貸付制度である。

⊕34-69
⊕36-67

160 生活福祉資金貸付制度の実施主体は、**都道府県社会福祉協議会**であり、借入れの相談や申請書類の受付など直接利用者にかかわる業務は、市町村社会福祉協議会に委託して実施している。また、特に必要と認められるときは、厚生労働大臣が定める者に委託することができる。

⊕33-69
⊕34-69

161 生活福祉資金の申込みは、市町村社会福祉協議会を経由して、都道府県社会福祉協議会会長に提出する。同会長は、**生活福祉資金運営委員会**の意見を聞いて貸付を決定する。

162 市町村社会福祉協議会は、借入申込者が要保護世帯であったときは、その世帯の居住地を管轄する福祉事務所長の意見を聞かなければならない。また、障害者世帯については、必要に応じ、居住地を管轄する福祉事務所長または町村長、保健所長の意見を聞かなければならない。

⊕33-69
⊕34-34（地域）
⊕34-69
⊕35-68
⊕35-69
⊕36-67

163 生活福祉資金は、**総合支援資金、福祉資金、教育支援資金、不動産担保型生活資金**を低利または無利子で貸付けるものである。一定の条件のもとであれば、同一世帯で複数の資金の貸付を重複して受けることもできる。概要は**図表23**のとおりである。

⊕33-69
⊕34-69
⊕36-67

164 **総合支援資金**と**緊急小口資金**の貸付けにあたっては、原則として生活困窮者自立支援法に基づく**生活困窮者自立相談支援事業**の利用を要件とする。

165 生活困窮者自立支援法の施行に伴い、同法の自立相談支援事業と生活福祉資金の双方の担当者が連携を図り、相談者の状況やアセスメントの結果を共有するなどの体制を整えることが求められるようになった。

資金の種類			貸付条件	
			貸付利子	保証人
総合支援資金	生活支援費	・生活再建までの間に必要な生活費用	保証人あり 無利子 保証人なし 年1.5%	原則必要 ただし、保証人なしでも貸付可
	住宅入居費	・敷金、礼金等住宅の賃貸契約を結ぶために必要な費用		
	一時生活再建費	・生活を再建するために一時的に必要かつ日常生活費で賄うことが困難である費用 　就職・転職を前提とした技能習得に要する経費 　滞納している公共料金等の立て替え費用 　債務整理をするために必要な経費 　　　　等		
福祉資金	福祉費	・生業を営むために必要な経費 ・技能習得に必要な経費およびその期間中の生計を維持するために必要な経費 ・住宅の増改築、補修等および公営住宅の譲り受けに必要な経費 ・福祉用具等の購入に必要な経費 ・障害者用の自動車の購入に必要な経費 ・中国残留邦人等に係る国民年金保険料の追納に必要な経費 ・負傷または疾病の療養に必要な経費およびその療養期間中の生計を維持するために必要な経費 ・介護サービス、障害者サービス等を受けるのに必要な経費およびその期間中の生計を維持するために必要な経費 ・災害を受けたことにより臨時に必要となる経費 ・冠婚葬祭に必要な経費 ・住居の移転等、給排水設備等の設置に必要な経費 ・就職、技能習得等の支度に必要な経費 ・その他日常生活上一時的に必要な経費	保証人あり 無利子 保証人なし 年1.5%	原則必要 ただし、保証人なしでも貸付可
	緊急小口資金	・緊急かつ一時的に生計の維持が困難となった場合に貸し付ける少額の費用	無利子	不要
教育支援資金	教育支援費	・低所得世帯に属する者が高等学校、大学または高等専門学校に修学するために必要な経費	無利子	不要 ※世帯内で連帯借受人が必要
	就学支度費	・低所得世帯に属する者が高等学校、大学または高等専門学校への入学に際し必要な経費		
不動産担保型生活資金	不動産担保型生活資金	・低所得の高齢者世帯に対し、一定の居住用不動産を担保として生活資金を貸し付ける資金	年3％、または長期プライムレートのいずれか低い利率	必要 ※推定相続人の中から選任
	要保護世帯向け不動産担保型生活資金	・要保護の高齢者世帯に対し、一定の居住用不動産を担保として生活資金を貸し付ける資金		不要

03

貧困に対する支援

⊕ 33-69
⊕ 36-67

166 貸付金の償還方法は、年賦・半年賦・月賦のいずれかの方法で、原則として元金均等償還であるが、繰上げ償還をすることもできる。償還期限までに償還しなかった場合は、延滞利子を付して返済しなければならない。

◎無料低額診療事業

⊕ 34-67

167 無料低額診療事業は、第二種社会福祉事業であり、生活に困窮している人々に対して、無料または低額な料金で診療を行うものである。低所得者や生活保護受給者、DV被害者、ホームレス等が対象となる。

◎無料低額宿泊所

⊕ 32-69
⊕ 35-69

168 無料低額宿泊所は、第二種社会福祉事業であり、生計困難者のために、無料または低額な料金で簡易住宅の貸付けや宿泊所その他の施設を利用させるものである。運営主体に制限がなく、7割強がNPO法人である。

169 無料低額宿泊所の提供サービスは、①宿所提供、②宿所＋食事の提供、③宿所＋食事＋入所者への相談援助や就労支援などがある。事業開始にあたっては、都道府県知事への届出が必要である。

170 国が定める最低基準を満たす無料低額宿泊所等（日常生活支援住居施設）に対して、福祉事務所は、単独での居住が困難な生活保護受給者への日常生活上の支援の実施を委託することができる。

◎求職者支援制度

⊕ 36-68

171 求職者支援制度は雇用保険制度による給付を受給できない求職者（特定求職者）が、公共職業安定所（ハローワーク）の支援指示による職業訓練を受講する場合に、受講期間中に職業訓練受講給付金を給付し、就職の促進を図る制度である。

◎法律扶助

172 法による解決に必要な情報やサービス提供が、どこでも受けることができる社会の実現をねらいとする総合法律支援法によって、いわゆる法律扶助が実施されている。具体的内容は、情報提供、民事法律扶助、司法過疎対策、犯罪被害者支援、国選弁護人等関連業務などである。

173 経済的に困窮する者が法的トラブルにあったときに、無料で法律相談を行い、弁護士や司法書士等を紹介し、費用の立替を行う民事法律扶助は、日本司法支援センター（通称：法テラス）が実施している。

◎低所得者への住宅政策と住居支援

⊕ 33-30（現社）
⊕ 36-31（現社）

174 公営住宅制度は、国民生活の安定と社会福祉の増進に寄与するため、国および地方公共団体が協力して、健康で文化的な生活を営むに足りる住宅

を整備し、これを住宅に困窮する低額所得者に対して低廉な家賃で賃貸する制度であり、1951（昭和26）年に公営住宅法が制定された。

175 公営住宅の家賃は、入居者の収入や立地条件、規模、築年数その他の事項に応じ、近隣同種の住宅の家賃以下で、毎年決定される。また、病気など特別の事情がある場合には、**敷金を減免**することができる。

⊕ 34-34 （地域）

176 公営住宅の入居者が死亡または退去した場合、同居していた者は事業主体の承認を受けて、引き続きその住宅に居住することができる。

177 **特定目的公営住宅**は、公営住宅のなかで、高齢者世帯、心身障害者等、特に居住の安定を図る必要のある住宅困窮者に限定して入居できるように建設しているものであり、優先的入居措置や家賃の減免措置がとられている。

178 「住宅確保要配慮者に対する賃貸住宅の供給の促進に関する法律」（**住宅セーフティネット法**）は、**住宅確保要配慮者**が適切な住宅が得られるよう配慮を求める基本法であり、国および地方公共団体に対して住宅確保要配慮者に対する賃貸住宅の供給の促進を図る施策を講ずる努力義務を課している。

⊕ 36-31 （現社）

179 住宅セーフティネット制度は、①住宅確保要配慮者の入居を拒まない賃貸住宅の登録制度、②登録住宅の改修・入居者への経済的な支援、③住宅確保要配慮者に対する居住支援の3つの柱で構成されている。

ホームレス対策

◎ホームレス自立支援法の概要

180 **ホームレスの自立の支援等に関する特別措置法**（ホームレス自立支援法）は、ホームレスの状態にある者に対し、自立支援を行うとともに、国の責務を明らかにし、ホームレスの人権への配慮と地域社会の理解と協力を得て必要な施策を行うことによりホームレス問題の解決を目的とするものである。

181 ホームレス自立支援法第8条により、**厚生労働大臣**および**国土交通大臣**は、地方公共団体の協力を得た全国調査を踏まえ、**ホームレスの自立の支援等に関する基本方針**（基本方針）を策定しなければならない。

182 都道府県または市町村は、必要があると認められるときは、基本方針や地域の実情に応じ、**実施計画を策定**しなければならない。計画策定にあたっては、地域住民およびホームレスの自立支援等を行う民間団体の意見を聴くよう努めるものとされる（**ホームレス自立支援法第9条**）。

◎ホームレスの考え方と動向

183 ホームレス自立支援法第2条は、**ホームレス**を「都市公園、河川、道路、駅舎その他の施設を故なく起居の場所とし、日常生活を営んでいる者」と定義している。

⊕36-69

184 厚生労働省「ホームレスの実態に関する全国調査」の概要は、**図表24**のとおりである。

図表24 ホームレスの実態に関する全国調査

	2021（令和3）年、2023（令和5）年調査
ホームレス数	3065人
都道府県上位	①大阪府 ②東京都 ③神奈川県
生活の場所	①公園（25.2%）、②河川（23.5%）、③その他（23.1%）、④道路（22.1%）、⑤駅舎（6.2%）
年齢層	平均63.6歳　60歳以上が半数超
路上生活期間	①10年以上（40.0%） ②5〜10年未満（19.1%） ③3〜5年未満（9.2%） ④1〜3年未満（11.4%） ⑤1年未満（19.7%） ＊5年以上は約60%
仕事と収入	48.9%が仕事をし、その66.4%は廃品回収 月収：①1万円未満（6.0%） 　　　②1〜3万円未満（18.7%） 　　　③3〜5万円未満（27.5%） 　　　④5万円以上（47.9%） 　　　＊平均収入は約5.8万円
路上生活直前の雇用形態	①常勤職員・従業員（正社員）（45.8%） ②臨時・パート・アルバイト（23.2%）
路上生活の理由	①仕事減（24.5%） ②倒産・失業（22.9%） ③人間関係悪く、辞職（18.9%）
健康状態	不調の訴え34.9%（うち治療なし63.5%）
生活保護受給歴	32.7%
今後の生活	今のままでいい　40.9% アパートに住み、就職して自活したい　17.5%
求職活動状況	求職活動をしている　8.4% していないし、予定はない　75.5%

185 「ホームレスの自立の支援等に関する基本方針」（2023（令和5）年7月）では、「ホームレスの実態に関する全国調査（生活実態調査）」において、ホームレスの高齢化や路上（野宿）生活期間の長期化が一層進んでいる傾向や、定まった住居を喪失し簡易宿泊所や終夜営業の店舗等で寝泊まりする等の不安定な居住環境にあり、路上と屋根のある場所とを行き来している層の存在も見受けられるとしている。

186 ホームレス状態にある人は、雇用喪失や不安定な雇用形態、住居喪失や不安定な住居、稼働収入の喪失、または極めて低い所得水準など、労働の場だけでなく家族や地域からも切り離されて社会的排除の状態にあるととらえることができるため、社会的包摂の視点での支援が必要となる。

◎ホームレス支援施策

187 国および地方公共団体は、ホームレス支援施策の実施にあたっては、相互の緊密な連携の確保に努めること、民間団体との緊密な連携の確保に努めるとともに、その能力の積極的な活用を図ることが求められている。

188 「ホームレスの自立の支援等に関する基本方針」では、ホームレス自立支援施策は、ホームレスが自らの意思で安定した生活を営めるように支援することを基本とし、そのためには就業の機会や安定した居住の場所が確保され、地域で自立した日常生活が継続可能となる環境づくりが重要であるとしている。

189 「ホームレスの自立の支援等に関する基本方針」は、ホームレスに対する生活保護の適用について、単にホームレスであることを理由に当然に保護の対象となるものではなく、また、居住の場所がないことや稼働能力があることだけを理由に保護の要件に欠けるということではないとしている。

190 生活困窮者自立支援法の施行後、ホームレス自立支援施策として実施されていた各事業は、基本的には生活困窮者自立支援法に基づく自立相談支援事業および生活困窮者一時生活支援事業等として実施されている。

191 生活困窮者・ホームレス自立支援センターは、ホームレス自立支援事業において設置されていたホームレス自立支援施設を改めたものであり、宿泊場所の提供、健康診断、生活相談・指導を行い、就労による自立を促す事業を実施する。

192 生活困窮者一時宿泊施設は、ホームレス緊急一時宿泊施設を移行したもので、生活困窮者とホームレスがシェルターとして利用できる施設である。

⊕ 32-69

貧困に対する支援における関係機関と専門職の役割

貧困に対する支援における公私の役割関係

◎行政の責務

193 日本国憲法制定前の貧困に対する支援は、家族や血縁・地縁等による相互扶助や宗教者等による慈善活動、民間の福祉活動によって実施され、その救済から漏れる人々を限定的に国が救済するというものであった。

194 日本国憲法第25条に生存権として「健康で文化的な最低限度の生活」が規定され、それを国民に保障することは国家責任であることが明記された。これにより、生存権を具現化する制度である生活保護法においては、生活保護の決定・実施にかかわる事務は国の責任において行うものである。

◎公私の役割関係

🏛36-44（行財）

195 生活保護の決定・実施は、生活保護法第1条に基づき国の責任においてなされるべきものであるが、法定受託事務として都道府県や福祉事務所を設置する市町村に委託して実施している。これは、民間委託等ができないものである。

196 生活困窮者に対する自立支援は、地域の福祉、就労、教育、住宅その他の生活困窮者に対する支援に関する業務を行う関係機関や民間団体との緊密な連携、その他必要な支援体制の整備に配慮して行われなければならない（生活困窮者自立支援法第2条第2項）。

国、都道府県、市町村の役割

◎国の役割

197 厚生労働省は、国民生活の保障および向上を図り、社会福祉、社会保障等の増進を図ることを任務とする国の行政機関である。生活保護事務は、社会・援護局が担当している。

198 厚生労働大臣は、生活保護基準を定める。具体的な基準額は、法律で定められるのではなく、厚生労働省告示のかたちで毎年示される。

199 厚生労働大臣は、国の開設した医療機関について、生活保護法に基づく指定医療機関の指定および指定取消しの権限を有している（生活保護法第49

条、第51条第2項）。

200 厚生労働大臣は都道府県に対して、都道府県知事は市町村および地方独立行政法人に対して、一定の事由があるときは、その運営する保護施設の設備もしくは運営の改善、事業の停止、施設の廃止を命ずることができる（生活保護法第45条）。

◎都道府県の役割

201 都道府県知事は、①市町村長の行う生活保護法の施行に関する事務についての監査、②生活保護法による医療扶助のための医療機関の指定および指定取消し（国開設以外の医療機関）、立入検査、③介護扶助のための介護機関の指定、立入検査、④保護施設の設備・運営の基準の制定、運営指導、立入検査、⑤審査請求に対する裁決、などを行う。

⊞ 36-66

202 都道府県は、福祉事務所を設置していない町村内居住者、居住地の明らかでない者の保護にかかる経費（保護費）の4分の1を負担しなければならない（図表14参照）。

⊞ 36-66

203 都道府県知事は、社会福祉法人または日本赤十字社に対して、一定の事由があるときは、その運営する保護施設の設備もしくは運営の改善、事業の停止、または施設の認可取消しができる（生活保護法第45条）。

◎市町村の役割

204 市は、社会福祉法第14条第1項の規定により、条例で、福祉事務所を設置し、市内に居住する要保護者の保護を決定・実施しなければならないが、町村の福祉事務所設置は任意である。町村が福祉事務所を設置しない場合は、都道府県の設置する福祉事務所（郡部福祉事務所）がその業務を行う。

⊞ 33-68
⊞ 35-45（行財）

 受験対策
アドバイス

◆福祉事務所の設置主体・義務と所員に関する出題が頻出です。査察指導員と現業員が社会福祉主事でなければならないことや、その役割を整理しておきましょう。

205 福祉事務所を設置していない町村の長は、①要保護者の発見、被保護者の生計その他の状況の変動を発見した場合、保護の実施機関または福祉事務所長への通報、②保護の開始または変更の申請を受理した場合の保護の実施機関への申請書の送付、③保護の実施機関または福祉事務所長から求めがあった場合の被保護者への保護金品の交付、④保護の実施機関または福祉事務所長から求めがあった場合の要保護者に関する調査を行う（生活保護法第19条第7項）。

福祉事務所の役割

◎福祉事務所の組織

⊕ 33-68
⊕ 35-45（行財）
⊕ 36-30（現社）
⊕ 34-68

206 福祉事務所は、社会福祉法第14条第1項に基づき、都道府県および市に設置が義務づけられている「福祉に関する事務所」である。

207 都道府県知事や市長は、生活保護の実施にかかわる事務を、自分の管理に属する行政庁に委任することができる（**図表25参照**）。

図表25 生活保護の実施体制（福祉事務所の組織）

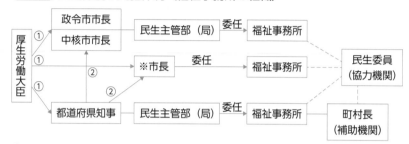

①法定受託事務の委託、監査指導、技術的助言・勧告、是正の指示
②監査指導、技術的助言・勧告、是正の指示等
※福祉事務所を管理する町村長は市長と同一の扱い。
出典：生活保護制度研究会編『生活保護のてびき 令和5年度版』第一法規、2023年をもとに作成

208 福祉事務所には、①所長、②指導監督を行う所員（査察指導員）、③現業を行う所員（現業員）、④事務を行う所員（事務員）をおかなければならない（**社会福祉法第15条第1項**）。各所員の役割は**図表26**のとおりである。

⊕ 32-67
⊕ 34-46（行財）

209 査察指導員と現業員は、社会福祉主事でなければならない（**社会福祉法第15条第6項**）。

⊕ 32-67

210 福祉事務所の所員の定数は条例で定めることになっているが、現業員に関しては、社会福祉法第16条で標準数が規定されている（**図表27参照**）。

◎福祉事務所の業務

⊕ 34-46（行財）

211 市町村の設置する福祉事務所では、生活保護法、児童福祉法、母子及び父子並びに寡婦福祉法、老人福祉法、身体障害者福祉法および知的障害者福祉法に規定する援護、育成または更生の措置に関する事務を行う。都道府県の設置する福祉事務所は、生活保護法、児童福祉法、母子及び父子並びに寡婦福祉法に規定する援護、育成の措置に関する事務を行う（**社会福祉法第14条第5項・第6項**）。

212 「新福祉事務所運営指針」（1971（昭和46）年）は、福祉事務所が住民が必要としているサービスを自己の名と責任において直接住民に与えることを目的とする機関であるとして、その要件に迅速性、直接性、技術性の3

図表26 所員の役割と資格

名称	役割	資格等
所長	都道府県知事又は市町村長（特別区の区長含む）の指揮監督を受けて、所務を掌理する	
査察指導員	所長の指揮監督を受けて、現業事務の指導監督をつかさどる	社会福祉主事
現業員	所長の指揮監督を受けて、援護、育成又は更生の措置を要する者等の家庭を訪問し、又は訪問しないで、これらの者に面接し、本人の資産、環境等を調査し、保護その他の措置の必要の有無及びその種類を判断し、本人に対し生活指導を行う等の事務をつかさどる	社会福祉主事
事務員	所長の指揮監督を受けて、所の庶務をつかさどる	
老人福祉指導主事	・老人福祉に関し、福祉事務所所員への技術的指導を行う ・老人福祉に関する情報提供、相談、調査、指導業務のうち、専門的技術を必要とする業務を行う	・社会福祉主事であって老人福祉行政推進の中核となるに相応しい者
身体障害者福祉司	（市町村の身体障害者福祉司） ・身体障害者福祉に関し、福祉事務所所員への技術的指導を行う ・身体障害者福祉に関する相談、調査、指導業務のうち、専門的技術を必要とする業務を行う	・社会福祉主事であって身体障害者福祉従事経験2年以上の者 ・社会福祉士ほか
知的障害者福祉司	（市町村の知的障害者福祉司） ・知的障害者福祉に関し、福祉事務所所員への技術的指導を行う ・知的障害者福祉に関する相談、調査、指導業務のうち、専門的技術を必要とする業務を行う	・社会福祉主事であって身体障害者福祉従事経験2年以上の者 ・社会福祉士ほか

出典：社会福祉の動向編集委員会編『社会福祉の動向 2024』中央法規出版、2023年、31頁、『社会保障の手引 2024年版──施策の概要と基礎資料』中央法規出版、2023年、6頁より作成

図表27 福祉事務所の現業員の標準数

設置主体	基本定数	追加すべき定数
都道府県	被保護世帯390以下の場合　6	被保護世帯が65を増すごとに　1
市（特別区）	被保護世帯240以下の場合　3	被保護世帯が80を増すごとに　1
町村	被保護世帯160以下の場合　2	被保護世帯が80を増すごとに　1

つをあげている。

自立相談支援機関の役割

◎自立相談支援機関の組織

213 　生活困窮者自立相談支援機関は、生活困窮者自立支援法に基づいて自立相談支援事業を実施する機関であり、福祉事務所設置自治体が直接、あるいは委託を受けた社会福祉法人や特定非営利活動法人（NPO法人）等が運営を担っている。

　　📖 約7割の自治体が業務委託しており、委託先は社会福祉協議会が最多である。

214 自立相談支援機関には、**主任相談支援員**、**相談支援員**、**就労支援員**の配置が求められている。各職種の役割は**図表28**のとおりである。

図表28 各支援員の役割

職種	役割
主任相談支援員	○相談支援業務のマネジメント 　・支援の内容及び進捗状況の確認、助言、指導 　・スーパービジョン（職員の育成） ○高度な相談支援（支援困難事例への対応等） ○地域への働きかけ 　・社会資源の開拓・連携 　・地域住民への普及・啓発活動
相談支援員	○相談支援全般 　・アセスメント、プランの作成、支援調整会議の開催等一連の相談支援プロセスの実施、記録の管理、訪問支援（アウトリーチ） ○個別的・継続的・包括的な支援の実施 ○社会資源その他の情報の活用と連携
就労支援員	○就労意欲の喚起を含む福祉面での支援 ○担当者制によるハローワークへの同行訪問 ○キャリアコンサルティング ○履歴書の作成指導 ○面接対策 ○個別求人開拓 ○就労後のフォローアップ　等

出典：厚生労働省「自立相談支援事業の手引き」2019年、19〜20頁

◎自立相談支援機関の業務

⊕36-68

215 自立相談支援機関は、生活困窮者等からの相談に応じ必要な情報の提供や助言、関係機関との連絡調整等を行い、認定就労訓練事業の利用のあっせん、プラン作成等の支援を包括的に行うことを業務とし、生活困窮者の**自立と尊厳の保持**、生活困窮者の支援を通じた**地域づくり**という2つの目標を掲げている。

216 相談支援業務は、生活困窮者やその家族、その他の関係者からの相談に応じ、アセスメントを実施して、その人々の状態に合わせた**自立支援計画**を作成して必要なサービスの提供につなげることである。

217 支援にあたっては、生活困窮者本人が自分の意思で主体的に自立に向かう行動がとれるよう、個別的な支援を実施し、その人の**尊厳ある生活を確保**することを目指す。就労を目指す場合はハローワーク等への同行訪問や就労支援員による就労支援を行う。

218 地域づくり関連業務は、**地域ネットワークの強化**や**社会資源の開発**など、生活困窮者が地域の住民の一人として地域のなかで支え合いながら生活

することができる場づくりを目指すものである。

219 自立相談支援機関は、地域の社会資源を把握し、関係機関といつでも相談できる関係を構築し、チームによる**包括的な支援**を提供する地域のネットワークづくりに取り組む。

220 自立相談支援機関は、作成した自立支援計画の検討のために、**支援調整会議**を開催する。計画実施にかかわる関係者を招集し、アセスメント結果を共有して自立支援計画（案）の目標等を検討する。
　　👄 計画策定時、再計画策定時、自立相談支援機関としての支援の終結の判断時、支援の中断の決定時に開催する。

221 福祉事務所設置主体が設置することができる**支援会議**は、自治体職員、自立相談支援機関の相談支援員、サービス提供事業者、地域において生活困窮者に関する業務を行っている福祉、就労、教育、住宅その他の関係機関の職員、社会福祉協議会職員、民生・児童委員、地域住民などで構成され、生活困窮者支援の情報共有や支援体制に関する検討を行う。

その他の貧困に対する支援における関係機関の役割

◎社会福祉協議会
222 社会福祉協議会は、地域福祉の推進を図ることを目的とする民間組織で、貧困状態にある人々への支援としては、都道府県社会福祉協議会が**生活福祉資金貸付**や**日常生活自立支援事業**などを実施しており、窓口業務や具体的な実務を市町村社会福祉協議会が担っている。

◎ハローワーク
223 ハローワーク（公共職業安定所）は、厚生労働省設置法第23条に基づく国の機関であり、無料の職業所紹介・職業相談、求人開拓、職業訓練のあっせんのほか、雇用保険・求職者支援、雇用対策等を実施している。
　　👄 支援対象者ごとの専門支援窓口の設置や、福祉事務所等に窓口を設置するなどワンストップ型の支援体制の整備を進めている。

224 ハローワークでは、**求職者支援制度**による求職者支援訓練と職業訓練受講給付金の支給、福祉事務所や生活困窮者自立相談支援機関と連携した**生活保護受給者等就労自立促進事業**などを実施している。　　⊕36-68

◎地域若者サポートステーション
225 地域若者サポートステーション（通称「サポステ」）は、働くことに悩みを抱える15歳から49歳までを対象として、キャリアコンサルタントによる専門相談やコミュニケーション訓練、協力企業への就労体験などの就労　　⊕36-68

に向けた支援を実施している。

◎民間支援団体

226 貧困に対する支援では、近年、民間支援団体の活動が目立つようになってきている。生活困窮者に対する相談・生活支援を行うNPO法人が全国各地で活動しているほか、子ども食堂の運営の多くがNPO法人やボランティア団体によって担われている。

227 NPO法人は、フォーマルな施策では対応が困難な制度の狭間にある問題などに柔軟に対応している。ホームレス等への炊出しや居住支援、無年金で生活ができない人、ネットカフェ等で寝泊まりしている派遣労働者への支援、フードロスを回避して必要な人に食物をつなぐフードバンクの活動などが行われている。

関連する専門職等の役割

◎ハローワーク就職支援ナビゲーター

228 ハローワークに配置される就職支援ナビゲーターは、「生活保護受給者等就労自立促進事業」においては、福祉事務所と連携して「就労支援チーム」を構成し、支援対象者との面接をし、支援プランの作成、就職に向けた準備メニューの選定支援等を実施する。

◎民生委員・児童委員、主任児童委員

⊕34-36（地域）
⊕34-42（行政）

229 民生委員は、民生委員法に基づいて、厚生労働大臣から委嘱されて非常勤の国家公務員として担当区域の住民の生活上の相談に応じ、行政や適切なサービスへのつなぎの役割を担う無給のボランティアである。

⊕34-68

230 民生委員は、生活保護法の運営実施にあたって、市町村長、福祉事務所長または社会福祉主事の事務の執行に協力することとされている（生活保護法第22条）。

⊕34-36（地域）

231 民生委員は児童福祉法に定める児童委員を兼務し、児童委員のうち厚生労働大臣から指名された者が主任児童委員を担う（児童福祉法第16条）。

◎家族、住民、ボランティア

232 支援が必要な人にとって、家族や地域住民、ボランティアは社会資源としての役割を担うことがあるが、家族は本人にとって対立する関係にある場合もある。

6 貧困に対する支援の実際

社会福祉士の役割

233 「社会福祉士の倫理綱領」（2020年6月30日採択）は、原理の中で、「社会福祉士は、差別、貧困、抑圧、排除、無関心、暴力、環境破壊などの無い、自由、平等、共生に基づく社会正義の実現をめざす」ことをうたっており、貧困をなくすことを専門職としての使命の1つとしている。

234 社会福祉士は、「ソーシャルワーク専門職のグローバル定義」や「社会福祉士の倫理綱領」に基づき、自らの実践を通じて貧困状態にある人々の自立を支え、さらには貧困の解消のために社会変革を促す役割を担っている。

貧困に対する支援の実際（多職種連携を含む）

◎生活保護制度及び生活保護施設における自立支援、就労支援、居住支援

235 生活保護制度における支援は、福祉事務所の現業員による指導・指示のほか、被保護者就労支援事業を活用して就労支援員による個別的な就労支援などが実施される。居宅での支援が難しい場合は、救護施設等の保護施設を活用して、居宅生活訓練事業や就労のための技能修得等の支援が行われる。

236 生活保護制度における居住支援としては、住宅扶助の支給のほか、生活保護施設である宿所提供施設の利用がある。利用にあたっては、福祉事務所による措置が行われる。

◎生活困窮者自立支援制度における自立支援、就労支援、居住支援

237 生活困窮者に対しては、自立相談支援機関での自立相談支援を中心として、住居確保給付金の支給や居住支援法人を活用した居住支援、就労準備支援事業や就労訓練事業を活用した就労支援など、生活、就労、住まいの支援を包括的に実施している。

238 居住支援法人は、低所得者や高齢者など、自力で適正な住宅を確保することが困難な住宅確保要配慮者に対する居住支援に取り組む法人として、都道府県の指定を受けたものである。

受験対策アドバイス

支援の実際は、事例問題として出題されることが予測されます。事例文や選択肢で与えられた情報から、解決が必要な課題が何かを判断して、活用できる制度や解決方法を選び出すことが求められます。制度の内容だけでなく、社会福祉士の倫理もあわせて思考できるようにしましょう。

⎆33-155（高齢）

◎生活福祉資金貸付を通じた自立支援

⊕34-97（相基） **239** 生活福祉資金貸付制度は、貸付の相談時から償還までのプロセスに相談支援が伴うことが特徴である。生活福祉窓口となる市町村社会福祉協議会の資金担当相談員が世帯の状況を丁寧にアセスメントし、制度の説明をするだけでなく、資金を活用してどのような生活や将来を実現するのかを利用者が見通せる支援を行う。

◎多機関及び多職種、住民、企業等との連携による地域づくりや参加の場づくり

⊕34-35（地域）
⊕36-35（地域） **240** 多様化・複雑化する地域における生活上の困難や生きづらさに対応するため、市町村による重層的支援体制整備事業が創設された（任意事業）。地域の課題を市町村全体の支援機関・地域の関係者が断らず受け止め、つながり続ける支援体制を構築するために、「属性を問わない相談支援」「参加支援」「地域づくりに向けた支援」を一体的に実施するものである。

⊕36-35（地域） **241** 重層的支援体制整備事業における地域づくり事業は、世帯や属性を超えた交流や居場所を整備し、交流・参加・学びの機会を生み出すための活動や人のコーディネート、地域のプラットフォームづくりや地域活動の活性化を図るものである。

実力チェック！一問一答

※解答の横の番号は、本科目で該当する重要項目や図表の番号です。

1 すべての国民は、生活保護法の定める要件を満たす限り、無差別平等に保護を受けることができる。

1○ 66 図表8

2 保護の補足性の原理によって、扶養義務者のいる者は保護の受給資格を欠くとされている。

2× 66 図表8

3 保護を申請できるのは、要保護者およびその扶養義務者に限られている。

3× 73 図表9

4 保護の基準は、要保護者の年齢別、性別、世帯構成別、所在地域別その他保護の種類に応じて必要な事情を考慮した最低限度の生活の需要を満たすに十分なものであって、これを超えないものでなければならない。

4○ 73 図表9

5 保護は、世帯を単位としてその要否および程度を定めるものとする。

5○ 73 図表9

6 生活扶助は、被服費、食費、葬祭費などが給付される。

6× 74 図表10

7 教育扶助は、高等学校の就学に係る学用品費について給付する。

7× 76

8 住宅扶助は、宿所提供施設を利用する現物給付によって行うことを原則とする。

8× 77

9 介護扶助には、介護保険の介護保険料は含まれない。

9○ 80

10 被保護者は、保護金品を標準として租税その他の公課を課せられることがある。

10× 99 図表12

11 生活保護法に定める不服申立てにおける審査請求は、市町村長に対して行う。

11× 100 図表13

12 生活保護法に関する処分の取消しを求める行政訴訟は、当該処分についての審査請求に対する都道府県知事の裁決を経た後でなければ、提起することができない。

12○ 103

13 保護施設は、救護施設、更生施設、宿所提供施設の3種類に分類される。

13× 137 図表20

14 生活困窮者一時生活支援事業は、生活保護の被保護者が利用する事業である。

14× 141 145 図表21

15 生活福祉資金の借入れの申込先は、福祉事務所である。

15× 160 161

16 生活福祉資金は重複貸付が禁止されているため、総合支援資金の貸付を受けた場合、教育支援資金の貸付を受けることはできない。

16× 163

保健医療と福祉

④ 保健医療と福祉

大項目	中項目	小項目（例示）	出題実績		
			第36回	第35回	第34回
1 保健医療の動向	1）疾病構造の変化	・感染症の動向 ・生活習慣病の増加			
	2）医療施設から在宅医療へ	・社会的入院 ・在宅医療の役割と課題			
	3）保健医療における福祉的課題	・依存症，認知症，自殺企図，虐待防止			
2 保健医療に係る政策・制度・サービスの概要	1）医療保険制度の概要	・医療費の動向（国民医療費の推移と構造，医療費の適正化） ・健康保険，国民健康保険，後期高齢者医療制度 ・給付（療養の給付，家族療養費，高額療養費，保険外併用療養費，現金給付等）と自己負担 ・費用負担（保険料負担，公費負担等） ・その他（労災の療養（補償）給付，公費負担医療（特定疾患医療費助成制度 等），無料低額診療事業 等）	【70】 【71】 【74】	【70】 【71】 【74】	【70】 【71】
	2）診療報酬制度の概要	・診療報酬制度の体系 ・診療報酬の支払い方式（DPC／PDPS 等）	【72】	【72】	
	3）医療施設の概要	・病院（特定機能病院，地域医療支援病院 等），診療所など ・病床（精神病床，療養病床，一般病床 等）とその推移			【72】
	4）保健医療対策の概要	・医療提供体制の整備（地域医療の指針，医療計画） ・医療圏 ・5疾病，5事業の連携体制 ・地域医療構想（病床の機能分化と連携） ・感染症対策 ・保健所の役割	【73】	【73】	【73】
3 保健医療に係る倫理	1）自己決定権の尊重	・患者の権利 ・インフォームド・コンセント，インフォームド・アセント ・意思決定支援，アドバンスケアプランニング	【76】		【74】
	2）保健医療に係る倫理	・医療倫理の4原則			
	3）倫理的課題	・高度生殖医療，出生前診断，脳死と臓器移植，尊厳死，身体抑制			
4 保健医療領域における専門職の役割と連携	1）保健医療領域における専門職	・医師，歯科医師，保健師，看護師，理学療法士，作業療法士，言語聴覚士，管理栄養士 等 ・介護福祉士，精神保健福祉士 ・介護支援専門員，居宅介護従事者 等			【75】
	2）保健医療領域における連携・協働	・院内連携 ・地域医療における連携 ・地域包括ケアシステムにおける連携			
5 保健医療領域における支援の実際	1）社会福祉士の役割	・医療ソーシャルワーカーの業務指針			
	2）保健医療領域における支援の実際（多職種連携を含む）	・疾病及びそのリスクがある人の理解 ・入院中・退院時の支援 ・在宅医療における支援 ・終末期ケア及び認知症ケアにおける支援 ・救急・災害現場における支援 ・家族に対する支援	【75】	【75】 【76】	【76】 【118】

1 保健医療の動向

疾病構造の変化

◎感染症の動向

1 　疾病構造とは、疾病の分類方法の一つで、疾病の原因、病態、症状、治療法などを考慮して、疾病を分類する方法である。

2 　人口転換における死亡率低下の過程を疾病構造の変化という。特に死因の変化から説明した理論が疫学転換である。

3 　疾病転換には、①疫病と飢饉の時代、②パンデミック後退の時代、③変性疾患と人為的な疾病の時代の3段階がある。

4 　オルシャンスキー（Olshansky, S. J.）らは、疫学転換に関し、さらに、退行性疾患遅延の時代、という第4段階を提唱した。
　　📖 心疾患や悪性新生物の非感染症が増加している日本は、この段階にあるとされている。

5 　2020（令和2）年に新型コロナウイルス感染症（COVID-19）が世界的に流行し、2023（令和5）年5月現在、日本の累計で感染者数は3377万2764人で、死亡者数は7万4633人となっている。
　　📖 新型コロナウイルス感染症は、2023（令和5）年5月8日から「2類感染症」から「5類感染症」となった。

6 　1970（昭和45）年以降、エボラ出血熱やエイズなどの30以上の感染症が出現し、これらは新興感染症と名付けられた。

◎生活習慣病の増加

7 　日本の死因順位は、戦前の1945（昭和20）年以前は、肺炎・胃腸炎・結核などの感染症が占めていたが、戦後は減少し、代わって悪性新生物・心疾患・脳血管疾患などの生活習慣病が上位を占めるようになった。

医療施設から在宅医療へ

◎在宅医療の役割と課題

8 　保険診療上、在宅医療の対象は「在宅で療養を行っている患者であっ

て、疾病、傷病のために通院による療養が困難な者」を指す。対象となる患者の居場所としては、自宅だけでなく、高齢者住宅や介護保険施設・事業所の入所者、利用者も含まれる。

9 在宅医療の役割は、在宅においても継続的に医療および介護を提供し続けることである。

10 在宅医療には、①患者本人と家族の課題、②在宅医療体制の課題、③在宅サービスを支える地域の社会資源の課題、④地域連携および医療と介護連携の課題、⑤在宅医療関連制度の課題等が考えられる。

◎社会的入院
11 社会的入院とは、入院の本来の目的から逸脱して、治療や退院を前提としない入院を継続的に続ける状態のことである。

保健医療における福祉的課題

◎依存症、認知症、自殺企図、虐待防止
12 依存症は、世界保健機関（WHO）の定義では、「アルコールや薬物といった物質の摂取や、快感・高揚感を伴う行為を繰り返し行った結果、さらに刺激を求める、渇望や離脱症状が生じる物質依存」である。

13 認知症は、ICD-10では「脳疾患による症候群であり、通常は慢性あるいは進行性で、記憶、思考、見当識、理解、計算、学習能力、言語、判断を含む多数の高次皮質機能障害」を指す。

14 自殺企図の背景には、精神保健上の問題だけではなく、過労、生活困窮、社会的孤立などさまざまな社会的要因がある。

15 児童、障害者、高齢者の虐待相談対応件数は増加している。また、虐待を類型別でみると、児童では心理虐待、高齢者と障害者では身体的虐待が最も多い。

16 虐待が発生する要因は、単一的ではなく、虐待者の要因、非虐待者の要因、社会環境の要因などが複雑に関連している。

保健医療に係る政策・制度・サービスの概要

医療保険制度の概要

◎健康保険

17 被用者保険の保険料は、総報酬制であり、その額は、①月々の保険料＝標準報酬月額×保険料率、②賞与の保険料＝標準賞与額×保険料率として決定される。

18 標準報酬の決定方法には、定時決定と随時改定の2つがある。

19 保険料は、被保険者（＝従業員）と事業主（＝企業）が折半で負担する。

20 短時間労働者が健康保険の被保険者となる要件は、雇用期間が2か月以上見込まれ、週所定労働時間が20時間以上、賃金の月額が8万8000円以上であること、学生でないこと等があげられる。　⊕35-70

21 2021（令和3）年3月より、健康保険のオンライン資格確認が導入された。2023（令和5）年4月からは、医療機関でのマイナ保険証対応が義務化され、医療機関でマイナンバーカードの保険証利用ができるようになった。　⊕33-71　⊕35-70
　☞「マイナ保険証」とは、病院や薬局で健康保険証として利用できるよう登録を済ませたマイナンバーカードである。

◎国民健康保険

22 国民健康保険の保険料は、世帯単位で算定される。

23 国民健康保険制度の保険料は、応益（均等割・平等割）と応能（所得割・資産割）に応じて設定されている。そのうえで低所得者に対しては、応益保険料の軽減措置（7・5・2割）が講じられている。

24 2022（令和4）年4月より、子育ての経済的負担軽減の観点から、国・地方の取組みとして、国民健康保険制度において未就学児を対象に、均等割保険料についてその5割が公費により軽減することとなった。
　☞例えば、応益保険料の減免措置が7割軽減世帯の場合、負担している保険料3割のうちの5割の1.5割がさらに減額になり、現在の減額7割と合算され、合計8.5割減額となる。

図表1 医療保険の保険給付

区　分		健康保険の給付の種類		国民健康保険の給付の種類
		被保険者	被扶養者	
医療給付（病気やけがの治療に対する給付）	現物給付（患者は原則として患者負担金のみ医療機関の窓口で支払う）	療養の給付 訪問看護療養費 入院時食事療養費 入院時生活療養費 保険外併用療養費	家族療養費（入院時食事療養費、入院時生活療養費、保険外併用療養費を含む） 家族訪問看護療養費	療養の給付 訪問看護療養費 入院時食事療養費 入院時生活療養費 保険外併用療養費
	現金給付（患者が医療費全額をいったん支払い、後日保険者から現金が還付される）	療養費 高額療養費 高額介護合算療養費	家族療養費 高額療養費 高額介護合算療養費	療養費 特別療養費 高額療養費 高額介護合算療養費
	治療のための患者移送	移送費	家族移送費	移送費
医療以外の給付（休業補償給付または慶弔に伴う給付）	傷病の治療のための休業	傷病手当金		傷病手当金（一部の保険者で実施）
	出産のための休業	出産手当金		
	出産費用の補てん	出産育児一時金	家族出産育児一時金	出産育児一時金（一部の保険者で実施）
	死　亡	埋葬料（費）	家族埋葬料	葬祭費（一部の保険者で実施）
継続給付（退職後一定期間保証された給付）		傷病手当金、出産手当金、出産育児一時金、埋葬料（費）		

25 　国民健康保険の財政運営の責任主体は、**都道府県**である。

◎任意継続被保険者制度

26 　任意継続被保険者制度とは、退職しても、勤務していた時の健康保険を継続でき、最長で2年間そのまま加入できる制度である。任意継続被保険者になった際の保険料は、事業主分の負担がなくなるので、全額自己負担になる。

27 　任意継続被保険者の加入要件は、①退職前まで、2か月以上継続して勤務先の健康保険に加入しており（公務員が加入する共済組合では、1年以上）、②資格喪失の日（退職日の翌日）より20日以内に加入申請をすること。

☞ 2022（令和4）年より、保険料の算定基礎の見直しや、被保険者からの申請による資格喪失が可能になった。

◎後期高齢者医療制度

図表2 医療保険制度の年齢別支給率 ⏀ 34-70

年齢	給付率	備考
75歳以上	9割	現役並み所得者は7割 上記以外で一定所得以上の所得者は8割
70歳以上75歳未満	8割	現役並み所得者は7割
就学後～70歳未満	7割	
誕生～就学前	8割	

28 後期高齢者医療制度の保険料は、①被保険者全員が負担する**均等割額**と、②所得に応じて負担する**所得割額**で構成される。

29 **後期高齢者医療広域連合**は、後期高齢者医療制度の保険者（運営主体）であり、特別地方公共団体である。 ⏀ 35-74

30 後期高齢者支援金は、後期高齢者医療制度の財源のうち、国民健康保険や健康保険組合など現役世代の各保険者の医療保険者から拠出される支援金であり、全面総報酬割が実施されている。 ⏀ 35-74

☞ 公費約5割、保険料約1割、後期高齢者支援金約4割からなる。

◎高額療養費、高額介護合算療養費

31 高額療養費制度は、重度の疾病等による長期入院や長引く治療の場合に医療費の自己負担額が高額となるため、一定の金額（自己負担限度額）を超えた部分が払い戻される制度である（**図表3・図表4参照**）。 ⏀ 32-70 ⏀ 34-70

図表3 高額療養費の自己負担限度額（70歳未満）

70歳未満（国民健康保険、被用者保険）		
所得区分	世帯単位	多数該当
標準報酬月額83万円以上	252,600円＋（医療費－842,000円）×1％	140,100円
標準報酬月額53万～79万円	167,400円＋（医療費－558,000円）×1％	93,000円
標準報酬月額28万～50万円	80,100円＋（医療費－267,000円）×1％	44,400円
標準報酬月額26万円以下	57,600円	44,400円
低所得者 （被保険者が市区町村民税の非課税者等）	35,400円	24,600円

図表4 高額療養費の自己負担限度額（70歳以上）

70歳以上（国民健康保険、被用者保険）				
所得区分		外来	外来・入院	
		外来（個人単位）	世帯単位	多数該当
現役並み	課税所得690万円以上	252,600円＋（医療費－842,000円）×1%		140,100円
	課税所得380万円以上	167,400円＋（医療費－558,000円）×1%		93,000円
	課税所得145万円以上	80,100円＋（医療費－267,000円）×1%		44,400円
一般	課税所得145万円未満	18,000円 （年間上限14.4万円）	57,600円	44,400円
低所得者	住民税非課税世帯	8,000円	24,600円	
	住民税非課税世帯 （年金収入80万円以下等）		15,000円	

注：高額長期疾病は月額1万円（上位所得者2万円）

⊕32-70

㉜ 厚生労働大臣が指定する高額長期疾病（特定疾病）には、**慢性腎不全による人工透析、血友病、抗ウイルス剤投与の後天性免疫不全症候群**があり、自己負担限度額は医療機関ごと、入院・通院ごとに月額**1万円**（慢性腎不全のうち70歳未満で上位所得者は月額**2万円**）である

㉝ 高額療養費は、現金給付が原則であるが、現物給付も可能である。保険者から高額療養費自己負担について**限度額適用認定証**の交付を受け、保険医療機関に提示すれば外来・入院ともに窓口支払いは自己負担限度額にとどめられる。

㉞ 高額療養費の申請期間は、診察を受けた日の**翌月の初日から2年以内**である。

⊕32-70

㉟ 70歳未満の人の高額療養費においては、自己負担限度額に達しない場合であっても、同一月内に同一世帯で2万1000円以上の自己負担が複数あるとき、また、同一人が同一月内に2つ以上の医療機関にかかり、それぞれの自己負担額が2万1000円以上ある場合に、これらを合算して自己負担限度額を超えた金額が支給される**世帯合算**という仕組みがある。
　　🖙 70歳以上の人は**自己負担額をすべて合算できる**。

⊕32-70

㊱ 同一世帯で、医療保険の自己負担額と介護保険の利用者負担額を合算した額が、一定の金額を超えると、超えた分が**高額介護合算療養費**として支給される。ただし、保険外併用療養費の差額部分や**入院時食事療養費、入院時生活療養費**の自己負担額は対象とならない。

◎給付

37 医療給付を大別すると、**療養の給付**（現物給付）と**療養費**（療養の給付が受けられない場合の給付）の2種類がある。療養費とされても現物給付として運用されている給付がある。

⊕ 33-71

38 医療療養病床に入院する65歳以上の被保険者は、生活療養の費用（食費、居住費）のうち定額の標準負担額を支払い、残りが入院時生活療養費として支給（現物給付）される。

⊕ 33-71

39 **混合診療**とは、公的医療保険給付の対象となる保険診療と、保険給付の対象ではない保険外診療（自由診療）を併用する仕組みである。日本では原則混合診療は禁止されており、厚生労働大臣が定める例外として認められる場合を除き、混合診療を受けた場合は、保険診療部分も含めて、原則として全額自己負担となる。

40 保険外診療を受ける場合でも、例外として、厚生労働大臣の定める**評価療養**と**選定療養**、**患者申出療養**については、保険診療との併用が認められている。この場合、通常の治療と共通する部分（診察・検査・投薬・入院料等）の費用は、一般の保険診療と同様に扱われ、その部分については一部負担金を支払うこととなり、残りの額は**保険外併用療養費**として医療保険から給付が行われる。

> ☞ **評価療養**とは、保険導入のための評価を行うものであり、先進医療、治験に係る診療などが含まれる。**選定療養**とは、保険導入を前提としてないものであり、差額ベッド代や予約診療などが含まれる。

41 患者申出療養は、まだ保険適用となっていないような高度な医療技術を用いた治療を患者からの申し出に基づき行うものである。

42 慶弔一時金的な給付には、被保険者が出産した場合の**出産育児一時金**（1子につき50万円（一定の要件を満たす病院等における出産の場合））、被扶養者が出産した場合の**家族出産育児一時金**（出産育児一時金と同額）、被保険者が死亡した場合の**埋葬料**または**埋葬費**（5万円）、被扶養者が死亡した場合の**家族埋葬料**（5万円）がある。

⊕ 36-50（社保）

43 **傷病手当金**は、業務外の事由による病気やけがの療養のため就労不能となり、給料を支給されない被保険者とその家族の生活を保障するために設けられた所得補償である。2022（令和4）年1月より支給開始日から同一傷病について（通算）**最長1年6か月間**支給される。

> ☞ 老齢退職年や障害厚生年金等の受給者の場合、調整される。

⊕ 33-76

44 **出産手当金**は、出産日以前42日、出産後56日の休暇を取得し、こ

⊕ 33-71

⊕36-50（社保）の間給料を支給されない被保険者とその家族の生活を保障するために設けられた所得補償である。支給開始日以前の継続した12か月間の各月の標準報酬月額を平均した額の30分の1相当額の3分の2相当額が支給される。

45 出産育児一時金は、被保険者が出産した場合、一児につき原則50万円が給付される。

⊕33-70
⊕35-74

46 2008（平成20）年4月から、74歳以下の前期高齢者は、健康保険等従来の医療保険の給付の対象となり、75歳以上の後期高齢者（および65歳以上75歳未満の一定の障害がある者）は、高齢者の医療の確保に関する法律（高齢者医療確保法）に基づく後期高齢者医療制度の対象となっている。また、給付率は図表2のとおりである。

◎その他（労災の療養（補償）給付、公費負担医療等）

⊕36-53（社保）

47 労働者災害補償保険制度（労災）とは、労働者が業務中や通勤途中に事故に遭ったり、仕事が原因で病気や障害になったりした場合に、労働者本人やその遺族に保険給付を行う公的保険制度である。
　　👄 労災の保険者は国で、業務災害と通勤災害の2種類がある。

48 公費負担医療は、病気やけがに対する医療を全額や一部を国や地方自治体の公費で負担する制度である。

49 公費負担医療には、公費優先医療と保険優先医療の2つがある。
　　👄 医療保険を優先とする保険優先医療には、①障害者福祉等、②児童福祉等、③疾病対策等、④公衆衛生、⑤国家補償・健康被害等、⑥公的扶助の6つがある。

50 無料低額診療は、社会福祉法に基づき、生活困難者のために無料または低額な料金で診療を行う第二種社会福祉事業である。

◎ 2021（令和3）年度国民医療費の動向（推移と構造、適正化）

⊕34-70

受験対策アドバイス
◆「国民医療費」については出題頻度が高いです。「国民医療費の概況」において、制度別・財源別・診療種類別・年齢階級別の構成割合を確認しておきましょう。

51 国民医療費とは、当該年度内の医療機関等における保険診療の対象となり得る傷病の治療に要した費用を推計したものである。保険診療の対象とならない評価療養（先進医療（高度医療を含む）等）、選定療養（入院時室料差額分、歯科差額分等）および不妊治療における生殖補助医療などに要した費用は含まない。

52 国民医療費の対象は、傷病の治療費に限っているため、①正常な妊娠・分娩に要する費用、②健康の維持・増進を目的とした健康診断・予防接種等に要する費用、③固定した身体障害のために必要とする義眼や義肢等の費用は含まない。

53　国民医療費は、45兆359億円である。前年度の42兆9665億円に比べて、2兆694億円、4.8％の増加となっている。

⊕34-71
⊕36-71

54　人口1人当たりの国民医療費は、35万8800円である。前年度の34万600円に比べて、5.3％減少している。

55　国民医療費の国内総生産（GDP）に対する比率は、8.18％（前年度7.99％）である。

56　国民医療費を制度区分別にみると、公費負担医療給付分は3兆3136億円（7.4％）、医療保険等給付分は20兆5706億円（45.7％）、後期高齢者医療給付分は15兆7246億円（34.9％）、患者等負担分は5兆4270億円（12.1％）となっている。

⊕35-71

57　国民医療費の財源別構成割合を大きい順に並べると、①保険料、②公費、③その他（患者負担等）となる（**図表5参照**）。

⊕34-71
⊕36-71

図表5 財源別国民医療費

財源	2021（令和3）年度		2020（令和2）年度		対前年度	
	国民医療費(億円)	構成割合(%)	国民医療費(億円)	構成割合(%)	増減額(億円)	増減率(%)
総数	450,359	100.0	429,665	100.0	20,694	4.8
公費	171,025	38.0	164,991	38.4	6,034	3.7
国庫	114,027	25.3	110,245	25.7	3,782	3.4
地方	56,998	12.7	54,746	12.7	2,252	4.1
保険料	224,957	50.0	212,641	49.5	12,316	5.8
事業主	97,376	21.6	91,483	21.3	5,893	6.4
被保険者	127,581	28.3	121,159	28.2	6,422	5.3
その他	54,378	12.1	52,033	12.1	2,345	4.5
患者負担(再掲)	52,094	11.6	49,516	11.5	2,578	5.2

注：その他は患者負担及び原因者負担（公害健康被害の補償等に関する法律及び健康被害救済制度による救済給付等）である。
資料　厚生労働省2021（令和3）年度国民医療費の概況

58　国民医療費を診療種類別にみると、医科診療医療費は32兆4025億円、そのうち入院医療費は16兆8551億円、入院外医療費は15兆5474億円となっている。また、歯科診療医療費は3兆1479億円、薬局調剤医療費は7兆8794億円、入院時食事・生活医療費は7407億円となっている。対前年度増減率をみると、医科診療医療費は5.3％の増加、歯科診療医療費は4.9％の増加、薬局調剤医療費は3.0％の増加となっている（**図表6参照**）。

⊕34-71
⊕35-71
⊕36-71

59　都道府県別国民医療費をみると、高い順から、1位が東京都、2位が大阪府、3位が神奈川県であり、低い順から、1位が鳥取県、2位が島根県、3位が福井県であった（**図表7参照**）。

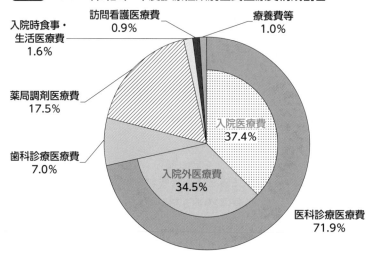

図表6 2021（令和3）年度診療種類別国民医療費構成割合

訪問看護医療費
0.9%

療養費等
1.0%

入院時食事・
生活医療費
1.6%

薬局調剤医療費
17.5%

歯科診療医療費
7.0%

入院医療費
37.4%

入院外医療費
34.5%

医科診療医療費
71.9%

資料：厚生労働省2021（令和3）年度国民医療費の概況

⊕35-71 **60** 国民医療費を都道府県別の人口1人当たりでみると、高い順から、1位が高知県、2位が鹿児島県、3位が長崎県であり、低い順から、1位が埼玉県、2位が千葉県、3位が滋賀県であった（**図表7参照**）。

⊕34-71
⊕35-71 **61** 国民医療費を年齢階級別にみると、0〜14歳は2兆4178億円（5.4％）、15〜44歳は5兆3725億円（11.9％）、45〜64歳は9兆9421億円（22.1％）、65歳以上は27兆3036億円（60.6％）となっている。また、人口1人当たり国民医療費をみると、65歳未満は19万8600円、65歳以上は75万4000円、75歳以上は92万3400円であった。

62 国民医療費の医科診療医療費を主傷病による傷病分類別にみると、循環器系の疾患（18.9％）が最も多く、次いで新生物〈腫瘍〉（14.9％）、筋骨格系及び結合組織の疾患（8.0％）、損傷、中毒及びその他の外因の影響（7.7％）、腎尿路生殖器系の疾患（7.1％）となっている。

63 医療費を抑制させるための方策としては、短期的なものには、診療報酬引き下げ、患者負担引き上げ、医療保険がカバーするサービスの縮小があり、中長期的なものとしては、特定検診・特定保健指導の強化、生活習慣病予防対策、後発医薬品の促進があげられる。

🗩 都道府県では、医療提供施設や病床の機能の分化・連携を推進している。

図表7 都道府県別からみた国民医療費・人口1人当たりの国民医療費

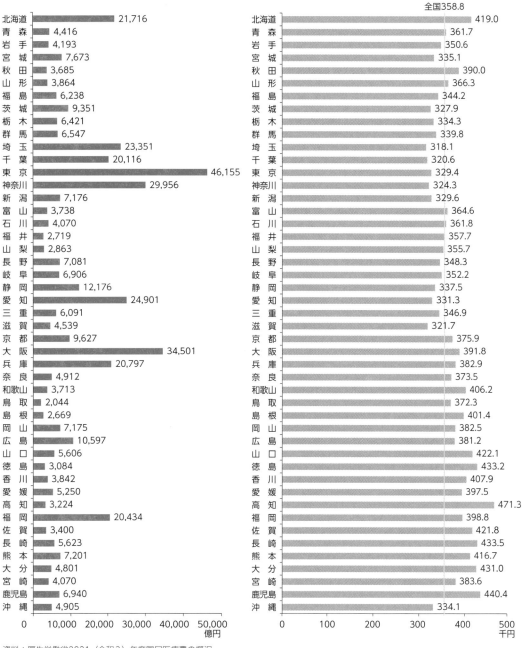

国民医療費

北海道	21,716
青　森	4,416
岩　手	4,193
宮　城	7,673
秋　田	3,685
山　形	3,864
福　島	6,238
茨　城	9,351
栃　木	6,421
群　馬	6,547
埼　玉	23,351
千　葉	20,116
東　京	46,155
神奈川	29,956
新　潟	7,176
富　山	3,738
石　川	4,070
福　井	2,719
山　梨	2,863
長　野	7,081
岐　阜	6,906
静　岡	12,176
愛　知	24,901
三　重	6,091
滋　賀	4,539
京　都	9,627
大　阪	34,501
兵　庫	20,797
奈　良	4,912
和歌山	3,713
鳥　取	2,044
島　根	2,669
岡　山	7,175
広　島	10,597
山　口	5,606
徳　島	3,084
香　川	3,842
愛　媛	5,250
高　知	3,224
福　岡	20,434
佐　賀	3,400
長　崎	5,623
熊　本	7,201
大　分	4,801
宮　崎	4,070
鹿児島	6,940
沖　縄	4,905

0　10,000　20,000　30,000　40,000　50,000 億円

人口1人当たり国民医療費

全国358.8

北海道	419.0
青　森	361.7
岩　手	350.6
宮　城	335.1
秋　田	390.0
山　形	366.3
福　島	344.2
茨　城	327.9
栃　木	334.3
群　馬	339.8
埼　玉	318.1
千　葉	320.6
東　京	329.4
神奈川	324.3
新　潟	329.6
富　山	364.6
石　川	361.8
福　井	357.7
山　梨	355.7
長　野	348.3
岐　阜	352.2
静　岡	337.5
愛　知	331.3
三　重	346.9
滋　賀	321.7
京　都	375.9
大　阪	391.8
兵　庫	382.9
奈　良	373.5
和歌山	406.2
鳥　取	372.3
島　根	401.4
岡　山	382.5
広　島	381.2
山　口	422.1
徳　島	433.2
香　川	407.9
愛　媛	397.5
高　知	471.3
福　岡	398.8
佐　賀	421.8
長　崎	433.5
熊　本	416.7
大　分	431.0
宮　崎	383.6
鹿児島	440.4
沖　縄	334.1

0　100　200　300　400　500 千円

資料：厚生労働省2021（令和3）年度国民医療費の概況

診療報酬制度の概要

◎診療報酬制度の全体像

⊕35-72

64 診療報酬には、医科診療報酬、歯科診療報酬、調剤報酬がある（**図表8**参照）。

図表8 近年の診療報酬改定の動向

改定時期	改定に当たっての主な視点	改定率
2008（平成20）年4月	・病院勤務医の負担軽減 ・産科・小児科への重点評価 ・診療科・病院の役割分担等 ・救急医療対策	△0.82% （本体 ＋0.38% 薬価等 △1.2%）
2010（平成22）年4月	・救急、産科、小児、外科等の医療の再建 ・病院勤務医の負担軽減 ・後期高齢者という年齢に着目した診療報酬体系の廃止	＋0.19% （本体 ＋1.55% 薬価等 △1.36%）
2012（平成24）年4月	・負担の大きな医療従事者の負担軽減・処遇改善の一層の推進 ・医療と介護の機能分化、在宅医療の充実 ・がん治療等の医療、技術の進歩の促進と導入のための評価の充実	＋0.004% （本体 ＋1.38% 薬価等 △1.38%）
2014（平成26）年4月	・医療機関の機能分化、強化と連携 ・在宅医療の充実 ・負担の大きな医療従事者の負担軽減・処遇改善の一層の推進	＋0.10% （本体 ＋0.73% 薬価等 △0.63%）
2016（平成28）年4月	・地域包括ケアシステム推進と医療機能分化 ・在宅医療の充実 ・後発医薬品の使用促進等	本体 ＋0.49% 薬価等 △1.22% 材料価格 △0.11%
2018（平成30）年4月	・地域包括ケアシステムの構築と医療機能の分化・強化、連携の推進 ・新しいニーズにも対応でき、安心・安全で納得できる質の高い医療の実現・充実 ・医療従事者の負担軽減、働き方改革の推進 ・効率化・適正化を通じた制度の安定性・持続可能性の強化	本体 ＋0.55% 薬価等 △1.65% 材料価格 △0.09%
2019（令和元）年10月	・消費税率引き上げに伴う改定	本体 ＋0.41% 薬価等 ＋0.42% 材料価格 ＋0.06%
2020（令和2）年4月	・医療従事者の負担軽減、医師等の働き方改革の推進 ・患者・国民にとって身近であって、安心・安全で質の高い医療の実現 ・医療機能の分化・強化、連携と地域包括システムの推進 ・効率化・適正化を通じた制度の安定性・持続可能性の向上	本体 ＋0.55% 薬価等 △0.99% 材料価格 △0.02%
2022（令和4）年4月	・新型コロナウイルス感染症等にも対応できる効率的・効果的で質の高い医療提供体制の構築 ・安心・安全で質の高い医療の実現のための医師等の働き方改革等の推進 ・患者・国民にとって身近であって、安心・安全で質の高い医療の実現 ・効率化・適正化を通じた制度の安定性・持続可能性の向上	本体 ＋0.43% 薬価等 △1.35% 材料価格 △0.02%
2024（令和6）年4月	・現下の雇用情勢も踏まえた人材確保・働き方改革等の推進 ・ポスト2025を見据えた地域包括ケアシステムの深化・推進や医療DXを含めた医療機能の分化・強化、連携の推進 ・安心・安全で質の高い医療の推進	本体 ＋0.88% 薬価等 △0.97% 材料価格 △0.02%

65 社会保険における診療報酬は、全国同一で「診療報酬の算定方法」（厚生労働省告示）によって診療行為ごとに定められている（通称「点数表」といわれている）。

📖 1点は、10円である。

受験対策
アドバイス

◆診療報酬の審査および支払い権限は、保険者にあることに留意しましょう。

66 保険適用医療（保険診療）の料金表には、点数表のほかに、保険適用医薬品の銘柄と単価を定めた薬価基準、心臓ペースメーカーその他の機材の価格を定めた特定保険医療材料価格（材料価格基準）がある。

📖 薬価基準は、保険診療に使用できる医薬品銘柄とその価格を掲載しており、角に高額な医薬品や大衆薬などは除外されている。

67 中央社会保険医療協議会（中医協）は、厚生労働大臣の諮問機関であり、2年に1度改定される診療報酬について審議し、文書をもって答申する。

⊕35-72

68 診療報酬と介護報酬の同時改定は、6年に1回行われてきている。

69 保険診療の審査支払い機関は、レセプトが「保険医療機関及び保険医療養担当規則」等に合致しているか、また、医学的に妥当かなどを審査して、その療養の給付に関する費用を保険医療機関等に支払う。

70 社会保険診療報酬支払基金は、都道府県に社会保険診療報酬支払基金法の規定に基づいて設立された民間法人であり、各医療機関からの診療報酬を審査し、支払いをする。また、後期高齢者医療制度と退職者医療制度に係る拠出金の徴収と交付金の事務も行う。

📖 健康保険や共済組合の場合は、「社会保険診療報酬支払基金」、国民健康保険の場合は、「国民健康保険団体連合会」が審査支払い機関となる。

◎診療報酬の支払い方式（DPC／PDPS等）

71 医療機関が医療費計算をする方法には、出来高払い方式と包括評価払い方式（診断群分類別包括支払制度：DPC／PDPS）の2つの方式がある。

⊕35-72

72 出来高払い方式とは、入院や検査、手術、投薬、注射など、実施した診療行為ごとに点数を積み上げて計算する方法である。

73 DPC制度（DPC／PDPS）は、特定機能病院（大学病院）などに適用されている。急性期入院医療を対象とした診療報酬の包括評価である。入院期間中に治療した病気のなかで最も医療資源を投入した一疾患のみに1日当たりの定額の点数からなる包括評価部分（入院基本料、検査、投薬、注射、画像診断等）と、従来どおりの出来高評価部分（手術、麻酔、放射線治療、カテーテル検査、リハビリテーション等）を組み合わせて計算する方式である。

⊕35-72

74 2020（令和2）年度の診療報酬改定により、カンファレンスでの情報通信機器の使用による業務の効率化、遠隔モニタリング、服薬指導、栄養食事指導など、ICT（情報通信技術）を利用した医療の評価が実施されるようになった。

75 2020（令和2）年度の診療報酬改定により、療養・就労両立支援指導料の対象患者等の要件および評価が見直され、がんの他に、脳卒中、肝疾患および指定難病が対象疾患となった。また、対象者に従来の産業医が選任されている事業場に勤務する者の他、総括安全衛生管理者、衛生管理者、安全衛生推進者または保健師が選任されている事業場に勤務する者が追加された。

76 2022（令和4）年度の診療報酬改定により、外来機能報告制度が施行されるのに伴い、紹介状がない受診患者からの定額負担を求める医療機関の対象が拡大された。従来の特定機能病院と一般病床200床以上の地域医療支援病院に、一般病床200床以上の紹介受診重点医療機関も加わった（2022（令和4）年10月より）。同時に定額負担の額も増加した。

77 2022（令和4）年度の診療報酬改定により、オンライン診療が恒久的に認められ、初診からの実施が可能になった。また、初再診料のなかで情報通信機器を用いた場合の評価が新設された。

　　かかりつけ医の実施が原則であるが、かかりつけ医以外でも可能である。

78 2022（令和4）年度の診療報酬改定により、新興感染症の発生時等に、発熱患者の外来診療等を実施する体制を有することなどを条件とし、診療所で初再診料を算定する場合の「外来感染対策向上加算」が新設された。また、入院料については、従来2段階の「感染防止対策加算」が、3段階の「感染対策向上加算」に改められ、感染症対策が強化された。

79 2022（令和4）年度の診療報酬改定により、一定期間内に1つの処方箋を繰り返し3回まで利用できるリフィル処方箋が導入された。

80 2022（令和4）年度の診療報酬改定により、不妊治療の公的医療保険適用が体外受精や人工授精などに拡大された。このうち体外受精や顕微授精は、43歳未満の女性が主な対象で、回数は最大6回（40歳〜43歳未満は最大3回）までに設定された。

81 2022（令和4）年度の診療報酬改定により、入退院支援加算1及び2について、算定対象である「退院困難な要因を有する患者」として、ヤングケアラーおよびその家族が追加された。

82 回復期リハビリテーション病棟は、回復期リハビリテーションの必要 ⊕32-71
性の高い患者（脳血管疾患や大腿骨頸部骨折などにより身体機能の低下を来
した患者）を8割以上入院させ、集中的かつ効果的にリハビリテーションを
行い、日常生活動作（ADL）の向上による寝たきりの防止と家庭復帰を目
的とする病棟である（一般病棟または療養病棟の病棟単位で行う）。

医療施設の概要

◎病院（特定機能病院、地域医療支援病院等）、診療所など

83 病院は、医師または歯科医師が、公衆または特定多数人のために医業・
歯科医業を行う場所であって、20人以上の患者を入院させるための施設を
有するものをいう（医療法第1条の5第1項）。

84 病院は、精神科病院、一般病院から構成される。日本の病院の約
12.9％は精神病床（精神疾患を有する者を入院させるための病床）のみの
精神科病院である。病床種別では、一般病床が最も多い。

☞ 詳細は厚生労働省「医療施設調査」を参照。

図表9 医療施設の変化

各年10月1日現在

	施設数		対前年		構成割合（％）	
	令和4年 (2022)	令和3年 (2021)	増減数	増減率 (%)	令和4年 (2022)	令和3年 (2021)
総数	181,093	180,396	697	0.4	…	…
病院	8,156	8,205	△ 49	△ 0.6	100.0	100.0
精神科病院	1,056	1,053	3	0.3	12.9	12.8
一般病院	7,100	7,152	△ 52	△ 0.7	87.1	87.2
（再掲）療養病床 　を有する病院	3,458	3,515	△ 57	△ 1.6	42.4	42.8
一般診療所	105,182	104,292	890	0.9	100.0	100.0
有　床	5,958	6,169	△ 211	△ 3.4	5.7	5.9
（再掲）療養病床を 　有する一般診療所	586	642	△ 56	△ 8.7	0.6	0.6
無　床	99,224	98,123	1,101	1.1	94.3	94.1
歯科診療所	67,755	67,899	△ 144	△ 0.2	100.0	100.0
有　床	21	21	―	―	0.0	0.0
無　床	67,734	67,878	△ 144	△ 0.2	100.0	100.0

資料：厚生労働省「医療施設調査」

85 病院の配置は、都道府県の医療計画に基づいて行われ、開設には都道
府県知事の許可を必要とする。また、管理者は、原則として医師・歯科医師
でなければならない。

☞ 診療所の開設は、開設地が保健所を設置する区域にあるときは市長の許可

でもよい。

86 地域医療支援病院は、医療法第4条に規定されている病院であり、地域の他の医療機関を支援することを目的としている。第一線の地域医療を担うかかりつけ医、かかりつけ歯科医等を支援する能力を備え、地域医療の確保を図る病院として、ふさわしい設備を有する。

87 地域医療支援病院の役割は、①紹介患者に対する医療の提供（かかりつけ医等への逆紹介も含む）、②医療機器の共同利用の実施、③救急医療の提供、④地域の医療従事者に対する研修の実施、等である。都道府県知事により承認されている。

88 地域医療支援病院の管理者の義務は、医療提供施設、訪問看護事業者等の居宅等医療の提供者間の連携の緊密化のための支援、患者または地域の医療提供施設に対する居宅等医療の提供者に関する情報提供等、居宅等医療の提供の推進に関し必要な支援を行うこと等である。

89 特定機能病院は、医療法第4条の2に規定されている病院であり、①高度の医療を提供する能力、②高度の医療技術の開発および評価を行う能力、③高度の医療に関する研修を行わせる能力、④医療の高度の安全を確保する能力があり、集中治療室や無菌病室などの高度医療を行う設備をもち、400人以上の患者を入院させるための施設を有する。厚生労働大臣により承認されている。

90 臨床研究中核病院は、医療法第4条の3に規定されている病院であり、日本発の革新的な医薬品や医療機器の開発などに必要となる質の高い臨床研究や治験を推進するための中心的役割を担う病院である。厚生労働大臣により承認されている。

91 診療所は、医師または歯科医師が、公衆または特定多数人のために医業・歯科医業を行う場所であって、患者を入院させるための施設を有しないものまたは19人以下の患者を入院させるための施設を有するものをいう（**医療法第1条の5第2項**）。

92 一般診療所のうち、病床を有する診療所（有床診療所）は、約6％を占めている。歯科診療所は、無床がほとんどである。

⊕32-71
⊕35-73

93 介護医療院は、介護療養型医療施設（介護療養群）の転換先の新たな施設であり、介護保険法上の**介護保険施設**だが、医療法上で**医療提供施設**として法的に位置づけられる。要介護高齢者の長期療養、生活のための施設である。

📝 介護療養型医療施設は、介護老人保健施設等へ転換が図られることになっているが、2024（令和6）年3月31日まで、介護療養型医療施設にかかる規定は、なおその効力を有することとされる。

94 助産所とは、助産師が公衆または特定多数人のためその業務（病院または診療所において行うものを除く）を行う場所をいう**（医療法第2条）**。妊婦、産婦またはじょく婦10人以上の入所施設を有してはならない。

📝 じょく婦とは、分娩終了後、母体が正常に回復するまでの期間（およそ6週間）における婦人をさす。

95 調剤薬局（調剤を実施する薬局）の役割は、薬の説明、服用の仕方など、対面で説明をすることである。薬局のなかで特に保険指定を受けた薬局を保険薬局といい、健康保険を使った処方箋の受付を行う（保険調剤）ことができる。

96 訪問看護ステーションは、在宅で療養する利用者に質の高い訪問看護サービスを提供するため、保健師や看護師等が運営するサービス機関である。　📝33-75

97 機能強化型訪問看護ステーションは、常勤看護職員を手厚く配置し、重症度の高い利用者の受け入れや24時間対応体制などを有する機能がある。　📝33-75

98 がん診療連携拠点病院とは、全国どこでも質の高いがん医療を受けることができるよう、都道府県による推薦に基づき厚生労働大臣が指定する医療機関である。

99 がん診療連携拠点病院、小児がん拠点病院、地域がん診療病院には、がん相談支援センターが設置されている。　📝33-72

100 へき地医療拠点病院は、無医地区および無医地区に準ずる地区を対象として、へき地医療支援機構の指導・調整のもとに巡回診療・へき地診療所等への医師派遣、またはへき地診療所の医師の休暇時等における代替医師等の派遣などの医療活動を継続的に実施できると認められる病院であり、都道府県知事が指定する。

📝 無医地区とは、医療機関のない地域で中心地から半径4kmの区域内に50人以上が居住し容易に医療機関を利用できない地区のこと。

101 へき地保健医療対策事業は、へき地における医療水準の向上を目的とし、へき地保健医療計画の策定、へき地診療所における医療の提供、へき地医療拠点病院等による巡回診療や代診医派遣や遠隔医療等の各種診療支援等、各種の施策が都道府県単位で実施されている。

102 エイズ診療拠点病院とは、エイズに関する総合的かつ高度な医療を提供する病院であり、①総合的なエイズ診療の実施、②必要な医療機器および個室の整備、③カウンセリング体制の整備、④地域の他の医療機関との連携、⑤院内感染防止体制の整備、⑥職員の教育、健康管理といった機能が期待されている。

◎病床 (精神病床、療養病床、一般病床等) とその推移

103 病床区分としては、「一般病床」「療養病床」「精神病床」「感染症病床」「結核病床」の5つがある (図表10参照)。

　📖 感染症病床とは、感染症の予防及び感染症の案射に対する医療に関する法律」に規定されている1類感染症、結核を除く2類感染症、新型インフルエンザ等感染症、指定感染症の患者、および新感染症の所見がある者を入院させる病床。

図表10 病院の病床種別

	一般病床	療養病床	精神病床		感染症病床	結核病床
定　義	精神病床、結核病床、感染症病床、療養病床以外の病床	主として長期にわたり療養を必要とする患者を入院させるための病床	精神疾患を有する者を入院させるための病床		感染症法に規定する一類感染症、二類感染症及び新感染症の患者を入院させるための病床	結核の患者を入院させるための病床
			100床以上の病院、並びに大学附属病院 (特定機能病院を除く)	左以外の病院		

保健医療対策の概要

◎医療法

104 医療法は、保健医療サービスの目標を、「医療は、生命の尊重と個人の尊厳の保持を旨とし、医師、歯科医師、薬剤師、看護師その他の医療の担い手と医療を受ける者との信頼関係に基づき、及び医療を受ける者の心身の状況に応じて行われるとともに、その内容は、単に治療のみならず、疾病の予防のための措置及びリハビリテーションを含む良質かつ適切なものでなければならない」と規定している (第1条の2第1項)。

105 医療法上、入院時には、診療計画の作成・交付、適切な説明を行うことが義務づけられている。その際、医療従事者の知見を反映させ、有機的連携を図ることが努力義務とされている。このような医療情報提供の充実により、インフォームド・コンセント (説明と同意) の充実や退院調整機能の発揮・強化、根拠に基づく医療 (EBM) の推進が期待されている。

106 医療法上、退院時の療養計画書については、退院後に必要な保健、医療、福祉サービスに関する事項を記載した計画書を作成・交付し、適切な説

明を行うこと、退院後の保健、医療、福祉サービスを提供する者と連携を図ることが努力義務とされている。

107 医療法上、病院、診療所または助産所の管理者は、医療事故が発生した場合には、遅滞なく、当該医療事故の日時、場所および状況その他厚生労働省令で定める事項を医療事故調査・支援センターに報告しなければならない。

108 病床機能報告制度とは、一般病床・療養病床を有する病院・診療所が、当該病床において担っている医療機能の現状と今後の方向について、病棟単位で、医療機能の現状を、高度急性期機能、急性期機能、回復期機能および慢性期機能の4区分から1つを選択し、その他の具体的な報告事項とあわせて、毎年1回都道府県に報告して、医療機能の分化・連携を推進していく仕組みである（**図表11参照**）。

🔄 33-73

図表11 医療機能の分類

医療機能の名称	医療機能の内容
高度急性期機能	急性期の患者に対し、状態の早期安定化に向けて、診療密度が特に高い医療を提供する機能
急性期機能	急性期の患者に対し、状態の早期安定化に向けて、医療を提供する機能
回復期機能	・急性期を経過した患者への在宅復帰に向けた医療やリハビリテーションを提供する機能 ・特に、急性期を経過した脳血管疾患や大腿骨頸部骨折等の患者に対し、ADLの向上や在宅復帰を目的としたリハビリテーションを集中的に提供する機能（回復期リハビリテーション機能）
慢性期機能	・長期にわたり療養が必要な患者を入院させる機能 ・長期にわたり療養が必要な重度の障害者（重度の意識障害者を含む）、筋ジストロフィー患者または難病患者等を入院させる機能

109 2018（平成30）年7月に成立した「医療法及び医師法の一部を改正する法律」では、①医師少数区域等で勤務した医師を評価する制度の創設、②都道府県における医師確保対策の実施体制の強化（医師確保計画の都道府県による策定、地域医療対策協議会の機能強化、地域医療支援事務の見直し等）、③医師養成過程を通じた医師確保対策の充実等、④地域の外来医療機能の偏在・不足等への対応、⑤地域医療構想の達成を図るための、医療機関の開設や増床に係る都道府県知事の権限の追加、健康保険法等の所要の規定の整備等が行われた。

> 📖 改正法の趣旨は、地域間の医師偏在の解消等を通じ、地域における医療提供体制を確保するため、都道府県の医療機関における医師の確保に関する事項の策定、臨床研修病院の指定権限および研修医定員の決定権限の都道府県への移譲等の措置を講ずることである。

110 2021（令和3）年5月に成立した「良質かつ適切な医療を効率的に提供する体制の確保を推進するための医療法等の一部を改正する法律」における主要な改正点は、①医師の働き方改革、②医療関係職種の業務範囲の見直し、③医師養成課程の見直し、④新興感染症等対策の5疾病5事業への追加、⑤「病床機能再編支援事業」の地域医療介護総合確保基金への位置づけ、⑥外来機能報告制度の創設、⑦持ち分の定めのない医療法人への移行計画認定制度の延長などである。

    ✍ 「がん」「脳卒中」「心筋梗塞等の心血管疾患」「糖尿病」「精神疾患」の5疾病と、「救急医療」「災害時における医療」「へき地の医療」「周産期医療」「小児医療」の5事業に、2024（令和6）年より「新興感染症等対策」を加えた5疾病6事業となる。

111 難病の患者に対する医療等に関する法律（難病法）における特定医療費の支給は、医療保険制度、介護保険制度による給付が優先される（保険優先制度）。

112 難病法は、2022（令和4）年12月に改正され、①難病患者への支援策として、医療費助成を開始する時期をこれまでの「申請時点」よりさかのぼって「重症化した時点」とする、②自治体が患者に「登録者証」を発行し、就労支援や福祉サービスを円滑に受けられるようにすること等が盛り込まれた。

    ✍ 医療費助成については、申請日からさかのぼれる期間は原則1か月で、入院や緊急の治療が必要だった場合などは最長3か月まで認められる。

113 障害者総合支援法の障害福祉サービスの対象となる難病は、随時対象疾患が拡大し、2024（令和6）年4月には、369疾病となった。

◎医療提供体制の整備（地域医療の指針、医療計画）

114 医療計画とは、医療機関の適正な配置や医療資源の効率的な活用、病院の機能分化などを図るため、医療圏の設定や病床数、病院や救急体制の整備について都道府県が策定する計画である。

115 都道府県は、医療計画のなかで、病院の病床および診療所の病床の整備を図るべき地域的単位として区分する医療圏を定めることとされている。

116 医療計画の目的は、医療機能の分化・連携を推進することを通じて、地域において切れ目のない医療の提供を実現し、良質かつ適切な医療を効率的に提供する体制の確保を図ることである（図表13参照）。

117 ヘルスプロモーションとは、1986年にオタワで開かれた会議で宣言された概念である。人々が健康を自己管理し、改善・増進させる活動などの

図表12 医療法改正の変遷

第一次改正 1985（昭和60）年	①医療圏の設定　②地域医療計画策定の義務化　③医療法人の運営の適正化と指導体制の整備→1人医療法人制度の導入（医療施設の量的整備から質的整備）
第二次改正 1992（平成4）年	①医療施設機能の体系化（特定機能病院・療養型病床群の制度化）②医療に関する適切な情報提供（広告規制の緩和、院内掲示の義務づけ）　③医療の目指すべき方向の明示
第三次改正 1997（平成9）年	①医療提供の際に医療提供者が適切な説明を行い、医療の受け手の理解を得るよう努める旨（インフォームド・コンセント）を規定　②療養型病床群制度の診療所への拡大　③地域医療支援病院の創設　④医療計画制度の必要的記載事項の追加
第四次改正 2000（平成12）年	①病院の病床を療養病床と一般病床に区分　②病院等の必置施設について規制を緩和　③人員配置基準違反に対する改善措置を講じる　④医業等に関して広告できる事項を追加
第五次改正 2006（平成18）年	①医療計画制度の見直し等を通じた医療機能の分化・連携の推進　②地域や診療科による医師不足問題への対応（医療対策協議会の制度化）　③医療安全の確保（医療安全支援センターの制度化）　④医療従事者の資質の向上　⑤医療法人制度改革（社会医療法人の創設等）
第六次改正 2014（平成26）年	①地域における病床の機能の分化および連携の推進（病床機能報告制度と地域医療構想の策定）　②医療従事者の確保　③医療従事者の勤務環境の改善　④臨床研究中核病院制度の創設　⑤医療の安全の確保のための措置
第七次改正 2015（平成27）年	①地域医療連携推進法人制度の創設　②医療法人制度の見直し
第八次改正 2017（平成29）年	①検体検査の精度の確保　②特定機能病院の管理および運営に関する体制の強化　③医療に関する広告規制の見直し　④妊産婦の異常に対応する医療機関の確保　⑤医療機関の開設者に対する監督
第九次改正 2018（平成30）年	①医療少数区域で勤務した医師を評価する制度の創設　②都道府県における医師確保対策の実施体制の強化　③医師養成過程を通じた医師確保対策の充実　④地域の外来医療機能の偏在・不足等への対応
2021（令和3）年改正	①長時間労働の医師の労働時間短縮および健康確保のための措置　②新興感染症への対応を医療計画の記載事項に追加　③外来機能報告制度の創設

出典：厚生労働統計協会編『国民衛生の動向 2022/2023』2022年、172頁をもとに一部加筆

プロセスを明らかにした。身体的、精神的、社会的に完全に良好な状態を実現させるため、生活様式の変更を含めた健康教育、社会基盤などの整備の必要性が示された。

　🔲 プライマリ・ヘルス・ケアの理念を生活習慣や新しいライフスタイルに適応させた考え方であり、健康日本21の考え方のベースになっている。

118　日本の健康づくり対策の変遷は、**図表14**のとおりである。

図表13 医療計画の概要

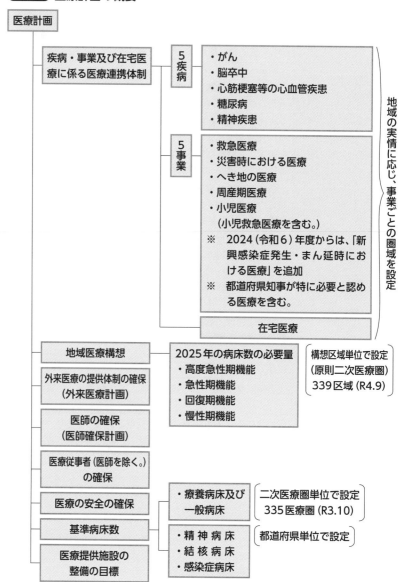

資料：厚生労働省編『厚生労働白書 令和5年版』2023年、資料編49頁

図表14 健康づくり対策の変遷

第1次国民健康づくり対策 (1978(昭和53)年〜1988(昭和63)年度)	【基本的考え方】 1. 生涯を通じる健康づくりの推進 [成人病予防のための一次予防の推進] 2. 健康づくりの3要素(栄養、運動、休養)の健康増進事業の推進(栄養に重点)	【施策の概要】 ①生涯を通じる健康づくりの推進 ・乳幼児から老人に至るまでの健康診査・保健指導体制の確立 ②健康づくりの基盤整備等 ・健康増進センター、市町村保健センター等の整備 ・保健婦、栄養士等のマンパワーの確保 ③健康づくりの啓発・普及 ・市町村健康づくり推進協議会の設置 ・栄養所要量の普及 ・加工食品の栄養成分表示 ・健康づくりに関する研究の実施 <div align="right">等</div>
第2次国民健康づくり対策 (1988(昭和63)年度〜1999(平成11)年度) アクティブ80 ヘルスプラン	【基本的考え方】 1. 生涯を通じる健康づくりの推進 2. 栄養、運動、休養のうち遅れていた運動習慣の普及に重点を置いた、健康増進事業の推進	【施策の概要】 ①生涯を通じる健康づくりの推進 ・乳幼児から老人に至るまでの健康診査・保健指導体制の充実 ②健康づくりの基盤整備等 ・健康科学センター、市町村保健センター、健康増進施設等の整備 ・健康運動指導者、管理栄養士、保健婦等のマンパワーの確保 ③健康づくりの啓発・普及 ・栄養所要量の普及・改定 ・運動所要量の普及 ・健康増進施設認定制度の普及 ・たばこ行動計画の普及 ・外食栄養成分表示の普及 ・健康文化都市及び健康保養地の推進 ・健康づくりに関する研究の実施 <div align="right">等</div>
第3次国民健康づくり対策 (2000(平成12)年度〜2012(平成24)年度) 21世紀における 国民健康づくり運動 (健康日本21)	【基本的考え方】 1. 生涯を通じる健康づくりの推進 [「一次予防」の重視と健康寿命の延伸、生活の質の向上] 2. 国民の保健医療水準の指標となる具体的目標の設定及び評価に基づく健康増進事業の推進 3. 個人の健康づくりを支援する社会環境づくり	【施策の概要】 ①健康づくりの国民運動化 ・効果的なプログラムやツールの普及啓発、定期的な見直し ・メタボリックシンドロームに着目した、運動習慣の定着、食生活の改善等に向けた普及啓発の徹底 ②効果的な健診・保健指導の実施 ・医療保険者による40歳以上の被保険者・被扶養者に対するメタボリックシンドロームに着目した健診・保健指導の着実な実施(2008(平成20)年度より) ③産業界との連携 ・産業界の自主的取組との一層の連携 ④人材育成(医療関係者の資質向上) ・国、都道府県、医療関係者団体、医療保険者団体等が連携した人材育成のための研修等の

		充実 ⑤エビデンスに基づいた施策の展開 ・アウトカム評価を可能とするデータの把握手法の見直し 等
第4次国民健康 づくり対策 (2013(平成25)年度〜) 21世紀における 国民健康づくり運動 (健康日本21(第二次))	【基本的考え方】 1. 健康寿命の延伸・健康格差の縮小 2. 生涯を通じる健康づくりの推進 [生活習慣病の発症予防・重症化予防、社会生活機能の維持・向上、社会環境の整備] 3. 生活習慣病の改善とともに社会環境の改善 4. 国民の保健医療水準の指標となる具体的な数値目標の設定及び評価に基づく健康増進事業の推進	【施策の概要】 ①健康寿命の延伸と健康格差の縮小 ・生活習慣病予防対策の総合的な推進、医療や介護などの分野における支援等の取組を推進 ②生活習慣病の発症予防と重症化予防の徹底（NCD（非感染性疾患）の予防） ・がん、循環器疾患、糖尿病、COPDの一次予防とともに重症化予防に重点を置いた対策を推進 ③社会生活を営むために必要な機能の維持及び向上 ・こころの健康、次世代の健康、高齢者の健康を推進 ④健康を支え、守るための社会環境の整備 ・健康づくりに自発的に取り組む企業等の活動に対する情報提供や、当該取組の評価等を推進 ⑤栄養・食生活、身体活動・運動、休養、飲酒、喫煙、歯・口腔の健康に関する生活習慣の改善及び社会環境の改善 ・上記項目に関する基準や指針の策定・見直し、正しい知識の普及啓発、企業や民間団体との協働による体制整備を推進 等
第5次国民健康 づくり対策 (2024(令和6)年〜 2035(令和17)年度 21世紀における 国民健康づくり運動 (健康日本21(第三次))	【基本的考え方】 1. 健康寿命の推進と健康格差の縮小 2. 個人の行動と健康状態の改善 3. 社会環境の質の向上 4. ライフコースを踏まえた健康づくり	【施策の概要】 「誰一人取り残さない健康づくり」や「より実効性をもつ取り組みの推進」に取り組むために、以下の新しい視点を取り入れる。 ①集団や個人の特性を踏まえた健康づくり（女性の健康週間、禁煙週間を明記） ②健康に関心が薄い者を含む幅広い世代へのアプローチ ③多様な主体による健康づくり ④エビデンスを踏まえた目標設定、評価 ⑤アクションプランの提示 ⑥ICTの利活用（ウェアラブル端末やアプリの利活用） ＊スマート・ライフ・プロジェクトの推進 等

資料：厚生労働省編『厚生労働白書 令和4年版』2022年、資料編58頁を一部改変

119 2002（平成14）年に制定された健康増進法は、「国民の健康の増進の総合的な推進に関し基本的な事項を定めるとともに、国民の栄養の改善その他の国民の健康の増進を図るための措置を講じ、もって国民保健の向上を

図ること」を目的としている。

120 市町村は、健康増進法に基づく健康増進事業としてがん検診を実施している。厚生労働省では、がん予防重点健康教育及びがん検診実施のための指針を定め、同指針に基づく検診を推進している。

⊕33-72

121 日本のがん対策は、**がん対策基本法**（2006（平成18）年6月成立）および同法の規定に基づく**がん対策推進基本計画**により総合的に推進されてきた。

⊕33-72

122 **特定健診（特定健康診査）・特定保健指導**は、高齢者の医療の確保に関する法律に基づいて2008（平成20）年度から実施された。40歳から74歳までの医療保険加入者（妊婦などを除く）を対象とする健康診断・保健指導であり、その目的は生活習慣病の予防である。

　✏「メタボ健診」と通称されている。

⊕32-72

123 **スマート・ライフ・プロジェクト**とは、「健康寿命をのばしましょう。」をスローガンに、国民全体が人生の最後まで元気に健康で楽しく毎日が送れることを目標とした国民運動であり、運動、食生活、禁煙の3分野を中心に、具体的なアクションの呼びかけを、参画する企業・団体・自治体と協力・連携をしながら推進するプロジェクトである。

124 宿泊型新保健指導（スマート・ライフ・ステイ）プログラムとは、生活習慣病を効果的に予防することを目的に糖尿病が疑われる者等を対象として、ホテル、旅館等の宿泊施設や地元観光資源等を活用して保健師、管理栄養士、健康運動指導士等が多職種で連携して提供する保健指導プログラムである。

◎医療圏

125 **一次医療圏**は、医療法では規定されていないが、身近な医療を提供する医療提供圏域を意味し、**市町村**を単位として考えられている。

126 **二次医療圏**は、特殊な医療を除く、入院治療を主体とした一般の医療需要に対応するために設定する医療圏（区域）であり、疾病予防から入院治療まで、幅広く地域住民の保健医療をカバーする。主に病院の一般病床および療養病床の整備を図る地域的単位として、**複数の市町村を1つの単位として**認定される。

127 **三次医療圏**は、一次または二次医療圏で対応できない、最先端、専門性の高い特殊な医療などを提供する医療圏であり、原則として都道府県全域が1つの単位となっている。ただし、当該都道府県の面積が著しく広い場合は区域内に2つ以上、また、当該都道府県の境界周辺地域における医療需給

⊕36-73

の実情に応じて2以上の都道府県にわたる区域を設定できる。

◎地域医療構想（病床の機能分化と連携）

⊕33-73
⊕35-73
128 　地域医療構想は、将来人口推計をもとに2025（令和7）年に必要となる病床数（病床の必要量）を、高度急性期、急性期、回復期、慢性期の4つの医療機能（**図表11参照**）ごとに推計する。地域の医療関係者の協議を通じて病床の機能分化と連携を進め、効率的な医療提供体制を実現する取組みで、都道府県に策定義務がある。

⊕33-73
129 　地域医療構想では、都道府県は構想区域等ごとに地域医療構想調整会議を設置し、関係者の協議を通じて、地域の高齢化等の状況に応じた病床の機能分化と連携を進める。
　　　▱ 地域医療構想は、二次医療圏を原則とした構想区域を単位として策定される。

◎感染症対策

130 　感染症の予防及び感染症の患者に対する医療に関する法律（感染症法）は、感染の拡大を防ぎ、国民の健康を保護することを目的とした法律である。

131 　感染症法では、感染力や罹患した場合の重篤性に基づき、感染症を一類感染症から五類感染症、新型インフルエンザ等感染症等に分類し、各感染症に対して適切な医療を提供できるように、指定医療機関を法定化している。

◎保健所の役割

132 　保健所は、地域保健法に規定されており、疾病の予防、健康増進、環境衛生など、公衆衛生活動の中心的機関として、地域住民の生活と健康に極めて重要な役割をもつ。

⊕36-46（行財）
133 　保健所は、都道府県、指定都市、中核市その他の政令で定める市または特別区が設置する。保健所の管轄地域は、保健医療に係る施策と社会福祉に係る施策との有機的な連携を図るため、医療法に規定する二次医療圏および介護保険法に規定する区域を考慮して設定される（**地域保健法第5条**）。

134 　保健所の役割は、**図表15**、保健所の活動は、**図表16**のとおりである。

135 　市町村保健センターは、住民に対し、健康相談、保健指導および健康診査その他地域保健に関し必要な事業を行うことを目的としており、健康づくりを推進するための拠点となる施設である（**地域保健法第18条**）。

⊕32-73
136 　「地域における保健師の保健活動に関する指針」では、保健師は組織や部署にかかわらず、**図表17**にあげる10項目に留意の上、保健活動を行うとされている。

図表15 保健所の役割

　以下の事項について、企画、調整、指導及びこれらに必要な事業を行う（地域保健法第6条）。
① 地域保健に関する思想の普及及び向上に関する事項
② 人口動態統計その他地域保健に係る統計に関する事項
③ 栄養の改善及び食品衛生に関する事項
④ 住宅、水道、下水道、廃棄物の処理、清掃その他の環境の衛生に関する事項
⑤ 医事及び薬事に関する事項
⑥ 保健師に関する事項
⑦ 公共医療事業の向上及び増進に関する事項
⑧ 母性及び乳幼児並びに老人の保健に関する事項
⑨ 歯科保健に関する事項
⑩ 精神保健に関する事項
⑪ 治療方法が確立していない疾病その他の特殊の疾病により長期に療養を必要とする者の保健に関する事項
⑫ エイズ、結核、性病、伝染病その他の疾病の予防に関する事項
⑬ 衛生上の試験及び検査に関する事項
⑭ その他地域住民の健康の保持及び増進に関する事項

図表16 保健所の活動

《対人保健分野》

＜感染症等対策＞
健康診断、患者発生の報告等
予防接種、訪問指導、管理検診等
　（感染症法）

＜エイズ・難病対策＞
HIV・エイズに関する検査・相談
　（エイズ予防指針）
難病医療相談等
　（難病の患者に対する医療等に関する法律）

＜精神保健対策＞
精神保健に関する現状把握、精神保健福祉相談、精神保健訪問指導、医療・保護に関する事務等
　（精神保健福祉法）

＜健康増進等＞
地域の健康づくりに関する情報の収集・分析、栄養指導その他の保健指導のうち、特に専門的な知識及び技術を要するもの等
　（健康増進法）

《対物保健分野》

＜食品衛生関係＞
飲食店等営業の許可、営業施設等の監視、指導等
　（食品衛生法）

＜生活衛生関係＞
営業の許可、届出、立入検査等
　（生活衛生関係営業の運営の適正化に関する法律、興行場法、公衆浴場法、旅館業法、理容師法、美容師法、クリーニング業法）

保健所運営協議会
保健所長（医師）

・健康危機管理
・市町村業務（母子保健対策等）への技術的援助・助言
・市町村相互間の調整
・地域保健医療計画の作成・推進

保健所468か所
都道府県352　政令市93　特別区23

医師	理学療法士
歯科医師	作業療法士
薬剤師	保健師
獣医師	助産師
診療放射線技師	看護師
医療社会事業員	精神保健福祉士
臨床検査技師	衛生検査技師
食品衛生監視員	環境衛生監視員
管理栄養士	栄養士
歯科衛生士	と畜検査員　　等

＜医療監視等関係＞
病院、診療所、医療法人、歯科技工所、衛生検査所等への立入検査等
　（医療法、歯科技工士法、臨床検査技師等に関する法律）

《企画調整等》
広報
普及啓発
衛生統計
健康相談

＊これら業務の他に、保健所においては、薬局の開設の許可等（医薬品医療機器等法）、狂犬病まん延防止のための犬の拘留等（狂犬病予防法）、あんま・マッサージ業等の施術所開設届の受理等（あん摩マッサージ指圧師等に関する法律）の業務を行っている。

資料：厚生労働省編『厚生労働白書 令和5年版』2023、資料編56頁

図表17 組織や部署にかかわらず留意すべき10項目

① 地域診断に基づくPDCAサイクルの実施
② 個別課題から地域課題への視点及び活動の展開
③ 予防的介入の重視
④ 地区活動に立脚した活動の強化
⑤ 地区担当制の推進
⑥ 地域特性に応じた健康なまちづくりの推進
⑦ 部署横断的な保健活動の連携及び協働
⑧ 地域のケアシステムの構築
⑨ 各種保健医療福祉計画の策定及び実施
⑩ 人材育成

自己決定権の尊重

◎インフォームド・コンセント、インフォームド・アセント

137 **患者の権利**とは、医師—患者関係において患者が従属的な役割を担うことなく、患者の主体性が認められ、自らの意思決定と選択のもとに最善の医療を受けることができる権利のことである。

138 患者の権利を守るために、**セカンド・オピニオン**が制度化されている。その目的は、①主治医の診断や方針の確認、②専門医に聞くことによる治療の妥当性の確認、③主治医の示した方法以外の選択肢を知る、などがある。この制度は、主治医以外の医師の意見を得ることで、患者が納得して治療が受けられるようにする仕組みである。

139 **インフォームド・コンセント**は、治療内容については、医師の専門家としての判断と裁量権が重要ではあるが、患者の生命、身体の最終決定権は患者自身にあるという考え方に基づいた原理である。

140 **インフォームド・アセント**とは、対象者となる小児の理解度に応じてわかりやすく説明し、小児本人から同意を得ることである。

◎インフォームド・コンセントの意義と実際

141 インフォームド・コンセントでの医師と患者の関係においては、医師は患者側に単に情報を伝えるだけでなく、患者が理解したことを確認する必要がある。医師は患者にもわかりやすい言葉を用いて情報を提供・交換し、そのうえで患者の同意に基づいて治療や処置を行う。

🌐34-74

142 1997（平成9）年の医療法の改正において、インフォームド・コンセントについては、医療者は適切な説明を行って、医療を受ける者の理解を得るよう努力する義務が初めて明記された。

◎意思決定支援、アドバンス・ケア・プランニング

143 マネージドケアは、医療コストを減らすために、医療へのアクセスおよび医療サービスの内容を制限するものである。

144 **リスクマネジメント**は、経済的損失を最小限にするための科学的方法

である。医療でのリスクマネジメントの目的は、①事故防止活動などを通して、組織の損失を最小に抑えること、②患者・家族、来院者および職員の安全を確保すること、③医療の質を保証すること、の3つである。

⊕ 33-72
⊕ 34-74

145 ACP（アドバンス・ケア・プランニング）とは、人生の最終段階の医療およびケアについて、患者を主体に、家族や近しい人、医療・ケアチームが、繰り返し話し合いを行い、患者の意思決定を支援するプロセスである。愛称は、「人生会議」である。

146 アドバンス・ディレクティブ（事前指示）とは、判断能力を失った際に自分に行われる治療やケアに関する意向を判断能力があるうちに意思表示することである。

147 リビング・ウィルとは、生前の意思表明と訳され、尊厳死や自然死を望んだり、延命措置を望まないなど、自分の終末期医療についての意思を生前に書面で表明することである。

　　📖 アドバンス・ディレクティブもリビング・ウィルも、どちらも患者の尊厳を守る仕組みであるが、前者には、①自分の治療やケアといった医療行為に関する医療者への指示と、②自分が判断できなくなった場合の代理人の指定という2つの要素があるが、リビング・ウィルには、代理人の指定は含まれない。

保健医療に係る倫理

◎医療の4原則

図表18 医療の4原則

自立尊重原則	患者が自己の価値観や信念に基づいて考えをもち、選択し、行為する権利を認めること
無危害原則	他者に対して危害となるような行動ならびに危害のリスクを負わせることを意図的に控えること
善行原則	他者の利益のために行為すること
正義・公正原則	社会的負担や利益は正義に従い適正に分配すること

注：1979年にビーチャムとチルドレスが提唱

倫理的課題

◎高度生殖医療

148 高度生殖医療は、従来、保険適用外のため高額の負担が課題であったが、2022（令和4）年4月より、一般不妊治療と生殖補助医療が保険適用となった。

◎出生前診断

149 出生前診断には、非確定的検査と確定的検査があるが、診断技術の発達により、出生前診断による人工中絶が議論されてきた。

  ✏️ 人工中絶を妊婦の自己決定として認めるべきという意見と、優生思想に基づく生命の選別ではないかという意見の対立がある。

◎脳死と臓器移植

150 2010（平成22）年における「臓器の移植に関する法律（臓器移植法）」の改正により、家族の同意での脳死下臓器提供が行えるようになった。

  ✏️ この改正以前は臓器提供が不可能だった15歳未満の子どもも、家族の同意により臓器が提供となった。

151 日本の臓器移植件数は、諸外国に比べると非常に少なく、また、生体移植が多いことも特徴である。

◎尊厳死

152 安楽死とは、積極的に疾患を治すための治療は行わないが、苦痛を和らげるための充分な緩和ケアを施したうえで、死を迎える死である。

  ✏️ 安楽死は、日本では刑法第202条の嘱託（同意）殺人罪に該当する。

153 尊厳死とは、不治で末期に至った患者が、自分の意思で死期を単に引き延ばすだけの延命措置を断わって自然死を迎えることであり、積極的に疾患を治すための治療は行わないが、苦痛を和らげるための緩和ケアを施したうえで、死を迎える状況である。

◎身体抑制

154 身体拘束とは、衣服または綿入り帯等を使用して、一時的に該当患者の進退を拘束し、その運動を抑制する行動の制限のことをいう。

図表19 身体拘束の三原則

切迫性	身体拘束を行わない場合利用者等の生命または身体が危険にさらされる可能性が高い。 （意識障害、説明理解力低下、精神症状に伴う不穏、興奮）
非代替性	身体拘束その他の行動制限以外に患者の安全を確保する方法がない。 （薬剤の使用、病室内環境の工夫では対処不能、継続的な見守りが困難など）
一時性	身体拘束その他の行動制限は一時的であること。

4 保健医療領域における専門職の役割と連携

保健医療領域における専門職

◎医師、歯科医師、保健師、看護師、公認心理士等

155 医師は、業務独占であり、医師の業務については、医師法に定められている。

出 33-74

図表20 医師の業務に関する規定（医師法より）

・診療に従事する医師は、診察治療の求があつた場合には、正当な事由がなければ、これを拒んではならない（**第19条第1項**）。
・医師は、自ら診察しないで治療をし、若しくは診断書若しくは処方せんを交付し、自ら出産に立ち会わないで出生証明書若しくは死産証書を交付し、又は自ら検案をしないで検案書を交付してはならない。但し、診療中の患者が受診後24時間以内に死亡した場合に交付する死亡診断書については、この限りでない（**第20条**）。
・医師は、患者に対し治療上薬剤を調剤して投与する必要があると認めた場合には、患者又は現にその看護に当っている者に対して処方せんを交付しなければならない（**第22条一部抜粋**）。
・医師は、診療をしたときは、本人又はその保護者に対し、療養の方法その他保健の向上に必要な事項の指導をしなければならない（**第23条**）。

156 医師は、患者を診療したら遅滞なく診療に関する事項を診療録に記載しなければならない。記録後最低**5年間**は保存することが義務づけられている（**医師法第24条**）。

157 2016（平成28）年に『医師の職業倫理指針（第3版）』が公表された。医師の責務として、患者の権利を尊重することが重要視された指針であるが、今回の改訂では、近年の遺伝医療の急速な発展を踏まえ、遺伝子を巡る課題に関する記述が拡充された。

158 『医師の職業倫理指針（第3版）』では、虐待が疑われる患者を発見した場合の対応として、公的機関に積極的に通報することを推奨し、「守秘義務は適用されず、医師の責任が問われることはない」と明記された。また、障害者や認知症患者が入院・入所する医療機関・施設では、身体拘束が発生することにも言及し、患者や入所者に説明のつかない外傷やあざなどがあった場合、「原因調査と再発防止に協力すべき」としている。

159 かかりつけ医とは、住民が身近な地域で日常的な医療を受けたり、あるいは健康の相談等ができる医師である。わが国では、かかりつけ医の登録

については制度化されていない。

✉ かかりつけ医は、介護保険認定を申請する際に、主治医として「主治医意
見書」を求められることがある。

図表21 保健・医療・福祉関係の資格・職種の業務分野

資格名（根拠法）	任務・業務分野	
医　師 （医師法）	○医療および保健指導を掌ることによって公衆衛生の向上および増進に寄与し、国民の健康な生活を確保する。 ○医師でなければ、医業をなしてはならない。 （医師法第17条（業務独占）・第18条（名称独占））	
歯科医師 （歯科医師法）	○歯科医療および保健指導を掌ることによって公衆衛生の向上および増進に寄与し、国民の健康な生活を確保する。 ○歯科医師でなければ、歯科医業をなしてはならない。 （歯科医師法第17条（業務独占）・第18条（名称独占））	
薬剤師 （薬剤師法）	○調剤、医薬品の供給その他薬事衛生をつかさどることによって、公衆衛生の向上および増進に寄与し、国民の健康な生活を確保する。 ○薬剤師でない者は、販売または授与の目的で調剤してはならない。ただし、医師もしくは歯科医師、獣医師が自己の処方せんにより自ら調剤するときは、この限りではない。 ○調剤した薬剤の適正な使用のため、販売または授与の目的で調剤したときは、患者または現にその看護に当たっている者に対し、必要な情報を提供し、および必要な薬学的知見に基づく指導を行わなければならない。 （薬剤師法第19条（業務独占）・第20条（名称独占）・第25条（情報の提供及び指導））	⚕32-74
保健師 （保健師助産師看護師法）	○保健師の名称を用いて、保健指導に従事することを業とする者。 ○保健師でない者は、保健師またはこれに類似する名称を用いて、上記の業をしてはならない。ただし、臨時応急の手当てはこの限りではない。 ○保健師は、非看護師の療養上の世話または診療の補助に係る業務禁止行為規定を免除される。 （保健師助産師看護師法第29条（名称独占）・第37条（臨時応急）・第42条の3（名称独占））	
助産師 （保健師助産師看護師法）	○助産または妊婦、じょく婦もしくは新生児の保健指導を行うことを業とする女子。 ○助産師でない者は、上記の業をしてはならない。 ○助産師は、非看護師の療養上の世話または診療の補助に係る業務禁止行為規定を免除される。 ○助産師は、妊婦、産婦、じょく婦、胎児または新生児に異常があると認めたときは、医師の診療を要し、自らこれらの者に対して処置してはならない。ただし、臨時応急の手当てはこの限りではない。 （保健師助産師看護師法第30条（業務独占）・第37条（臨時応急）・第42条の3（名称独占））	
看護師 （保健師助産師看護師法）	○傷病者もしくはじょく婦に対する療養上の世話または診療の補助を行うことを業とする者。	⚕32-74

		○看護師でない者は、上記の業をしてはならない。ただし、臨時応急の手当てはこの限りではない。 （保健師助産師看護師法 **第31条（業務独占）・第37条（臨時応急）・第42条の3（名称独占）**）
	診療放射線技師 **（診療放射線技師法）**	○医師または歯科医師の指示の下に、放射線を人体に対して照射することを業とする者。 ○医師、歯科医師または放射線技師でなければ、上記の業をしてはならない。 ○保健師助産師看護師法**（以下、保助看法）**の規定にかかわらず、診療の補助として磁気共鳴画像診断装置その他の画像による診断を行うための装置であって政令で定める検査を行うこと等を業とすることができる。 **（診療放射線技師法第24条（業務独占）・第25条（名称独占）**）
	臨床検査技師 **（臨床検査技師等に関する法律）**	○医師または歯科医師の指示の下に、微生物学的検査、免疫学的検査、血液学的検査、病理学的検査、生化学的検査、尿・糞便等一般検査、遺伝子関連・染色体検査および省令で定める生理学的検査を行うことを業とする者。 ○保助看法の規定にかかわらず、診療の補助として採血および検体採取ならびに生理学的検査を行うことを業とすることができる。 **（臨床検査技師等に関する法律第20条（名称独占）**）
⊕32-74 ⊕34-75	理学療法士 **（理学療法士及び作業療法士法）**	○医師の指示の下に、身体に障害のある者に対して、主としてその基本的動作能力の回復を図るため、治療体操その他の運動を行わせ、および電気刺激、マッサージ、温熱その他の物理的手段を加える理学療法を行うことを業とする者。 ○保助看法の規定にかかわらず、診療の補助として理学療法を行うことを業とすることができる。 **（理学療法士及び作業療法士法第17条（名称独占）**）
⊕34-75	作業療法士 **（理学療法士及び作業療法士法）**	○医師の指示の下に、身体または精神に障害のある者に対して、主としてその応用的動作能力または社会的適応能力の回復を図るため、手芸、工作その他の作業を行わせる作業療法を行うことを業とする者。 ○保助看法の規定にかかわらず、診療の補助として作業療法を行うことを業とすることができる。 **（理学療法士及び作業療法士法第17条（名称独占）**）
	視能訓練士 **（視能訓練士法）**	○医師の指示の下に、両眼視機能に障害のある者に対するその両眼視機能の回復のための矯正訓練およびこれに必要な検査を行うことを業とする者。 ○医師の指示の下に、上記の業務のほか、眼科に係る検査を行うことを業とすることができる。 ○保助看法の規定にかかわらず、診療の補助として両眼視機能の回復のための矯正訓練およびこれに必要な検査並びに眼科検査を行うことを業とすることができる。 **（視能訓練士法第20条（名称独占）**）
⊕34-75	言語聴覚士 **（言語聴覚士法）**	○音声機能、言語機能または聴覚に障害のある者についてその機能の維持向上を図るため、言語訓練その他の訓練、これに必要な検査および助言、指導その他の援助を行うことを業とする者。 ○保助看法の規定にかかわらず、診療の補助として医師また

	は歯科医師の指示の下に、嚥下訓練、人工内耳の調整その他省令で定める行為を行うことを業とすることができる。 （言語聴覚士法第45条（名称独占））
臨床工学技士 （臨床工学技士法）	○医師の指示の下に、生命維持管理装置（人の呼吸、循環または代謝の機能の一部を代替、または補助することが目的とされている装置）の操作（生命維持管理装置の先端部の身体への接続または身体からの除去であって政令で定めるものを含む）および保守点検を行うことを業とする者。 ○保助看法の規定にかかわらず、診療の補助として生命維持管理装置の操作を行うことを業とすることができる。 （臨床工学技士法第41条（名称独占））
義肢装具士 （義肢装具士法）	○医師の指示の下に、「義肢」（上肢または下肢の全部または一部に欠損のある者に装着して、その欠損を補填し、またはその欠損により失われた機能を代替するための器具器械）および「装具」（上肢もしくは下肢の全部もしくは一部または体幹の機能に障害のある者に装着して、当該機能を回復させ、もしくはその低下を抑制し、または当該機能を補完するための器具器械）の装着部位の採型並びに義肢および装具の製作および身体への適合を行うことを業とする者。 ○保助看法の規定にかかわらず、診療の補助として義肢および装具の装着部位の採型並びに義肢および装具の身体への適合を行うことを業とすることができる。 （義肢装具士法第41条（名称独占））
救急救命士 （救急救命士法）	○医師の指示の下に、救急救命処置を行うことを業とする者。 ○「救急救命処置」とは、その症状が著しく悪化するおそれがありまたはその生命が危険な状態にある傷病者が病院または診療所に搬送されるまでの間に、当該重度傷病者に対して行われる気道の確保、心拍の回復その他の処置であって、当該重度傷病者の症状の著しい悪化を防止し、またはその生命の危険を回避するために緊急に必要なものをいう。 ○保助看法の規定にかかわらず、診療の補助として救急救命処置を行うことを業とすることができる。 ○医師の具体的な指示を受けなければ、省令で定める救急救命処置を行ってはならない。 ○救急用自動車その他重度傷病者を搬送するためのものであって省令で定めるもの以外の場所においてその業務を行ってはならない（ただし例外事項あり）。 （救急救命士法第48条（名称独占））
歯科衛生士 （歯科衛生士法）	○歯科医師の指導の下、歯牙および口腔の疾患の予防処置として、(1)歯牙露出面および正常な歯茎の遊離縁下の付着物および沈着物を機械的操作によって除去すること、(2)歯牙および口腔に対して薬物を塗布することを行うことを業とする者。 ○保助看法の規定にかかわらず、歯科診療の補助をなすことを業とすることができる。 ○歯科保健指導をなすことを業とすることができる。 ○歯科衛生士でなければ、上記(1)(2)の業をしてはならない。 （歯科衛生士法第13条（業務独占）・第13条の7（名称独占））

歯科技工士 （歯科技工士法）	○歯科技工を業とする者。 ○「歯科技工」とは、特定人に対する歯科医療の用に供する補てつ物、充てん物または矯正装置を作成し、修理し、または加工することをいう。ただし、歯科医師がその診療中の患者のために自ら行う行為を除く。 ○歯科医師または歯科技工士でなければ、業として歯科技工を行ってはならない。 <div align="right">（歯科技工士法第17条（業務独占））</div>
社会福祉士 （社会福祉士及び介護福祉士法）	○専門的知識および技術をもって、身体上もしくは精神上の障害があることまたは環境上の理由により日常生活を営むのに支障がある者の福祉に関する相談に応じ、助言、指導、福祉サービスを提供する者または医師その他の保健医療サービスを提供する者その他の関係者との連絡および調整その他の援助を行うことを業とする者。 <div align="right">（社会福祉士及び介護福祉士法第48条（名称独占））</div>
介護福祉士 （社会福祉士及び介護福祉士法）	○専門的知識および技術をもって、身体上または精神上の障害があることにより日常生活を営むのに支障がある者につき心身の状況に応じた介護を行い、ならびにその者およびその介護者に対して介護に関する指導を行うことを業とする者。 <div align="right">（社会福祉士及び介護福祉士法第48条（名称独占））</div>
精神保健福祉士 （精神保健福祉士法）	○精神障害者の保健および福祉に関する専門的知識および技術をもって、精神科病院その他の医療施設において精神障害の医療を受け、または精神障害者の社会復帰の促進を図ることを目的とする施設を利用している者の地域相談支援（障害者の日常生活及び社会生活を総合的に支援するための法律（障害者総合支援法）に規定する地域相談支援をいう。）の利用に関する相談その他の社会復帰に関する相談に応じ、助言、指導、日常生活への適応のために必要な訓練その他の援助を行うことを業とする者。 <div align="right">（精神保健福祉士法第42条（名称独占））</div>
公認心理師 （公認心理師法）	○保健医療・福祉・教育・心理学・産業・司法の分野で心理学に関する専門知識および技術をもち、 ①　心理状態の観察、その結果の分析 ②　心理に関する相談および助言、指導その他の援助 ③　関係者に対する相談および助言、指導その他の援助 ④　教育および情報の提供 <div align="right">（公認心理師法第44条の1（名称独占））</div>
臨床心理士 （臨床心理士資格審査規程） ＊公認心理師法にも規定されている公的資格	○高度な心理学的知識と技能を用いて臨床心理査定、臨床心理面接、臨床心理的地域援助およびそれらの研究調査等の業務を行う。

◎介護福祉士、精神保健福祉士

160 介護福祉士および一定の研修を受けた介護職員は、保健師助産師看護師法の規定にかかわらず、診療の補助として医師の指示のもと、一定の条件のもとに痰の吸引等の行為を実施できる。

保健医療領域における連携・協働

◎院内連携

161 チームアプローチとは、医師や保健師、看護師、精神保健福祉士、医療ソーシャルワーカー、理学療法士、作業療法士、臨床心理士など利用者（患者）にかかわるすべてのスタッフが、当事者を中心としてチームをつくり、医療を行う方法である。すべてのスタッフは公平な立場にあり、それぞれの立場から自由に意見を交換しながら治療を展開していくので、あらゆる角度からの情報収集や治療方針の検討が可能になり、より質の高いサービスの提供ができる。

162 クリティカルパスとは、治療や検査ごとにつくられた診療スケジュールである。一般に、病院の入院から退院までの、診療等の予定、退院のめど等が示された一覧表で、医療者用と患者用の2種類がある。

　　💬 クリティカルパスの活用により、医療の質の向上、医療費抑制、患者の安心、チーム医療の確立など、さまざまな効果が期待される。

163 地域連携クリティカルパスとは、患者が急性期病院から回復期病院を経て早期に自宅に帰れるような診療計画を作成し、治療を受けるすべての医療機関で共有して用い、治療にあたる複数の医療機関が、役割分担を含め、あらかじめ診療内容を患者に提示・説明することにより、患者が安心して医療を受けるための仕組みである。

　　💬 代表的なものに、大腿骨頸部骨折パス、脳卒中パスなどがある。

164 医療機関における退院支援計画の立案・実施が、医療連携には重要である。医師や看護師、社会福祉士などが中心となり、①患者やその家族への退院に向けた教育指導、②医療、介護サービスとの連携調整、③経済的問題の解決など具体的な支援を行う。

165 医療機能の分化・連携（「医療連携」）を推進することにより、急性期から回復期、在宅療養に至るまで、地域全体で切れ目なく必要な医療が提供される地域完結型医療を推進することが求められている。

◎地域医療における連携

166 IPW（インタープロフェッショナルワーク）とは、保健・医療・福祉など複数領域の専門職が、クライエントやその家族と、チームとして共通

受験対策
アドバイス

◆少子高齢化が進むなかで、医療機能の分化・連携を推進することにより、従来の「病院完結型」の医療から、地域での療養生活を支える「地域完結型」の医療提供体制への転換が求められています。

の目的を目指す連携協働のことである。

167 多職種チームは、マルチ型（マルチディシプリナリモデル）、インター型（インターディシプリナリモデル）、トランス型（トランスディシプリナリモデル）の3つのモデルに分類される。

168 マルチ型（マルチディシプリナリモデル）のチームでは、多職種が明確な役割分担に基づいて利用者にかかわり、各専門職が個別のケアや治療を行い、目標も個別に決定し、各職種間の相互作用は小さいという特徴がある。チームとしての協働、連携が十分には行われない。

169 インター型（インターディシプリナリモデル）のチームでは、専門職間のコミュニケーションが重視され、職種間での階層性はなく、相互作用が大きいという特徴がある。ほかの専門職と一緒に1つの目標に対して緊密な相互連携・協働により治療やケアが行われる。

⊕35-76 **170** トランス型（トランスディシプリナリモデル）のチームでは、多職種による協働・連携に加えて、役割解散と呼ばれる、各専門職が、チーム内で果たすべき役割を意図的・計画的に専門分野を超えて横断的に共有しているという特徴がある。

171 チームワークの機能モデルには、タスク機能とメンテナンス機能があり、この2つの機能を発揮するにあたって影響を与える要因として、外的サポート、スタッフの資質、リーダーシップがある。
- ✏ タスク機能とは、多職種の参加によって設定した目標の達成や問題解決の過程をたどり、活動を増進する機能である。
- ✏ メンテナンス機能とは、集団としてチームを維持する機能であり、意図的なコミュニケーションのなかでお互いをサポートし合い、その雰囲気を保持し合えるようにする機能をいう。更に、人間関係や倫理的問題等によって生じるチームコンフリクトを調整、マネジメントする機能である。

◎地域包括ケアシステムにおける連携

172 医療と介護を連携させて、そのサービスの強化を目指す、地域包括ケアシステムが機能するためには、包括的なマネジメントが必要である。その中核となるのが、ケアマネジャー（介護支援専門員）という調整役と、地域包括支援センターという場である。

⊕34-46（行財） **173** 地域包括支援センターには、保健師（または地域ケア経験のある看護師）、社会福祉士、主任介護支援専門員の3つの専門職種が配置されている。多職種協働・連携の実現に向けて、主治医と介護支援専門員の連携支援、地域における介護支援専門員のネットワーク構築に取り組むことになってい

る。

174 母子健康包括支援センター（子育て世代包括支援センター）は、妊娠　　⏱ 35-75
期から子育て期にわたる切れ目のない支援を提供できることを目的とし、保
健師等を配置して、妊産婦等からの相談に応じ、健康診断等の「母子保健サー
ビス」と地域子育て支援拠点等の「子育て支援サービス」を一体的に提供で
きるよう、必要な情報提供や関係機関との調整、支援プランの策定などを行
う機関である。

5　保健医療領域における支援の実際

社会福祉士の役割

175　医療保険制度上、社会福祉士が他の保健医療専門職とともに保健医療サービスを実施することで、診療報酬上算定されるものがある。

図表22 診療報酬制度と社会福祉士・精神保健福祉士

項目	算定要件・施設基準上の社会福祉士・精神保健福祉士の配置
地域包括ケア病棟入院料	入退院支援および地域連携に係る業務に関する十分な経験を有する専従の看護師または専従の社会福祉士が配置されていること
重症患者初期支援充実加算	医師、看護師、薬剤師、社会福祉士、公認心理師またはその他医療有資格者が配置されていること
特定機能病院リハビリテーション病棟入院料	専従の常勤の理学療法士が3名以上、専従の常勤の作業療法士が2名以上、専従の常勤の管理栄養士が1名以上、在宅復帰支援を担当する専従の常勤の社会福祉士等が1名以上配置されていること
精神科地域移行実施加算	専門の部門（地域移行推進室）に常勤の精神保健福祉士1名以上が配置されていること
栄養サポートチーム加算	栄養サポートチームの配置が必須条件ながら、社会福祉士等の配置が望ましいとされている
患者サポート体制充実加算	患者からの相談に対する窓口に、専任の医師、看護師、社会福祉士等が配置されていること
入退院支援加算1・2	1・2では専任の入退院支援および地域連携業務に関する十分な経験を有する専従の看護師（この場合は専任の社会福祉士の配置）または専従の社会福祉士（この場合は専任の看護師の配置が必要）1名以上が配置されていること
入退院支援加算3	所定の要件を満たした専任の看護師、あるいは専従の看護師および専従の社会福祉士が配置されていること
入院時支援加算	上記の入退院支援加算1、2、3のどれかの施設基準で求められる専従の看護師または専従の社会福祉士に加え、入院前支援を行う担当者が病棟規模に応じた必要数配置されていること
認知症ケア加算1	認知症患者の退院調整について経験のある専任の常勤社会福祉士または常勤精神保健福祉士が配置されていること
回復期リハビリテーション病棟入院料1	病棟の専任スタッフ以外に、在宅復帰支援を担当する専任の社会福祉士等1名以上が常勤配置されていること

出 32-71

ウイルス疾患指導料	社会福祉士または精神保健福祉士が1名以上勤務していること
介護支援等連携指導料	医師または医師の指示を受けた看護師、社会福祉士等が介護支援専門員または相談支援専門員と共同して、患者の心身の状態を踏まえて導入が望ましいサービスの説明および指導を行った場合に算定する
退院時リハビリテーション指導料	医師以外でも、医師の指示を受けた保健医療機関の理学療法士、作業療法士または言語聴覚士が保健師、看護師、社会福祉士、精神保健福祉士と指導を行った場合に算定する
在宅時医学総合管理料・施設入居時医学総合管理料	介護支援専門員、社会福祉士等の保健医療サービスおよび福祉サービスとの連携調整を担当する者が配置されていること
リハビリテーション総合計画評価料	医師、看護師、理学療法士、言語聴覚士、社会福祉士等の他職種が共同してリハビリテーション総合実施計画を作成すること
がん患者リハビリテーション料	定期的な医師の診断結果に基づき、医師、看護師、理学療法士、言語聴覚士、社会福祉士等の他職種が共同してリハビリテーション計画を作成すること
入退院生活技能訓練療法	精神科を標榜している保険医療機関において、経験のある2人以上の従事者が行った場合に限り算定できる。そのうち少なくとも1人は、看護師、准看護師または作業療法士のいずれかとし、ほかの1人は精神保健福祉士、公認心理師または看護補助者のいずれかとする
生殖補助医療管理料	社会福祉士等の保険医療サービスおよび福祉サービスとの連携調整を担当する者が配置されていること
療養・就労両立支援指導料	当該患者に対して看護師、社会福祉士、精神保健福祉士または公認心理師が相談支援を行った場合に算定する
総合周産期特定集中治療室管理料	当該医療保険医療機関の医師、助産師、看護師、社会福祉士、公認心理師等が共同して必要な支援を行った場合に算定する
通院精神療法	当該保険医療機関内に、当該支援に専任の看護師または専任の精神保健福祉士が1名以上勤務していると同時に担当する療養生活継続支援の対象患者の数は看護師または精神保健福祉士1人につき80人以下で、担当する患者の一覧を作成していること

注：この表では、医科診療報酬点数表上で、社会福祉士および精神保健福祉士の業務が点数化されている項目を掲載している。なお、これらは一例であって、すべてを網羅しているわけではない。

◎医療ソーシャルワーカーの業務指針

176 医療ソーシャルワーカー（MSW）の役割には、全人的な医療のために、患者の心理社会面と医学的側面との調和を図ることがある。患者の生活環境や心情を把握し、医師と協力して診断と治療が滞りなく進むように支援する。

177 医療ソーシャルワーカー業務指針の構成は、**図表23**のとおりである。また、業務の範囲は、**図表24**のとおりである。

受験対策アドバイス

◆事例問題において、問われる医療ソーシャルワーカーの役割や対応を理解するのには、「医療ソーシャルワーカー業務指針」を把握しておきましょう。

⊕32-75
⊕32-76
⊕33-76

⊕ 34-76
⊕ 35-75

図表23 「医療ソーシャルワーカー業務指針」の構成

一．趣旨	医療ソーシャルワーカーの資質の向上と専門性を発揮した業務適正化に向け、関係者の理解を促進することを目的とする
二．業務の範囲	(1)療養中の心理的・社会的問題の解決、調整援助
	(2)退院援助
	(3)社会復帰援助
	(4)受診・受療援助
	(5)経済的問題の解決、調整援助
	(6)地域活動
三．業務の方法等	(1)個別援助に係る業務の具体的展開
	(2)患者の主体性の尊重
	(3)プライバシーの保護
	(4)他の保健医療スタッフおよび地域の関係機関との連携
	(5)受診・受療援助と医師の指示
	(6)問題の予測と計画的対応
	(7)記録の作成等
四．その他	(1)組織上の位置づけ
	(2)患者、家族等からの理解
	(3)研修等

図表24 医療ソーシャルワーカー業務指針（抜粋）

二　業務の範囲
　医療ソーシャルワーカーは、病院等において管理者の監督の下に次のような業務を行う。
(1) 療養中の心理的・社会的問題の解決、調整援助
　　入院、入院外を問わず、生活と傷病の状況から生ずる心理的・社会的問題の予防や早期の対応を行うため、社会福祉の専門的知識及び技術に基づき、これらの諸問題を予測し、患者やその家族からの相談に応じ、次のような解決、調整に必要な援助を行う。
① 受診や入院、在宅医療に伴う不安等の問題の解決を援助し、心理的に支援すること。
② 患者が安心して療養できるよう、多様な社会資源の活用を念頭に置いて、療養中の家事、育児、教育、就労等の問題の解決を援助すること。
③ 高齢者等の在宅療養環境を整備するため、在宅ケア諸サービス、介護保険給付等についての情報を整備し、関係機関、関係職種等との連携の下に患者の生活と傷病の状況に応じたサービスの活用を援助すること。
④ 傷病や療養に伴って生じる家族関係の葛藤や家族内の暴力に対応し、その緩和を図るなど家族関係の調整を援助すること。
⑤ 患者同士や職員との人間関係の調整を援助すること。
⑥ 学校、職場、近隣等地域での人間関係の調整を援助すること。
⑦ がん、エイズ、難病等傷病の受容が困難な場合に、その問題の解決を援助す

ること。

⑧　患者の死による家族の精神的苦痛の軽減・克服、生活の再設計を援助すること。

⑨　療養中の患者や家族の心理的・社会的問題の解決援助のために患者会、家族会等を育成、支援すること。

(2)　退院援助

　生活と傷病や障害の状況から退院・退所に伴い生ずる心理的・社会的問題の予防や早期の対応を行うため、社会福祉の専門的知識及び技術に基づき、これらの諸問題を予測し、退院・退所後の選択肢を説明し、相談に応じ、次のような解決、調整に必要な援助を行う。

①　地域における在宅ケア諸サービス等についての情報を整備し、関係機関、関係職種等との連携の下に、退院・退所する患者の生活及び療養の場の確保について話し合いを行うとともに、傷病や障害の状況に応じたサービスの利用の方向性を検討し、これに基づいた援助を行うこと。

②　介護保険制度の利用が予想される場合、制度の説明を行い、その利用の支援を行うこと。また、この場合、介護支援専門員等と連携を図り、患者、家族の了解を得た上で入院中に訪問調査を依頼するなど、退院準備について関係者に相談・協議すること。

③　退院・退所後においても引き続き必要な医療を受け、地域の中で生活をすることができるよう、患者の多様なニーズを把握し、転院のための医療機関、退院・退所後の介護保険施設、社会福祉施設等利用可能な地域の社会資源の選定を援助すること。なお、その際には、患者の傷病・障害の状況に十分留意すること。

④　転院、在宅医療等に伴う患者、家族の不安等の問題の解決を援助すること。

⑤　住居の確保、傷病や障害に適した改修等住居問題の解決を援助すること。

(3)　社会復帰援助

　退院・退所後において、社会復帰が円滑に進むように、社会福祉の専門的知識及び技術に基づき、次のような援助を行う。

①　患者の職場や学校と調整を行い、復職、復学を援助すること。

②　関係機関、関係職種との連携や訪問活動等により、社会復帰が円滑に進むように転院、退院・退所後の心理的・社会的問題の解決を援助すること。

(4)　受診・受療援助

　入院、入院外を問わず、患者やその家族等に対する次のような受診、受療の援助を行う。

①　生活と傷病の状況に適切に対応した医療の受け方、病院・診療所の機能等の情報提供等を行うこと。

②　診断、治療を拒否するなど医師等の医療上の指導を受け入れない場合に、その理由となっている心理的・社会的問題について情報を収集し、問題の解決を援助すること。

③　診断、治療内容に関する不安がある場合に、患者、家族の心理的・社会的状況を踏まえて、その理解を援助すること。

④　心理的・社会的原因で症状の出る患者について情報を収集し、医師等へ提供するとともに、人間関係の調整、社会資源の活用等による問題の解決を援助すること。

⑤　入退院・入退所の判定に関する委員会が設けられている場合には、これに参加し、経済的、心理的・社会的観点から必要な情報の提供を行うこと。

⑥　その他診療に参考となる情報を収集し、医師、看護師等へ提供すること。

⑦　通所リハビリテーション等の支援、集団療法のためのアルコール依存症者の会等の育成、支援を行うこと。

(5)　経済的問題の解決、調整援助

　入院、入院外を問わず、患者が医療費、生活費に困っている場合に、社会福祉、社会保険等の機関と連携を図りながら、福祉、保険等関係諸制度を活用できるよ

うに援助する。
　(6)　地域活動
　　患者のニーズに合致したサービスが地域において提供されるよう、関係機関、関係職種等と連携し、地域の保健医療福祉システムづくりに次のような参画を行う。
　①　他の保健医療機関、保健所、市町村等と連携して地域の患者会、家族会等を育成、支援すること。
　②　他の保健医療機関、福祉関係機関等と連携し、保健・医療・福祉に係る地域のボランティアを育成、支援すること。
　③　地域ケア会議等を通じて保健医療の場から患者の在宅ケアを支援し、地域ケアシステムづくりへ参画するなど、地域におけるネットワークづくりに貢献すること。
　④　関係機関、関係職種等と連携し、高齢者、精神障害者等の在宅ケアや社会復帰について地域の理解を求め、普及を進めること。

出典：厚生労働省健康局長通知　平成14年11月29日健康発第1129001号

保健医療領域における支援の実際（多職種連携を含む）

178　保健医療で行われる支援には、集団を対象に行われるポピュレーションアプローチと、リスクが高い人に焦点を絞るハイリスクアプローチがある。

◎入院中・退院時の支援

179　医療ソーシャルワーカー（MSW）の支援は、急性期治療後の回復期病院への転院支援、回復期病院では、社会資源を活用し社会福祉支援、慢性期病院では、長期入院・終末期における患者の心理的・社会的支援が主となる。

◎在宅医療における支援

180　在宅療養支援診療所・在宅療養支援病院は、在宅医療を提供している患者からの連絡を24時間体制で受けることができ、いつでも往診・訪問看護を提供できる診療所・病院である（**図表25・図表26参照**）。

181　機能強化型の在宅療養支援診療所・病院の主な施設基準は、常勤医師3人以上、過去1年間の緊急の往診実績10件以上、過去1年間の看取り実績4件以上有していることである。複数の医療機関との連携で要件を満たしてもよいが、その場合、①患者の緊急連絡先の一元化、②月1回以上、定期的なカンファレンスの開催による患者情報の共有化、③連携する医療機関は10施設未満、病院は200床未満、の要件をそれぞれクリアする必要がある。また、それぞれの医療機関が、①過去1年間の緊急往診の実績4件以上、②過去1年間の看取りの実績2件以上の要件を満たしていることが必要である。

182　在宅療養後方支援病院とは、在宅医療を提供している医療機関と連携

図表25 在宅療養支援診療所の主な要件

① 保険医療機関である診療所であること

② 24時間連絡を受ける保険医や看護職員をあらかじめ指定し、その連絡先を文書で患家に提供していること

③ 当該診療所において、または別の保険医療機関の保険医との連携により、患家の求めに応じて、24時間往診が可能な体制を確保し、往診担当医の氏名、担当日等を文書により患家に提供していること

④ 当該診療所において、または別の保険医療機関、訪問看護ステーションとの連携により、患家の求めに応じて、当該診療所の保険医の指示に基づき、24時間訪問看護の提供が可能な体制を確保し、訪問看護の担当者の氏名、担当日等を文書により患家に提供していること

⑤ 連携する保険医療機関または訪問看護ステーションにおいて緊急時に円滑な対応ができるよう、あらかじめ患家の同意を得て、その療養等に必要な情報を文書で当該保険医療機関または訪問看護ステーションに提供できる体制をとっていること

⑥ 当該地域において、他の保健医療サービスや福祉サービスとの連携調整を担当する者と連携していること

⑦ 定期的に、在宅看取り数等を地方厚生局長等に報告していること

図表26 在宅療養支援病院の主な要件

① 保険医療機関である病院であって、許可病床数が200床未満の病院であることまたは当該病院を中心とした半径4km以内に診療所が存在しないこと（半径4km以内に他の病院があっても差し支えない）

② 当該病院において、24時間連絡を受ける担当者をあらかじめ指定し、その連絡先を文書で患家に提供していること

③ 当該病院において、患家の求めに応じて、24時間往診が可能な体制を確保し、往診担当医の氏名、担当日等を文書により患家に提供していること

④ 当該病院において、または訪問看護ステーションとの連携により、患家の求めに応じて、当該病院の保険医の指示に基づき、24時間訪問看護の提供が可能な体制を確保し、訪問看護の担当者の氏名、担当日等を文書により患家に提供していること

⑤ 訪問看護ステーションと連携する場合にあっては、当該訪問看護ステーションが緊急時に円滑な対応ができるよう、あらかじめ患家の同意を得て、その療養等に必要な情報を文書で当該訪問看護ステーションに提供できる体制をとっていること

⑥ 当該地域において、他の保健医療サービスおよび福祉サービスとの連携調整を担当する者と連携していること

⑦ 定期的に、在宅看取り数等を地方厚生局長等に報告していること

し、あらかじめ緊急時の入院先とする希望を届け出ていた患者の急変時などに24時間体制で対応し、必要があれば入院を受け入れる病院である。

183 在宅医療における支援において、地域の関係機関との連携期間を図るにあたっては、①関係者間の情報共有、②サービス担当者会議において互いの専門性を尊重した多職種連携をする。③地域ケア会議で多職種をつなぐ役割を果たす。

◎終末期ケア及び認知症ケアにおける支援

184 ターミナルケア（終末期ケア）とは、末期がん患者など死が避けられない終末期の患者に対して行う、死を迎えるまでのケアのことを指す。

　　▱ 身体的疼痛等のコントロールだけでなく、死と直面していることによる恐怖、不安、家族への人格的援助も含まれる。

185 緩和ケアとは、進行したがんやエイズなど治療的医療に反応しない患者に対する積極的な全人的医療を指す。その目的は、死に至るまでの期間、痛みや苦しみなどを除き、患者の生活の質（QOL）を向上させることである。

186 緩和ケア病棟は、主に苦痛の緩和を必要とする悪性腫瘍患者や後天性免疫不全症候群の患者を入院させ、緩和ケアを行うとともに、外来や在宅への円滑な移行も支援する病棟である。人員については、緩和ケアを担当する常勤の医師が1名以上配置されていることが条件とされる。

◎認知症ケア

187 認知症ケアにおいては、①ケア提供者として必要な認知症理解の視点をもつ、②認知症の行動・心理症状（BPSD）へのケア、③認知症の人の介護は地域全体で担うという視点をもつ、③地域での認知症ケアは、人々の認知症に対する意識づくりをすること、が重要である。

◎救急・災害現場における支援

188 日本の救急医療体制は、「休日夜間急患センター」や「在宅当番医制」による第一次救急医療体制を中心として、「病院群輪番制病院」や「共同利用型病院」による第二次救急医療体制、さらに、各地域での最終的な救急医療の受け入れ機関となる救命救急センターによる第三次救急医療体制がとられている。

189 救命救急センターは、第一次、第二次の救急医療機関や救急患者の搬送機関との連携のもと、心筋梗塞、脳卒中、頭部損傷等の重篤救急患者への医療の確保を目的に設置された医療機関である。重症および複数の診療科領域にわたるすべての重篤救急患者に対し、高度な救急医療を総合的に24時間体制で提供できる機能を有する。

⊕34-72 **190** 災害拠点病院は、災害時における初期救急医療体制の充実強化を図るための医療機関であり、各都道府県に1か所設置する「基幹災害拠点病院」と二次医療圏に1か所設置する「地域災害拠点病院」に大別される（**図表27・図表28参照**）。

図表27 災害拠点病院の指定要件①（運営体制）

①	24時間緊急対応でき、被災時に被災地内の傷病者を受入・搬入できる体制がある
②	災害時に受入拠点となり、傷病者の搬送や物資等の輸送を行える機能がある
③	災害派遣医療チーム（DMAT）を保有し、その派遣体制がある
④	救急救命センター、または第二次救急医療機関である
⑤	被災後に診療機能を早期回復できるよう、業務継続計画（BCP）を整備している
⑥	上記の業務継続計画にもとづいて、被災を想定した研修・訓練を実施している
⑦	第二次救急医療機関や医師会、医療関係団体と定期的な訓練を実施し、災害時に地域の医療機関への支援を行うための体制を整えている
⑧	ヘリコプター搬送の際には、同乗する医師を派遣できる体制が望ましい

図表28 災害拠点病院の指定要件②（施設及び設備）

①	災害拠点病院として、病棟、診療棟等救急診療に必要な診療施設等を有する（患者多数発生時に対応可能なスペースを有することが望ましい）
②	診療機能を有する施設は耐震構造になっている
③	自家発電機等を保有し、3日分ほどの燃料を確保しておく
④	災害時における病院機能を維持するための最低3日分の水を確保しておく
⑤	衛星電話を保有し、衛星回線インターネットが利用できる環境整備である
⑥	広域災害・救急医療情報システム（EMIS）に参加している
⑦	トリアージタッグがある
⑧	原則として病院の敷地内にヘリコプターの離着陸場を設けている
⑨	災害派遣医療チーム（DMAT）を派遣する車両を所持している

実力チェック！ 一問一答

※解答の横の番号は、本科目で該当する重要項目や図表の番号です。

1 後期高齢者医療制度では、75歳以上で現役並み所得者への給付率は8割である。 1 × 図表2

2 後期高齢者医療制度の保険者は都道府県である。 2 × 29

3 高額療養費の自己負担限度額は、患者の年齢や所得にかかわらず、同額である。 3 × 図表3 図表4

4 被保険者が出産した場合は、出産育児一時金として出産費用の7割が給付される。 4 × 42

5 傷病手当金は、被保険者が業務上のけがで労務不能となった場合に給付される。 5 × 43

6 「2021（令和3）年度国民医療費の概況」によると、人口1人当たりの国民医療費は、30万円を超えている。 6 ○ 54

7 「2021（令和3）年度国民医療費の概況」によると、診療種別の国民医療費のうちもっとも大きな割合を占めるのは医科診療医療費である。 7 ○ 58 図表6

8 「2021（令和3）年度国民医療費の概況」によると、65歳以上の国民医療費の割合は、国民医療費の70％を超えている。 8 × 61

9 診療報酬は、医科、歯科、調剤の3種類に分類されている。 9 ○ 64

10 病院とは、医療法上、病床数20床以上を有する医業または歯科医業を行う施設のことである。 10 ○ 83

11 特定健康診査および特定保健指導の対象は、40歳以上60歳までの医療保険加入者である。 11 × 122

12 地域医療構想では、都道府県は構想区域ごとに地域医療構想調整会議が設置される。 12 ○ 129

13 将来、判断力を失った際に、自分に行われる医療行為に対する意向を事前に意思表示しておくことを、アドバンス・ディレクティブという。 13 ○ 146

14 医師は診察治療の求めがあった場合には、いかなる事由があっても拒むことはできない。 14 × 図表20

15 理学療法士の業務は、電気刺激、マッサージなどの物理的手段は含まれない。 15 × 図表21

16 医療ソーシャルワーカーの業務における連携の対象には、他の保健医療スタッフだけでなく地域の関係機関も含まれる。 16 ○ 図表24

ソーシャルワークの基盤と専門職（専門）

⑤ ソーシャルワークの基盤と専門職（専門）

大項目	中項目	小項目（例示）	出題実績		
			第36回	第35回	第34回
1 ソーシャルワークに係る専門職の概念と範囲	1）ソーシャルワーク専門職の概念と範囲				【94】
	2）社会福祉士の職域	・行政関係 ・福祉関係（高齢者領域，障害者領域，児童・母子領域，生活困窮者自立支援・生活保護領域等） ・医療関係 ・教育関係 ・司法関係 ・独立型事務所 等 ・社会福祉士の職域拡大			
	3）福祉行政等における専門職	・福祉事務所の現業員，査察指導員，社会福祉主事 ・児童福祉司，身体障害者福祉司，知的障害者福祉司等		【96】	
	4）民間の施設・組織における専門職	・施設長，生活相談員，社会福祉協議会の職員，地域包括支援センターの職員，スクールソーシャルワーカー，医療ソーシャルワーカー 等			【97】
	5）諸外国の動向	・欧米諸国の動向 ・その他諸外国における動向			
2 ミクロ・メゾ・マクロレベルにおけるソーシャルワーク	1）ミクロ・メゾ・マクロレベルの対象	・ミクロ・メゾ・マクロレベルの意味 ・ミクロ・メゾ・マクロレベルの対象			
	2）ミクロ・メゾ・マクロレベルにおけるソーシャルワーク	・ミクロ・メゾ・マクロレベルへの介入 ・ミクロ・メゾ・マクロレベルの連関性 ・ミクロ・メゾ・マクロレベルの支援の実際	【92】		【95】
3 総合的かつ包括的な支援と多職種連携の意義と内容	1）ジェネラリストの視点に基づく総合的かつ包括的な支援の意義と内容	・多機関による包括的支援体制 ・フォーマル・インフォーマルな社会資源との協働体制 ・ソーシャルサポート		【97】	
	2）ジェネラリストの視点に基づく多職種連携及びチームアプローチの意義と内容	・多職種連携及びチームアプローチの意義 ・機関・団体間の合意形成と相互関係 ・利用者，家族の参画			【96】

1 ソーシャルワークに係る専門職の概念と範囲

ソーシャルワーク専門職の概念と範囲

1 ソーシャルワーカーは、生活者としての人間理解を基盤に、人々の社会生活上に生じる問題に対処しながら、その生活を支援する。

2 ソーシャルワークの対象は、「限定された特定の利用者」という考え方から、家族や小集団・組織、地域社会まで含むものとなった。また、経済的援助などの具体的援助や、短期間の援助を求めたりする人々へと対象が広がった。

3 白澤政和は、クライエントの「身体機能的・精神心理的状況」と「社会環境的状況」といったアセスメント項目から、「社会生活を遂行するうえで困っている状態」と、「その状態を解決する（時には維持する）べき目標・結果」といった社会生活ニーズが導き出されるとしている。

4 ソーシャルワークの過程は、①問題状況についてのアセスメント、②援助目標の設定と援助計画の作成、③援助計画の実施、④事後評価による終結、再アセスメントへのフィードバックとして把握される。　⊕ 32-97

5 1915年にアメリカで開催された全米慈善矯正事業会議で、フレックスナー（Flexner, A.）は、「ソーシャルワークは専門職業か」というテーマで講演し、どのような専門職にも専門職として成立する共通の条件があるとした。それを専門職の属性として示し、当時の段階ではソーシャルワークは専門職に該当しないとした。　⊕ 34-94

6 1957年、グリーンウッド（Greenwood, E.）は、専門職の属性として、①体系的理論、②専門職的権威、③社会的承認、④倫理綱領、⑤専門職的副次文化（サブカルチャー）をあげた。　⊕ 34-94

7 ミラーソン（Millerson, G.）は、「専門職」の条件として、公衆の福祉、理論と技術、試験による能力証明、倫理綱領、専門職団体の組織化などをあげている。　⊕ 34-94

8 カー-ソンダース（Carr-Saunders, A.）とウィルソン（Wilson, P.）は、専門職を職業発展のプロセスによってとらえ、確立専門職（医師、法律家な　⊕ 34-94

ど）、**新専門職**（エンジニアなど）、**準専門職**（教師、看護師、ソーシャルワーカーなど）、**可能的専門職**（病院マネージャーなど）と段階別に分類している。

⊕34-94

9　エツィオーニ（Etzioni, A.）は、ソーシャルワークの現状から**準専門職の条件**をいまだに保有しており、確立専門職に至るには、はるかに及ばない位置にあると述べた。

10　価値は、**集団や社会で共有するよい性質**という意味があり、ソーシャルワーカーの実践の判断や方向性に影響を与える。ソーシャルワーカー集団としての価値を内在化しておくことが重要となる。

11　レヴィ（Levy, C.）は、倫理を人間関係およびその交互作用に価値が適用されたものと規定し、①倫理的なソーシャルワーク実践への指針、②現実の実践に関する倫理を評価していくための基準、また③ソーシャルワーク倫理の適用と非倫理的行為に関する苦情を裁定するための基準、として倫理綱領は役立ち、人間関係における行動に直接影響を及ぼす点に特色があるとした。

12　マックゴーワン（McGowan, B.）とマティソン（Mattison, M.）は、ソーシャルワーカーの価値判断に影響する場面として**図表1**の点を指摘した。

図表1 価値判断に影響する場面

①組織や機関としてどのような人を対象に、どのような方向へ向けて社会福祉サービスを提供するか。
②時間と社会資源が限られるなか、ソーシャルワーカーとしてどこへ優先的に時間を費やし、誰に優先的に社会資源を配分するか。
③すべての実践場面に適用できる科学的根拠があるわけではないし、実践の方向性を導き得る理論が多くあるわけではないため、個々の場面で適用するアプローチや方法をどう選択するか。
④ソーシャルワーカーが、個々のクライエントへの社会福祉実践を行う過程で、サービスの目的や優先順位をどのように判断して、そのときどきの言動を決断するか。

13　**ソーシャルワークへの権限の委任**は、①国や地方公共団体からの権限の委任、②職能団体や養成団体としての社会的承認、③雇用者団体や個々のサービス事業者へのソーシャルワーカーの地位の向上や待遇改善、④クライエントの承認などによって獲得していくことが求められている。

14　ベア（Bear, B.）とフェデリ（Federico, R.）は、**ソーシャルワークの技能**を、①情報収集とアセスメント、②専門的自己の成長や活用、③個人、集団、地域社会との実践活動、④専門職評価の4つに分類している。

15 トール（Towle, C.）は、1945年に、①食、住、健康といった肉体上 ⊕34-92
の福祉、②情緒的・知的な成長の機会、③他者との関係、④精神的なニーズ
への対応が、社会的目標を達成するために不可欠な要素であると述べている。

16 ピンカス（Pincus, A.）とミナハン（Minahan, A.）によるソーシャ ⊕33-98（相理）
ルワークの機能は、図表2のとおりである。 ⊕35-97

図表2 ピンカスとミナハンによるソーシャルワークの機能

①人々が問題解決能力や対処能力を高め、資源を効果的に活用できるよう援助する。
②資源の存在や利用方法を知らない、または利用したがらない人々を資源に結びつける。
③人々が資源を利用することを妨げられている場合、人々と資源システムとの相互作用を容易にしたり、修正したり、新たにつくり出す。
④資源システム内の成員のニーズを充足させ、かつ資源提供能力を改善するために、資源システム内での人々の相互作用や関係を容易にしたり、修正したり、新たにつくり出す。
⑤社会的諸施設の開発や修正に寄与する。
⑥人々の生存に必要不可欠な金品の給付を行う。
⑦法規範からの逸脱行為をしている人々に対して、また他者の行動により害悪を受けている人々を保護するため、社会的統制機関として機能する。

17 ソーシャルワークの**直接的機能**とは、面接などを通して利用者や家族
に直接はたらきかけていく機能をいう。

18 ソーシャルワークの**間接的機能**とは、社会資源や環境を活用すること
によって利用者に間接的にはたらきかけていく機能をいう。

19 ピンカス（Pincus, A.）とミナハン（Minahan, A.）は、ソーシャルワー ⊕35-97
クを1つのシステムとして捉え、その下位システムとして4つのシステム
（**チェンジ・エージェント・システム、クライエント・システム、ターゲット・
システム、アクション・システム**）を提唱した。

　✐ チェンジ・エージェント・システム（ワーカー・システム）とは、ワーカー
　　自身とワーカーが所属する機関を指す。クライエント・システムは、問題や
　　課題を抱えるクライエントとその家族のことを指す。ターゲット・システムは、
　　ソーシャルワーカーとクライエントの課題解決のためにターゲットとなる
　　人々や組織・団体、地域社会、制度・政策などが当てはまる。アクション・
　　システムは、目標達成のためにソーシャルワーカーと協力していく人々が該
　　当する。

20 ソーシャルワーカーの専門職協会は、コミュニティと社会における専

門職の地位、協会メンバーの専門職としての行為における支柱として綱領のもつ重要性などを認めて、高度な知識や技術ゆえに自分たちの立場と地位を守ろうとする独善的専門集団にならないために倫理綱領は作成されるとしている。

㉑ 国際ソーシャルワーカー連盟（IFSW）は、1928年にフランスのパリで設立され、現在はスイスに本部がある。現在、100以上の国や組織が参加しており、日本は、日本ソーシャルワーカー協会、日本社会福祉士会、日本医療ソーシャルワーカー協会、日本精神保健福祉士協会の4団体が加盟している。

㉒ 特定非営利活動法人日本ソーシャルワーカー協会は、ソーシャルワーカーの職能団体で、1960（昭和35）年に設立された。2005（平成17）年に、特定非営利活動法人（NPO）の認証を受けている。
　　✐ 入会資格は、ソーシャルワークに関心のあるほかの専門職や一般市民にも広げている。

㉓ 特定非営利活動法人日本ソーシャルワーカー協会は、ソーシャルワークが展開できる社会システムづくりに関心をもつすべての人々を対象として、調査研究事業など各種の事業を行い、広範な人々や関係機関と協働を深めながら社会福祉の向上発展に寄与することを掲げている。

㉔ 公益社団法人日本社会福祉士会（Japanese Association of Certified Social Workers：JACSW）は、社会福祉士資格取得者の職能団体で、1993（平成5）年に任意団体として設立され、1996（平成8）年に社団法人化された。専門職団体としてのさまざまな教育・研究・広報等の活動を行っている。
　　✐ その他、権利擁護センター「ぱあとなあ」を設置し、成年後見制度の利用に関する相談や後見人候補者の紹介および受任などを行っている。

㉕ 公益社団法人日本社会福祉士会は、目的として「社会福祉士の倫理を確立し、専門的技能を研鑽し、社会福祉士の資質と社会的地位の向上に努めるとともに、都道府県社会福祉士会と協働して人々の生活と権利の擁護及び社会福祉の増進に寄与すること」を掲げている。

㉖ 公益社団法人日本精神保健福祉士協会（Japanese Association of Mental Health Social Workers：JAMHSW）は、精神保健福祉士の全国規模の職能団体である。1964（昭和39）年に設立された「日本精神医学ソーシャル・ワーカー協会」が、1997（平成9）年の精神保健福祉士法の制定を受けて1999（平成11）年に名称変更された。

㉗ 公益社団法人日本精神保健福祉士協会は、専門職団体として、精神障害

者等の生活と権利の擁護、精神保健福祉士の職務に関する知識及び技術並びに倫理及び資質の向上、資格制度の充実発展並びに普及啓発等を行っている。

28 公益社団法人日本医療ソーシャルワーカー協会は、1953（昭和28）年に結成された。1964（昭和39）年に社団法人として認可され、2021（令和3）年4月1日から日本医療社会福祉協会から日本医療ソーシャルワーカー協会に名称変更した。保健医療機関で活躍する医療ソーシャルワーカーの質の向上、保健・医療・福祉の連携、医療福祉に関する研究の推進を図ることを目的としている。

29 特定非営利活動法人日本スクールソーシャルワーク協会は、1999（平成11）年に設立された。スクール（学校）ソーシャルワーカーおよびスクールソーシャルワークに関心がある人々で構成されているNPO法人である。ソーシャルワークの観点から子どもを取り巻く環境へのはたらきかけを行うことで、子どもと学校、家庭、地域との関係の調整や再構築を図っている。そして、子どもの健全育成と生活の質の向上を図ることを目的としている。

社会福祉士の職域

◎行政関係

図表❸ 行政にかかる社会福祉関係分野の主な相談機関

	都道府県	指定都市	特別区中核市	それ以外の市	町村
福祉事務所	義務	義務	義務	義務	任意
児童相談所	義務	義務	任意（※）	不可	不可
身体障害者更生相談所	義務	任意	不可	不可	不可
知的障害者更生相談所	義務	任意	不可	不可	不可
精神保健福祉センター	義務	義務	不可	不可	不可
女性相談支援センター	義務	任意	不可	不可	不可

※任意ではあるが、設置するには児童相談所設置市として政令で定められる必要がある

30 日本では、社会福祉主事制度がジェネラリストソーシャルワークの実践者として活躍してきた歴史がある。近年では、社会福祉六法の枠内にとどまらず、教育福祉のスクールソーシャルワーカーや多国籍の人々を背景に異文化（多文化）間ソーシャルワーク、さらには司法福祉、国際福祉など活躍の場が広がってきている（図表4参照）。

受験対策
アドバイス

行政の相談機関で働く
相談援助専門職がどの
ような職種名で配置さ
れているのか、相談機
関ごとに整理をしてお
く必要があります。

図表4 各社会福祉関係分野における主な相談援助専門職と職場(機関・施設)

社会福祉の分野	相談援助専門職の主な職種	相談援助専門職の主な職場
生活困窮者・低所得者福祉	査察指導員、現業員(ケースワーカー)、生活支援員、作業指導員、主任相談支援員、相談支援員、就労支援員など	福祉事務所、社会福祉協議会、生活困窮者自立相談支援機関、救護施設、更生施設、医療保護施設、授産施設、宿所提供施設など
障害者福祉	身体障害者福祉司、知的障害者福祉司、更生相談所相談員(ケースワーカー)、生活支援員、職業指導員、職場適応援助者(ジョブコーチ)、相談支援専門員など	福祉事務所、身体障害者更生相談所、知的障害者更生相談所、精神保健福祉センター、社会福祉協議会、地域障害者職業センター、障害者地域生活支援センター、「障害者総合支援法」に規定される介護給付や訓練等給付にかかる事業、地域生活支援事業を行う事業所や施設など
高齢者福祉	老人福祉指導主事、生活相談員、介護支援専門員、各機関のソーシャルワーカーなど	福祉事務所、社会福祉協議会、地域包括支援センター、居宅介護支援事業所、養護老人ホーム、特別養護老人ホーム、軽費老人ホーム、老人デイサービスセンターなど
児童福祉	児童福祉司、家庭児童福祉主事、児童指導員、児童生活支援員、職業指導員、児童自立支援専門員、家庭支援専門相談員(ファミリーソーシャルワーカー)、家庭相談員、児童心理司、児童虐待対応協力員など	児童相談所、福祉事務所(家庭児童相談室)、児童館、児童家庭支援センター、社会福祉協議会、児童養護施設、児童自立支援施設、児童心理治療施設など
母子・父子福祉	母子支援員、母子・父子自立支援員、少年指導員など	児童相談所、福祉事務所、社会福祉協議会、母子生活支援施設、母子・父子福祉センター、母子・父子休養ホームなど
医療福祉	医療ソーシャルワーカー(MSW)、精神科ソーシャルワーカー(PSW)など	福祉事務所、保健所、精神保健福祉センター、一般病院、専門病院、診療所、精神病院、精神科診療所など
教育福祉	スクールソーシャルワーカーなど	児童相談所、教育委員会、小学校、中学校、高等学校、特別支援学校など
司法福祉	社会復帰調整官、家庭裁判所調査官、保護観察官、法務教官、女性相談支援員など	児童相談所、家庭裁判所、保護観察所、女性相談支援センター、少年鑑別所、少年院、女性自立支援施設、刑務所、地域生活定着支援センターなど
地域福祉	福祉活動指導員、福祉活動専門員、日常生活自立支援事業専門員、コミュニティソーシャルワーカー、自立相談支援機関主任相談支援員など	社会福祉協議会、地域包括支援センター、生活困窮者自立相談支援機関など

31 都道府県および市（特別区を含む）には必置、町村は任意設置の**福祉事務所**は、社会福祉法において「福祉に関する事務所」と規定され、社会福祉行政を総合的に担う第一線の現業機関である。

32 市町村の福祉事務所では、生活保護法、児童福祉法、母子及び父子並びに寡婦福祉法、老人福祉法、身体障害者福祉法、知的障害者福祉法の**福祉六法**に関するさまざまな業務を行っている。

33 都道府県の福祉事務所では、生活保護法、児童福祉法、母子及び父子並びに寡婦福祉法の三法に関するさまざまな業務を行っている。

34 **児童相談所**は、児童福祉法に規定され、**都道府県や指定都市**に設置が義務づけられている。子どもや保護者からの相談に応じ、必要な調査や支援、家族関係の調整を行う**児童福祉司**が配置されている。

⊕ 36-46（地域）

35 **身体障害者更生相談所**は、身体障害者福祉法に基づき**都道府県**に設置が義務づけられている。市町村における身体障害に関する各種業務の支援や、身体障害者の医学的、心理学的、職能的判定や必要な支援の実施、補装具の処方や適合判定を行っている。身体障害者更生相談所には、**身体障害者福祉司**が配置されている。

⊕ 36-46（地域）

36 **知的障害者更生相談所**は、知的障害者福祉法に基づき**都道府県**に設置が義務づけられている。市町村における知的障害に関する各種業務の支援や、18歳以上の知的障害者の医学的、心理学的、職能的判定とそれに伴う支援を行っている。知的障害者更生相談所には、**知的障害者福祉司**が配置されている。

37 **精神保健福祉センター**は、精神保健及び精神障害者福祉に関する法律（精神保健福祉法）に基づき、**都道府県や指定都市**に設置が義務づけられている。地域住民の精神的健康の保持増進、精神障害の予防、適切な精神医療の推進から、社会復帰の促進、自立と社会経済活動への参加の促進のための援助などを行っている。精神保健福祉センターには、**精神保健福祉相談員**を置くことができる。

38 **女性相談支援センター**は、困難な問題を抱える女性への支援に関する法律に基づき、**都道府県**に設置が義務づけられている。指定都市は女性相談支援センターを設置することができる。困難な問題を抱える女性への相談の対応や一時保護、情報の提供、助言、関係機関との連絡調整等を行う機関である。また、DV防止法（配偶者からの暴力の防止及び被害者の保護等に関する法律）に基づく、**配偶者暴力相談支援センター**として位置づけられている。

◎福祉関係 (高齢者領域)

39 高齢者領域で働くソーシャルワーカーの職場は、入所系施設として、老人福祉法に基づく老人福祉施設（特別養護老人ホーム、軽費老人ホーム、養護老人ホーム）、介護保険法に基づく介護保険施設（介護老人福祉施設、介護老人保健施設、介護医療院）などがある。また通所系施設には、老人デイサービスセンターがあり、相談機関として地域包括支援センターなどがある。

⊕ 32-95

40 地域包括支援センターは、市町村が設置主体となり、保健師・社会福祉士・主任介護支援専門員等が1名以上配置されている。社会福祉士は、多面的な相談の対応を行い、特に権利擁護業務などが中心となる。

⊕ 33-93

41 地域包括支援センターの主な業務は、介護予防支援及び包括的支援事業（①介護予防ケアマネジメント業務、②総合相談支援業務、③権利擁護業務、④包括的・継続的ケアマネジメント支援業務）である。

◎福祉関係 (障害者領域)

42 障害者領域で働くソーシャルワーカーの職場には、障害者の日常生活及び社会生活を総合的に支援するための法律（障害者総合支援法）に基づく障害者支援施設等がある。入所系では障害者支援施設があり、通所系では生活介護や就労継続支援A型・B型などがある。相談機関としては、基幹相談支援センターや特定相談支援事業所などがある。

◎福祉関係 (児童・母子領域)

43 児童・母子領域で働くソーシャルワーカーの職場には、児童福祉法に基づく児童養護施設、乳児院、児童自立支援施設、障害児入所施設、母子生活支援施設、婦人保護施設などの入所施設と、児童発達支援センター、母子・父子福祉センターなどの通所施設がある。

44 児童養護施設とは、保護者のない児童や保護者に監護させることが適当でない児童に安定した生活環境を整え、生活指導や学習指導、家庭環境の調整等を行いつつ養育を行う。児童の心身の健やかな成長とその自立を支援する機能を有している。児童養護施設には、虐待を受けた子どもや何らかの障害を抱える子どもが一定の割合入所していることから、専門的なケアの必要性が増している。

⊕ 32-95

45 乳児院とは、保護者の養育を受けられない乳幼児を養育する施設で、退院者の相談や援助を行う。ほかにも、被虐待児・病児・障害児などに対応できる専門的養育機能を有する。

⊕ 32-95

46 母子生活支援施設とは、18歳未満の子ども（特別な事情がある場合

には、子どもが満20歳になるまで可）を養育している母子家庭、または何らかの事情で離婚の届出ができないなど、母子家庭に準じる家庭の女性が子どもと一緒に利用できる施設である。母子生活支援施設では、母子の保護や自立促進のための生活支援、退所者への相談や援助を行っている。

47 女性自立支援施設は、困難な問題を抱える女性の意向を踏まえながら、入所・保護、医学的・心理学的な援助、自立促進のための生活支援を行い、あわせて退所した者についての相談を行う。また、同伴する児童がいれば学習や生活面の支援も行う。

◎福祉関係（生活困窮者自立支援）

48 生活困窮者自立支援の領域で働くソーシャルワーカーの職場には、生活困窮者自立相談支援機関などがある。各自治体に相談窓口が設けられ、就労や社会参加など自立に関する相談支援、住宅の確保に必要な費用の給付、家計管理支援や子どもの学習支援など、当事者の状態に応じた多様な支援の形がある。

◎福祉関係（生活保護領域）

49 生活保護領域で働くソーシャルワーカーの職場は、福祉事務所、救護施設、更生施設、医療保護施設、授産施設、宿所提供施設などがある。

◎医療関係

50 病院や診療所で働くソーシャルワーカーは、退院支援を中心に、医療ソーシャルワーカー業務指針に基づく業務を行っている。医師や看護師、福祉事務所などの行政職員や介護支援専門員との連携を図りながら業務を行っている。

◎教育関係

51 学校教育分野では、いじめや不登校等への問題への対応、また家庭環境に問題を抱える子どもたちを支援するために、**スクールソーシャルワーカー**として社会福祉士等が配置されている。

52 2015（平成27）年の中央教育審議会による「チームとしての学校の在り方と今後の改善方策について」のなかでは、生徒が抱える課題解決のために「**チームとしての学校**」の必要性が示され、ソーシャルワーカーの活用についても示されている。

📖 子どもや家庭が抱えるさまざまな問題に対して、学校教員と多様な専門性をもつ職員がそれぞれの専門性を活かした連携・協働により、チームとして対応していくことを目的とした体制。

05

ソーシャルワークの基盤と専門職（専門）

1 ソーシャルワークに係る専門職の概念と範囲　273

◎司法関係

53 少年院や刑務所等の矯正施設で働く社会福祉士は、非行や罪を犯した少年、刑法に触れる罪を犯した人々の社会適応や社会復帰を支える活動を行っている。こうした活動の拠点が、2011（平成23）年度に全都道府県で開設された地域生活定着支援センターである。

⊞33-93

54 地域生活定着支援センターでは、福祉的な支援を必要とする刑務所等からの出所者に対して、適切な福祉サービスにつなげるなど、退院・退所後の生活の安定や社会復帰に向けた支援を行っている。

◎独立型事務所

55 独立型社会福祉士は、社会福祉士事務所を個人開業し、地域を基盤として独立した立場でソーシャルワークを実践する者である。地域住民へのさまざまな生活支援活動から、成年後見人としての活動、行政などからの委託による仕事、また、社会福祉法人や企業等との契約によるものなど、さまざまな活動を行っている。

◎社会福祉士の職域拡大

56 ソーシャルワーカーは、ホームレス、外国人、刑務所からの出所者、多重債務者、各種被虐待事例など、従来の社会福祉に関する法律の枠組みでは対応できなかった新しい問題にも対応していくことが求められている。

57 グローバル化する社会のなかで、日本で暮らす外国人を支援するソーシャルワーカーや、発展途上国などの貧困やさまざまな困難を抱える子どもや家族を支える団体（ユニセフや独立行政法人国際協力機構）に所属し、活動を行うソーシャルワーカーもいる。

58 近年多発する災害に対するソーシャルワークも行われている。災害時のソーシャルワークは、被災地の一人ひとりの生命の保護を最優先に、被災者の生活の支援、被災地域への支援、さまざまな福祉サービス事業所等の運営支援、計画立案などの活動を担っている。

福祉行政等における専門職

◎福祉事務所の現業員、査察指導員、社会福祉主事

59 社会福祉法において福祉事務所には原則、所長、現業事務の指導監督を行う所員（査察指導員）、相談面接や生活指導、家庭訪問などの現業を行う所員（現業員）、事務を行う所員（事務職員）の配置が規定されている。

⊞35-96

60 現業員は、福祉事務所の所員として、福祉事務所長の指揮監督や査察指導員の指導監督を受けて、相談面接や生活指導、家庭訪問などを行う。現

業員の数は、社会福祉法に掲げる数を標準として定める。

61 　査察指導員は、福祉事務所の所員として、福祉事務所長の指揮監督を　　　⊕35-96
受けて現業事務（現業員）の指導監督を行う。

62 　現業員と査察指導員は、社会福祉主事でなければならない。また、現
業員や査察指導員は、法に規定する職務にのみ従事しなければならないが、
その職務の遂行に支障がない場合には、ほかの社会福祉または保健医療に関
する事務を行うことができる。

63 　社会福祉主事は、都道府県知事または市町村長の補助機関の職員であ　　⊕33-96
る。社会福祉主事は、18歳以上で、人格が高潔で、思慮が円熟し、社会福
祉の増進に熱意がある者でなければならない。社会福祉法を根拠法としてい
る。

64 　都道府県や市、福祉事務所を設置する町村には、社会福祉主事を置く。
福祉事務所を設置しない町村では、社会福祉主事を置くことができる。

◎児童福祉司

65 　都道府県が設置する児童相談所には、児童福祉司を置かなければなら　　⊕33-96
ない。

66 　児童福祉司の数は、各児童相談所の管轄区域内の人口、児童虐待の相
談件数、里親委託状況等を総合的に勘案して、政令で定める基準を標準とし
て都道府県が定める。

67 　児童福祉司は、児童福祉法を根拠法とし、児童相談所長の命を受けて、
児童の保護その他児童の福祉に関する事項について、相談に応じ、専門的技
術に基づいて必要な指導を行う等児童の福祉増進に努めるものとされてい
る。

68 　児童福祉司は、社会福祉士や精神保健福祉士、社会福祉主事等の資格　　⊕33-91
をもつ者や、児童の援護育成等に2年以上従事した経験がある者等がなるこ
とができる。

◎身体障害者福祉司

69 　福祉事務所には、身体障害者福祉司や知的障害者福祉司が配置され、
それぞれの所員に対して身体障害者福祉や知的障害者福祉に関する指導を行
い、専門的な知識や技術を必要とする業務を行っている。

70 　都道府県は、身体障害者更生相談所に、身体障害者福祉司を置かなけ

図表5 福祉行政等における専門職

名称	根拠法	機関	指導監督	配置義務	資格等
査察指導員	社会福祉法第15条	福祉事務所	福祉事務所長の指揮監督	必置（所長自ら行うことも可）	社会福祉主事
現業員				必置	社会福祉主事
事務所員				必置	－
老人福祉指導主事等	老人福祉法		所長の指揮監督	都道府県：任意 市町村：必置	社会福祉士など
児童福祉司	児童福祉法第13条	児童相談所	所長の命	都道府県：必置 指定都市：必置 児童相談所設置市：必置	社会福祉士や社会福祉主事として2年以上児童福祉事業に従事した人など
身体障害者福祉司	身体障害者福祉法第11条の2	身体障害者更生相談所	都道府県：所長の命	都道府県：必置	社会福祉士や社会福祉主事として2年以上身体障害者福祉事業に従事した人など
		福祉事務所	市町村：所長の命	市町村：任意	
知的障害者福祉司	知的障害者福祉法第13条	知的障害者更生相談所	都道府県：所長の命	都道府県：必置	社会福祉士や社会福祉主事として2年以上知的障害者福祉事業に従事した人など
		福祉事務所	市町村：所長の命	市町村：任意	
精神保健福祉相談員	精神保健福祉法第48条	精神保健福祉センター		都道府県・指定都市：任意	精神保健福祉士等から都道府県知事又は市町村長が任命する。
		保健所		都道府県：任意 市町村：任意	
母子・父子自立支援員	母子及び父子並びに寡婦福祉法	福祉事務所		配置義務がない	

ればならない。市や町村の福祉事務所には、身体障害者福祉司を置くことができる。

⊕35-91
⊕33-96

71 身体障害者福祉司は、都道府県知事または市町村長の**補助機関**の職員である。**身体障害者福祉司は、社会福祉主事の資格をもち、身体障害者の更生援護等に係る事業に2年以上従事した経験がある者**や、社会福祉士等がなることができる（**身体障害者福祉法第12条**）。

◎知的障害者福祉司

72 都道府県は、知的障害者更生相談所に、知的障害者福祉司を置かなければならない。市や町村の福祉事務所には、知的障害者福祉司を置くことができる。

⊕ 34-60（障害）

73 知的障害者福祉司は、都道府県知事または市町村長の補助機関の職員である。知的障害者福祉司は、社会福祉主事の資格をもち、知的障害者の更生援護等に係る事業に2年以上従事した経験がある者や、社会福祉士等がなることができる（**知的障害者福祉法第14条**）。

⊕ 35-91
⊕ 35-96

◎精神保健相談員

74 精神保健福祉センターや保健所には、精神保健および精神障害者の福祉に関する相談に応じ、精神障害者およびその家族等その他の関係者を訪問して必要な指導を行う精神保健福祉相談員を置くことができる。

◎母子・父子自立支援員、女性相談支援員

75 福祉事務所には、高齢者福祉に関する所員への指導や専門的な知識や技術を必要とする業務を行う老人福祉指導主事や、母子・父子自立支援員、女性相談支援員、家庭児童福祉主事や家庭相談員が配置されている。

76 母子・父子自立支援員は、福祉事務所において、配偶者のない者で現に児童を扶養しているものおよび寡婦に対し、相談に応じ、その自立に必要な情報提供および指導や、職業能力の向上および求職活動に関する支援を行う（**母子及び父子並びに寡婦福祉法第8条第2項**）。

⊕ 35-96

77 女性相談支援員は、困難な問題を抱える女性への支援に関する法律を根拠法として、女性相談支援センターや福祉事務所等においてさまざまな相談に応じ、女性等への支援を担っている。

⊕ 35-96

78 家庭相談員は、都道府県や市町村が設置する福祉事務所に置かれる家庭児童相談室において、家庭児童福祉に関する専門的技術を必要とする相談指導業務を行う、都道府県や市町村の非常勤職員である。

⊕ 35-96

民間の施設・組織における専門職

79 フィールド・ソーシャルワーカー（コミュニティ・ベースド・ソーシャルワーカー）は、社会福祉協議会や地域包括支援センターなどで地域住民を対象とするのに対し、レジデンシャル・ソーシャルワーカーは、施設入所者を対象とする。

80 施設におけるソーシャルワークでは、利用者の権利擁護のために、①

権利侵害の早期発見、②日常において利用者一人ひとりの声を聴く、③施設も地域社会の一員であり、その生活基盤としての地域へのはたらきかけ、④利用者の自分らしい主体的な生活の実現といったことが重要となる。

◎施設長

81 施設長は、社会福祉法第66条において「社会福祉施設には、専任の管理者を置かなければならない」と規定されている。

82 施設長の資格要件としては、①社会福祉主事任用資格を有する者、②社会福祉事業の種別により2年、3年、5年以上従事した者、③全国社会福祉協議会中央福祉学院が実施する「社会福祉施設長資格認定講習課程」を受講すること、などがある。

◎生活困窮者・低所得者福祉分野の職員

83 生活困窮者自立支援制度における必須事業の自立相談支援事業では、基本的に主任相談支援員、相談支援員、就労支援員を配置することとされている。

◎生活相談員

84 生活相談員は、指定介護老人福祉施設や通所介護事業所などに配置され、利用者の相談・援助などを行う。資格は、社会福祉主事またはそれと同等の能力があると認められる者となっている。近年は社会福祉士が任用されることも多くなった。

　　✏ 過去「生活指導員」と呼ばれていたが、「指導」という言葉が適切でないとして名称が改められた。

◎地域包括支援センターの職員

85 地域包括支援センターの職員として、原則、社会福祉士、保健師、主任介護支援専門員が各1名以上配置される（介護保険法施行規則第140条の66）。社会福祉士は、多面的な相談の対応を行い、特に権利擁護業務などが中心となる。

◎その他高齢者福祉分野の施設・機関の職員

86 支援相談員は、介護老人保健施設に配置され、入所者の生活全般にかかわる相談に応じ、必要な助言、退所支援などの相談援助を行う。

87 介護支援専門員は、居宅介護支援事業所や介護保険施設で、介護サービス計画（ケアプラン）の立案を担当している。一般にケアマネジャーとも呼ばれ、在宅や施設で生活している高齢者やその家族の相談に応じ、介護サービスの利用調整や関係者間の連絡などを行い、利用者が自立した日常生活を営むことができるよう支援している。

◎障害者福祉分野の施設・機関の職員

88 **サービス管理責任者**は、療養介護、生活介護、自立訓練、グループホーム就労移行支援、就労継続支援などに配置され、個々のサービス利用者のアセスメントや個別支援計画の作成、定期的な評価などの一連のサービス提供プロセス全般に関する責任を負う。ほかのサービス提供職員に対する指導的役割を担う。

89 **生活支援員**は、障害者支援施設、療養介護、生活介護、グループホームなどに配置され、施設などで障害者の日常生活上の支援や身体機能・生活能力の向上に向けた支援を行うほか、創作・生産活動にかかわる。また、本人や家族、介護職員などから必要な情報を収集し、個別に課題やニーズを分析・整理して関係者間での共有化を図る。

90 **相談支援専門員**は、指定相談支援事業所や基幹相談支援センターに配置される。障害のある人が自立した日常生活や社会生活を営むことができるように、障害福祉サービスなどの利用計画を作成する。また、地域生活への移行・定着に向けた支援、住宅入居等支援事業や成年後見制度利用支援事業に関する支援など、障害のある人の全般的な相談支援を行う。

◎児童福祉分野の施設・機関の職員

91 **児童指導員**は、児童養護施設等に配置され、入所児童からの相談に応じ、生活指導を行う。入所児童の日常生活全般において、児童の自主性を尊重しながら基本的な生活習慣を養い、共同生活のなかから規律ある社会性を身につける指導を行う。親子関係の調整なども行う。

92 **家庭支援専門相談員（ファミリーソーシャルワーカー）**は、児童養護施設や乳児院、児童自立支援施設等に配置され、虐待等の家庭環境上の理由によって入所している児童の保護者に対し、電話や面接により児童の早期家庭復帰、里親委託等を可能とするための相談援助等の支援を行う。また、入所児童の早期の退所を促進し、親子関係の再構築等を図る。

93 **児童生活支援員**は、児童自立支援施設に配置され、児童の生活指導、学習指導、職業指導を行って自立を支援し、家庭環境の調整を行う。保育士資格か社会福祉士資格をもつ者、または3年以上児童自立支援事業に従事した経験のある者がなることができる。

94 **児童自立支援専門員**は、児童自立支援施設に配置され、児童の生活指導を行って自立を支援し、健全な人間関係の構築ができるよう支援や職業指導も行う。児童自立支援専門員になるには、社会福祉士の有資格者や大学や大学院で指定科目を履修し、卒業して児童自立支援事業の実務を1年以上経験するなど、さまざまなルートがある。

◎社会福祉協議会の職員

⊕33-97

95 社会福祉協議会の職員として、全国社会福祉協議会に**企画指導員**、都道府県・指定都市社会福祉協議会に**福祉活動指導員**、市区町村社会福祉協議会に**福祉活動専門員**がおかれている。いずれも地域福祉の推進を担う専門職としての役割が期待されている。

> 福祉活動専門員は、社会福祉士または社会福祉主事の資格を有することが任用条件となっている。

96 **コミュニティソーシャルワーカー**は、2004（平成16）年度に大阪府が府内各市町村に初めて配置した専門職である。支援が必要な人々を把握して福祉サービスなどの社会資源とつなぎ、地域住民や地域の関係機関とのネットワークの構築、住民のニーズに基づく新たなサービスの開発のための働きかけなどを行う。

97 日常生活自立支援事業における**専門員**は、日常生活自立支援事業を利用する判断能力が不十分な利用者に、地域で自立した日常生活を送ることができるよう、相談に応じ、支援計画を作成する。専門員になるには、社会福祉士、精神保健福祉士であることが望ましい。

98 日常生活自立支援事業における**生活支援員**は、専門員が作成した支援計画に基づいて、判断能力が不十分な利用者に、直接的な支援（福祉サービスに関する情報提供、助言、手続きの援助、利用料の支払い）を行う。社会福祉士、精神保健福祉士の資格は特に必要としない。

◎スクールソーシャルワーカー

99 **スクールソーシャルワーカー**は、学校現場で活動している。いじめ、不登校、暴力行為、児童虐待など生徒指導上の課題に対応するため、社会福祉等の専門的な知識・技術を用いて、児童生徒の置かれたさまざまな環境に働きかけて支援を行う。生徒本人が抱える問題だけでなく、学校や家庭、地域などの本人を取り巻く環境も視野に入れた働きかけを行うことによって、子どもたちが安定した学校生活を営めるように支援を行っている。

⊕33-93

100 **スクールソーシャルワーカー**になるには、推奨資格として社会福祉士や精神保健福祉士等の福祉に関する専門的な資格を有する者から実施主体が選考し、スクールソーシャルワーカーとして認めた者とする。

◎医療ソーシャルワーカー

101 医療機関では、**医療ソーシャルワーカー**が、医師や看護師、また福祉事務所などの行政機関の職員や介護支援専門員などとの連携を図りながら業務を行っている。

◎司法福祉分野の職員

102 社会復帰調整官は、保護観察所において、精神保健福祉等に関する専門的知識を活かし、「心神喪失等の状態で重大な他害行為を行った者の医療及び観察等に関する法律」（心神喪失者等医療観察法）に基づく生活環境の調査・調整、精神保健観察等の業務を行う。

⊕36-149（更生）

103 保護観察官は、地方委員会の事務局と保護観察所に配置され、医学、心理学、教育学、社会学、その他の更生保護に関する専門的知識に基づいて、非行行為のある少年や犯罪者に課せられる社会内処遇（通常の社会生活を行わせながら、その円滑な社会復帰のために行う指導・監督）である保護観察処分にかかわる。担当保護司への指導なども行う。

◎民生委員

104 民生委員は、民生委員法に基づき、厚生労働大臣から委嘱された非常勤の地方公務員である。給与は支給されず、ボランティアとして活動する。それぞれの地域において住民の立場に立って相談に応じ、必要な援助を行う。また、民生委員は児童福祉法に定める児童委員を兼ねることとされている。

⊕33-96

諸外国の動向

◎欧米諸国の動向

105 全米ソーシャルワーカー協会（National Association of Social Workers：NASW）には、大学（ソーシャルワーク学士（BSW））、大学院（ソーシャルワーク修士（MSW）、ソーシャルワーク博士（Ph.D.））の学位をもつ人などが登録する。

106 イギリスのソーシャルワーカーは、大学の学部レベルで養成され、登録制度はない。ソーシャルワーカー関連のデータが毎年公表され、ソーシャルワーカーが担当する家族を取り巻く支援にかかわる人材とサービスは、ソーシャルプロテクション（社会的保護）の概念のもと提供されている。

107 スウェーデンのソーシャルワーカーは、4年制大学で養成され、ソーシャルワーカーは労働組合もしくは専門職団体に所属している。登録制度はない。

108 デンマークのソーシャルワーカーは、大学の学部レベルで養成され、資格取得に3.5年を要する。

109 ノルウェーのソーシャルワーカーは、大学の学部レベルで養成され、登録制度はない。

110 フィンランドのソーシャルワーカーは、大学院の修士課程で養成され、修士号取得まで5～6年を要する。

◎その他の諸外国における動向

111 中国には、日本の社会福祉士にあたる**助理社会工作師**と**社会工作師**という資格がある。国内の都市と農村の経済格差が顕在化し、都市への人口流入が進んでいる。

112 インドのソーシャルワーカー養成機関の数と養成人数は、アジア地域で最大になっている。インドのソーシャルワーカーは、子どもや家族に対する保護、ストリートチルドレン、人身売買、児童労働、女性のエンパワメントや職業的自立とコミュニティ開発、環境問題に対する抗議活動など多岐にわたる。

2 ミクロ・メゾ・マクロレベルにおけるソーシャルワーク

ミクロ・メゾ・マクロレベルの対象

◎ミクロ・メゾ・マクロレベルの意味

113 ミクロは個人や家族、メゾは集団や組織あるいは人々に身近な地域住民や団体、マクロは地域社会や、より広く国家を意味することが多い。

114 ミクロ・メゾ・マクロのそれぞれのレベルは相互に重なりあうものであり、不可分である。ソーシャルワークでは、社会を構成している多様なシステムを、その大きさによってミクロ・メゾ・マクロに位置づけながら、そのシステム同士が互いにつながりあい、影響しあう一体的な**システム**として捉える。

115 ソーシャルワークの実践レベルでみると、**ミクロレベル**は、困難な状況に直面する個人や家族への直接的援助を指す。**メゾレベル**は、家族ほど親密ではないが、グループや学校、職場、近隣などの対人関係があるレベルで、クライエントに直接影響するシステムの変容を目指す介入である。**マクロレベル**は、対面の直接サービス提供ではなく、社会問題に対応するための社会計画や地域組織化など、社会全体の変革や向上を指向しているものである。

図表6 ミクロ・メゾ・マクロレベルの重なりのイメージ

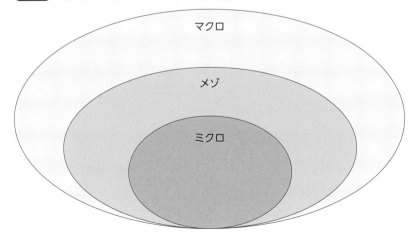

◎ミクロ・メゾ・マクロレベルの対象

⊕32-106（相理） **116** ソーシャルワークは、ミクロ・ソーシャルワーク（個人・家族対象）、メゾ・ソーシャルワーク（集団や公的組織対象）、マクロ・ソーシャルワーク（地域社会や社会対象）といった対象へのかかわり方が求められるようになってきた。

117 ミクロレベルにおけるソーシャルワークの実践は、主に個人やその個人と近い関係にある家族を対象として展開される。個人は、生物的・心理的・社会システムの総体としての人間である。

⊕36-92 **118** メゾレベルにおけるソーシャルワーク実践の対象は、個人に直接の影響を与える学校や職場、町内会・自治会といった地域組織、公民館などの人が集まる地域拠点などがある。また、本人が直接その機関や組織に所属していなくても、地域の中にある警察や消防、医療・保健・福祉サービスの提供機関や行政機関、自治体などはメゾレベルの対象になる。

119 マクロレベルのソーシャルワーク実践の対象は、政府による政策のあり方や国の経済的な状況、何らかの差別や抑圧の状況、文化や自然環境などがある。そこに居住している人々のほとんどに影響を与えるような、言語、住居施策、法律や慣習が含まれる。また、国内だけではなく国外の政治・経済なども含まれる。

ミクロ・メゾ・マクロレベルにおけるソーシャルワーク

◎ミクロ・メゾ・マクロレベルへの介入

120 ソーシャルワークとは、ミクロ、メゾ、マクロレベルの相互性や重層性、全体関連性を認識した働きかけにより、生活問題の解決を図る実践である。

121 ソーシャルワークの実践では、ミクロ・メゾ・マクロの区分を超えて、さまざまなシステムレベルに一連のスキル等を駆使しながら個人から集団、地域、政策への働きかけを行う。

122 ミクロ・メゾ・マクロの区分を超えた実践のためには、ソーシャルワーカーは、さまざまな専門職や関係機関、組織との連携・協働が欠かせない。支援のネットワークを築くこともソーシャルワーカーが担う役割である。

⊕34-95 **123** ミクロレベルにおけるソーシャルワーク実践では、支援の過程においてクライエント本人や家族のニーズや強み（ストレングス）に焦点を当てながら、いかに本人が問題の解決に参加し、解決方法を生み出し、効果的な選

択をすることができるかが重視される。

124 メゾレベルにおけるソーシャルワーク実践は、直接クライエントに影響を与えている家族やグループ、学校や職場といったシステムの変化を目指す実践である。活動に必要な資源との**媒介役**や運営面でのサポートを行うことが当てはまる。また、同じ課題をもつ地域住民同士の**つながりづくり**や、当事者や地域住民が主体的に活動できるような支援も含まれる。ほかにも、ソーシャルワーカーが自ら所属する組織や機関に対して働きかけを行うこともメゾレベルの実践といえる。

34-95

125 マクロレベルにおけるソーシャルワーク実践では、多くの人々のさまざまな資源へのアクセス、生活の質に影響を与える政策などに焦点が当てられる。ミクロ・メゾレベルの課題が社会構造のゆがみから生じている場合に当事者や関係者らとともに、社会全般の変革や向上に働きかけ、差別や抑圧などの社会不正義をなくすよう、国内外に向けて**社会制度**や人々の**社会意識**に働きかける。

◎ミクロ・メゾ・マクロレベルの連関性

126 ソーシャルワークは、何らかの生活困難や生活課題に対して、困難や課題を抱えるクライエント個人の身体的あるいは心理的な側面に焦点を当てながら、家族や学校、職場や地域など、個人が所属する場や組織などの社会的な側面にも視野を広げ、両者の関係性を把握しながら課題解決の糸口を見つけて支援していく営みである。

127 クライエントが抱える生活問題が、差別や偏見等によるものであった場合、クライエント等本人を支援するとともに、本人を取り巻く環境への働きかけが求められる。個人の生活への支援と生活の場としての住みよい地域づくり、安全と安心が保障される社会づくりのためには、ミクロ・メゾ・マクロレベルでの実践が相互に連関し、一体的に連動するソーシャルワークの展開が重要である。

◎ミクロ・メゾ・マクロレベルの支援の実際

128 ソーシャルワーカーは、ミクロ・メゾ・マクロレベルの問題を各レベルのみの問題として捉えるのではなく、相互に**連関**させて一体的に捉える視点をもたなければならない。そして個人や家族の問題とさまざまな社会問題が、常につながりのなかにあることを理解して、ソーシャルワークの実践課程を展開させていかなければならない。

受験対策アドバイス

◆事例に対する解決策をミクロレベル・メゾレベル・マクロレベル、それぞれの階層で検討できないか考えることが大切です。レベルそれぞれに連関があることも意識してみましょう。

総合的かつ包括的な支援と多職種連携の意義と内容

ジェネラリストの視点に基づく総合的かつ包括的な支援の意義と内容

129　いくつかの事情や問題が複合化した状態への対応には、ジェネラリストの視点に基づいた、制度や分野を横断して展開される総合的かつ包括的な支援が求められている。

130　ジェネラリストソーシャルワークとは、ソーシャルワーク専門職が共通基盤として身につけている、すべてのソーシャルワーク専門職に通底する共通基盤としてのソーシャルワークの価値規範や倫理、知識、技術の体系である。

⊕36-95

131　ジョンソン（Johnson, L.）らは、「問題」を「ニーズ」に置き換え、また「問題解決過程」から「成長と変化を促進するプロセス」へと表現を変え、ジェネラリスト・ソーシャルワークにおいて前向きな思考による実践を強調している。

132　ソーシャルワークにおける総合的支援においては、①援助の重層システムを理解すること、②対処能力（コンピテンス）向上への支援、③個人や環境に対しての一体的支援、④チームアプローチ、⑤ソーシャルアクションの展開などが求められる。

◎多機関による包括的支援体制

133　総合的かつ包括的な支援としてのソーシャルワークでは、今日のさまざまな生活問題に対する分野横断的で制度横断的な対応と、そのための多機関や多職種との連携と協働による支援体制の構築と実践が求められている。多機関とは、ソーシャルワーク実践においてソーシャルワーカーが連携・協働する機関の総称で、社会福祉分野に限らずさまざまな分野や地域の機関や組織、団体が含まれる。

⊕33-97
⊕34-96

134　近年、人々の直面している生活問題は、多様化や複雑化の傾向がある。そのため、生活支援にあたっては、専門職や多職種の連携による対応が必要となってきている。また、各種の職能団体が相互に連携・協働して活動することが求められ、機関や団体同士の合意形成のために、共通する倫理の確立、資質向上への取組みも行われている。

📩 取り組みへの利用者・家族の参画、一般市民との協働も深められている。

135 多機関や多職種が連携する意義は、必要なサービスの提供にとどまらない。必要なサービスを提供する機関がなければ、地域の関係機関同士が新たに**サービスを開発する**必要性を互いに共有して、連携・協働してサービス開発や行政に働きかけることが求められている。

◎フォーマル・インフォーマルな社会資源との協働体制

136 ソーシャルワークにおける<u>社会資源</u>とは、クライエントおよびクライエントシステムのニーズの充足や問題解決に有効な人や組織・団体、サポート、サービス、法律・制度のすべてを指す。

137 社会資源には、施設や自動車などの物理的資源や資金等を意味する経済的資源、**ソーシャルキャピタル（社会関係資本）**と呼ばれる人と人のつながりも含まれる。

📩 物的資本や人的資本などと並ぶ新しい概念で、人間関係資本や市民社会資本とも呼ばれる。人々の活発な協調行動が社会の効率性を高めるという認識から、社会や地域における人々のつながりや信頼、ネットワークの重要性を説く考え方。

138 社会資源を活用して援助するためには、利用者が**自らの選択**と**意思**によって主体的に利用できるように動機づけるべきであるが、的確な判断と評価に基づいて、援助過程に織り込むことが必要である。

139 社会資源の活用にあたっては、援助者は対象となる個人、家族、小集団・組織、地域住民のニーズと社会資源を結びつけ、相互の調整を行う必要がある。ほかの機関を活用するように援助していく場合には、必要に応じて**調停的役割や代弁的役割**をも果たすようにする。

140 サイポリン（Siporin, M.）は、ソーシャルワーカーはクライエントの内的・物的・社会的な諸資源を開発し、創造し、提供し、その活用を促進し、調整するとしている。

📩 サイポリンによれば、資源は、ソーシャルワークの基本的概念であり、資源を頻繁に使用することは、ソーシャルワーカーのアイデンティティの印であると明確に認識できるとし、社会資源としないで資源という広い意味で用いている。

141 サイポリンによれば、資源は、明確な目標を達成することとの関係で、①一個人ないしはその集団において内的なものか、外的なものか、②フォーマルなものか、インフォーマルなものか、③直ちに利用できるものか、潜在的で抽出されるものか、④ある程度コントロールできるものか、できないも

◆社会資源を活用する際には、フォーマルな社会資源だけではなく、インフォーマルな社会資源にも目を配る必要があります。また既存の社会資源を活用するだけでなく、開発するという視点をもつことも重要です。

のかであるとしている。

142 ソーシャルワークにおける<u>社会資源開発</u>のためには、①利用者の資源の必要と既存の制度との乖離を把握する、②社会資源の側の変化に即した対応と、その変化を支える、③組織的対応で社会資源を開発する、④自主的な地域活動への展開を支えるといったことが求められる。

143 社会資源は、サービス提供主体や根拠に焦点を当て、**フォーマルな社会資源**と**インフォーマルな社会資源**に分けることができる。**フォーマルな社会資源**とは、法律や制度に基づいたサービスやさまざまな公的機関や民間団体等によって提供される支援を指す。**インフォーマルな社会資源**とは、公的な機関や民間の組織などによらない支援として、家族や親せき、友人や近隣の人々による支援やサービスを指す。

144 フォーマルな社会資源とインフォーマルな社会資源は、それぞれ**強み**と**弱み**がある。このため社会資源の特徴を踏まえつつ、両方の社会資源とつながり、ネットワークを形成しながら地域における共同体制を築くことが大切である。

⊕33-98（相理） **145** ピンカス（Pincus, A.）とミナハン（Minahan, A.）は、社会資源の供給主体は、①インフォーマルあるいは自然資源システム（家族、友達、近隣、同僚、酒場の主人など）、②フォーマルな資源システム（会員の利益を広げる会員組織あるいは公的な団体）、③社会制度的資源システム（行政の機関やサービス、その他の社会制度）の3つに分かれるとしている。

◎ソーシャルサポート

146 ソーシャルサポートとは「社会的関係のなかでやりとりされる支援のこと」である。

147 ソーシャルサポートネットワークとは、フォーマル・インフォーマルな社会資源によって構成される、家族や親せき、友人、近隣、同僚その他生活に関係する機関との間の社会関係が網の目のように張り巡らされている状態を指す。ソーシャルサポートネットワークには、**手段的サポート**（手伝いをする）、**情緒的サポート**（なぐさめる、勇気づける）、**経済的サポート**（お金を貸す）などの機能がある。

148 カーン（Kahn, R. L.）とアントヌッチ（Antonucci, T. C.）は、ソーシャルネットワークの統合的な理論的基礎として「コンボイモデル」を開発した。コンボイは、本人を中心にして人生で起こる問題や困難をともに乗り越えていく仲間とのつながり（社会関係）を一体的に捉えたものである。

ジェネラリストの視点に基づく多職種連携及びチームアプローチの意義と内容

◎多職種連携及びチームアプローチの意義

149 生活問題の発生には、複雑で多様なシステム間の関係による社会環境の変化がかかわっていることから、問題解決に向けたアプローチも多様なシステムとのかかわりのなかで検討していくことが必要である。今日のさまざまな生活問題の解決のためには、多職種・多機関による多様な視点や連携・協働としての取り組みが必要とされている。　🏛34-96

150 多様化、複雑化、複合化する生活問題に対して、さまざまな立場の人々や専門職が、それぞれの知識や立場からみることで、問題の全体像やその背景が明らかになり、解決のためのアプローチ方法も多彩になる。

151 多職種チームは、所属機関内で形成されるものがある一方、地域や他機関に所属する職種等によって形成されるものがある。　🏛34-96

152 多職種・多機関間のネットワークをもとにチームを構築し、チームとして問題解決に向けて連携・協働することを**チームアプローチ**という。

153 多職種チームにおけるグループ過程の基本的要素には**タスク機能**と**メンテナンス機能**があり、両者は相互に関連しあう。

154 多職種チームでは、普段からほかの専門職の専門性や価値、文化を理解し、互いに尊重しあえる関係性をつくっておくことが重要となる。また、チームを機能させるためには、メンバーが対等性をもって協働できることが大切になる。　🏛34-96

155 松岡千代は、ヘルスケア領域における専門職間連携を「主体性をもった多様な専門職間にネットワークが存在し、相互作用性、資源交換性を期待して、専門職が共通の目標達成を目指して展開するプロセス」と定義した。

156 菊地和則は、チームは「共通の／共有された目標」と「メンバーの相互依存的な協働」、「小集団」の3つの要件があると定義した。また、菊地は、チームの機能を表す3つのモデル概念として、**マルチディシプリナリ・モデル**、**インターディシプリナリ・モデル**、**トランスディシプリナリ・モデル**を示し、チームが課せられた課題とその状況によってチームのあり方が変化することを説明している。　🏛35-76（保健医療）

157 **マルチディシプリナリ・モデル**とは、チームに課せられた人命にかかわる可能性がある緊急な課題を達成するために、しばしば一人の人物の指示

により、チームのなかで与えられた専門職としての役割を果たすことに重点をおいたチームの機能方法である。

158 インターディシプリナリ・モデルとは、チームに課せられた複雑な、しかし緊急性がなく直接人命にかかわることが少ない課題を達成するために、各専門職が連携・協働してチームのなかで果たすべき役割を分担する機能方法である。

159 トランスディシプリナリ・モデルとは、チームに課せられた課題を達成するために、各専門職がチームのなかで果たすべき役割を、意図的・計画的に専門分野を超えて横断的に共有する機能方法である。

◎機関・団体間の合意形成と相互関係

160 多職種間の連携・協働によるチームアプローチが有効に機能するためには、それぞれの職種が所属する機関や団体間の**合意形成**が重要になる。そのためにはソーシャルワーカーが、連携・協働しようとする機関・団体の歴史・沿革・設立根拠、設立理念・ミッション・価値規範・指針、保有している資源の状況、組織図と意思決定の流れ、財務状況などを知っておく必要がある。

◎利用者、家族の参画

161 これまでのソーシャルワーク教育は、ケースワーク、グループワーク、コミュニティワークのように援助技術によって分類されていた。そのため、クライエントが主体ではなく、ソーシャルワーカーが得意とする、または熟練している援助技術が中心となりがちであった。また、支援の決定には、限定的となる危険性があった。

162 多職種チームで問題解決にあたる場合でも、問題解決の中心にいるのは利用者であることから利用者やその家族が問題解決の主体として取り組めるよう、多職種チームの協働や連携の場面・家庭に利用者や家族が参画し、問題解決の主体かつ協働していくチームメンバーとして位置づけられることが重要である。

163 ミレイ（Miley, K.）らは、**エンパワメント**の視点に基づくジェネラリスト実践を提唱している。問題解決からコンピテンス（対処能力）の促進への転換を強調し、対話、発見、発展という過程を示す。

164 ストレングス・パースペクティブ（ストレングス視点）は、個人、グループ、家族、コミュニティには「できること」と「強み」があり、また、クライエントを取り巻く環境には活用できる多くの資源があるという考え方をとっている。現代ソーシャルワークを象徴する視点であり、ジェネラリス

ト・ソーシャルワークの特質の1つとされる。

165 サレイベイ（サリービー）(Saleebey, D.) らによる**ストレングス・パースペクティブ**は、すべての個人、グループ、家族、地域にはストレングスがあることを指摘している。

166 ジョンソン（Johnson, L.）らは、**ストレングス・パースペクティブ**は、「クライエントのストレングスに基づく問題解決に焦点をあてたプロセスのなかにクライエントを巻き込むことによって、伝統的な問題解決過程に再び焦点をあてるものである」と指摘している。

167 ストレングス・パースペクティブは、**強みや強さ、できること、長所**に焦点をあて、短所や限界を探索し、問題や課題を抱えるクライエントに責任を押しつけるメカニズムを回避し、人と環境の肯定的な面を発見するほうへ導く。それによって、クライエントの援助過程への主体的な参画を容易にする。そして、コミュニティにある資源の活用と協働の視点をもたらす。

実力チェック！ 一問一答

※解答の横の番号は、本科目で該当する重要項目や図表の番号です。

1 エツィオーニは、専門職が成立する属性を挙げ、そのなかで専門職的権威の必要性を主張した。　**1** ✕ **6**

2 ミラーソンは、専門職が成立する属性を挙げ、そのなかで試験による能力証明の必要性を主張した。　**2** ◯ **7**

3 カー - ソンダースとウィルソンは、職業発展の過程から、ソーシャルワーク専門職が成立するプロセスを提示し、専門職を段階的に分類した。　**3** ◯ **8**

4 グリーンウッドは、すでに確立している専門職と、ソーシャルワーカーを比較することによって、準専門職の概念を提示した。　**4** ✕ **9**

5 都道府県の福祉事務所では、老人福祉法、児童福祉法、障害者総合支援法の三法に関する業務を行っている。　**5** ✕ **33**

6 学校教育分野において、ソーシャルワーカーの設置はされていない。　**6** ✕ **51**

7 福祉事業所において現業を行う所員（現業員）は、所長の指揮監督を受けて、援護、育成又は更生の措置を要するもの等に対する生活指導などを行う。　**7** ◯ **60**

8 福祉事業所において指導監督を行う所員（査察指導員）は、都道府県知事の指揮監督を受けて、生活保護業務の監査指導を行う。　**8** ✕ **61**

9 身体障害者福祉司は、障害者総合支援法に規定されている。　**9** ✕ **71**

10 地域包括支援センターにおける社会福祉士は、国により配置が義務づけられている。　**10** ◯ **85**

11 コミュニティソーシャルワーカーは、支援が必要な人々を把握して福祉サービスなどの社会資源とつなぐ、住民のニーズに基づく新たなサービスの開発のための働きかけなどを行う。　**11** ◯ **96**

12 民生委員は、社会福祉法に規定されている。　**12** ✕ **104**

13 ミクロレベルのソーシャルワーク実践の対象としては、学校や職場、地域であり、個人やその家族を対象とはしていない。　**13** ✕ **117**

14 ソーシャルワーカーは、ミクロ・メゾ・マクロレベルの問題を各レベルのみの問題として捉えるのではなく、相互に連関させて捉える視点をもつ必要がある。　**14** ◯ **128**

15 社会資源には、ソーシャルキャピタル（社会関係資本）と呼ばれる人と人のつながりも含まれる。　**15** ◯ **137**

16 インターディシプリナリ・モデルとは、各専門職が連携・協働してチームのなかで果たすべき役割を分担する機能方法をいう。　**16** ✕ **158**

ソーシャルワークの
理論と方法
（専門）

06

⑥ ソーシャルワークの理論と方法（専門）

大項目	中項目	小項目（例示）	出題実績		
			第36回	第35回	第34回
1 ソーシャルワークにおける援助関係の形成	1）援助関係の意義と概念	・ソーシャルワーカーとクライエントシステムの関係	【106】	【104】	
	2）援助関係の形成方法	・自己覚知と他者理解 ・コミュニケーションとラポール			【116】
	3）面接技術	・面接の意義，目的，方法，留意点 ・面接の場面と構造 ・面接の技法	【118】	【105】 【106】 【107】 【108】	【101】 【108】
	4）アウトリーチ	・アウトリーチの意義，目的，方法，留意点 ・アウトリーチを必要とする対象 ・ニーズの掘り起こし		【109】	
2 ソーシャルワークにおける社会資源の活用・調整・開発	1）社会資源の活用・調整・開発	・社会資源の活用・調整・開発の意義，目的，方法，留意点 ・ニーズの集約，提言，計画策定，実施，評価			【110】
	2）ソーシャルアクション	・ソーシャルアクションの意義，目的，方法，留意点			
3 ネットワークの形成	1）ネットワーキング	・ネットワーキングの意義，目的，方法，留意点 ・セーフティネットの構築とネットワーキング ・家族や住民，サービス提供者間のネットワーキング ・重層的な範囲（ミクロ・メゾ・マクロ）におけるネットワーキング ・多様な分野の支援機関とのネットワーキング		【110】	【117】
4 ソーシャルワークに関連する方法	1）コーディネーション	・コーディネーションの意義，目的，方法，留意点			
	2）ネゴシエーション	・ネゴシエーションの意義，目的，方法，留意点			
	3）ファシリテーション	・ファシリテーションの意義，目的，方法，留意点			
	4）プレゼンテーション	・プレゼンテーションの意義，目的，方法，留意点			
5 カンファレンス	1）カンファレンス	・カンファレンスの意義，目的，留意点 ・カンファレンスの運営と展開			
6 事例分析	1）事例分析	・事例分析の意義，目的	【113】		
	2）事例検討，事例研究	・事例検討，事例研究の意義，目的，方法，留意点			【107】
7 ソーシャルワークにおける総合的かつ包括的な支援の実際	1）総合的かつ包括的な支援の考え方	・多様化，複雑化した生活課題への対応 ・今日的な地域福祉課題への対応 ・分野，領域を横断する支援			
	2）家族支援の実際	・家族が抱える複合的な生活課題 ・家族支援の目的，方法，留意点		【116】 【117】	
	3）地域支援の実際	・地域が抱える複合的な課題 ・多機関協働 ・地域住民との協働 ・地域アセスメント	【116】	【118】	
	4）非常時や災害時支援の実際	・非常時や災害時の生活課題 ・非常時や災害時における支援の目的，方法，留意点	【114】		

1 ソーシャルワークにおける援助関係の形成

援助関係の意義と概念

◎ソーシャルワーカーとクライエントシステムの関係

① ソーシャルワークは、クライエントとソーシャルワーカーとの関係における**相互作用**の過程のなかで実践されるが、それは**システム理論**に基づく**クライエントシステム**となり、その単位には、個人、家族、小集団、組織、地域社会が含まれる。

② ソーシャルワーカーが、クライエントシステムに介入するということは、クライエントの支援システムにワーカーが新たに加わることを意味する。システムの**ダイナミクス（集団力学）**に変化が生じることになることから、ソーシャルワーカーは、システムへの影響を考慮し介入することが必要である。

③ クライエントとソーシャルワーカーの間で形成される関係のあり方は、ソーシャルワーク実践のうえで重要な意味をもち、歴史的には、友愛、接触、共感、感情移入、ラポール、転移、相互作用などの用語で説明されてきた。また、クライエントとソーシャルワーカーの間にある**援助関係**や相互作用は、ソーシャルワークの効果を高めるうえで不可欠な要素となる。

④ バイステック（Biestek, F. P.）は、著書『ケースワークの原則』のなかで、「援助関係とは、ケースワーカーとクライエントとの間で生まれる態度と情緒による力動的な相互作用である。そして、この援助関係は、クライエントが彼と環境との間により良い適応を実現していく過程を援助する目的をもっている」と述べている。また、クライエントの人間としての基本的な**7つのニーズ**に対応する**7つの援助関係形成の原則**を示した。

⑤ 一般的な人間関係の形成には目的がない場合もあり、内容もさまざまであるが、ソーシャルワークにおける援助関係は、目的が明確であり、**ウェルビーイングの増進**と**エンパワメント**を重要な概念として扱って形成していく必要がある。

⑥ 複雑な社会問題と多様なニーズがある社会においては、ソーシャルワーカー自身が**マルチパーソン援助システム**の一部となり、チームでサービスを提供することがある。そのため、ソーシャルワーカーは**自己理解**を深め

⊕34-116

受験対策アドバイス

適切な援助関係を形成するためのコミュニケーションの方法や基本的な面接技術を押さえましょう。アウトリーチの意味も要チェックです。

る取り組みが不可欠である。また、**マルチパーソンクライエントシステム**と一緒に取り組むこともあるため、両者の相互作用の種類について理解を深める必要がある。

援助関係の形成方法

◎自己覚知と他者理解、コミュニケーションとラポール

❼ 「社会福祉士の倫理綱領」の倫理基準（クライエントに対する倫理責任）のなかでは、クライエントとの援助関係の形成に関連する留意点が示されている。「専門的援助関係に関する説明責任を果たす」「私的な関係にならない」「性的接触・行動をしない」「援助者自身の個人の利益のために援助関係を利用しない」「利益相反行為への手段を講じる」「パートナーシップを尊重する」がこれに該当する。

❽ ソーシャルワーカーは、マルチパーソン援助システムの一部となるため、自分自身を支援の道具として活用し、その機能を発揮することが求められる。そのため、ソーシャルワーカーには、道具となる自らのことを悟り知る「自己覚知」が求められる。

❾ ソーシャルワーカーは、支援を開始する前にクライエント自身とその状況を理解しておくことが不可欠である。また、クライエントという**他者を理解（他者理解）**するうえでは、ソーシャルワークの原理にある「多様性尊重」の概念は重要である。ソーシャルワーク実践において、人や文化の多様性を尊重した他者理解が不可欠となる。

❿ ソーシャルワーカーがクライエントとの援助関係を形成する際には、**コミュニケーション技法やラポール形成**のための技法が欠かせない。特に、援助の初期段階においては、クライエントに対して受容的な態度をとり、クライエントのストレングスを見出すことが重要となる。

⓫ コミュニケーションは、「分かちあう」「共有する」といった意味をもつラテン語に由来している。援助関係においては、情報を多くもつソーシャルワーカーが一方的に説明するのではなく、クライエントが理解可能な伝達方法を選択することが必要である。

⓬ コミュニケーションは、言語的コミュニケーションと非言語的コミュニケーションに分類できる。

  ✐ 言語的コミュニケーションには、話す言葉の内容、手話、筆談などがある。
  ✐ 非言語的コミュニケーションには、身振り・手振り、表情、視線、相手との距離、服装、声のトーンなどがある。他者から受け取る情報の多くは非言語的内容といわれており、表現されていないメッセージを把握するうえで重

要なはたらきをしている。

13 ラポールとは、フランス語で「関係」「関連」といった意味をもつ用語で、クライエントとソーシャルワーカーが相互に信頼感をもった関係、すなわち信頼関係のことをいう。ラポールを形成することは専門的援助関係の基本であり、ソーシャルワーカーには、クライエントの話を傾聴するなどの姿勢とスキルが求められる。

⊕32-107

面接技術

◎面接の意義、目的、方法、留意点、面接の技法

14 面接とは、面（顔）を合わせて接する（話す）ことであり、ソーシャルワーカーにとって、人々や構造にはたらきかける際、面接は必要不可欠な手段である。岩間伸之は面接について、「一定の条件下において、ソーシャルワーカーとクライエントが相談援助の目的をもって実施する相互作用のプロセス」と説明している。

15 ソーシャルワークの面接の目的は、カデューシン（Kadushin, A.）らによれば、何らかの課題や機能の達成のために必要な情報を得ることと、クライエントのニーズの充足や問題解決に向けての協同作業を行うことにある。また、アクション・システムの形成を目的に加える立場もある。

16 カデューシンらはソーシャルワーク面接の特性について、①明確で意図的な目的をもつ、②ソーシャルワーカーが結果に対する責任をもつ、③ソーシャルワーカーとクライエントで役割の差異があり交代しない、④目的達成のために意図的・計画的に実施される、⑤ソーシャルワーカーには目標達成まで継続する義務がある、⑥ソーシャルワーカーはクライエントが多く話せるように意図的にかかわる、⑦時間と場所などの限定があるが、どこで実施されるとしてもソーシャルワーカーが意図的にかかわれば面接になる、⑧必要に応じてクライエントにとって不快な事柄も取り上げる、などと述べている。

⊕32-109
⊕35-105
⊕35-107
⊕35-108

17 ソーシャルワークにおける面接の意義として、①面接そのものが援助過程となるため、クライエントの成長や能力、向上、課題解決の機会になる、②クライエントとの協働作業を通して、クライエント自身で課題を解決できるようにサポートする、③信頼関係を構築し、援助関係を進展させる、④クライエント自身が自らの課題等に気づく機会となり、クライエントの利益につながる、といったものがある。

18 面接の目的は、①専門的援助関係の形成、②情報収集とアセスメント、③課題解決・ニーズ達成、に集約される。ソーシャルワーカーは、意図的な

面接を行うことでラポールを形成し、専門的な援助関係を構築する必要がある。また、面接を通して援助につながる情報を収集し、クライエント理解を深める。さらに、面接を通してクライエント自身の問題解決能力を高め、自己決定を支援し、課題解決への動機づけを達成していく。

⊕ 32-108
⊕ 33-109
⊕ 34-108
⊕ 35-106
⊕ 36-118

19 相談援助で使われる面接技術に関して、渡部律子は、①場面構成、②受け止め・最小限の励まし・促し・非指示的リード、③明確化・認知確認、④相手の表現の繰り返し、⑤言い換え、⑥感情の反射・感情の明確化、⑦要約、⑧質問（開かれた質問、閉じられた質問）、⑨支持・是認・勇気づけ、再保証、⑩情報提供、⑪提案・助言、⑫解釈・説明、⑬焦点化・見えていない点に気づき新たな展開を開くことを挙げている。また、沈黙への対処も大切となる。

20 面接の形態には、①個別面接、②複数の人に1人のワーカーが面接する合同面接、③1つのケースに対して複数の人が別個に個別面接を並行して行う並行面接、④1つの面接に複数のワーカーが参加する協同面接などがある。

✐ 家族合同面接は、家族システムを把握できるという利点はあるが、ソーシャルワーカーが面接場面を適切に調整する能力を備えていないと混乱を招くリスクもある。

21 電話面接は、クライエントの移動に伴うさまざまな負担軽減や、クライエントが話す内容の準備を整えたうえで都合のよい時間に匿名性を保ったまま相談できるなどの利点がある。一方で、表情や態度などの情報が伝わらず、ソーシャルワーカーにはクライエント像がつかみにくいというデメリットもある。また、ソーシャルワーカーの非言語的面接技法がクライエントに伝わらないため、話す内容はもとより、話す速度や声の高さ、口調などに特に気を配る必要がある。

22 面接は、面接室で行われるもののみを指すのではなく、目的のある意図的なかかわりはすべて面接だといえる。そのため、他者からは廊下での立ち話のように見えるものであったとしても、ソーシャルワーカーが何らかの意図をもってかかわり、クライエントと目的を共有していれば、それは面接となる。

23 面接室での面接は、クライエントに対して相談への動機づけを高めることができる。面接室は、ソーシャルワーカーとクライエントが適切な距離を置いて着席できるような工夫もされており、意図的なかかわりができるような設計となっている。

24 面接は、施設・期間外で実施する場合もある。クライエントが援助を

求めてきた場合、どのような場所であっても目的をもった意図的なかかわりができる面接を行う心構えが必要となる。

25 生活場面面接とは、クライエントの生活の場で行われる面接をいう。施設の居室、病室での面接や、居宅訪問面接などがある。ソーシャルワーカーがクライエントを訪ねていく形態のため、クライエントにとっては時間的・身体的・経済的負担がなく、慣れた環境で緊張せずに面接に臨めるという利点がある。また、ソーシャルワーカーはクライエントのプライベート空間に立ち入ることに留意する必要がある。　⊕35-107

26 面接の留意点として、クライエントの話を傾聴すること、知識に支えられた知的な理解と情緒的かかわりがある。また、クライエントを肯定的にとらえることで、自己効力感が低くなっているクライエントであってもストレングスに気づけるよう促す必要がある。ほかにも、必要なことを適切なタイミングで伝えることや、クライエントが面接を通した援助過程に主体的に参加できるように促すことも大切である。

27 面接における時間の枠は重要で、面接日時を約束する際には、開始・終了時刻を決めておく。また、どれくらいの頻度で面接を行うのか、援助過程の終結までにどの程度面接を重ねるのかを吟味しながら面接を進める必要がある。

28 面接は面接室などの専用空間で行うのが基本であり、クライエントが落ち着いて相談に集中できる環境を整えることが大切である。また、緊急時以外はソーシャルワーカーに連絡が入り面接が中断されることのないように配慮しなくてはならない。　⊕35-107

29 面接では、ポジショニング（互いの位置）が重要になる。クライエントが親密さと安心を感じ心地よいと感じる距離には個人差があり、心理状態によっても異なる。そのため、ソーシャルワーカーはクライエントの様子に気を配り、安心してクライエントが面接に臨めるよう工夫する。

30 構造化面接とは、あらかじめ質問者が定めた内容や質問事項に沿って進めていく面接で、非構造化面接は、回答者が自由に話し面接者が応答する面接である。半構造化面接とは、2つの中間に位置するもので、あらかじめ定めた大きな質問項目に沿って、相手に自由に回答してもらう面接の構造である。　⊕36-89（調査）

31 非言語的な面接技法のうち、表情は特に重要である。表情は相手に対する思いやりや心配など、さまざまな気持ちを伝える手段となる。ソーシャルワーカーは、クライエントが話す内容に応じた表情で傾聴し、また自らの

発言する内容に一致した表情で話す必要がある。

32 非言語的面接技法として、視線を適度に合わせることは、クライエントの積極的な傾聴姿勢を示すことにつながる。「目は口ほどにものをいう」といわれるように、視線が適切であれば、相手も安心して話を続けることができる。逆に、視線を外すことで拒絶的なメッセージを伝えることにもつながる。

33 非言語的面接技法として、適切な位置と距離がある。相手との距離の取り方は、相手との関係性によって異なる。初対面の相手に近距離で近づいてこられると違和感や恐怖を覚えるが、関係性が深まると距離感は縮まる。一般的に、二者が正面で向き合うよりも、90度で着席するほうが視線を外す余裕ができて話しやすいといわれるが、心地よい位置や距離は文化的背景や相手との親密さ、相手の感情によって異なるため、面接場面によって適宜調整する。

34 非言語的面接技法として、姿勢や身振り・手振りに留意し、相手に圧迫感や威圧感を与えないことが必要である。また、相手の状況に合わせて用いる言葉を取捨選択し、言葉遣いや話す速度、声の大きさに留意する。メモをとるときは、クライエントの話を聴いていることを伝えるのはもちろんだが、メモをとることが目的とならないように注意する。

35 非言語的面接技法として、沈黙に対して適切に対応することが大切である。クライエントが沈黙している理由はさまざまであり、ソーシャルワーカーへの拒否的な感情や、疲れ、困惑、熟慮などが想定される。沈黙の背景によってソーシャルワーカーの応答は異なるため、クライエントが気持ちを整理して話し始めるのを待つことを基本とし、必要に応じて、その先の会話を促すなどの工夫をする。

36 言語的面接技法として、場面を構成した対応が挙げられる。たとえば、面接の導入部分で「今日はよくお越しくださいました」などのクライエントに対する労いの言葉かけや「今日はどのようにしてお越しになりましたか」という投げかけをすることで、単に移動手段を確認するだけでなく、クライエントの身体能力や判断能力、家族関係などを知る手がかりとなる。

⊕32-108
⊕33-109
⊕35-106
⊕36-118

37 言語的面接技法として、①話を促す、②繰り返す、③質問する、④言い換える、⑤要約する、⑥感情に応答するなどがある。「はい」「いいえ」で答えることができる「閉じられた質問」は、明確な回答を得ることができ、考える能力や気力が低下しているクライエントにとっても答えやすい。一方で「開かれた質問」は「どのように」や「何が（を）」を尋ねるため、クライエントが自由に話せるという利点がある。

㊳ 認知症高齢者とのコミュニケーションとして、バリデーションが挙げられる。バリデーションは「強化する」「承認する」という意味をもち、ファイル（Feil, N.）により開発された。「すべての行動には理由がある」という考え方に立ち、行動の背景にある心理的・社会的要因を捉え共感することに主眼が置かれている。そのほか、**パーソン・センタード・ケア**、**ユマニチュード**、回想法なども、認知症のある人々との面接に役立つ。

アウトリーチ

◎アウトリーチの意義、目的、方法、留意点等

㊴ **インボランタリーなクライエント・接近困難なクライエント**は、自ら援助を求めない個人や家族だけでなく地域住民、地域社会なども含まれる。インボランタリーなクライエントは、援助を提供する機関の連携の不具合や不適切な援助のなかで、社会的に形成されると指摘されている。そのことからも、**アウトリーチ**が重要な意味をもつ。

㊵ アウトリーチによるソーシャルワークは、**慈善組織協会（COS）**の**友愛訪問活動**に起源をもつ。接近困難なクライエントなどに対し、ソーシャルワーカーのほうから積極的にはたらきかけ、クライエントに援助の必要性を感知させ、問題解決に取り組んでいく動機づけの段階から始めることが求められるが、援助が始まった後も有効である。

⊕ 32-97（相基）
⊕ 35-109

㊶ 接近困難なクライエントへの対応は、援助の手を差し伸べる根拠をはっきりとさせ、クライエントからの申請を待つのではなく、ソーシャルワーカーが地域や家庭などの生活場面に出向いたり、学校現場におけるトラウマケアの実践での**アウトリーチ**が重要である。クライエントと接触したら、ソーシャルワーカーからそのことを率直に伝えていく。

㊷ 接近困難なクライエントに対しては、最初抵抗があっても、援助者の意図を押しつけていくのではなく、クライエントなりの意見を聞き、具体的な要求に誠実に対応していくことによって不信感を取り去ることが大切である。

㊸ 拒否的な態度をとるクライエントに対しては、無理に介入していくことは避けるべきであるが、**ニーズの掘り起こし**、ソーシャルワーカー側の見守りや情報提供、サービス提供などの具体的援助の提供は必要である。また、地域住民とのつながりを構築し、ネットワークづくりなども必要とされる。

㊹ 接近困難なクライエントが示す拒否的な態度などは、社会資源から肯定的に評価されたことがないことによって形成される。ソーシャルワーカーは、クライエントのプラスの動きを肯定的に評価し、それを伝えることによっ

て、これまでの人とは異なるということから、拒否感を取り去るようにするとよい。

45 トロッター（Trotter, C.）によれば、アウトリーチは「ワーカーとクライエントの役割をクライエントが理解するように支援すること（正確な役割の明確化）、社会的にみて望ましいと思われる行動をクライエントがとることを示し、賞賛や何らかの心理的報酬によって強化していくこと（向社会的価値のモデリングと強化）、クライエントが定義した問題の解決に協同で取り組むことなどが有効」だとしている。

46 座間太郎は、アウトリーチを可能にする要因を**図表1**のように挙げている。また、これらへの所属機関のバックアップ体制も必要となる。

図表1 アウトリーチを可能にする要因

①職員に関する要因	・ワーカー自身が社会的孤立状態にある人がいるという認識と積極的なはたらきかけが必要であるという認識をもつ力量があること。 ・1人のワーカーが地域に出て行ったとしても業務が回るような職員体制が必要であること。
②サービスに関する要因	・提供されるサービスの質が高いこと。
③組織的要因	・ワーカーが資源活用に関する実質的な権限をもっていること。
④地域の状況	・ワーカー・機関と地域との関係が構築されていること。

社会資源の活用・調整・開発

◎社会資源の活用・調整・開発の意義、目的、方法、留意点等

47 社会資源とは、福祉ニーズの充足のために利用・動員される施設・設備、資金・物品、諸制度、技能、知識、人・集団などの有形、無形のハードウェアおよびソフトウェアを総称するものと定義づけられる。制度化されたサービスだけでなく、援助者がもつ専門性やさまざまな情報、機会なども含まれる。

48 社会資源とは、**ソーシャル・ニーズ**を充足するために活用される人材、資金、情報、施設、制度、ノウハウなどをいう。物的、人的、情報的、関係的、内的資源といった分類や、フォーマルなものとインフォーマルなものに区分できる。ソーシャルワーカーも含め幅広く援助に利用できるものはすべて社会資源といえる。

⊕34-110

49 **フォーマルな社会資源**とは、一定の要件に当てはまれば誰でも利用が可能な社会的に用意されたサービスのことを指す。**インフォーマルな社会資源**とは、家族や親族、近隣住民や知人、友人などと利用者との間で結ばれる私的な人間関係のなかで、何らかの支援が提供されるものである。

⊕34-110

50 **内的資源**とは、クライエントが「本来、内的に備えている適応能力（コンピテンス）、解決能力」と「環境に働きかけてそれを変化させる能力」だと考えられている。コンピテンスは、動機づけ、環境の質、生活能力の技能の3要素により促進され発揮される。

51 内的資源の1つである**レジリエンス**とは、「困難な経験（逆境、トラウマ、悲劇、脅威）を跳ね返し上手に適応する現象とプロセス」と定義されている。クライエントのストレングスにアプローチすることでレジリエンスを高める可能性があることが指摘されている。

52 **ヘップワース**（Hepworth, D. H.）は、**ヒューマンニーズ**（人間の諸欲求）として、肯定的自己概念（自尊心など）、情緒的欲求（帰属感など）、個人的実現欲求（教育など）、物理的欲求（衣食住など）を挙げている。肯定的自己概念や情緒的欲求は、クライエントにとって重要な人との関係性のなかで生じるとしている。

**受験対策
アドバイス**

どのような社会資源があるのか、社会資源がない場合はどうすればよいのかを確認しましょう。ソーシャルアクションのモデルも要チェックです。

📖 ソーシャルワーカーは、社会資源についてフォーマルサービスのみならず、人と人との**つながり**によってもたらされるものを視野に入れる必要がある。

53 社会資源の開発に定型的な方法があるわけではない。援助に利用できるものがすべて社会資源であると捉えるならば、**社会資源の開発に活用できる**ものもまた、ありとあらゆる方法があると捉えることができる。

54 社会資源の開発方法として、コミュニティワークにおける**小地域組織化**のなかで行われるサービス開発（地域のつながりづくりの創出など）や**ネット**ワークづくり（関係者のつながり）などが挙げられる。

📖 ネットワークには、①クライエントを中心とした支援ネットワーク、②福祉関係団体のネットワーク、③保健・医療・福祉、教育、就労等のネットワーク、④企業等営利組織とのネットワーク、⑤インフォーマルネットワークなどがある。

55 社会資源開発の方法として、自治体における各種の社会福祉に関する計画に参画することが挙げられる。**地域福祉計画**をはじめ、**老人福祉計画**、**介護保険事業計画**、**障害福祉計画**、**次世代育成計画**などの計画策定に、自治体職員はもとより、ソーシャルワーカーは専門職としてかかわることができる。

56 介護保険法に基づく「**地域ケア会議**」は、①個別課題の解決、②ネットワーク構築、③地域課題発見、④地域づくり・資源開発、⑤政策形成へと展開することから、社会資源開発に活用できる。

57 社会福祉法には、社会福祉法人による「**地域における公益的な取組**」について規定されている。法人による多様な社会資源の開発（カフェ活動、食事支援、防災連携、生活困窮支援、ボランティア支援など）が進められている。また、法人の連合体（協議会）を形成することで、より広域的かつ大規模な社会資源開発の可能性がある。

ソーシャルアクション

◎ソーシャルアクションの意義、目的、方法、留意点

⊕33-117

58 ソーシャルアクションは、地域の住民の要求に応えて、社会福祉関係者の組織化を図り、既存の制度やその運営を、世論を喚起しながら改善していこうとする活動をいう。

59 ソーシャルアクションは、その源流をアメリカの社会改良運動などに求めることができる。社会福祉制度、サービスの新設・改善を目指して、議会や行政機関などに対応を求める組織的な対策行動およびその方法へと発展

した。

60 ソーシャルアクションのモデルとして、地方自治体の首長自らがアクションを住民に仕掛け、住民からの反応を自治体自らが受け止め、福祉シフト化のバネにしていく「**セルフアクション型、セルフリアクション型**」が挙げられる。また、住民が問題解決のための起業主体となって事業を経営し、行政が援助を行う「**住民・行政パートナーシップ型**」「**市民・行政協同型**」のモデルもある。

⊕33-118

ネットワークの形成

ネットワーキング

◎ネットワーキングの意義、目的、方法、留意点等

61 社会心理学者の**ミルグラム**（Milgram, S.）は、社会のなかで個人と個人がどのくらいの隔たりで結びつきあっているかについて実験し、世界中の任意の人とつながろうとするとき、平均して5人が仲介することで目標に到達できることを明らかにした。また、人と人をつなぐネットワークの構造をみると、ネットワークを完成させていくうえでつながりをまとめ上げるような鍵を握る**重要人物（キーパーソン）**の存在も明示した。

62 **グラノヴェッター**（Granovetter, M. S.）は、人のつながりの強弱に関する調査を通して、弱いつながりから得た情報は強いつながりから得られた情報とは性質が異なること、弱いつながりからは、自分だけでは得られないような広い範囲の情報を得ることができるということを明らかにした。

63 **リップナック**（Lipnack, J.）と**スタンプス**（Stamps, J.）は、**ネットワーキング**を提唱し、「ネットワークとはわれわれを結びつけ、活動、希望、理想の分かち合いを可能にするリンクである。ネットワーキングとは、他人とのつながりを形成するプロセスである」と定義した。

　　🗨 リップナックとスタンプスは、ネットワークの構造とプロセスの特性を、①全体と部分の統合、②あらゆるレベルの重要性、③分権化、④複眼的、⑤多頭型、⑥種々の関係、⑦境界の不明瞭性、⑧結節点（ノード）とつなぎ（リンク）、⑨個人と全体、⑩価値観、の10点に整理した。

64 **全体と部分の統合**とは、ネットワークはそれ自体が1つの全体であると同時に、より大きなものの一部分となっていることを示している。たとえば、一人ひとりが独自の役割を果たすことのできる自立した部分であると同時に、その個人は多くの人々の活動から生まれてくるネットワークの全体に参加している。

65 **あらゆるレベルの重要性**とは、ネットワークをヒエラルキーという上下関係で捉えるのではなく、レベルという考え方に立つことをいう。より小さなレベルはそれ自体がより大きなレベルに含まれるが、ヒエラルキーとは異なるため、ネットワークを構成するメンバーの平等性を重視する。

66 　分権化とは、ネットワークは分権化された各部分の協力のもとにこれらをまとめ、全体への従属を最小にするという傾向をもっていることをいう。たとえば、官僚組織は中央に集中され固定的に結びついているが、ネットワークにおける部分は分散化され、柔軟に結びついている。

67 　複眼的とは、ネットワークが1つのものの見方ではなく、多くの視点からものを見ていることを示している。ネットワークのさまざまな考え方は、メンバーの自主性から創出されており、同時に、メンバーはネットワークのなかで協力しあっている。

68 　多頭型とは、何人ものリーダーがいるネットワークにおいては、環境と必要に応じて新しいリーダーが現れることを示している。また、ネットワークのリーダーシップの役割は、統率ではなくグループ内を円滑にすることである。

69 　種々の関係とは、ネットワークはそれを構成している人たちの間に起こるダイナミックな諸関係によって成立していることをいう。

70 　境界の不明瞭性とは、ネットワークは参加するメンバーを境界線のなかに閉じ込めるものの、価値観や関心、目標や目的の共有を通して互いに結合しており、それゆえに境界線には揺らぎと不明瞭さが生じることである。

71 　結節点とつなぎとは、ネットワークにおいてはリンクづくりをする少数の参加者とつなぐ対象となる結節点として多くの参加者がいるが、これらの相互関係の組み合わせは無限にあること、そして、1つのネットワークは、結節点とつなぎの持続的な統一体であるということを意味している。

72 　個人と全体とは、ネットワークのなかで一人ひとりが個人であると同時に全体でもあるということを示している。個人と全体は対立することもあれば、あいまいになることや矛盾することもある。そのため、ネットワーカーは、集団として全体を見る観点と個人を見る観点を往復しながら、個人と全体が互いに補足しあうようなネットワークづくりを行う必要がある。

73 　価値観とは、ネットワークを結合させている基盤であり、何らかの物体ではない。また、ネットワークのつながりは客観的というよりも主観的で、物理的というよりも精神的なものである。

74 　日本の社会福祉研究で、ネットワークの用語が取り上げられるようになったのは1970年代後半以降のことであり、これは日本の**高齢化の進展**と**在宅福祉**の展開時期と重複する。また、ネットワークとともに「**連携**」という用語も保健・医療・福祉の専門職間に望まれるつながりのありようとして

多用されるようになった。

75 高齢者の医療や介護のニーズが増大することに伴い、ネットワークの形成と多機関による連携が求められるようになった。**多機関連携**とネットワークの形成によって、高齢者の意向に沿った種々の医療・介護サービスが切れ目なく一体的に提供されることを目標としている。また、**分野横断的なニーズ**がある事例に対するネットワークの構築が求められている。

76 高齢者のみならず、生活困窮者や災害支援、児童虐待防止や自殺予防、障害者の地域生活支援などにおいても、地域のなかで多様なネットワークが重層的に構築されている。

📖 「地域における住民主体の課題解決力強化・相談支援体制の在り方に関する検討会（地域力強化検討会）」（2016（平成28）年〜 2017（平成29）年）では、地域における相談支援の窓口や協議の場が多様にあることが示されており、**多層的なネットワークの構築**の必要性が強調されている。

77 地域住民同士で支えあう関係性は、制度や専門職による支援と同様の**セーフティネット機能**を果たす可能性がある。その意味において、地域住民による支えあう関係性を生じやすくし、その関係性を広げていくようなネットワークの構築が求められる。

図表2 重層的なネットワークの循環

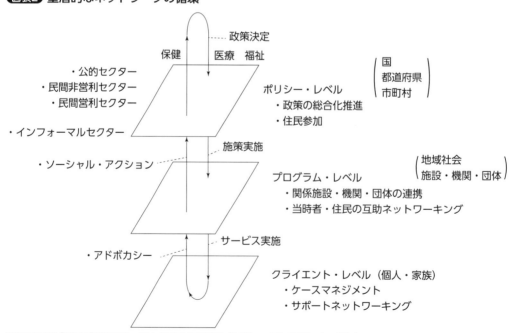

出典：山手茂「福祉社会研究の3レベル」『福祉社会学研究』第4号，p. 17，2007．を一部改変

78 ネットワーキングを行ううえでは、ネットワークの多様な性質を理解し、ネットワーキングの目的に沿って、どのような生活のネットワークを構築するかを考える必要がある。たとえば、地域における**包括的な支援体制**づくりにおいては、クライエント・レベル、プログラム・レベル、ポリシー・レベルといった各**レベル**の循環を想定しながら、ネットワークを構築する**（図表2参照）**。

79 **パットナム**（Putnum, R. D.）は、ソーシャル・キャピタルを論ずるなかで、ネットワークにはボンディング（結束）型とブリッジング（橋渡し）型の2つがあり、その目的が異なっていることを示した**（図表3〜図表5参照）**。

　　📖 ソーシャル・キャピタルとは、ネットワークという構造に、人々の信頼や共通する規範意識が蓄積されることによって、ネットワークに参加するメンバーが共通する利益を得ることができるという考え方で、ミクロからマクロへ広がる波及性をもつとされる。

80 ソーシャルサポートネットワークは、社会生活上の支援であるソーシャルサポートとそれを提供する社会関係としてのソーシャルネットワークからなる。クライエントを取り巻く家族、友人、近隣、ボランティアなどによるインフォーマルな援助、公的機関、専門職によるフォーマルな援助に基づく援助関係の総体をいう。

⊕33-112
⊕35-110

81 ソーシャルサポートネットワークは、**フロランド**（Froland, C.）によれば、個人ネットワーク法、ボランティア連結法、相互援助ネットワーク法、近隣地区援助者法、地域活性化法の5つの方法に分類されるとする。

82 ソーシャルサポートネットワークは、**マグワァイア**（Maguire, L.）によれば、ネットワーク介入アプローチ、ケースマネジメントアプローチ、システム開発アプローチの3つに分類される。

83 マグワァイアは、ソーシャルサポートネットワークのプロセスを、①自分の問題が不明確で不平を吐露する「換気」、②自分の社会関係システムの弱みや強みを把握する「アセスメント」、③可能性のある関係性（システム）について抱く感情について再考する「明確化」、④システムの開発について合理的なアプローチをする「計画立案」、⑤システムの変化が加えられてソーシャルサポートが促進される「再組織化」の各段階を経るとしている。

84 日本社会福祉士会の地域包括支援センターネットワーク研究委員会の整理によると、ネットワークの機能には、「発見・予防」、「支援・対応」、「組織・地域」の3種類があり、それぞれのネットワークが形成される。3つのネットワークは別々にあるのではなく、相互のネットワークが関連しあい機能していることから、機能の連続性がある。

85 コミュニティソーシャルワーカーによるネットワーク形成のプロセスを、川島ゆり子は、①キーパーソンとの出会い、②ネットワークを維持・展開していく努力、③ネットワークからのリターン、④ネットワークのゆらぎ、⑤常に繰り返されるメンテナンスの5つに整理している。

図表3 ネットワークのタイプ

行動の動機	行　動	ネットワークのタイプ
資源の維持	ほかのメンバーと思いを一つにして心理的サポートを得る	ボンディング（結束）型
資源の獲得	資源を拡大するため自分も行動し、時には他者に行動を起こさせる	ブリッジング（橋渡し）型

図表4 ボンディング（結束）型ネットワーク

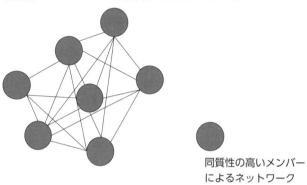

同質性の高いメンバーによるネットワーク

図表5 ブリッジング（橋渡し）型ネットワーク

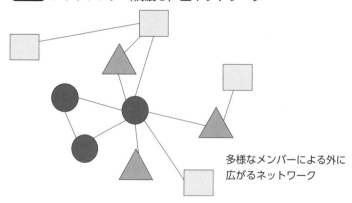

多様なメンバーによる外に広がるネットワーク

4 ソーシャルワークに関連する方法

コーディネーション

◎コーディネーションの意義、目的、方法、留意点

86 ウーベルバイト (Øvertvait, J.) は、コーディネーションについて「ネットワークに参加する個々のメンバーが、それぞれの相違は保持しながら全体の調和を構築していく働きかけ」であるとし、その目的は、単体ではなし得ない課題解決をネットワークによって実現すること、と説明している。

87 コーディネーターとは、合同で決定された目的を達成するよう目標と個々の活動を調整・調和させる者であり、「調整者」と訳される。

88 コーディネーションとは、物事を調整してまとめ上げるという意味があり、クライエントのニーズに応えるために、多機関・団体の連携のもとで実現しようとする活動である。保健、医療、福祉の専門職間の連携、さらには家族、近隣、ボランティアなどのインフォーマル・サポート、生活関連資源の連携をいう。既存の社会資源間の調整だけでなく、必要な支援の開発、創造も含まれる。

89 コーディネーションを担う人材養成として、**多職種連携教育**（IPE：Interprofessional Education）の可能性が指摘されている。IPEは、保健・医療・福祉等の各領域の専門職が同じ場所でともに学ぶことが強調される教育活動で、多様な主体の連携やネットワーキングにおけるコーディネーター養成の方法として期待される。

90 コーディネーションの構成要素として、情報の収集、他領域に関する知識習得や研修の機会、自機関内の連携に対する意欲の度合いといった連携に対する知識・能力の向上、また、連絡、送致、交渉・獲得、同行訪問、意見交換・事例検討会（ケースカンファレンス）といった日常的な援助業務における連携の具体的手段が挙げられる。

⊕32-112

91 コーディネーションの問題点として、ソーシャルワーカーにとっては、①連携活動による多忙化、②援助者の都合のよくなるようなチームへの同調の圧力などがあり、クライエントにとっては、①多職種の関与によるプライバシー保護の問題、②縦割りによる援助の分断化、③援助が硬直化し過剰な一体化が起こる、④援助関係の拡大による煩雑さなどが挙げられる。

受験対策アドバイス

カタカナで表記されるさまざまな技法については、いったん日本語に置き換えて整理することで、内容を理解しやすくなります。

ネゴシエーション

◎ネゴシエーションの意義、目的、方法、留意点

92 ネゴシエーションとは、交渉や折衝を意味する用語である。ソーシャルワークにおいては、ソーシャルワークの理念や価値の実現に向けて現状との異なり（差）を縮める活動であり、そのために活用する方法と捉えることができる。

93 交渉は、専門職のみが行うものではなく、親子、家族、組織、社会、異文化、国家の間でも行われている。交渉とは「自分と意見の異なる相手と向き合うときに使う手段」であり、対話によって相互の合意を目指す活動である。

94 ネゴシエーションのプロセスは、交渉前から始まり、準備、交渉、合意もしくは決裂と展開する。その間に評価と学習の継続、事後の学習が行われ、学習の貯蓄がなされることで、ネゴシエーション能力が開発される（**図表6参照**）。

図表6 ネゴシエーションのプロセス

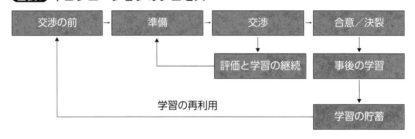

95 交渉に臨む際に必要な要素として、**フィッシャー**（Fisher, R.）らは、①関係（交渉相手との間に協力して問題解決を図ろうとする関係性の構築）、②コミュニケーション、③関心利益（自分の関心利益を相手に開示し、相手の関心利益を尊重する）、④オプション（交渉を通して双方の正当な利益を満たす方法を考え出す）、⑤正当性（公正であるかどうか）、⑥BATNA（Best Alternative To a Negotiated Agreement＝交渉で合意することに次ぐ最善の代替案）の6つを示した。

ファシリテーション

◎ファシリテーションの意義、目的、方法、留意点

96 日本ファシリテーター協会によれば、**ファシリテーション**とは、「人々の活動が容易にできるように支援し、うまくことが運ぶようにかじ取りすること」と定義されており、集団による知的相互作用を促進する働きと捉えることができる。

97 ファシリテーションの応用領域は多岐にわたっている。社会やコミュニティの問題を扱う「社会系」、人の学びや成長にかかわる「人間系」、組織が抱える問題の解決を目的とする「組織系」、区分を区切らず、すべてを同時に扱い大きな変革を起こす「複合系」に分類することができる。

📖 人間系ファシリテーションは、学校教育や生涯教育で活用されており「教育学習型」ともいわれる。PBL（Problem Based Learning）やアクティブ・ラーニング等の学習者主体型かつ対話型の学習において注目されている。

プレゼンテーション

◎プレゼンテーションの意義、目的、方法、留意点

98 プレゼンテーションという用語がもつ意味として、「紹介、披露、計画、企画案、見積もりなどを、会議などの席で発表、提示すること」がある。そのためプレゼンテーションには、さまざまな場面において、相手に伝えたいことを的確に伝えるという意図と目的がある。

99 ソーシャルワーカーが行うプレゼンテーションとしては、クライエント等に対してサービス等を説明、紹介することはもちろん、調査研究や新たな事業展開、補助金申請などの場面が想定される。

📖 聞き手本位の適切なプレゼンテーションのスキルは、ソーシャルワーカーに必要な技術である。

100 プレゼンテーションを行うにあたっては、①目的（何のためのプレゼンテーションなのか、何が求められているのか）、②時間（時間は何分与えられているのか）、③聞き手（少数か多数か、初対面か知り合いか、専門家か一般の人か）、④機材（口頭かパソコンを使用するのか）、発表者（1名か複数名か、支援者の有無）を確認することが重要である。

101 プレゼンテーションの留意点として、聞き手にとって視覚的にもわかりやすい発表を意識すること、双方向のコミュニケーションである「質問」を活用することなどが挙げられる。また、プレゼンテーション終了後は発表の内容や発表スキル等について評価し、課題を抽出することで次のプレゼンテーションに活用することができる。

5 カンファレンス

受験対策アドバイス

カンファレンスの意義、内容、流れを把握したうえで、開催の留意点や用いられる技術について確認しておきましょう。

カンファレンス

◎カンファレンスの意義、目的、留意点等

102 カンファレンス（conference）には、会議、協議会、相談、協議などの意味があり、人数の規模は小規模から大規模なものまでを含む。福祉・医療・介護の現場におけるカンファレンスは、異なる視点や専門性、経験や立場を活かして協議する場といった意味で用いられることが多い。

　　✍ ソーシャルワーカーは、ミクロ・メゾ・マクロのどのレベルの実践においてもカンファレンスを行う。

103 野中猛は、対象者支援を中心課題とする実務者による会議を「ケア会議」と捉え、その開催意義を①事例に対する見立てと支援方法を複数の人が一緒に考えることで総合的で適切な判断が可能となる、②参加者が未知の領域の知識や技術を学ぶことができる、③サービス提供者同士のネットワークが形成される、④参加者同士の情緒的な支えあいが生まれる、⑤研修の機会となる、⑥事例を取り巻く地域の課題を発見する機会となる、と整理した。

104 吉田新一郎は、会議の成否を左右するものとして、①コミュニケーション能力や信頼関係に基づいた人間関係をつくれる能力など、会議に参加する出席者の資質、②リーダー的立場にいる人を含めた各出席者の役割の明確化、③さまざまな会議の運営方法を知っており、それらをどれだけ体験し練習しているか、の3点に整理している。

105 会議の運営にあたっては、会議を開く目的と達成した事項、日時、参加者、場所、進行、費用に留意する。また、会議の進行役は、ファシリテーションの技術を活用する。

106 会議の記録には、終了後に作成される議事録のほか、会議中の議論の流れを示し、議論を促進する目的として、ホワイトボードを活用した方法がある。また、グラフィックを使いながらその場で話される内容を見える化するファシリテーショングラフィックといわれる技術もある。

6 事例分析

事例分析

◎事例分析の意義、目的

107 事例分析とは、ソーシャルワークの実践と研究の一部といえる。事例分析で扱う事例は、個人、家族、集団、組織、コミュニティ、国家などのさまざまなレベルにおいて発生する出来事や状況があり、それらの詳細を調べ、要素間の関係性を見出すことで、事例についての理解を深め、新たな見方や考え方ができるようになる。

108 事例分析の目的としては、事例を構成するものを細分化して要素に分け、それらの要素に焦点を当てながら詳細にみていくことと、要素間にどのような関係があるかを確認し全体像を明らかにしていくことが挙げられる。

109 事例分析の意義としては、**事例検討**と**事例研究**に役立つことが挙げられる。事例検討、事例研究のいずれにおいても事例そのものに対する深い理解が不可欠であり、事例分析で得られた知見を、事例をもとにしたソーシャルワーク研究活動に活かすことができる。

事例検討、事例研究

◎事例検討、事例研究の意義、目的、方法、留意点

110 **事例研究**とは、何らかの課題を抱える事例を素材として、課題の詳細を明らかにしたり、その原因や影響、対応を分析し、説明したりする研究方法をいう。

111 記述を目的とする事例研究は、事例に関するさまざまな要因を文脈や時間の経過、相互作用の影響等とともに記述する。そうすることで、何が起こりどのような経過をたどっているのか、なされた対応とその結果、クライエントの考えや思いなどについて理解を深める。これまで研究知見の積み上げが少ないケースについて事例研究がなされることも多いが、記述目的の事例研究では、理論には言及せず、記述することで理解を深め、着想を得ることを目指す。

112 説明を目的とする事例研究は、課題の発生や解決、人の言動などに関して、既存の理論や概念を応用して説明し、理解を深める理論・概念主導型

受験対策アドバイス

事例分析と事例研究の目的と方法について、それぞれの共通点と違いを確認しておきましょう。また、事例分析の目的の差異による内容の違いにも着目しましょう。

と、課題の発生や問題解決、人の言動がどのように起こるかといったことのメカニズムや因果関係について仮説を立てて説明しようとする仮説構築型（理論生成型）に分かれる。

113 評価を目的とする事例研究では、介入中のモニタリングを通して、当該事例の課題への取り組みが適切にできているかを判断し、必要な修正を行うことを目的とするプロセス評価と、事例の終結時に介入の効果の有無を判断する結果評価がある。結果評価では、組織や地域を対象とした場合、評価対象者が多くなりすぎると統計分析が必要となることから、事例研究には適さない場合がある。

114 事例研究の意義としては、①ソーシャルワーク教育や研修に活用できる、②介入効果の評価をすることで、根拠に基づいた実践（EBP：Evidence-Based Practice）に資することができる、③アカウンタビリティ（説明責任）を果たすことに寄与する、④社会制度や政策の改善に役立つ、などがある。

115 事例研究には、事例そのものが珍しく興味深いため詳しく調べたいときに行う固有事例研究と、社会問題や現象に関心があり、事例を通して問題や現象がどのようなものかを研究する手段的事例研究がある。

116 事例研究は、1つの事例を深く研究する単一事例研究と、複数を対象とする複数事例研究に分かれる。複数事例を扱う研究には、複数の事例を比較検討することで共通点を見出し、現象や問題の特徴とバリエーションを見出すもの、成功事例と失敗事例を比較検討することで両者の相違点を明らかにするもの、最初の事例での仮説がほかの事例でも当てはまるかを検証するものなどがある。

117 量的研究は、研究者側が設定した質問への回答をアンケートなどを通じて多数の対象者から得る方法である。データをすべて数量化し統計学的に分析し、対象グループの全体的な傾向や、個人の位置づけを知ることが可能となる。

118 質的研究は、観察、会話などにより、対象者のありのままの言葉や状況を記述することで、対象者の視点や意味づけ、出来事の文脈やプロセスを理解する研究方法である。
    ✍ 事例研究は、質的研究の1つと位置づけられるが、一事例であっても量的に研究する方法として、単一事例実験計画法（シングル・システム・デザイン）がある。

🕮32-104　**119** 単一事例実験計画法（シングル・システム・デザイン）は、1人の対

象者からクライエントの問題に対して因果関係を判断し、介入の効果を測定する方法である。支援を行う前（ベースライン期）の問題の状態と支援を受けた後（インターベンション期）の問題の状態のデータをグラフ化し、介入前後の従属変数の水準を視覚的に判断し、時間の流れに沿って繰り返し観察することによって、問題の変化と支援との因果関係を捉えようとする方法である。

⑫⓪ 事例研究を行う際は、倫理的配慮と研究の限界に留意する必要がある。ソーシャルワーカーは、研究においてもソーシャルワークにかかわる職能団体の倫理綱領や学会・研究教育機関等の研究倫理指針に則る必要がある。また、研究結果について結論を下す際は、研究方法による限界について十分に認識しておくことが求められる。

7 ソーシャルワークにおける総合的かつ包括的な支援の実際

受験対策アドバイス

複雑化・複合化した課題の実態を踏まえ、多機関・多職種連携、地域住民との協働など幅広いソーシャルワーカーの役割について、事例等を通して理解しておきましょう。

総合的かつ包括的な支援の考え方

◎多様化、複雑化した生活課題への対応等

121 　総合的かつ包括的な支援が求められる背景として、多様化・複雑化した生活課題の存在がある。これらに対応するためには、ミクロ・メゾ・マクロレベルを一体的に捉えた問題の発見および解決、多職種・多機関連携による問題解決体制の構築やネットワークの形成、摩擦や対立の解決（コンフリクト・レゾリューション）やコーディネートする力など、ジェネラリストとしてのソーシャルワークが必要となる。

122 　今日的な地域福祉課題として、地域社会における孤立、生きづらさの自己責任化が挙げられる。地域住民の匿名化が進み、近隣のつながりが希薄になるなかで、家庭内暴力やひきこもり、セルフネグレクト、薬物乱用や介護離職による低所得化などが顕在化せず、孤立を深めているケースが散見される。また、社会的不正義によって生きづらさを抱えていたとしても、それを自己責任とする風潮も見受けられる。

123 　多様化・複雑化した現代社会の問題解決には、分野や領域を超えたネットワークの構築が不可欠であり、多様なシステムとのかかわりのなかで問題解決に向けたアプローチを検討していくことが必要となる。たとえば、多職種・多機関によるネットワーキングやカンファレンスの仕組みを活用した問題解決の取り組みなどがそれに当たる。

家族支援の実際

◎家族が抱える複合的な生活課題、家族支援の目的、方法、留意点

124 　盛岡清美らによると、「家族とは、夫婦・親子・きょうだいなど少数の近親者を主要な成員とし、成員相互の深い感情的なかかわりあいで結ばれた、幸福（well-being）追求の集団である」とされている。家族と近い言葉で表現されるのが世帯であり、「住居と生計をともにする人々の集まり」と定義される。

125 　一般的に、家族は血縁でつながり、生計を一にして同じ場所で生活していると認識されるが、ソーシャルワーク実践で出会う家族のありようは多様である。一人暮らし、夫婦のみ世帯、ひとり親と子どもの世帯、ステップ

ファミリー、友人同士など、多様な家族の形態があり、そのなかでさまざまな生活課題が生じる場合がある。

　◎　ステップファミリーとは、夫婦の両方または一方に、前の結婚でもうけた子どもがいる家族のこと。

126　生活問題は、家族全員に大きな影響をもたらす。たとえば、介護をめぐる家族の問題として、**老老介護や遠距離介護**、**ヤングケアラーやダブルケア**がある。また、介護離職による経済的な困窮なども大きな生活問題になり得る。

　◎　ヤングケアラーとは、障害や慢性的な病気、メンタルヘルスの課題等を抱える家族などを世話する18歳未満の子どもや若者を指す用語で、家族のケアを担うことで教育の機会や友人等との交流機会など、その年齢であれば本来保障されるはずのものから疎外されるという問題がある。

　◎　ダブルケアとは、親の介護と乳幼児の子育てに同時に直面するというもので、晩婚化と出産年齢の高齢化がその背景にある。

127　子育てをめぐる家族の問題として、**虐待**を受けている子ども、経済的に困窮している家庭で育つ子ども、**医療的ケア**を必要とする子ども、不登校やいじめで悩む子どもなどが挙げられる。親権者自身も支援を必要としている場合が多く、幅広い支援が必要となる。

128　自立をめぐる家族の問題として、**ひきこもり**の状態にある人とその家族に対する支援が挙げられる。特に、40代以上のひきこもりについて、自身の職場や病気、親の介護をきっかけとして社会とのつながりが断絶している状態が見受けられる。この年代の人たちは、いわゆる就職氷河期世代といわれ、非正規雇用などの不安定な就労形態の人も多い。経済的な基盤が弱く親と同居するなかで、高齢になった親の介護などの問題も生じている。

地域支援の実際

◎地域が抱える複合的な課題、地域住民との協働等

129　**地域支援**に関連する用語として、コミュニティワークや地域組織化などがある。地域支援には多くの実践アプローチがあるが、日本では小地域開発モデルが多く活用されており、地域住民が主体的に地域の課題解決に取り組もうとする活動としての地域組織化が進められてきた。

130　地域によって地理的条件や風土、文化、歴史等の背景は異なっている。また、同じような人口規模や地理的条件であったとしても地域課題は異なる。そのため、地域支援を行う際は、地域の状況を多角的に捉え、当該地域が抱える複合的な課題を分析する力が求められる。

131 地域支援の特徴の1つとして、地域住民や多様な関係機関との関係形成も含め、支援の期間が比較的長期間にわたることが挙げられる。また、地域においてそれまで存在しなかった新たな主体がつくり出される可能性もある。さらに、多くの地域住民に働きかけることで地域住民と多機関との協働が実現する。

132 地域支援を展開するうえでは、地域の課題やニーズを把握する地域アセスメントが欠かせない。ソーシャルワーカーは、地域アセスメントの結果を地域住民や多機関と共有し、協働しながら地域に存在する複合的な課題の解決を目指す。

非常時や災害時支援の実際

◎非常時や災害時の生活課題、支援の目的、方法、留意点

133 災害とは、突然発生した異常な自然現象による自然災害だけでなく、火災やテロといった人為的な事故や感染症の大流行などを含む、生活を脅かすさまざまな非常事態を指す。

134 非常時や災害時は、いつもとは違う非日常であり、災害や感染症の大流行等は一定の地域あるいは広域に影響を及ぼし、社会生活機能が減退または停止に至る。このことから、多様な生活課題が同時多発的に発生し、複雑化しながら広がっていくという特徴がある。

135 非常時や災害時の緊急性の高さは、ソーシャルワークにスピード感を求める。地域資源の変化や喪失は外部からの資源調達やその調整を必要とし、状態を丁寧に検討する時間的余裕がないことが多い。

136 災害時の生活課題は、被災することにより生じ、①物理的（インフラの破壊等）、②身体的（けがや体調悪化、災害関連死等）、③精神的（恐怖や不安、フラッシュバック等）、④経済的（生業の喪失、収入減少等）、⑤社会関係（家庭や地域の絆の弱体化）、⑥情報（情報不足、手続きの増加等）の各側面に整理される。

 ✏️ 災害時の生活課題は、単独で発生するものではなく、多様かつ複雑に関連しあう。たとえば、住まいを失い避難所での生活が長期化することで体調不良となることや、仕事を失うことで経済的な損害だけでなく、精神的な不安による健康被害も生じることなどがある。

137 災害時のソーシャルワークを展開するうえでは、①救出・避難期、②避難所生活期、③仮設住宅生活期、④復興住宅生活・自宅再建期の4つのフェーズがあり、それぞれのフェーズによって生じるニーズに適切に対応することが求められる。

138 非常時や災害時における支援の目的は、通常時と同様にクライエントの状況をよりよく改善することといえるが、非常時・災害時は、複合的課題を抱える事例が被災地に集中して多く生み出されることから、当地の被災者や被災地を**分野横断的**に見ながら、多様な社会資源を活用、開発する必要がある。

139 災害時や非常時における支援の留意点として、①問題発見・把握の困難さ、②支援計画・実施の困難さ、③終結点設定の困難さが挙げられる。非常時・災害時は、インフラを含めたさまざまなものが喪失していることから、問題の発見や把握が難しく、それによって支援計画の立案や実施も困難となる。また、社会資源は不足し、被災地以外からの支援が長期的に継続する保証もなく不安定なため、終結点は見えづらく、慎重に行わなくてはならない。

140 災害時の支援では、時間の経過とともに、近隣地域や他県からの専門職やボランティアが支援に加わることになる。このような状況下では、多職種連携・協働によるアウトリーチやネットワーキング、社会資源の活用・調整・開発など、さまざまな力を動員する必要がある。

141 平常時のソーシャルワークで展開するPDCAサイクル（Plan（計画）→Do（実行）→Check（評価）→Action（改善））は、生活課題（ニーズ）が急増し、通常の対応能力（リソース）が減少する非常時・災害時では困難となる。そのため、特に災害発生時から初期にかけては、**OODAループ**（Observe（観察）→Orient（状況判断）→Decide（意思決定）→Act（行動））が有効となる。

図表7 PDCAサイクルとOODAループの比較

Plan（計画）：目標を立てる
Do（実行）：決定した計画のとおりに実行する
Check（評価）：目標がどの程度達成できたかを評価する
Action（改善）：評価時の反省を活かし、改善点を考える

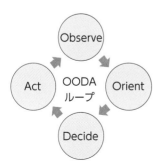

Observe（観察）：本質を見極め、判断に必要な情報を集める
Orient（状況判断）：どのような状況かを正確に把握し判断する
Decide（意思決定）：直観的、論理的に状況に応じた意思決定をする
Act（行動）：決定したことを実行する、仮説を実際に検証する

実力チェック！ 一 問 一 答

※解答の横の番号は、本科目で該当する重要項目や図表の番号です。

1 援助関係においてクライエントを共感的に理解するために、ソーシャルワーカー自身の価値観の特徴を知ることは大切である。　**1**○ **8**

2 ラポールとは、被援助者に代わって援助者が意思決定をすることを表わす。　**2**× **13**

3 ソーシャルワーク面接には意図的な目的が存在している。　**3**○ **16**

4 面接室での面接では、時間や空間をあらかじめ設定する。　**4**○ **27** **28**

5 開かれた質問とは、クライエントが答える内容を限定せずに自由に述べられるように問いかけることである。　**5**○ **37**

6 接近困難なクライエントに対しては、クライエント側から援助を求めてくるまで待つのが基本的な姿勢である。　**6**× **41**

7 アウトリーチでは、相談機関を訪れたクライエントが対象になる。　**7**× **41**

8 クライエント本人の家族も活用する社会資源に含まれる。　**8**○ **47** **49**

9 ソーシャルアクションの形態には、自らの課題を克服し、要求を実現する組織化が含まれる。　**9**○ **60**

10 ネットワーキングとは、特定の強力なリーダーに導かれるものである。　**10**× **68**

11 ソーシャルサポートネットワークでは、インフォーマルなサポートよりも、フォーマルなサポートの機能に着目して活性化を図る。　**11**× **80**

12 ネゴシエーションとは、クライエントに必要な情報やスキルを学習する機会を提供することである。　**12**× **92**

13 ソーシャルワーカーが担当している地区で、高齢者から振り込め詐欺に関する相談が頻繁にあるため、研究を目的とした事例分析を行うことは、手段的事例研究に該当する。　**13**○ **115**

14 単一事例実験計画法（シングル・システム・デザイン）では、介入後の段階から繰り返して観察・測定を行う。　**14**× **119**

福祉サービスの組織と経営

※【 】内は問題番号
※ ▨ は新カリにおける新規項目

大項目	中項目	小項目（例示）	出題実績		
			第36回	第35回	第34回
1 福祉サービスに係る組織や団体の概要と役割	1）福祉サービスを提供する組織	・社会福祉施設の現状や推移 ・各種法人の特性 ・非営利法人，営利法人 ・社会福祉法人，NPO法人，一般社団法人，株式会社 ・福祉サービスと連携するその他の法人 ・法人格を有しない団体（ボランティア団体）等 ・会社法 ・協同組合（生協，農協，労働者協同組合）	【119】	【119】 【120】 【121】	【119】
	2）福祉サービスの沿革と概況	・福祉サービスの歴史 ・社会福祉基礎構造改革 ・社会福祉法人制度改革 ・公益法人制度改革			
	3）組織間連携と促進	・公益的活動の推進 ・多機関協働 ・地域連携，地域マネジメント			
2 福祉サービスの組織と運営に係る基礎理論	1）組織運営に関する基礎理論	・組織運営の基礎 ・組織における意思決定 ・問題解決の思考と手順 ・モチベーションと組織の活性化	【120】 【123】	【122】	【120】
	2）チームに関する基礎理論	・チームアプローチと集団力学（グループダイナミクス） ・チームの機能と構成	【121】		
	3）リーダーシップに関する基礎理論	・リーダーシップ，フォロワーシップ ・リーダーの機能と役割			【121】
3 福祉サービス提供組織の経営と実際	1）経営体制	・理事会，評議会等の役割 ・経営戦略，事業計画 ・マーケティング		【123】	
	2）福祉サービス提供組織のコンプライアンスとガバナンス	・社会的ルールの遵守 ・説明責任の遂行 ・業務管理体制，内部管理体制の整備 ・権限委譲と責任のルール化			
	3）適切な福祉サービスの管理	・品質マネジメントシステム ・PDCAとSDCA管理サイクル ・リスクマネジメント体制 ・権利擁護制度と苦情解決体制 ・福祉サービスの質と評価		【125】	【124】
	4）情報管理	・個人情報保護法 ・公益通報者保護法 ・情報公開，パブリックリレーションズ			
	5）会計管理と財務管理	・財務諸表の理解，財務規律の強化 ・自主財源，寄付金，各種制度に基づく報酬 ・資金調達，ファンドレイジング ・資金運用，利益管理	【122】		【123】
4 福祉人材のマネジメント	1）福祉人材の育成	・OJT，OFF-JT，SDS ・職能別研修と階層別研修 ・スーパービジョン体制 ・キャリアパス	【124】	【124】	
	2）福祉人材マネジメント	・目標管理制度 ・人事評価システム ・報酬システム			【122】
	3）働きやすい労働環境の整備	・労働三法及び労働関係法令 ・育児休業，介護休業等 ・メンタルヘルス対策 ・ハラスメント対策	【125】		【125】

福祉サービスに係る組織や団体の概要と役割

福祉サービスを提供する組織

◎社会福祉施設の現状や推移、各種法人の特性

① 　福祉サービスは、社会福祉を目的とする事業の具体的な行為である。社会福祉を目的とする事業とは、社会福祉法第2条に規定する社会福祉事業、それ以外の介護保険法ならびに障害者の日常生活及び社会生活を総合的に支援するための法律（障害者総合支援法）などの社会福祉関係法令に基づく事業、およびその他の社会福祉を目的とする事業である。

② 　社会福祉法では、福祉サービスの事業者を、国、地方公共団体および社会福祉法人とそれ以外の主体とに区別せず、「社会福祉を目的とする事業を経営する者」として広く規定している。

③ 　国および地方公共団体は、福祉サービスの提供主体ではなく、制度の企画・立案や運営・管理の役割を果たすべき主体とされている。

④ 　法人は、自然人（人間）固有の権利義務を、法律によって組織体そのものに人格を与え、権利能力を与えたものである。法人は、その成り立ちの違いにより、財団法人と社団法人に分類できる。

図表1 社会福祉にかかわる法人のバリエーション

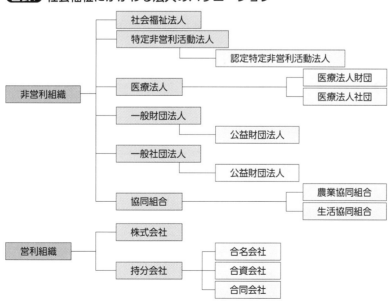

5 **財団法人**は、**目的**と**資産**を基礎にして設立された法人であり、資産家が寄附をする場合や、行政が財産を提供する場合もある。

📖 これに該当する法人は、一般財団法人、公益財団法人、医療法人財団、社会福祉法人、学校法人、宗教法人などである。

6 **社団法人**は、同じ**目的**や**理念**をもった人が集まって事業を始めようという場合に設立される。これに該当する法人は、一般社団法人、公益社団法人、会社（株式会社、合資会社、合名会社、合同会社）、特定非営利活動法人（NPO法人）などである。

📖 生活協同組合、農業協同組合、労働者協同組合なども社団の1つとみなされる。

7 **定款**（ていかん）は、法人の目的や理念、権限などの基本的規則を定めたものである。

8 **理事会**は、社団法人と財団法人とで共通している機関である。理事会は、法人の名において、自ら契約などを行う代表者として、理事および法人の業務執行に対して合議して意思決定する機関である。

9 **営利性**とは、経済活動によって得た利益をその構成員（社員）へ分配（配当）することを主たる目的とすることをいう。非営利は、営利性をもたない。また、**公益性**とは、社会一般の不特定多数のための利益を高めることをいう。社会福祉法人には、公益性と非営利性という要件がある。

⊕33-120

10 **営利法人**は、会社法に基づく法人であり、**株式会社**と**持分会社**（合名会社、合資会社、合同会社）からなる。**非営利法人**には、社会福祉法人だけでなく、財団法人、社団法人、学校法人、医療法人、特定非営利活動法人、市民団体（市民活動団体と自治会・町内会の地域団体）、協同組合等も含まれる。

11 行政が法人の設立を認める基準は、法人の種類によって異なる。この基準を主務官庁や公の機関の関与が大きい順番で並べると、**特許主義**、**認可主義**、**認証主義**、**準則主義**の順となる。

📖 法人の設立を認めるその他の基準には、自由設立主義や強制主義もある。

⊕36-36（地域）

12 社会福祉法人は、**認可**主義によって、特定非営利活動法人は**認証**主義によって、法人格を取得できる。

⊕33-120

13 2021（令和3）年の**介護サービス施設・事業所調査**（厚生労働省）によれば、介護老人福祉施設の開設（経営）主体別施設数の構成割合は、社会福祉法人が最も多く、介護老人保健施設と介護医療院、介護療養型医療施設

のそれは、医療法人が最も多い。介護サービス事業所の種類ごとに開設（経営）主体別事業者数の構成割合をみると、ほとんどの種類の介護サービス事業所のそれは、営利法人が最も多い。

◎社会福祉法人

14 社会福祉法人とは、1951（昭和26）年に制定された社会福祉事業法（現・社会福祉法）により創設された法人である。◆

🔢 社会福祉法人は、日本国憲法第89条に定める公の支配に属しない民間社会福祉事業への公金支出禁止を回避して、公の支配に属する特殊な民間社会福祉事業を担う法人として、また健全に社会福祉事業を実施するよう公の指導や監督を受ける法人として創設された。

15 社会福祉法人は、「社会福祉事業を行うことを目的として、この法律の定めるところにより設立された法人」（**社会福祉法第22条**）である。2016（平成28）年3月の社会福祉法改正は社会福祉法人制度改革であり、主に同法人組織のガバナンス改革である。

🔢 社会福祉法人は、自主的な経営基盤の強化、福祉サービスの質の向上、事業経営の透明性の確保を図らなければならない（**同法第24条**）。

16 社会福祉法第22条でいう**社会福祉事業**とは、同法第2条で限定列挙されている**第一種社会福祉事業**、および**第二種社会福祉事業**である。

17 第一種社会福祉事業は、主に入所系施設（特別養護老人ホーム、障害者支援施設、児童養護施設など）を経営する事業であり、経営主体が原則として国、**地方公共団体、社会福祉法人**に限られる。行政および社会福祉法人が第一種社会福祉事業を経営する場合は、都道府県知事等への届出が必要であるが、その他の者が同事業を経営する場合は、都道府県知事等の許可が必要である。

18 第二種社会福祉事業は、経営主体の制限がなく、**すべての主体**（国、地方公共団体、社会福祉法人以外の法人、法人格をもたない組織・団体も含む）が届出をすることにより経営が可能になる。

19 社会福祉施設の設置者は、都道府県が条例で定める社会福祉施設の設備・構造・運営に関する基準を遵守しなければならない（**社会福祉法第65条**）。基準を満たしていない施設の経営者に対しては、**都道府県知事**は必要な措置（改善命令）を出すことができる（**同法第71条**）。

20 社会福祉法人は、**社会福祉事業を行うのに必要な資産を備えなければ**ならない（**社会福祉法第25条**）。社会福祉施設を設置して事業経営を行う場合には、事業開始にあたって土地と建物が必要になる。

⊕36-36（地域）

受験対策アドバイス

◆事業の種類、所轄庁、法人の設立・解散・合併、評議員（会）、理事（会）など、社会福祉法人制度に関する問題が出題されることが多い。

⊕32-119

07

福祉サービスの組織と経営

⊕35-121

⊕35-121

⊕33-119
⊕36-119

21 社会福祉法人の所轄庁は、原則として、その主たる事務所の所在地の都道府県知事であるが、例外がある。

☞ ①主たる事務所が市の区域内にあり、行う事業がその市の区域内を越えない社会福祉法人は市長、②主たる事務所が指定都市の区域内にある社会福祉法人であってその事業が1の都道府県の区域内において2以上の市町村の区域にわたるものおよび社会福祉法第109条第2項に規定する地区社会福祉協議会である社会福祉法人は指定都市の長、③社会福祉法人でその行う事業が2以上の地方厚生局の管轄区域にわたるものであって、厚生労働省令で定めるものは、厚生労働大臣となる（**社会福祉法第30条**）。

⊕36-119

22 社会福祉法人の設立には、必要事項を取り決めたうえで定款をもって、所轄庁の認可を受ける必要がある（**社会福祉法第31条**）。

☞ 定款には、目的、名称、社会福祉事業の種類などを定める必要がある。

⊕32-119
⊕36-122

23 社会福祉法人を解散した場合の残余財産は、社会福祉法人その他の社会福祉事業を行う者または国庫に帰属する（**社会福祉法第31条および第47条**）。

⊕32-119
⊕36-119

24 社会福祉法人は、ほかの社会福祉法人と合併できる（**社会福祉法第48条**）。吸収合併後存続する社会福祉法人（吸収合併存続社会福祉法人）は、吸収合併消滅社会福祉法人の一切の権利義務を承継する（**同法第50条第2項**）。

⊕36-119

25 社会福祉法人は、評議員、理事、監事を必置する。会計監査人は定款の定めにより置くことができるが、一定規模以上（当初は収益30億円または負債60億円を超える法人だが、段階的に規模基準が引き下げられる予定）の社会福祉法人では必置である。

26 評議員、理事、監事、会計監査人は、社会福祉法人から業務に関する意思決定・執行・監督を委任され、善管注意義務（善良な管理者の注意をもって委任事務を処理する義務）を負う。

⊕32-122
⊕33-119
⊕35-119
⊕36-119
⊕36-123

27 社会福祉法人は、理事の員数を超える数の評議員をおく必要がある（**社会福祉法第36条第1項、第40条第3項**）。すべての評議員で構成する評議員会（**同法第45条の8第1項**）を必置する（**同法第36条第1項**）。評議員会は、役員（理事、監事）の選任・解任等の重要事項の決議を行う（**同法第43条第1項、第45条の4等**）。親族等特殊関係者の評議員への選任にかかる規定がある（**同法第40条第4項・第5項**）。

⊕33-119
⊕36-119

28 社会福祉法人は、①定款、計算書類等、財産目録等の備え置きおよび請求があった場合の閲覧提供義務があり（**社会福祉法第34条の2第1項・第3項、第45条の32第1項・第4項、第45条の34第1項・第3項**）、②定款、計算書類等、財産目録等、役員報酬等の支給の基準を記載した書類等を公表する必要がある（同

法第59条の2第1項)。この公表はインターネット等を利用する（社会福祉法施行規則第10条第1項および第2項）。

図表2 社会福祉法人の閲覧提供義務のある主な書類

計算書類等 （社会福祉法第59条第1号）	計算書類 （社会福祉法第45条の32）	貸借対照表 （社会福祉法第45条の27第2項）	
		収支計算書 （社会福祉法第45条の27第2項）	資金収支計算書
			事業活動計算書
	事業報告（社会福祉法第45条の32）		
	附属明細書（社会福祉法第45条の32）		
	監査報告（社会福祉法第45条の32）		
	会計監査報告（社会福祉法第45条の32）		

財産目録等 （社会福祉法第59条第2号）	財産目録（社会福祉法第45条の34第1項第1号）
	役員等名簿（社会福祉法第45条の34第1項第2号）
	報酬等の支給の基準（社会福祉法第45条の34第1項第3号および第45条の35第2項）
	事業の概要その他厚生労働省令で定める事項を記載した書類（社会福祉法第45条の34第1項第4号）

㉙ 社会福祉法人では、6人以上の**理事**をおく必要がある（**社会福祉法第36条第1項、第44条第3項**）。理事には、社会福祉事業の経営の識見を有する者、同事業の区域の福祉の実情に通じている者、施設設置の場合の当該施設の管理者、を含める必要がある（**同法第44条第4項**）。　　🕮35-119

　🖙 また、親族等特殊関係者の理事への選任にかかる規定がある（**同法第44条第6項**）。

㉚ 社会福祉法人が必置する**理事会**（**社会福祉法第36条第1項**）は、すべての理事で組織し、法人の**業務執行の決定、理事の職務の執行の監督**等を行う（**同法第45条の13第1項・第2項**）。理事会は、理事のなかから理事長および業務執行理事を選出し、双方が法人の業務を執行するが、法人の代表権をもつのは**理事長**である（**同法第45条の13第3項、第45条の16第2項、第45条の17第1項**）。　　🕮36-119　🕮36-123

㉛ 社会福祉法人では、2人以上の**監事**をおく必要がある（**社会福祉法第36条第1項、第44条第3項**）。監事は、**理事の職務執行の監査、監査報告の作成、計算書類等の監査**を行う（**同法第45条の18第1項、第45条の28第1項**）。　　🕮36-123

　🖙 監事は、理事、評議員または社会福祉法人の職員を兼務できない（**同法第44条第2項**）。

　🖙 親族等特殊関係者の監事への選任にかかる規定がある（**同法第44条第7項**）。

32 特定社会福祉法人（収益30億円を超えるか、または負債60億円を超える法人）（社会福祉法施行令第13条の3）は、**会計監査人**をおく必要があるとされた（社会福祉法第37条）。また、社会福祉法人は、定款の定めにより会計監査人をおくことができる（同法第36条第2項）。会計監査人は、**公認会計士**または**監査法人**でなければならず、社会福祉法人の計算書類等の監査を行う（同法第45条の2第1項、第45条の19第1項）。

⊕ 32-119
⊕ 33-119
⊕ 35-119
⊕ 36-36（地域）

33 社会福祉法人は、**経営する社会福祉事業に支障がない限り**において、当該社会福祉事業のほかに、公益を目的とする事業（**公益事業**）、またはその収益を社会福祉事業もしくは公益事業（社会福祉法第2条第4項第4号に掲げる事業その他の政令で定めるものに限る）の経営にあてることを目的とする事業（**収益事業**）を行うことができる（同法第26条第1項）。

34 社会福祉法人は、**厚生労働省令で定める会計基準**に従い、**会計処理**を行い、適時に正確な**会計帳簿**を作成しなければならないとされた。また、会計帳簿の閉鎖の時から10年間、その会計帳簿およびその事業に関する重要な資料を保存しなければならない（社会福祉法第45条の24第1項・第2項）。

35 社会福祉法人は毎会計年度、**社会福祉充実残額**を計算し、同残額が正の値で生じる場合は、**社会福祉充実計画**を策定し、社会福祉充実事業を実施する必要があるとされた。

➡ 社会福祉充実残額は、基本金および国庫補助金等特別積立金を除く純資産の額から3種類の控除対象財産を控除して求める（社会福祉法第55条の2第1項、社会福祉法施行規則第6条の14）。

⊕ 33-124
⊕ 34-123

36 **社会福祉充実事業**とは、社会福祉事業または公益事業で、既存の事業を拡張する事業または新規の事業である（社会福祉法第55条の2第3項第1号）。

➡ 日常生活または社会生活上の支援を必要とする住民に対し、無料または低額な料金でその需要に応じて提供する公益事業を、地域公益事業という。

37 社会福祉法人には、**税制優遇措置**がある。**収益事業は課税**されるが、**社会福祉事業**は、法人税、事業税、市町村・都道府県民税が**非課税**である。消費税と固定資産税は、原則、非課税である。

⊕ 32-122

38 社会福祉法人に**寄附**を行った個人は、**所得控除**を受けることができる。2011（平成23）年の租税特別措置法の改正により、個人が一定の要件を満たした社会福祉法人（税額控除対象法人）に寄附金を支出した場合、この寄附金について**税額控除制度**の適用を受けることができることとなった。

➡ 税額控除対象法人への寄附金については、これまでの所得控除制度に加えて、税額控除制度との選択適用が可能になった。

39 社会福祉連携推進法人制度の創設が、2022（令和4）年4月より認められている。同制度は、社会福祉事業に取り組む社会福祉法人や特定非営利活動法人等を社員として、相互の業務連携を推進する社会福祉連携推進法人の創設にかかわる制度である。

📖 連携推進業務には、社会福祉事業の経営、人材確保および育成、設備・物資の共同購入などがある。

◎特定非営利活動法人（NPO法人）

40 特定非営利活動法人は、認証主義により法人格を取得する◆。特定非営利活動促進法によって法人化する団体は、所轄庁である**都道府県知事**（法人の事務所が2つ以上の都道府県にあるときには主たる事務所の所在地の**都道府県知事**、その事務所が1の指定都市の区域内のみに所在する特定非営利活動法人にあっては当該**指定都市の長**）の認証を得て、登記することによって活動することができる。

📖 特定非営利活動法人は、社員が10名以上集まれば設立することができる。

⊕ 32-120
⊕ 34-119
⊕ 36-36（地域）

受験対策アドバイス

◆活動の分野、活動の目的、理事（会）、社員（総会）、監事、報酬など特定非営利活動法人制度に関する問題が出題されることが多い。

41 1998（平成10）年制定の**特定非営利活動促進法**を抜本的に改正する「特定非営利活動促進法の一部を改正する法律」が、2011（平成23）年6月に公布された。従来の17の活動分野に加え、観光の振興を図る活動、農山漁村または中山間地域の振興を図る活動、都道府県または指定都市の**条例**で定める活動が追加された（**20分野**）。また、法人の認定の手続きが迅速になり、**認定特定非営利活動法人**制度も見直されている。

📖 内閣府の統計によると、2023（令和5）年3月31日現在、特定非営利活動法人の定款に記載された活動分野で最も多いのは「保健、医療又は福祉の増進を図る活動」である。

⊕ 32-120
⊕ 34-119

42 特定非営利活動法人を設立しようとする者は、特定の添付書類を所轄庁に提出して設立の認証を受ける。所轄庁は設立申請書を受理してから2週間その添付書類を公衆の縦覧に供する必要がある（**特定非営利活動促進法第10条第2項**）。

📖 2021（令和3）年6月9日より、認証申請の添付書類の縦覧期間が1か月から2週間に短縮されている。

⊕ 35-120

43 2020（令和2）年度の**特定非営利活動法人に関する実態調査**（内閣府）によれば、総収入に占める主な収入財源は、認定・特例認定を受けていない特定非営利活動法人では、事業収益が83.1％、補助金・助成金が10.9％、寄附金が2.4％である。認定・特例認定特定非営利活動法人では、事業収益が37.9％、補助金・助成金が26.1％、寄附金が32.2％である。いずれの特定非営利活動法人でも、借入先は個人が圧倒的に多い。

44 特定非営利活動法人の組織は、①法人の業務を決定する**理事・理事会**、

②社員からなる社員総会（最高の議決機関）、③理事の業務執行状況や法人の財産状況を監査する監事の3つの機関からなっている。

　　☞ 定款に定めているところにより、書面による表決に代えて、電磁的方法により表決を行うことができる。

⊕32-122
⊕35-120

45　特定非営利活動法人の社員または正会員とは、同法人の構成員であり、社員総会において一人一票の平等な議決権（表決権ともいう）をもつ。

46　特定非営利活動法人には、3人以上の理事をおかなければならない。特定非営利活動法人の理事は、すべて特定非営利活動法人の業務について、特定非営利活動法人を代表する。ただし、定款をもって、その代表権を制限することができる（特定非営利活動促進法第15条・第16条）。

47　特定非営利活動法人の業務は、定款に特別の定めのないときは、理事の過半数をもって決定する（特定非営利活動促進法第17条）。

⊕34-119

48　特定非営利活動法人には、1名以上の監事がおかれ、理事の業務執行の状況や法人の財産の状況を監査する。不正の行為などを発見した場合には、社員総会または所轄庁に報告する。また、その報告をするために必要がある場合には、社員総会を招集する。

　　☞ この監事は、理事または特定非営利活動法人の職員と兼任できない（特定非営利活動促進法第15条・第18条・第19条）。

⊕32-120
⊕35-120
⊕36-122

49　特定非営利活動法人では、役員（理事と監事）のうち報酬を受ける者の数は、役員総数の3分の1以下である（特定非営利活動促進法第2条第2項第1号ロ）。また、社員の資格の得喪に関して不当な条件を付してはならない（同法第2条第2項第1号イ）。

⊕35-120

50　特定非営利活動法人は、宗教の教義の普及および信者の教化育成、政治上の主義の推進および支持または反対、特定の公職の候補者・公職にある者または政党の推薦および支持または反対を主たる活動の目的としてはならない（特定非営利活動促進法第2条第2項第2号イ、ロ、ハ）。

51　特定非営利活動法人は、毎年1回、事業報告書や計算書類、財産目録、年間役員名簿などを所轄庁に提出する必要がある（特定非営利活動促進法第29条）。所轄庁は、提出された事業報告書などを一般人にも閲覧や謄写できるようにし（同法第30条）、法人側は同書類を事務所に備え置き、社員（会員）やその他の利害関係者が閲覧できるようにしなければならない（同法第28条）。

　　☞ 計算書類を作成する場合の会計基準には、NPO法人会計基準協議会（任意団体）が主体となって2010（平成22）年に公表したNPO法人会計基準がある。

52 特定非営利活動法人は、営利性のない法人（利益分配を行わない法人）である。その解散時の残余財産は、その帰属先を定款で定めている場合には、ほかの特定非営利活動法人等に帰属することになり、その帰属先を定款で定めていない場合には、所轄庁の認証を経て国または地方公共団体に譲渡することになる（**特定非営利活動促進法第32条**）。

⊕32-122

53 特定非営利活動法人には、社会福祉法人と同様の税制優遇措置はない。同法人の行うほとんどの事業は、法人税法上の収益事業に該当し、普通法人と同様の法人税率が適用される（**特定非営利活動促進法第70条、法人税法第66条**）。
　　▷ 事業税、市町村・都道府県民税、消費税、固定資産税も課税される。

⊕32-120

54 認定特定非営利活動法人制度は、特定非営利活動法人への寄附を促すことで特定非営利活動法人の活動を支援することを目的としている。

55 認定特定非営利活動法人は、個人や法人が寄附をした場合に課税上有利になる等の恩典が受けられる団体として、都道府県知事または指定都市の長が認定するものである（**特定非営利活動促進法第44条**）。

56 2016（平成28）年6月公布の「特定非営利活動促進法の一部を改正する法律」により、従来の仮認定特定非営利活動法人の名称が特例認定特定非営利活動法人に変更された。この制度では、設立後5年以内の特定非営利活動法人のうち一定の要件に適合する場合に税制上の優遇措置（寄附者が課税上有利になる等）が認められる（**特定非営利活動促進法第59条第2号**）。

◎その他の組織や団体（医療法人、一般社団法人、株式会社、協同組合等）

57 1950（昭和25）年の医療法改正により生まれた医療法人とは、病院、診療所、介護老人保健施設または介護医療院の開設を目的として設立される法人である（**医療法第39条**）。医療法人の設立は、認可主義である。医療法人は剰余金を配当できない非営利法人である。1964（昭和39）年に特定医療法人、2006（平成18）年には社会医療法人、2015（平成27）年には地域医療連携推進法人が創設されている。
　　▷ 医療法人制度は、個人によって設立される病院・診療所の継続性を促すために生まれた。

⊕33-120
⊕35-121

58 病院・診療所の開設主体は、国（独立行政法人国立病院機構、国立大学法人等）、公的医療機関（都道府県・市町村、日本赤十字社、済生会、厚生連等）、社会保険関係団体、公益法人、医療法人、私立学校法人、社会福祉法人、医療生協、会社、その他の法人（一般社団法人、一般財団法人等）、個人である。

⊕32-119

59 医療法人の理事長となるための資格要件は、原則、医師または歯科医

師と定められている（医療法第46条の6）。

> ☞ ただし、都道府県知事の認可を受けた場合は、医師または歯科医師でない
> 理事のうちから選出できる。

⊕33-120

60 医療法人は、特定非営利活動法人と同様に法人税課税法人であるが、**特定医療法人**については、法人税19％（通常は23.2％）の軽減税率が適用され、**社会医療法人**については、医療保健事業について法人税非課税（収益事業は19％）と優遇されている。

61 特定医療法人は、租税特別措置法に基づく財団または社団の医療法人で、その事業が公益の増進に著しく寄与し、かつ公的に運営されていることを**国税庁長官**が承認した法人である。

⊕33-120
⊕35-121

62 社会医療法人の認定の要件は、同族経営の制限などの公正なガバナンス体制があること、へき地医療、救急医療等を実施していること、解散時の残余財産を国等に帰属させることなどである。利点としては、**社会医療法人債（公募債）**の発行が可能となること、**収益事業や第一種社会福祉事業**が実施可能となることがあげられる。

> ☞ ただし、第一種社会福祉事業の特別養護老人ホーム等は実施できない。

63 国は、医療法人の非営利性を重視し、持分の定めのある社団医療法人から持分のない社団医療法人、社会医療法人、特定医療法人への転換を想定している。しかし、実際は、**持分の定めのある社団医療法人が医療法人の圧倒的多数**であるため、国は2004（平成16）年の通知に基づき、社員の出資持分払戻請求権を出資額のみに制限した定款を有する社団医療法人を**出資額限度法人**として、その普及に努めることとした。

> ☞ 「いわゆる『出資額限度法人』について」（2004（平成16）年8月13日の
> 医政発第0813001号）。

64 2006（平成18）年の第5次医療法改正により、**基金拠出型医療法人**が制度化された。これは、社団医療法人のうち、①基金拠出という形をとって持分を認めない、②退社時に拠出額を上限として払戻できる、③法人解散時の財産等の残余は、国、地方自治体、ほかの医療法人に帰属するという特徴をもつ。

65 2007（平成19）年4月以降、持分の定めのある社団医療法人（出資額限度法人を含む）の新規設立が認められないこととなった。これにより、これまでの持分の定めのある社団医療法人（出資額限度法人を含む）に**経過措置型医療法人**という名称を付すことになった。

66 2015（平成27）年9月の「医療法の一部を改正する法律」の公布に

より、地域医療連携推進法人の認定制度が創設された。地域で良質かつ適切な医療を効率的に提供するため、病院等にかかる業務の連携を推進するための方針（医療連携推進方針）を定め、医療連携推進業務を行う一般社団法人は、都道府県知事の認定を受けることができる。

67 2015（平成27）年9月の医療法改正により、厚生労働省令で定める基準に該当する医療法人（負債50億円以上または収益70億円以上の医療法人、負債20億円以上または収益10億円以上の社会医療法人等）は、医療法人会計基準に従い計算書類を作成し、公認会計士等の監査を受ける必要がある。また、事業報告書等（貸借対照表および損益計算書に限る）を公告すること（官報、日刊新聞紙、電子公告のいずれかの方法）が必要になる。

68 株式会社は、株主から資金を調達し、株主から委任された経営者が事業を行い、利益の一部を配当金として株主に配当する。農業協同組合、生活協同組合等は、農業者や消費者が出資金を出し組合員となり、協同で事業の運営と利用を行う。

69 剰余金の分配を目的としない団体に事業に制限なく与えられる法人格が、一般社団法人、一般財団法人であるが、公益事業を主たる目的とする法人は、公益社団法人、公益財団法人の認定を受けることができる。

70 市民団体には、自分たちの利益向上、生活向上などのために運動する市民活動団体と特定の市町村に関する地域団体（自治会・町内会）が含まれる。なお自治会・町内会も法人化できる。協同組合は、サービスの利用者が自らの利益のために出資者となり運営する団体である。さまざまな事業分野ごとに制定された法律のもとで運営されている。

⊕ 33-120

福祉サービスの沿革と概況

71 2016（平成28）年3月に、社会福祉法等の一部を改正する法律が公布され、社会福祉法人制度の改革が行われた。同制度改革の主な項目は、経営組織のガバナンスの強化、事業経営の透明性の向上、地域における公益的な取組を実施する責務、行政の関与の有り方、である。

72 2016（平成28）年3月に改正された社会福祉法により、社会福祉法人は地域における公益的活動を行うこととされた。厚生労働省社会・援護局がまとめた「地域における公益的な取組」の事例には、高齢者の住まい探しの支援、障害者の継続的な就労の場の創出、子育て交流広場の設置、複数法人の連携による生活困窮者の自立支援、ふれあい食堂の開設、がある。

組織間連携と促進

◎公益的活動の推進、多機関協働

73 　福祉サービス提供組織の組織間連携は、組織の枠を超えて展開されるスタッフ間連携、つまり多職種連携としての側面をもつ。ジャーメイン（Germain, C. B.）は、公式性と構成員の相互関係性に注目して多職種連携または専門職連携の種類を4種類に分類している。それは、打ち合わせ、協力、専門的助言、チームである。

　　　　打ち合わせは、公式性が低いが相互関係性が強い。協力は、公式性と相互関係性がいずれも中程度で一定のルールや方法に基づく。専門的助言は、公式性は高いが一方から他方への一方向の専門技術等の提供であり、相互関係性が弱い。チームは、公式性が高く相互関係性が強い。

2 福祉サービスの組織と運営に係る基礎理論

組織運営に関する基礎理論

◎組織運営の基礎、モチベーションと組織の活性化等

74 ヴェーバー（Weber, M.）は、権力の支配の根拠として、**カリスマ的支配、伝統的支配、合法的支配**の3つを区別し、官僚制の権力の源泉が合法的支配にあると考えた。

⊞ 34-120

> 📖 合法的支配は、正規の手続きで定められた制定規則の下で行われる支配を指す。

75 官僚制は、官僚が行う支配体制だけでなく、当該体制を利用するほかの組織形態も指す用語である。

76 ヴェーバーは近代官僚制の特徴として、①**規則に基づく権限の原則**、②**トップダウンのヒエラルキーの原則**（階層の原則）、③**文書主義による事務処理の原則**、④**専門的な技能・訓練の原則**などをあげている。

77 組織設計の5原則には、**専門化の原則**（分業化する）、**権限・責任一致の原則**（付与された権限と責任の範囲を等しくする）、**統制範囲適正化の原則**（1人の上司が直接管理できる部下の人数を調整する）、**命令一元化の原則**（常に特定の1人から指示・命令を受ける）、**例外の原則**（管理者は日常反復的業務を部下に権限委譲して例外的業務に専念する）、がある。

⊞ 35-122

78 **ライン組織**とは、トップから下位への指揮命令系統が明確な、いわゆるピラミッド型組織で、意思決定は**トップダウン型**となっている。**ライン・アンド・スタッフ組織**とは、ライン組織を基本として、ライン組織のトップや各組織を補佐する専門家組織（経理部門、人事部門、研究開発部門等）を加えて位置づけるものをいう。

79 サービス業にみられる逆ピラミッド型組織は、顧客重視の考え方を徹底し、顧客に向き合う第一線の担当者の役割こそが重要であり、管理者は、担当者の行動や意思決定を支援することを前提として形成される組織形態である。

> 📖 この考え方は、小規模単位で地域に展開する福祉サービスの場合によくあてはまる。

80 職能別（または機能別）組織とは、生産、販売、購買、財務などのように同種の職能別に部門化を行った組織である。**事業部制組織やカンパニー制組織**とは、事業別、製品別、地域別などで部門化を行った組織で、各組織が一組織として必要なほとんどの機能をもち、独立採算的な組織である。

81 マトリックス組織とは、「職能」と「事業」などの2つの系列を縦・横に組み合わせた形態の組織である。**プロジェクト組織**とは、複数の部門にかかわる課題を解決するために、各部門から専門知識をもつメンバーを集めて臨時的に編成される組織である。

🗨 プロジェクト組織を組織内に恒常的に埋め込んだものがマトリックス組織である。

図表3 組織運営に関する主な基礎理論

提唱者	主な理論
ヴェーバー（Weber, M.）	近代官僚制
メイヨー（Mayo, G.） レスリスバーガー（Roethlisberger, F. J.）	人間関係論
テイラー（Taylor, F.）	科学的管理
ハーズバーグ（Herzberg, F.）	二要因理論
マグレガー（McGregor, D.）	XY理論
ロック（Lock, E.）	目標設定理論
マクレランド（McClelland, D.）	欲求理論
ブルーム（Vroom, V.） ポーター（Porter, L. W.） ローラー（Lawler Ⅲ, E. E.）	期待理論
バーナード（Barnard, C.）	組織成立の三要件
バーンズ（Burns, T.） ストーカー（Stalker, G. M.）	コンティンジェンシー理論

82 ホーソン実験の実質的指導者の**メイヨー**（Mayo, G.）や**レスリスバーガー**（Roethlisberger, F. J.）は、**人間関係論**の確立者とみなされている。ホーソン実験では、従業員の人間的満足度が高ければ高いほど生産性が高いという仮説が確かめられた。

🗨 この満足度は、従業員の個人的事情と職場状況に依存する。

83 **テイラー**（Taylor, F.）は、**科学的管理**の父と呼ばれ、差別的出来高給制度と要素的賃率決定制度を提唱した。要素的賃率決定制度は、工場内の作業を要素に分解して、それに必要な時間を研究する**時間動作研究**に基づくものである。この制度がテイラーの**課業管理**の基礎になる。

☞ 課業とは、経験や勘に基づくのではなく、科学に基づいた公正な1日の仕事量を指す。

84 レスリスバーガーによれば、集団内には能率に規定される**公式組織**の集団と感情に規定される**非公式組織**の集団がある。

85 **動機づけまたはモチベーション**とは、人の行動をかりたてる内的な心の動きである。モチベーションの代表的理論に、内容理論と過程理論がある。
　☞ **内容理論**は、何によって動機づけられるか、どのような欲求をもっているか、その内容を特定する理論である。
　☞ **過程理論**は、どのようなプロセス（過程）で動機づけられていくか、そのメカニズムを特定する理論である。

86 モチベーションの内容理論には、**マズロー**（Maslow, A.）の**欲求5段階説**がある。人間の欲求は5階層のピラミッドのように構成され、低階層の欲求が満たされると、より高い階層の欲求を欲する。

87 モチベーションの内容理論には、**ハーズバーグ**（Herzberg, F.）の**二要因理論**がある。**二要因理論**では、動機づけに関連する要因を満足促進要因と不満足促進要因に分ける。満足促進要因は、仕事の達成、責任等の職務内容要因であり、不満足促進要因は、給与、作業条件など不足すると不満足になる要因である。　⊕33-122

88 モチベーションの内容理論には、**マグレガー**（McGregor, D.）の**XY理論**がある。彼は2つの人間モデルを区別し、それぞれに合ったモチベーションの上げ方を示した。**X理論**では、人間が怠け者であるため、命令・強制や厳しい賞罰によって動機づける。**Y理論**では、人間が自己実現欲求をもつので、自律や責任によって動機づける。　⊕33-122

89 モチベーションの内容理論には、**ロック**（Lock, E.）の**目標設定理論**がある。本人が目標を受け入れた場合には、明確な目標であり、かつ達成が困難な高い目標であることが、高い意欲を生み出すとされる。

90 モチベーションの内容理論には、**マクレランド**（McClelland, D.）の**欲求理論**がある。仕事への動機づけは、**達成欲求（動機）**、**権力欲求（動機）**、**親和欲求（動機）**、**回避欲求（動機）**の4つからなる。達成欲求は、高い目標の設定と達成、権力欲求は指導的立場に立つこと、親和欲求は、充実した人間関係、回避欲求は失敗や困難な状況の回避を求める。　⊕33-122

91 モチベーションの過程理論の典型として、**ブルーム**（Vroom, V.）や**ポーターとローラー**（Porter, L. W. and Lawler Ⅲ, E. E.）等の**期待理論**が　⊕33-122

ある。**期待理論**では、人が仕事に投入した努力に応じて、どの程度の業績が上げられるか、その業績の程度に応じてどの程度の報酬が得られるかの期待をもつ（努力→業績期待→報酬期待）。

92 **報酬**には、**内発的報酬**（仕事のやりがい、達成感）と**外発的報酬**（給与、賞与、昇進、昇給等）がある。期待理論では、2つの報酬への期待とその報酬がもつ魅力によってモチベーションの強度が決まるとされている。

⊕33-122
93 **デシ**（Deci, E.）は、自分を有能で自己決定的だと思う人は、さらなる有能さと自己決定を求めて努力するが、成果に応じた外発的報酬を付与されるとその**内発的モチベーション**が抑制されるとした。したがって、デシの内発的モチベーションの理論では、金銭等の外発的報酬を高めると、仕事それ自体から得られる内発的モチベーションが低下すると考えられている。

⊕33-121
⊕36-120
94 **バーナード**（Barnard, C.）は、個人の制約を克服するために**協働**が生まれ、この協働システムを組織と考える。**組織**は、2人以上の人々の意識的に調整された活動である。組織成立の要件は、**組織の共通目的、目的に貢献する貢献意欲、共通目的を伝達するコミュニケーション**である。
　　✑ 組織の存続のためには、組織目的を達成すること（その度合いが有効性）と、個人の動機を満足させること（その度合いが能率）も必要である。この組織は、**公式組織**と呼ばれ、個人的な感情などによるつながりは、**非公式組織**と呼ばれる。

⊕34-120
95 **コンティンジェンシー理論（条件適合理論）**とは、組織内部の状況やプロセスが外部環境の要求条件に適合していれば、その組織が環境に効果的に適応できるという環境決定論を主張する理論である。各組織がおかれる環境はそれぞれ異なるため、組織にはそれぞれ異なる組織化が必要であるから、あらゆる環境に適した**唯一最善の組織化の方法はない**。

96 コンティンジェンシー理論を支持する古典的研究の1つである**バーンズ**（Burns, T.）と**ストーカー**（Stalker, G. M.）の研究によれば、技術や市場の環境変化が小さく、環境の不確実性が低い状況の企業では、**機械的管理システム（または組織）**を利用することが有効である。一方、技術や市場の環境変化が大きく、環境の不確実性が高い状況の企業では、**有機的管理システム（または組織）**を利用することが有効である。
　　✑ 機械的管理システムは、集権的管理、各職位の権限と責任の明確化、縦型のコミュニケーション等が特徴である。
　　✑ 有機的管理システムは、分権的管理、各職位の権限と責任の明確化の抑制、横型のコミュニケーション等が特徴である。

97 **シャイン**（Schein, E.）によれば、価値や人工物（行動を含む）が文

化の本質の表明と考え、文化の本質を基本的仮定と考えた。シャインは、キャリアの概念には職業を追求する個人の**内的キャリア**と、組織における職業生活の全体にわたって従業員がたどる適切な発達の進路を設けようとする組織の**外的キャリア**があるとする。

98 コンフリクト・マネジメントは、組織内のコンフリクト（葛藤）が組織の活性化や成長の機会において重要な役割を果たすため、コンフリクトを解消・排除するよりも管理する必要があるという考え方である。コンフリクトは、集団の目標達成に必要な生産的なコンフリクトと、その目標達成を妨害する非生産的なコンフリクトに分けられる。

🔀35-122
🔀36-121

　　🔁 ロビンス（Robbins, S. P.）は、コンフリクトのプロセスを4段階（潜在的対立・認知と個人化・対処行動・結果）に分け、コンフリクトに対する5つの対処行動（競争・協調・回避・適応・妥協）を区分した。

99 5つの対処行動の中の**競争**は、相手に自分の意見を強制する。**協調**は、自分の意見を殺して相手の意見を優先する。**回避**は、双方の対立を避けて、問題解決を先送りする。**適応**は、双方の意見を尊重し合える解決策を見つける。**妥協**は、双方が折り合いをつけるように妥協案を出す。

チームに関する基礎理論

◎チームアプローチと集団力学、チームの機能と役割

100 集団力学の創始者レヴィン（Lewin, K.）は、バラバラな個人が経営組織に集まるとき、そこに集団生活空間が形成されると考えた。

101 レヴィンたちは多くの実験の結果、第1に、集団にはメンバーに対する斉一性および同調性への圧力（**集団圧力**）が生まれること、第2に、集団には個人に対して集団にとどまらせるようにはたらく力（**集団の凝集性**）が発生することを発見した。

102 集団が形成されると、諸個人が単に集まったというだけでは説明できない独自の特性がみられるようになる。これを**集団の力学**（グループダイナミックス）という。この力学には、個人や組織へ好ましい影響を及ぼす正の側面と好ましくない影響を及ぼす負の側面が存在する。

🔀32-121
🔀36-120
🔀36-121

　　🔁 この負の側面として、アッシュ（Asch, S.）のいう**集団圧力**、ジャニス（Janis, I. L.）のいう**集団思考**、よからざるはたらきをする**集団の凝集性**などがある。

103 オールポート（Allport, F. H.）は、他者の影響による社会的効果を表す概念として、社会的促進、社会的抑制または社会的手抜き等を提唱した。
　　🔁 社会的促進は、見物者や共同行動者の存在によって個人の行動が促進されることを指す。

☞ 社会的抑制は、それらの存在によって個人の行動の劣化がみられることを指す。

☞ 社会的手抜きは、社会的抑制の一例で、集団の共同作業の場合に人数が多くなるほど1人当たりの作業量が低下することを指す。

⊕32-121
⊕36-121

104 ジャニスのいう**集団思考**（集団浅慮ともいう）とは、集団で考えるとかえって深く考えずに不合理または危険な決定がなされてしまう現象をいう。**集団の凝集性**とは、集団の結束力のことであり、よいはたらきをするものとよからざるはたらきをするものがある。

☞ 組織の内部において集団間の対立が発生する場合は、よからざるはたらきの集団の凝集性である。

⊕32-121

105 シェリフ（Sherif, M.）の少年のサマーキャンプ実験（泥棒洞窟実験）は、2つの集団間の葛藤（コンフリクト）とその解消に関する実験であり、第1ステージ（集団の形成）、第2ステージ（勝ち負けのある集団対抗競技による集団間の葛藤）および第3ステージ（葛藤の解消）からなる。

☞ 第1ステージでは、内集団のメンバーが協力し合い、第2ステージでは、外集団と競争し、同集団のメンバーに敵対行動をとる。第3ステージでは、集団間の上位目標を設定して取り組みを進めると、敵対行動は解消し、集団同士が協力する。

⊕36-121

106 集団の凝集性を高めれば、メンバー間の感情的な絆が強くなり、集団の目標に対して協力的になり、チームの生産性や効率性が上がる。凝集性を高めるためには、集団を小規模にする、参加の障壁をつくる、メンバーが共に過ごす時間を長くする、集団の外部に仮想敵を作る、成功体験をもつ、という要因が重要である。

⊕33-121
⊕36-121

107 アッシュのいう**集団圧力**とは、個人としては正しい判断ができるが、多数派の力に負けて自分1人の考えを多数派に同調させることをいう。

⊕36-121

108 **チーム**とは、目的、目標を共有し、相互に補完するスキル等を備えた少人数の集合体である。チームではメンバーによる努力の投入量を増やすことなく相乗効果により産出量を増やすことが可能になる。遂行されるタスクによっては、個人よりもチームのほうが高い業績を上げることができる。チームの代表的な3タイプは、問題解決型チーム、自己管理型チーム、機能横断型チームである。

☞ 問題解決型チームは、問題解決または改善についてアイデアを共有したり、提案するチームである。

☞ 自己管理型チームは、問題解決だけでなくその解決策を実行し、その結果に責任をもつチームである。

☞ 機能横断型チームは、異なる分野から1つのタスクを遂行するために集まっ

たチームである。

109 福祉の分野では、介護保険を契機に、医師だけでなくほかの職種と連携する**チームアプローチ（多職種連携）**の必要性が叫ばれてきた。チームアプローチでは、異なる専門性をもつ多職種がそれぞれの専門職の能力を活かして、利用者に対して総合的な援助を行う。

☞利用者を医療サービスの利用者だけでなく福祉や保健の利用者と見て、利用者の病気を治す以上にその生活を豊かにすることを目的とする。

110 **メンタルモデル**とは、人が環境と相互作用するために必要とされる知識の枠組みである。**共有されたメンタルモデル**とは、チームメンバーがほかのメンバーと相互作用したり、チームが取り組む課題を遂行するために必要な組織化された知識の枠組である。このモデルは、**チームメンタルモデル**ともいい、チームのプロセスを円滑にし、チームのパフォーマンスを引き上げることが明らかにされている。

リーダーシップに関する基礎理論

◎リーダーシップ、フォロワーシップ、リーダーの機能と役割

111 リーダーシップ理論のうち、1940年代頃まで長く主流だったのはリーダーシップの**特性理論**である。これは優れたリーダーの特性、共通の資質を明らかにするもので、その典型が**ヴェーバー（Weber, M.）のカリスマ的支配**等である。

112 1940年代以降、リーダーシップの**行動理論**が現れた。これはリーダーの行動スタイルからリーダーシップをとらえるものであり、その典型が、**オハイオ大学の研究**、**三隅二不二のPM理論**、**マネジリアル・グリッド論**等である。

113 1960年代には、リーダーシップの**条件適合理論**が現れた。これはおかれている状況が異なれば、求められるリーダーシップのスタイルも変わるということを明らかにするものであり、その典型が**フィードラー（Fiedler, F.）の理論**、**ハーシー（Hersey, P.）とブランチャード（Blanchard, K.）のSL理論**や、**ハウス（House, R.）のパス・ゴール理論**等である。

114 リーダーシップ自体ではなく、リーダーとフォロワーの相互作用に着目した理論やフォロワー自体に目を向けた**フォロワーシップ理論**も現れた。

115 1970年代から1980年代には、**カリスマ的リーダーシップ理論**や**変革型リーダーシップ理論**が現れた。この2つは、リーダーが進むべき目標・ビジョンを示し、自らがリスクを背負い、並はずれた行動をとる一方で、条

受験対策
アドバイス

◆特性理論、行動理論、条件適合理論、PM理論など、リーダーシップの基礎理論に関する問題が出題されることが多い。
⊕33-123
⊕34-121

⊕33-123

⊕34-121

⊕33-123

⊕33-123

件や環境に適合し、フォロワーの能力や感情に配慮できることを共通点としている。

116 オハイオ大学の研究では、リーダーシップ行動は、期待を知らせる、手順に従わせる等からなる**構造づくり**と、親しみやすい態度をとる、細かな気配りをする等からなる**配慮**から説明でき、この両方の行動が高い頻度で行われることが、部下の業績と満足度が高まる傾向をもつとした。

⊕33-123

117 三隅二不二を中心とする集団力学研究所によって推進されてきた研究では、リーダーの行動が**目標達成**（performance）、**集団維持**（maintenance）の2次元で記述できるとし、それぞれを**リーダーシップP行動**、**リーダーシップM行動**と呼び、**PM理論**を提唱した。

118 **リーダーシップP行動**は、集団の**目標達成**のはたらきを促進し強化する行動であり、**リーダーシップM行動**とは、集団のなかで生じた**人間関係**の過大な緊張を解消し、激励と支持を与え、少数者に発言の機会を与え、成員相互依存を増大していく行動である。P行動の高低（P・p）とM行動の高低（M・m）を組み合わせて4つのリーダー行動（pm・pM・Pm・PM）を区別した。

　　📖 PMのリーダー行動では、P行動もM行動もともに強い。目標を明確に示し成果を上げ、集団をまとめる力もある。

　　📖 pmのリーダー行動では、P行動もM行動もともに弱い。成果を上げる力も集団をまとめる力も弱い。

図表4 PM理論

P（課題遂行）機能	Pm 型	PM 型
	pm 型	pM 型

M（集団維持）機能

119 **マネジリアル・グリッド論**は、ブレイク（Blake, R. R.）とムートン（Mouton, J. S.）によって提唱されたリーダーの行動スタイル論である。その行動スタイルを「人間に対する関心」と「業績に対する関心」の2軸でとらえ、それぞれの関心の度合いを9段階に分けてできる81個の格子（グリッド）を**マネジリアル・グリッド**と呼んだ。

　　📖 この格子のなかの1・1型を放任型リーダー、1・9型を人情型リーダー、9・1型を権力型リーダー、5・5型を妥協型リーダー、9・9型を理想型リーダー、と呼んだ。

120 フィードラーは、リーダーシップの行動を課題志向型と人間関係志向型に分け、どちらが業績を高めるかは、リーダーとメンバーの関係（信用や尊敬が高いかどうか）、仕事の内容（定型的かどうか）、リーダーの権限の強さ（強いかどうか）に左右される、とした。

⊕ 33-123

　👉 例えば、リーダーがメンバーから高く信用・尊敬され、仕事の内容が定型的であれば、課題志向型のリーダーシップ行動が、業績を高めることになる。

121 ハーシーとブランチャードは、部下の成熟度により有効なリーダーシップが異なるとした。この理論はSituational Leadership Theoryと表現されるため、SL理論と呼ばれている。指示的行動の高低と共労的行動の高低を組み合わせた4つのリーダーシップのスタイルがある。そのスタイルは、教示的リーダーシップ、説得的リーダーシップ、参加的リーダーシップ、委任的リーダーシップと変化する。

⊕ 33-123
⊕ 34-121

　👉 教示的リーダーシップでは、指示的行動が強く、共労的行動が弱い。具体的に指示し、事細かに監督する。

　👉 委任的リーダーシップでは、指示的行動が弱く、共労的行動も弱い。部下と合意のうえで目標を決め、部下に任せる。

122 ハウスの提唱したパス・ゴール理論では、リーダーシップの本質は、部下が目標（ゴール）を達成するために、リーダーがどのような道筋（パス）をたどればよいかを把握し、それを部下に示すことにある。その場合に考慮すべき2つの条件は、環境的条件（業務の明確性、経営責任体制、チーム組織など）と部下の個人的特性（部下の自立性、経験、能力など）である。

⊕ 34-121

123 シェアード・リーダーシップとは、企業内の事業にかかわっているチームの一人ひとりがリーダーシップを発揮するスタイルのリーダーシップである。

⊕ 34-121

124 サーバント・リーダーシップとは、リーダーが組織や部下に奉仕の気持ちをもって接し、メンバーの特徴や能力を最大限に伸ばす環境づくりに力を注ぐスタイルのリーダーシップである。

⊕ 34-121

福祉サービス提供組織の経営と実際

経営体制

◎理事会、評議員会等の役割

（前述の項目 **25** から **32** と後述の項目 **149** から **152** を参照）

◎経営戦略と事業計画、マーケティング

⊕33-125
⊕35-123

125 アメリカの経営学者チャンドラー（Chandler, A.）は、戦略を、「基本的な長期目標を決定し、これらの諸目的を遂行するために必要な行動方式を採択し、諸資源を割り当てること」と定義した。

⊕33-125

126 経営理念とは、組織が顧客や社会に対して実現しようとしているメッセージであり、信念、理想のようなものである。経営理念は、「何のために事業を行うのか」という点を明らかにし、自分たちの存在意義や使命（ミッション）を明確にするものである。

　　✑ 経営理念には、顧客や社会だけでなく、職員や取引先に対する視点も欠かすことができない。

127 経営ビジョン・経営目標は、経営理念に基づいて設定される。経営理念が、社会全般に向けて抽象的に示されるのに対して、経営ビジョン・経営目標は、主として職員を含め利害関係者に対して具体的に示される。

128 経営理念は、長期的に揺るがないものであるのに対して、経営ビジョン・経営目標は、環境の変化に応じて柔軟に見直すものである。

⊕33-125

129 組織内外の環境分析の一方法としてSWOT分析がある。これは、自組織の課題を、内部環境（自法人の組織内部の状況）と外部環境（自法人がおかれている状況）の軸と、有利な点と不利な点の軸に分類して、内部環境の有利な点を強み（strength）、不利な点を弱み（weakness）として分類し、外部環境の有利な点を機会（opportunity）、不利な点を脅威（threat）として分類する手法である。

　　✑ 強みや機会をもとに、弱みや脅威をどう克服するかを考えることによって、経営戦略の立案の手法として用いることができる。

130 SWOT分析は、ミンツバーグ（Mintzberg, H.）によって考案されたものであるが、ビジネス上の戦略策定プロセスとして明確になったのはアン

ドルーズ（Andrews, K.）の功績によると考えられている。

131 3C分析は、外部環境（市場・顧客）や競合の状況から自社の成功要因を導き、事業を成功に導く分析方法である。 ⏎33-125

　🔖 3Cは、Customer（市場・顧客）、Competitor（競合）、Company（自社）の頭文字である。

132 戦略は、理念、ビジョン・目標を達成するためのものであって、**外部環境**（政策・制度、技術、利用者のニーズ、競合状況、成長性など）と**内部環境**（組織の人材、文化、技術など）に基づくもので、長期的な観点から決定される。**経営戦略**の主要な内容には、①外部環境の変化への対応、②成長戦略、③競争戦略、④経営資源の調達と配分、⑤多角化とシナジー（相乗効果）、⑥撤退戦略などの6つがある。 ⏎33-125 ⏎35-123

　🔖 経営戦略は3つのレベルに分けられる。組織全体の戦略である全体戦略（企業戦略）、事業単位の戦略（事業戦略）、人事・財務・販売などの機能別の機能戦略に分けられる。

133 戦略論の系譜のなかで、外部環境を重視する考え方を、**位置取り戦略**または**ポジションベース型戦略**という。代表例は**図表5**のとおりである。

図表5 外部環境を重視する位置取り戦略（ポジションベース型戦略）の代表例

PPM	各企業の商品・サービスを相対市場シェアと市場成長率に従って、金のなる木、問題児、花形製品、負け犬に分類する。
ポーターの競争戦略	事業レベルの戦略としては、①コストリーダーシップ戦略、②差別化戦略、③集中戦略、の3つの戦略を基本にする。
コトラーの戦略	業界のポジション（リーダー、チャレンジャー［2番手］、フォロワー［その他大勢］、ニッチャー［特殊な小型市場をねらう企業］）によって、異なる戦略をとるべきとする。

134 戦略論の系譜のなかで、内部環境を重視する考え方を**資源ベース型戦略**という。代表例は**図表6**のとおりである。

図表6 内部環境を重視する資源ベース型戦略の代表例

エクセレント・カンパニー	人と行動を重視し、権限移譲が進み、自由度の高い価値観を共有する企業文化をもつ優良企業。
コア・コンピタンス	他社が模倣することが困難で、競合する他社を圧倒的に上回るレベルの能力。
ビジョナリー・カンパニー	長期間にわたり業界で卓越した業績を残している企業群に識別される、ある種の共通的な傾向をもつ企業。

135 経営戦略の策定のための代表的手法に、バランス・スコアカードおよび戦略マップの作成がある。

 ▱ バランス・スコアカードは、財務の視点、顧客の視点、業務プロセス（サービスの品質や業務内容）の視点、社員・組織の学習と成長の視点（能力や意識）という4つの視点から、評価尺度（数値目標）を設定し、企業実績を評価する仕組みとして生まれた。

 ▱ 戦略マップは、この各評価尺度間の関係を整理したものである。

136 経営戦略の策定のための代表的手法に、ドメインの設定がある。このドメインとは、事業活動を行う領域のことで、①誰を顧客とするのか、②どのようなニーズにどのように応えるのか、③独自の能力や技術は何なのかに基づいて設定される。

 ▱ ドメインを近視眼的にとらえると環境変化に対応できなくなることを、マーケティングの近視眼という。

137 事業計画とは、法人の理念に基づき設定した目的を達成するために、長期・中期・年度などの単位で定められる計画である。具体的な到達目標と活動を明確にしたうえで行うべき行動計画である。

138 CSR（Corporate Social Responsibility）は、社会の多様な利害関係者のさまざまな要求に対して企業が適切に対応する責任をもつことを指す。人権を尊重した適切な雇用・労働条件の設定、消費者への適切な対応、地域社会に対する貢献、地球環境への配慮などの責任が求められる。

139 CSV（Creating Shared Value）は、企業の慈善活動的な行動責任を求めるCSRの限界を踏まえたうえで、企業がその事業領域に関連する活動を前提にして、社会的な課題解決と企業の競争力向上を同時に実現することを指す。

140 ユヌス（Yunus, M.）は、ビジネスは利益の最大化のみを目的としていないと考え、利益の最大化を目指すビジネスとは異なるビジネスモデルとしてソーシャル・ビジネスを提唱した。

 ▱ ソーシャル・ビジネスは、特定の社会的目標を追求するために行われ、その目標を達成する間に費用の回収を目指すものと定義できる。

141 マーケティングは、企業が市場における顧客の支持を獲得し、拡大するための取組みである。

142 レイザー（Lazer, W.）は、利益追求中心のマーケティングにおける社会性の欠如を反省し、公害防除、地球環境保全等広い意味での社会問題解決に企業が積極的にかかわるべきことを強調する思考方法に基づきソーシャ

ル・マーケティングを行うことを提唱した。

福祉サービス提供組織のコンプライアンスと
ガバナンス

◎説明責任、業務管理体制・内部管理体制の整備等

143 法人が、1つの人格をもって行動するための意思決定の仕組みを法人
のガバナンスという。**ガバナンス**は、法人の目的に沿って適切に経営される
ようにすること、またはそのための監督やチェックの仕組みである。コンプ
ライアンスを達成するためなどに重要となる。

⊕ 32-123

144 **コンプライアンス**とは、法人の経営者層や従業員が法律や規則および
それらの精神を守ることをいう。この言葉が目指す最終目的は、法令違反等
を起こさないこと自体でなく、そのことが発生することにより利害関係者か
ら法人への信頼が損なわれ、ひいては法人価値を毀損（きそん）することを防止するこ
とにある。

⊕ 32-123
⊕ 36-123

07

福祉サービスの組織と経営

145 **ディスクロージャー**は、企業会計の用語として利用されるだけでなく、
別の意味の用語としても利用される。前者の企業会計の用語としては、経営
成績、財務内容等の情報を株主に公開することを指す。後者では、国または
自治体が国民の請求に応じて公文書を公開することを指す。

⊕ 32-123

146 **アカウンタビリティ**は、企業会計の用語として利用されるだけでなく、
別の意味の用語としても利用される。前者の企業会計用語としての訳語は、
会計責任である。資金の委託者である株主に対して、その受託者の経営者が
企業の経営成績等を説明することを指す。後者での訳語は、**説明責任**である。
組織または個人が自己の言動や方針、経過等について、さまざまな利害関係
者（ステークホルダー）に説明する責任を指す。

⊕ 32-123
⊕ 36-123

🖐 **受験対策
アドバイス**

アカウンタビリティ、
ガバナンス、コンプラ
イアンス、公益通報者
保護法など、社会福祉
法人のガバナンス制度
に関する問題が出題さ
れることが多い。

147 **監査**は、監査主体により、経営者の直属組織としての内部監査部門を
主体とする内部監査と組織の監査役（監事）を主体とする**監査役（監事）監
査**と、組織の外部の公認会計士または監査法人を主体とする**財務諸表監査**ま
たは**外部監査**がある。監査には、監査客体により経営者の業務を客体とする
業務監査と財務諸表を客体とする財務諸表監査がある。

　　📩 社会福祉法人の場合には、所轄庁による指導監査もある。これは法人の業
　　　　務運営、会計管理等の幅広い視点で、法令および通達の遵守状況を監査する。

148 2004（平成16）年6月に、**公益通報者保護法**が公布された。これは、
法令違反行為を労働者が通報した場合、解雇等の不利益な取扱いから保護し、
事業者の法令を遵守した経営を強化するためである。福祉サービスの事業所
で働く労働者は、すべて公益通報者保護制度の対象であり、サービス提供等

⊕ 32-123

に関わる不祥事などを内部告発した場合に保護される。

149 社会福祉法人の**内部管理体制**または**内部統制システム**とは、理事または職員の職務の執行が法令等に適合することを確保する体制である。この体制を維持するためには、決定権限者または責任者が誰であるのかを法人内部で明確にして、その者による決定内容がわかる証跡を残し、事後的に当該決定が法令および定款に違反していないかどうかを第三者が確認し、問題があれば是正措置を講じるという流れを作る必要がある。

150 社会福祉法人の**ガバナンス**の担い手は、**評議員（会）、理事（会）、監事、会計監査人**である。意思決定を行ううえで誰とどんな契約を締結するかなどを判断する意思決定主体として社会福祉法が予定しているのは、理事会である。**一定の金額までの契約**は、理事会が理事長に委任する。理事会や理事長等の意思決定を監視・監督する機関として社会福祉法が予定しているのは、評議員（会）、理事（会）、監事、会計監査人である。

151 社会福祉法では、社会福祉法人の理事は、理事会から委任された理事長等による意思決定に関して、一定の役割を担う。意思決定する本人である理事長等は善管注意義務を負っているため同義務違反の意思決定を行えば損害賠償責任を負う可能性がある。理事長等が暴走する場合のけん制として、理事会には「**理事の職務の執行の監督**」が課されている。

 ☞ 理事会が善管注意義務を怠った場合には、損害賠償責任を負う。

152 社会福祉法では、監事は常時理事または職員に事業の報告を求め、また法人の業務および財産の状況を調査できる権限（**業務・財産調査権**）をもつ。理事長等はその調査を拒むことができない。監事がこの権限を適切に行使しなかった場合は、監事が損害賠償責任を負う可能性がある。

適切な福祉サービスの管理

◎品質マネジメントシステム、PDCAとSDCA管理サイクル

153 ドナベディアン（Donabedian, A.）は、**医療の質**が3つの側面から評価されることを提唱した。3つの側面とは、**構造**（病院などにおける医療機器などの物的資源、医師・看護師などの人的資源、教育・研究に関する組織的特徴）、**過程**（診療、看護、リハビリテーションなどの実際の医療行為）、**結果**（構造、過程を経た結果としての患者の状態）である。

154 サービス提供過程における**サービスの標準化**は、サービス提供側の仕事の仕方のバラツキをなくすものである。また、サービスの品質改善はサービスを継続的に改善することである。設定する目標のサービス水準と現在のサービス水準の格差の問題解決に有効なのは、**PDCAサイクル**という品質

マネジメントサイクルである。解決された問題を標準化して定着させ次の問題発見につなげるために有効なのは、SDCAサイクルという品質マネジメントサイクルである。

- ☞ PDCAサイクルは、plan（計画）⇒do（実施）⇒check（確認）⇒act（処置）のサイクルである。
- ☞ SDCAサイクルは、standardize（標準化）⇒do（遵守）⇒check（異常への気づき）⇒act（是正措置）のサイクルである。

◎リスクマネジメント体制

155 リスクとは、一般にある行動に伴って生じる危険や損失のことを指す。リスクマネジメントとは、そのような危機が発生する前にそのリスクを予見し、リスクを管理し、組織に与える影響を最小限に抑えることである。リスクマネジメントは、危機管理と訳出されることもあるが、危機管理は、クライシスマネジメントの用語が用いられ、危機が発生した後の対処を指す。

⊕34-124

- ☞ 社会福祉サービスの組織では、この事業の安定と継続のほかに、福祉サービス利用者の権利や利益の保護を最優先しなければならない。

156 リスク対応は、リスクコントロールとリスクファイナンスに分けられる。

⊕34-124

- ☞ リスクコントロールは、大きなリスクになるのを防ごうとすることであり、これには業務や作業の標準化、ルール策定、マニュアル作成等が含まれる。
- ☞ リスクファイナンスは、事故が発生したときの経済的損失を補てんすることであり、これには損害保険の活用等が含まれる。

157 厚生労働省は、「福祉サービスにおける危機管理（リスクマネジメント）に関する取り組み指針」（2002（平成14）年4月）を示し、リスクマネジメントの基本的視点として、「より質の高いサービスを提供することによって多くの事故が未然に回避できる」という考え方を提示した。利用者の状況や施設環境等の個別性が高いため、各施設における十分な検討と創意工夫も求められている。

◎権利擁護制度と苦情解決体制

158 社会福祉基礎構造改革と社会福祉法の制定により、行政処分がサービス内容を決定する措置制度から利用者と事業者の対等な関係に基づきサービスを選択する利用制度へ社会福祉の仕組みが転換された。これにより判断能力が不十分な利用者の意思の尊重とその代弁によって権利を擁護する制度が整備された。この1つとして「苦情解決の仕組み」が導入された。

- ☞ 2000（平成12）年6月7日の厚生労働省通知「社会福祉事業の経営者による福祉サービスに関する苦情解決の仕組みの指針について」では、苦情解決体制として、苦情解決責任者、苦情受付担当者、第三者委員からなる体制を示している。

⊕36-30（現社）

159 福祉サービスに関する**苦情処理・解決**は、次の順序、仕組みで行う。サービス利用者が事業者に**苦情申立て**を行う。事業者は、受け付け、内容を確認し話し合いをもつ。当事者同士の苦情解決が困難な場合は、**第三者委員への委嘱**または弁護士との顧問契約にて対応する。事業者段階で解決が困難な場合は、**都道府県社会福祉協議会設置の運営適正化委員会**にて**事情調査、解決の斡旋**を行う。

☞ 組織として事故・苦情発生時の対応を考えておく際に必要な視点は、①ルール（手順）に則った適切な対応を行う、②事故・苦情発生時は誠実に、速やかに対応するという視点である。

☞ 苦情の収集のためには、意見箱、アンケート調査、苦情受付担当者の配置などの情報チャンネルが必要である。

⊕33-125
⊕34-124
⊕36-120

160 介護サービス提供における**事故発生の防止**および**事故発生時の必要な対応**について、介護保険施設・事業所ごとに詳細に定められている（**図表7参照**）。事故防止の考え方については、**ハインリッヒの法則**が参考になる。

☞ ハインリッヒの法則とは、労働災害の経験則の1つである。1つの重大事故の背景には29の軽微な事故があり、その背景に300の異常（ヒヤリ・ハット）があるという法則である。これに従うと、軽微な事故を防いでいれば重大事故は発生しない。

図表7 事故発生の防止および発生時の対応

介護老人福祉施設	居宅サービス事業者
・事故発生時の対応と報告方法等を記載した事故発生防止の指針の整備 ・事故発生時の事実の報告とその改善策を職員に周知徹底する体制の整備 ・事故発生防止のための委員会および職員に対する研修の定期開催 ・市町村および入所者の家族等に対する事故発生の速やかな連絡と必要な措置の実行 ・事故の状況および事故に対する処置の記録 ・賠償すべき事項が発生した場合の速やかな賠償	・市町村および利用者の家族、利用者にかかる居宅介護支援事業者等に対する事故発生の速やかな連絡と必要な措置の実行 ・事故の状況および事故に対する処置の記録 ・賠償すべき事項が発生した場合の速やかな賠償 このほか、以下の点に留意すること ・事故発生時の対応方法をあらかじめ定めておくことが望ましいこと ・速やかに賠償を行うために損害賠償保険に加入しておくか、賠償資力を準備しておくことが望ましいこと ・事故原因を解明し再発防止の対策を講じること

◎福祉サービスの質と評価

⊕35-125

161 福祉サービス第三者評価事業は、2018（平成30）年3月に公表された「「福祉サービス第三者評価事業に関する指針」の全文改正について」の一部改正に基づいて行われている。第三者評価とは、社会福祉事業の経営者の提供するサービスの質を当事者（事業者および利用者）以外の公正・中立

な第三者機関が評価することを指す。

> ☞ 第三者機関は、法人格をもつこと、福祉サービスを提供していないこと、などを要件として申請することができ、都道府県が認証する。経営管理分野と福祉・医療・保健分野に精通した評価調査者が各1名以上所属し、都道府県の行う研修を修了している必要がある。

162 福祉サービス第三者評価事業の評価対象は、特別養護老人ホーム、保育所、障害者の生活介護など福祉サービス全般である。児童養護施設などの社会的養護施設は、2012（平成24）年度から第三者評価の受審（3年に一度以上）および結果の公表が義務づけられ、その他の施設・事業所の受審は任意である。第三者評価の結果は、事業者の同意を得て、都道府県推進組織のホームページまたはWAM NETで公表される。

⊕ 35-124
⊕ 35-125

> ☞ 社会福祉法第78条第1項は、社会福祉事業の経営者に対し、福祉サービスの質の向上のための自己評価の実施などを努力義務と規定している。

163 2006（平成18）年4月から開始された「介護サービス情報公表制度」では、都道府県および指定都市または指定調査機関等が、各介護事業者から報告されたサービス提供の取組み方の内容について、事実かどうかの調査を行い、その結果を公表する。対象となる事業者は、1年間の介護報酬額が100万円を超える介護事業者である。

情報管理

◎個人情報保護法、情報公開等

164 2003（平成15）年5月制定の「個人情報の保護に関する法律」（個人情報保護法）は、個人情報を保護する目的で個人情報を取り扱う企業や団体などの事業者が遵守すべき義務等を定めている。個人情報を扱うすべての民間事業者が適用対象である。

165 介護保険法は「介護サービス情報公表制度」として、介護サービス事業者にサービス内容等の情報を都道府県に報告することを義務付け、都道府県がインターネット等により公表を行っている。改正障害者総合支援法および児童福祉法は事業者に障害福祉サービスの内容等を都道府県知事等へ報告し、都道府県知事等が報告内容を公表する仕組みが創設されている。これが「障害福祉サービス等情報公表制度」である。

166 2016（平成18）年の社会福祉法等の一部改正により、社会福祉法人は、定款、貸借対照表、収支計算書、事業報告書、財産目録、役員報酬基準を閲覧対象書類として広く国民一般に開示し、定款、貸借対照表、収支計算書、役員報酬基準、事業概要や役員区分ごとの報酬総額を記載した現況報告書についてインターネットを活用して公表を行うことにし、「社会福祉法人の財

務諸表等電子開示システム」により公表が行われている。

会計管理と財務管理

◎財務諸表の理解・財務規律の強化

167 2000（平成12）年2月制定の社会福祉法人会計基準を改正した社会福祉法人会計基準が、2011（平成23）年7月に制定され、2015（平成27）年度から強制適用された。その後同基準を一部改正した社会福祉法人会計基準（**平成28年厚生労働省令第79号**）が、2016（平成28）年3月に制定され、2016（平成28）年度から施行されている。

168 所轄官庁の定める会計基準等により、組織の経営状況を示す書類の呼び方は異なる。医療法人、病院施設の会計基準や会計指針では財務諸表と呼ばれ、特定非営利活動法人の会計基準や会計指針では計算書類と呼ばれる。◆一般に、外部の利害関係者に対して一組の財務諸表などを報告することを目的とする会計を財務会計という。組織内部の経営者などに経営管理に役立つ情報を提供することを目的とする会計を管理会計という。

 📖 財務会計の計算書類等は、外部の機関が定める会計基準に基づいて作成されるが、管理会計の計算書類等の作成や作成方法は各組織の決定次第である。

169 社会福祉法人の会計基準等では、これまで財務諸表と計算書類双方の呼び方が使われている。2016（平成28）年制定の現行の社会福祉法人会計基準は、計算書類という用語を使用している。会計基準等により書類の構成も異なるが、社会福祉法人会計基準の定める計算書類とは、貸借対照表と事業活動計算書と資金収支計算書である。

 📖 法人全体を対象とする計算書類だけでなく、事業区分、拠点区分、サービス区分を対象とする計算書類もある。

170 社会福祉法人の貸借対照表（バランスシート）は、法人や施設の一定時点（通常は年度末）における財政状態（財産の運用形態と調達源泉）を明らかにするものである。財産の運用形態である資産と財産の調達源泉である負債および純資産は一致する（**図表8参照**）。負債には、財産の返済義務をもつ調達源泉が含まれ、純資産には、財産の返済義務をもたない調達源泉が含まれる。

 📖 貸借対照表の借方（左側）は、財産の運用形態を示し、貸方（右側）は、財産の調達源泉を示す。

171 貸借対照表では、資産を流動資産（現金預金、事業未収金等）と固定資産（土地、建物、各種積立資産等）に分け、固定資産を基本財産とその他の固定資産に分ける。また、負債を流動負債（事業未払金、短期運営資金借入金、賞与引当金等）と固定負債（設備資金借入金、長期運営資金借入金、

32-125
33-124

受験対策アドバイス

◆財務会計、計算書類、貸借対照表、事業活動計算書、資金収支計算書など、社会福祉法人の計算書類に関する問題が出題されることが多い。

32-125
33-124
34-123

33-124
34-123

図表8 貸借対照表の例（法人単位）

借方		貸方	
資産の部		**負債の部**	
科目	金額	科目	金額
流動資産 固定資産	A B	流動負債 固定負債	C D
		負債の部合計	C＋D
		純資産の部	
		基本金 国庫補助金等特別積立金 その他の積立金 次期繰越活動増減差額 （うち当期活動増減差額）	E F G H
		純資産の部合計	E＋F＋G＋H
資産の部合計	(A＋B)	負債・純資産の部合計	(C＋D＋E＋F＋G＋H)

必ず一致する

退職給付引当金等）に分ける。純資産を、基本金、国庫補助金等特別積立金、その他の積立金、次期繰越活動増減差額の4種類に分ける。

172 資産および負債を流動と固定に区分する基準は、正常営業循環基準と1年基準である。前者は、正常な事業活動の循環過程にある資産、負債を流動資産、流動負債として分類する。後者は、前者の基準に適合しない資産、負債のうち、期末の決算日の翌日から起算して入金または支払いの期限が1年以内にある資産、負債を流動資産、流動負債として分類する。

⊕ 33-124

173 社会福祉法人の純資産のうち、基本金は、施設の創設などにあてるための寄付金品、国庫補助金等特別積立金は、施設整備等のために国、自治体および民間助成団体からの補助金である。次期繰越活動増減差額は、法人が獲得した過去および今年度の利益（黒字）の合計額であり、その他の積立金は、この利益の一部を法人が任意で目的を付した積立金へと名称変更したものである。

174 事業活動計算書は、今年度の利益である**当期活動増減差額**とその原因である**収益**および**費用**を示す。この利益は収益から費用を差し引いた差額であり、**収益**は、サービス活動収益（介護保険事業収益、障害福祉サービス等事業収益等）、サービス活動外収益、特別収益に3区分され、**費用**は、サービス活動費用（人件費、事業費、事務費等）、サービス活動外費用、特別費用に3区分される。

⊕ 32-125

07

福祉サービスの組織と経営

✏️ それぞれの3区分の差額は、①サービス活動増減差額、②サービス活動外増減差額、③特別増減差額である。①②の合計が経常増減差額、①〜③の合計が当期活動増減差額である。当期活動増減差額は、株式会社等の損益計算書上の損益（利益または損失）に相当する。

⊕33-124 **175** 建物などの固定資産（土地等を除く）が提供するサービスを、時の経過に伴い消費していく場合、その消費分（費用）を認識・計算することを減価償却といい、固定資産の金額（取得に要した支出額）を分割してその消費分を計算する。この計算を企業会計では費用の配分という。

✏️ 消費分については、減価償却費として事業活動計算書に計上する一方で、貸借対照表の建物の金額をその分だけ減額する。

⊕32-125 **176** 減価償却費分の資金が、法人内に留保されることを、減価償却の自己金融機能という。

✏️ 例えば、収益と資金収入をそれぞれ100、減価償却費を10、その他の費用と資金支出をそれぞれ50とすると、利益は40（100−10−50）、資金収支差額は50（100−50）となり、減価償却費分の資金10が法人内に留保される。

177 資金収支計算書は、支払資金の変動額（当期資金収支差額）と、その原因である資金収入と資金支出を示す。資金収入は、事業活動収入（介護保険事業収入、障害福祉サービス等事業収入等）、施設整備等収入、その他の活動収入に3区分され、資金支出は、事業活動支出（人件費支出、事業費支出、事務費支出等）、施設整備等支出、その他の活動支出に3区分される。

✏️ 支払資金は、貸借対照表の流動資産と流動負債を範囲とするが、次の3項目を除く。①1年基準により固定資産または固定負債から振り替えられた流動資産、流動負債、②徴収不能引当金および賞与引当金、③棚卸資産（貯蔵品を除く）。

✏️ それぞれの3区分の差額は、事業活動資金収支差額、施設整備等資金収支差額、その他の活動資金収支差額である。これらの収支差額の合計額が、当期資金収支差額である。

◎自主財源、寄付金、各種制度に基づく報酬

⊕34-123 **178** 社会福祉法人における施設整備の財源には、法人の保有する自主財源（現預金、有価証券、実質は預金または有価証券である各種積立金など）、寄付者からの金銭の寄付（経常経費、借入金の利息、借入金の返済、施設整備等のための寄付）と物品の寄付（固定資産等の寄付）、国・地方自治体または助成団体からの補助金・交付金、銀行などからの借入金がある。法人が銀行から借入れて資金調達することを間接金融という。

✏️ 株式会社等が株式や債券の有価証券を発行して資金調達することを直接金融という。

179 社会福祉法人における事業運営に伴う経常的な資金の流れにおける財源は、**公費**からの収入分と**利用者等**からの収入分に分けられる。**公費**からの収入には、措置費、介護報酬、介護給付費等、保育委託費の収入がある。**利用者等**からの収入には、利用者負担金と利用料がある。

✍ 事業者は、公費の法定代理受領を行う。これは、要介護認定を受けた利用者が、ケアプランに基づいた指定サービスを受けた場合に、利用者の自己負担分（1〜3割分の費用）を除いた分について、事業者が市町村等に請求し、市町村等からの支払いを受け取ることである。

◎資金調達・ファンドレイジング

180 **クラウドファンディング**とは、新しい資金調達方法の1つである。インターネットを通じて不特定多数の人に資金提供を呼びかけ、資金を集める方法である。これには支援者が金銭的なリターンを得る「投資型」と金銭以外の物やサービスを受け取る「非投資型」がある。社会貢献を目的として寄附を集める方法等は「非投資型」に分類される。

⊕36-122

✍ ファンドレイジングは、民間非営利団体が「活動のための資金を個人、法人、政府などから集める行為」の総称である。

07

福祉サービスの組織と経営

4 福祉人材のマネジメント

福祉人材の育成

◎ OJT・OFF-JT・SDS、スーパービジョン体制、キャリアパス等

⊕32-124
181 介護サービスの人材確保の取組みが進められている。厚生労働省が2018（平成30）年に新設した「介護に関する入門的研修」の目的は、介護未経験者の就業を促進することにある。経済連携協定（EPA）の外国人介護福祉士候補者の受入れ対象国は、インドネシア、フィリピン、ベトナムの3か国である。

182 組織を形成する人に関するシステム（人事システム）とは、採用、能力開発などによって組織に必要な人材を確保・育成し、その人材を適材適所に配置し、その労働条件を整備し、働きを評価（人事考課または人事評価）し、報酬を与える一連の管理活動である。

⊕35-124
⊕36-124
183 配置換えや人事異動（ジョブ・ローテーション）の第1の目的は、各職場の業務を遂行するのに必要としている職務や役割に必要な人材を配置していくことである。第2の目的は、職員個々が自分で新たな仕事を開拓することである。第3の目的は、職員個々のキャリアを開発し、その能力やスキルなどの人材の価値を高めることである。

⊕35-124
⊕36-124
184 職場研修は、OJT（職務を通じての研修）、OFF-JT（職務を離れての研修）およびSDS（自己啓発援助制度）という3つの形態で行われる（**図表9参照**）。なお、新入社員に対するOJTとして、エルダー制度がある。数年年上の先輩（エルダー）が教育係となって新入社員と2人1組となり、実務指導などを行う。

図表9 職場研修の形態

OJT	職場研修の基本であり、職場の上司や先輩が、部下や後輩を職務を通じて、または職務に関連させて指導、育成する研修。
OFF-JT	職務命令により一定期間日常職務を離れて行う研修。職場内で実施する場合と職場外の外部研修に派遣する場合がある。
SDS	職員の職場内外での自己啓発活動を職務として認知し、経済的・時間的な援助や施設等の提供を行う。

185　OJTを通じて対人援助の専門職を養成する方法に**スーパービジョン**がある。このスーパービジョンの体制は、専門職が組織内で援助・支援業務を行ううえでのバックアップ体制である。実際に行っている業務についてスーパービジョンを通して確認を行うことになる。

　📖 スーパービジョンは、これを提供するスーパーバイザーとこれを受けるスーパーバイジーから**構成**され、**支持的機能**、**教育的機能**、**管理的機能**をもつ。

186　人材育成の成果を高めるために指導育成者に求められる育成マインドの最重要点は、職員に良質な仕事の経験（仕事の知識や**ノウハウ**）を与えることである。職場には、サービス実践や業務遂行のなかで生み出された知識やノウハウがある。そのいくつかはマニュアルや手順書等にまとめられる。

187　**キャリアプラン**は、働くことを通じた個人の生き方の計画である。**キャリア開発**は、組織のニーズに合致した人材の育成と個人のキャリアプランの実現を目指して行われる長期的・計画的な職務開発、能力開発である。多くの場合、これは教育・研修制度と人事異動等を組み合わせた**キャリア開発プログラム**によって実施される。

188　組織は、複数の昇進・昇格のモデル、個人が最終的に目指すゴールまでの複数の道筋のモデルを用意している。このモデルを**キャリアパス**という。

⊕34-122

189　個人がキャリアを選択する際に最も大切な価値観、欲求のことを**キャリアアンカー**という。組織内で昇進・昇格の可能性が行き詰まっている状態、またはそれを感じた個人がモチベーションの低下や職務開発・能力開発の機会の喪失に陥ることを**キャリアプラトー**という。

福祉人材マネジメント

◎目標管理制度、人事評価システム、報酬システム

190　人事考課に面談を取り入れることが一般的になってきている。面談を設ける理由には、評価を能力開発やモチベーションの向上に結びつけること、評価の納得性を高めること等がある。面談には、評価結果のフィードバックをするための**フィードバック面談**等がある。

191　**360度評価**とは、通常の上司からの評価だけではなく、部下や同僚、仕事で関係のある他部門の担当者、また取引先や顧客などによる評価も行うような多方向からの評価である。

⊕35-124

192　評価を行う場合の問題として、**寛大化傾向**（甘い評価）、**中心化傾向**（平均化）、**ハロー効果**（一部の評価が全体に及ぶ）、**対比誤差**（自分に照らして相手を評価する）、**論理誤差**（評価者の論理に影響される評価）、**投射効果**（自

⊕35-124

分のもつ特性を相手ももっているかのようにみなすこと）がある。

⊕34-122
193 近年では、高業績者に共通してみられる行動特性をコンピテンシーという。この行動特性を各職務や職位のレベルに応じてモデル化し、それを評価基準として使うようになっている。

194 ダイバーシティ・マネジメントとは、個人間や集団間に存在する多様性（ダイバーシティ）を競争優位の源泉として生かし、組織を変革する考え方である。多様性が組織の売上や発展に貢献し、競争力優位の源泉になると考えられている。その優位性を獲得できる領域には、コスト、資源、マーケティングなどがある。

⊕34-122
⊕36-124
195 ドラッカー（Drucker, P. F.）が提唱した目標管理制度とは、経営管理者が組織全体の目標・方針を示し、部門（チーム）の責任者がそれを達成するための具体的な達成目標と方針を設定し、職員は自分の職務についてその実現への努力、成果の目標を定め、自己評価を通して動機づけを図る制度である。

196 賃金体系の中心にあるのは基本給であり、基本給は、①年功給（属人給ともいわれる、年齢・勤続・学歴など属人的要素による給与）、②職能給（人の能力に対する給与、職務遂行能力による給与）、③職務給（仕事に対する給与、職務の重要度・困難度・責任度などや職種による給与）の要素から構成されている。
> 📖 日本の伝統的な賃金制度・人事評価は、年功序列型給与・年功序列型人事評価である。成果主義による成果型給与・成果型人事評価では、職員の仕事の成果に従って、給与や処遇などに差をつける。

働きやすい労働環境の整備

◎労働三法および労働関係法令

197 1947（昭和22）年に制定された労働基準法は、労働者の賃金や労働時間、休暇等の主な労働条件について、最低限の基準を定めたものである。

198 使用者は、労働者に休憩時間を除き1週間につき40時間を超えて労働させてはならず、1週間の各日については休憩時間を除き1日につき8時間を超えて労働させてはならない（**労働基準法第32条**）。

199 使用者は、労働者の過半数で組織する労働組合や労働者の過半数を代表する者との書面による協定を結び、これを労働基準監督署に届け出た場合には、その協定で定めることによって労働時間を延長し、または休日に労働させることができる（**労働基準法第36条**）。

200 常時10人以上の労働者を使用する使用者は、決められた事項について就業規則を作成し、変更した場合には、労働基準監督署に届け出なければならない（労働基準法第89条）。

201 就業規則を作成、変更する場合には、労働者の過半数で組織される労働組合、これがない場合には労働者の過半数を代表する者の意見を聴かなければならない（労働基準法第90条）。

202 2007（平成19）年に制定された労働契約法は、個別の労働関係紛争を解決するための私法領域の法律を定めたものである。

203 使用者が合理的な労働条件の就業規則を労働者に周知させていた場合には、就業規則で定める労働条件が労働者の労働条件となるが、労働者と使用者が就業規則と異なる内容の労働条件を個別に合意した場合には、その合意内容が労働者の条件となるとしている（労働契約法第7条）。

> 同法第12条では、労働者と使用者が個別に合意していた労働契約が就業規則を下回る場合には、労働者の労働条件は就業規則の内容まで引き上げられる。

204 労働者と使用者との合意により労働者の労働条件は変更されるが、使用者が労働者と合意することなく、就業規則の変更により労働条件を変更する場合には、原則として労働者の不利益に変更することができない。

205 使用者が「変更後の就業規則を労働者に周知させた」ことに加え、「就業規則の変更が合理的なものである」という要件を満たす場合に、労働者の労働条件は、変更後の就業規則に定める労働条件となる（労働契約法第8条〜第10条）。

206 2012（平成24）年8月の労働契約法の改正において、次の3つの項目のルールが追加された。①無期労働契約への転換、②「雇止め法理」の法定化、③不合理な労働条件の禁止である。

> 同一の使用者との間で有期労働契約が更新されて通年5年を超えたときは、労働者の申込みにより、無期労働契約に転換できるルールである。

> 契約が何度も更新される場合、使用者は正社員の解雇と同様に、合理的な理由なしに、契約更新の拒否＝雇止めができないというルールである。

207 短時間労働者の雇用管理の改善等に関する法律（パートタイム労働法）は、2014（平成26）年4月に改正が行われた。改正の主なポイントは、①短時間労働者の公正な待遇の確保、②短時間労働者の納得性を高める措置、③パートタイム労働法の実効性を高める規定の新設、である。

> ①は正社員と差別的取扱いが禁止される短時間労働者の範囲の拡大、短時

間労働者を対象とした待遇の原則の規定の創設である。②は雇入れ時に実施する雇用管理の改善措置の説明義務の新設である。③は雇用管理の改善措置の規定に違反している事業主が厚生労働大臣の勧告に従わない場合に、大臣はその事業主名を公表できるとする規定の創設である。

◎育児休業・介護休業等

208 2021（令和3）年6月9日育児休業、介護休業等育児又は家族介護を行う労働者の福祉に関する法律及び雇用保険法の一部を改正する法律が公布され、2022（令和4）年4月1日から3段階で施行されている。

⊕36-125

209 第1段階の2022（令和4）年4月1日施行では、①育児休業を取得しやすい雇用環境の整備の義務づけ（研修、相談窓口設置等）、②妊娠・出産の申出者に対する育児休業制度等の周知と同制度の取得意向を確認する措置の義務づけ、③有期雇用労働者の育児・介護休業取得要件の緩和（「引き続き雇用された期間が1年以上」という要件の廃止）、がされている。

⊕35-31（現社）
⊕36-125

210 第2段階の2022（令和4）年の10月1日施行では、①子の出生直後の時期における柔軟な育児休業の枠組としての「産後パパ育休」の創設（子の出生後8週間以内に4週間まで取得可能）、②「産後パパ育休」とは別の育児休業の分割取得（分割して2回まで取得可能）、③上記①および②の改正を踏まえ、育児休業給付に関する雇用保険法の規定の整備、がされている。

211 第3段階の2023（令和5）年4月1日施行では、常時雇用する労働者数が1000人超の事業主に対して育児休業の取得の状況の公表を義務づけている。

⊕35-31（現社）
⊕36-125

212 育児休業（1歳未満の子を養育するための休業）の対象労働者は、正規労働者と有期契約労働者（2022（令和4）年4月1日以降の要件では、子が1歳6か月になるまで労働契約が満了することが明らかでない者）である。

213 育児休業の対象となる子は、法律上の実子および養子に加え、特別養子縁組の監護期間中の子、養子縁組里親に委託されている子等も含む。育児休業は、原則として子が1歳までで、分割して2回まで取得することができる。

⊕36-125

214 介護休業（2週間以上の常時介護を要する要介護状態の家族を介護するための休業）の対象労働者は、正規労働者と有期契約労働者（2022（令和4）年4月1日以降の要件では、介護休業開始日から93日を経過する日から6か月を経過する日までの間に労働契約が満了することが明らかでない者）である。

❷❶❺　介護休業の対象となる家族の範囲は、配偶者（事実婚を含む）、父母、子、配偶者の父母、祖父母、兄弟姉妹および孫である。期間は通算93日までであり、回数は対象1人につき3回を上限として分割することができる。

⊕36-125

❷❶❻　**子の看護休暇**では、**小学校就学の始期**に達するまでの子を養育する労働者は、1年度に**5日**（子が2人以上の場合は**10日**）まで、病気、けがをした子の看護等のために時間単位で休暇が取得できる。2021（令和3）年1月より、「子の看護休暇」および「介護休暇」について時間単位での取得が可能となった。

❷❶❼　**介護休暇**では、**要介護状態**にある家族を介護する労働者は、1年度に**5日**（対象が2人以上の場合は**10日**）まで、介護等を行うために時間単位で休暇が取得できる。

❷❶❽　3歳未満の子を養育する労働者は、育児のための所定外労働の制限（残業の免除）を請求でき、**要介護状態**にある家族を介護する労働者は、介護のための所定外労働の制限（残業の免除）を請求できる。

❷❶❾　事業主は、3歳未満の子を養育する労働者に対して、育児のための短時間勤務の措置を講じる義務があり、**要介護状態**にある家族を介護する労働者に対して、所定労働時間を短縮する措置を講じる義務がある。

◎メンタルヘルス対策、ハラスメント対策

❷❷⓪　**男女雇用機会均等法**が2006（平成18）年に改正され、セクシュアルハラスメント対策が強化された。主な改正点は、表面上差別に見えない慣行や基準が実際には一方の性に不利益となる「**間接差別**」の禁止、妊娠や出産、産前産後の休業の請求や取得を理由とした**退職強要や職種・配置転換**などの不利益な扱いの禁止、さらに女性だけでなく**男性へのセクシュアルハラスメント防止対策**を企業に義務づけるなどである。

⊕35-31　（現社）

　　🖙 正式な法律名は、「雇用の分野における男女の均等な機会及び待遇の確保等に関する法律」である。これにより、2017（平成29）年1月より事業主に対して妊娠、出産等に関するハラスメント防止措置義務が課されている。

❷❷❶　**男女雇用機会均等法施行規則**の一部を改正する省令等が、2013（平成25）年12月に公布された。この改正により、①合理的な理由なく転勤要件を設けることは間接差別に該当すること、②結婚を理由に男女で異なる取扱いをすることは差別に該当すること、③職場におけるセクシュアルハラスメントには、同性に対するものも含まれることなどが明示された。

❷❷❷　厚生労働省の「職場のいじめ・嫌がらせ問題に関する円卓会議」は、2012（平成24）年3月に「職場の**パワーハラスメント**の予防・解決に向け

⊕34-125

た提言」をとりまとめた。また、企業にパワーハラスメント防止を義務づける、改正労働施策総合推進法が2020（令和2）年6月から大企業に対して施行されている（中小企業は2022（令和4）年4月施行）。

　☞ 2020（令和2）年1月にパワーハラスメント防止のための指針「事業主が職場における優越的な関係を背景とした言動に起因する問題に関して雇用管理上講ずべき措置等についての指針」が厚生労働省から公表されている。

⊕34-122

223 　バーンアウトは、仕事に対して過度にエネルギーを費やした結果、疲弊的に抑うつ状態になり、仕事への興味・関心や自信を低下させた状態になることを指す。この対極の概念が**ワーク・エンゲージメント**である。これは、**活力**（仕事から活力を得ていきいきしている）、**熱意**（仕事に誇りとやりがいを感じている）、**没頭**（仕事に熱心に取り組んでいる）の3つがそろった状態を指す。

224 　心理的負荷による**精神障害**は、労働者災害補償保険（労災保険）の支給対象となり得る。厚生労働省は2011（平成23）年に「**心理的負荷による精神障害の認定基準**」を新たに定めている。発病した精神障害が労災認定されるのは、その発病が仕事による強いストレスによるものと判断できるものに限られる。

　☞ 2020（令和2）年6月施行のパワーハラスメント防止対策の法制化に伴い、「心理的負荷による精神障害の認定基準」の別表1「業務による心理的負荷評価表」を一部修正し、パワーハラスメントに関する事案を評価対象とする「具体的出来事」などを明確化した。

※解答の横の番号は、本科目で該当する重要項目や図表の番号です。

1 第二種社会福祉事業の経営主体は、社会福祉法人に限られる。 **1** × **18**

2 社会福祉法人は収益事業を行うことができる。 **2** ○ **33**

3 内閣府の2023（令和5）年3月31日現在の統計によると、特定非営利活動法人が行う事業のうち、最も多いのは「社会教育の推進を図る活動」である。 **3** × **41**

4 マクレランドは、人間が給与への欲求のために働いていることを示す期待理論を展開した。 **4** × **90**

5 ブルームによれば、上司が部下に対して大きな期待を抱くと、部下の動機づけが高まる。 **5** × **91**

6 バーナードによれば、公式組織の3要素とは、コミュニケーション、貢献意欲、共通目的である。 **6** ○ **94**

7 コンティンジェンシー理論の特徴は、環境が変動したとしても唯一最善の普遍的な組織タイプがあることを明らかにした点になる。 **7** × **95**

8 三隅二不二は、リーダーシップの行動面に注目して、「目標達成」と「集団維持」の2次元で類型化したPM理論を提唱した。 **8** ○ **117**

9 コンプライアンスは、営利組織のためのものであるため、福祉という公益性の高いサービス提供組織においてその確立は求められていない。 **9** × **144**

10 アカウンタビリティとは、利害関係者（ステークホルダー）に対する説明責任を指す。 **10** ○ **146**

11 「福祉サービスにおける危機管理（リスクマネジメント）に関する取り組み指針」では、より質の高いサービスを提供することによって多くの事故が未然に回避できる、という考え方で危機管理に取り組むべきである、としている。 **11** ○ **157**

12 苦情を収集するためには、意見箱、アンケート調査、苦情受付担当者の配置など、情報収集のチャンネルの多角化が必要である。 **12** ○ **159**

13 貸借対照表は、バランスシートと呼ばれるように、負債および純資産の部合計と資産の部合計の金額は一致する。 **13** ○ **170** 図表8

14 計画的な人事異動であるジョブ・ローテーションは、人材育成を目的としている。 **14** ○ **183**

15 OJTとは、日常の職務を離れて行う教育訓練方法のことを指す。 **15** × **184** 図表9

索　引

■本書に関する訂正情報等について
　弊社ホームページ（下記URL）にて随時お知らせいたします。
　https://www.chuohoki.co.jp/foruser/social/

■本書へのご質問について
　下記のURLから「お問い合わせフォーム」にご入力ください。
　https://www.chuohoki.co.jp/contact/

社会福祉士国家試験
受験ワークブック2025
専門科目

2024年6月10日　発行

●編　集　　中央法規社会福祉士受験対策研究会
●発行者　　荘村明彦
●発行所　　中央法規出版株式会社
　　　　　　〒110-0016　東京都台東区台東3-29-1　中央法規ビル
　　　　　　Tel 03(6387)3196
　　　　　　https://www.chuohoki.co.jp/
●印刷・製本　　株式会社太洋社
●装幀・本文デザイン　　木村祐一、濱野実紀（株式会社ゼロメガ）
●装幀キャラクター　　坂木浩子

定価はカバーに表示してあります。
ISBN978-4-8243-0034-8